Das Kaninchen

Nahrung und Gesundheit

Impressum:

© 2017 Andreas Rühle
Umschlaggestaltung: Sabine Meyer

Herstellung und Verlag: BoD – Books on Demand, Norderstedt
ISBN: 9-783743-117990

> Bibliografische Information der Deutschen Nationalbibliothek
> Die Deutsche Nationalbibliothek verzeichnet diese Publikation
> in der Deutschen Nationalbibliografie; detaillierte bibliografische
> Daten sind im Internet über http://dnb.d-nb.de abrufbar.

Vorwort

„Wenn wir jedem Individuum das richtige Maß an Nahrung und Bewegung zukommen lassen könnten, hätten wir den sichersten Weg zur Gesundheit gefunden."

Hippokrates von Kós (460 - 370 v. Chr.)

Mit diesem Buch werden Fakten und Zusammenhänge geliefert, die in einem engen Bezug zur Nahrung des Wildkaninchens stehen. Verbunden mit dem Wissen über ausgewählte, physiologische Besonderheiten sowie der Nahrungsinhaltsstoffe kann auf diese Weise jeder relativ einfach nachvollziehen, welche Futtermittel für Hauskaninchen sinnvoll sind. Die Entscheidung bleibt dem Interessierten letztlich selbst überlassen, auch wenn Hinweise oder Empfehlungen gegeben werden.

Die Wissenschaft ist mittlerweile in der Lage, viele Zusammenhänge zwischen Nährstoffen und dem gesundheitlichen Zustand eines Organismus zu erklären. Deshalb scheint es verwunderlich, dass z. B. nach wie vor Futter-Analysemethoden aus dem 19. Jahrhundert genutzt und dem Halter einige, wenige Nährstoffgruppen als Information geboten werden, aus denen er einen Nutzen oder ein Risiko für seine Tiere ableiten soll. Warum das nicht funktionieren kann, wird ausführlich erläutert. Gelegentlich gibt es auch einen Blick zurück in die Anfänge der Kaninchenhaltung in Deutschland. Mancher wird erstaunt darüber sein, wie Futtermittel früher genutzt wurden, ohne dass exakte, chemische oder physikalische Zusammenhänge bekannt waren. Heute weiß man zwar mehr, wendet dieses Wissen aber kaum an. Mittlerweile lassen sich zudem unter Kaninchenhaltern regelrecht Ängste vor der Natur und ein Misstrauen in die Fähigkeiten von Kaninchen feststellen. Auch dazu wird der Interessierte Informationen in diesem Buch finden.

Für das Verständnis und auch zur eigenen Verwendung lassen sich mathematische Betrachtungen nicht ganz vermeiden. In diesem Buch sollen die Ergebnisse leicht nachvollziehbar dargestellt werden. Für sehr viele Fakten finden sich Hinweise auf Quellen, die nicht immer nötig wären. Sie sollen dem Leser die Möglichkeit bieten, bestimmte Informationen nachzulesen. Zudem enthalten sie oft noch weiterführende Informationen.

Mit dieser Arbeit werden für Halter von Kaninchen bisher wenig beachtete Zusammenhänge dargestellt, die zum besseren Verständnis arttypischer Ernährung beitragen und so für die Tiergesundheit von Nutzen sein können. Wer sich für die Haltung von Kaninchen oder Tieren allgemein entscheidet, sollte auch bereit sein, konsequent für ihre Gesunderhaltung zu sorgen. Neben einer höheren Lebensqualität für die Tiere äußert sich dies letztlich auch in geringeren Kosten für den Halter. In diesem Sinne hoffe ich für alle Leser, insbesondere aber für ihre Tiere, dass sich die Entscheidung für dieses Buch gelohnt hat.

Andreas Rühle,
Gernsbach, April 2017

Inhaltsverzeichnis

Vorwort 3
Inhaltsverzeichnis 4
Das Wildkaninchen 7
  Allgemeines 7
  Die Nahrung 17
    Ein Literaturüberblick 17
    Nahrungsaufnahme 25
    Mangelsituationen 33
    Die Auswahl der Nahrung 36
    Woher wissen Jungtiere, was sie fressen dürfen? 38
  Das Gebiss 40
    Allgemeines 40
    Aufbau und Härte der Zähne 42
    Der Kauprozess 44
    Wachstum und Abnutzung der Zähne 46
    Gebissanomalien 51
  Sinne 52
    Riechen (Olfaktorische Orientierung) 52
    Schmecken (Gustatorische Orientierung) 54
  Die Verdauung der Nahrung 56
    Die Stationen der Verdauung 57
    Das Fassungsvermögen der Verdauungsorgane 61
  Hunger und Regulierung der Futteraufnahme 63
  Caecotrophie 64
  Darmflora 66
  Immunsystem 70
  Kokzidiose 76
    Erreger 77
    Entwicklung der Erreger 78
    Diagnose 78
    Symptome 79
      Gallengangs- bzw. Leberkokzidiose 79
      Darmkokzidiose 79
    Therapie 80
    Prophylaxe 80
      Ernährung 80
      Reinigung 81
Das Hauskaninchen 82
  Domestikation 82
  Verwilderung 86
  Eine kurze Geschichte der Fütterung 88
  Ernährung 95
    Allgemeines und Hinweise 95

Definitionen 97
  Die Trockenmasse bzw. Trockensubstanz (TM, TS) 102
  Das Volumen der Nahrung 105
  Die Struktur des Futters 107
  Die Energie im Futter 109
  Futtermengen 118
  Nährstoffempfehlungen 121

Zusammensetzung der Nahrung 123
  Weende Futtermittelanalyse 123
  Die Verdaulichkeit der Rohnährstoffe 129
  Kohlenhydrate 132
    Nichtstruktur-Kohlenhydrate (wasserlöslich) 132
    Zucker 132
    Stärke 133
    Struktur-Kohlenhydrate (schwer bis unlöslich in Wasser) 135
  Erweiterte Analyse nach Van Soest 135
  Rohfaser (Rfa) 138
  Rohprotein (Rp) und Aminosäuren 146
  Fett (Rfe) und Fettsäuren 154
  Rohasche (Ra) 161
  Mineralstoffe 162
    Calcium (Ca) und Phosphor (P) 162
    Magnesium (Mg) 174
    Das Verhältnis von Ca, P und Mg 174
    Kalium (K) 181
    Natrium (Natriumchlorid, NaCl) 182
    Eisen 183
  Vitamine 184
    Vitamin A, ß-Carotin 185
    Vitamin B-Komplex 188
    Vitamin C (Ascorbinsäure) 190
    Vitamin D (Calciferol) 191
    Vitamin E (Tocopherol) 199
    Vitamin K (Phyllochinon) 200
  Wasser 200
  Sekundäre Pflanzenstoffe 206

Futtermittel 210
  Raufutter (Heu, Stroh) 210
  Trockenfutter 215
  Gemüse 219
  Obst 221
  Getreide 222
  Grünfutter 226
    Futterwert 227
    Gräser 230
    Kräuter 233

    Äste, Laub 253
    Gift- und Heilpflanzen 255
    Zoopharmakognosie 259
    Umweltbelastungen 264
    Konventioneller versus biologischer Futteranbau 264
  Leckstein 266
Ernährungspraxis.. **266**

Anhang - Pflanzenliste 272
Danksagung 284
Stichwortverzeichnis 285
Literaturverzeichnis 291

Das Wildkaninchen

Bild 1: Europäisches Wildkaninchen (Oryctolagus cuniculus)

Allgemeines

Das Europäische Wildkaninchen gehört im zoologischen System zur Ordnung der Hasentiere (Lagomorpha) und ist nicht mit Nagetieren (Rodentia) verwandt. Alle uns bekannten Hauskaninchen und deren Züchtungen gehen auf diese Stammform zurück, so z.B. auch das Deutsche Riesenkaninchen mit einem Gewicht von bis zu 12 kg.

Die ältesten Vorfahren der Lagomorpha (Hasenartige), zu denen das Wildkaninchen und der Hase zählen, können ca. 53 Millionen Jahre bis in das Eozän zurückverfolgt werden. (Rose, et al., 2008) ermittelten dieses Alter an einem Knöchel-Knochen, der in Gujarat in Westindien gefunden wurde. Weitere Fossilienfunde aus dieser Zeit stammen aus der Mongolei in Zentralasien. In einigen, etwas jüngeren Erdschichten, wurden Hasenartige auch in Nordamerika gefunden. In der Gattung „Eigentliche Kaninchen" (Oryctolagus) ist das Europäische Wildkaninchen die einzige Art. Genetische Untersuchungen von domestizierten und Europäischen Wildkaninchen (Oryctolagus cuniculus), dem Kaphasen (Lepus capensis) und dem Florida-Waldkaninchen (Sylvilagus floridanus) zeigen, dass die Art auf einen gemeinsamen Ahnen zurückgeht, der vor ca. 6 - 8 Mio. Jahren lebte.

In der Literatur werden gelegentlich Unterarten beschrieben, aber ebenso oft angezweifelt. Die Beschreibungen der Unterarten beruhten oft nur auf unterschiedlichen Fellfarben sowie der Größe einzelner Exemplare. So wurde zum Beispiel von (Haltenorth, 1958) nach einem Vergleich von Festlandkaninchen mit denen auf der Insel Borkum eine überwiegende Übereinstimmung wichtiger Merkmale festgestellt. Insbesondere die Schädelmaße der Tiere von (Harrison, 1952) lagen innerhalb der normalen Variationsbreite von „Oryctolagus cuniculus cuniculus". Das Ergebnis legt nahe, dass die Unterart „Oryctolagus cuniculus borkumensis" zu Unrecht geführt wird.

Biochemische, genetische Untersuchungen lassen auf eine Trennung von Lepus und Oryctolagus vor 2,43 Millionen Jahren schließen (Hartl, 1987). Nach einem Vergleich der mtDNA trennten sich vor ca. 2 Millionen Jahren in der Art „Oryctolagus cuniculus" zwei genetische Linien als Unterarten voneinander (Biju-Duval, et al., 1991):
- Oryctolagus cuniculus cuniculus,
- "Oryctolagus cuniculus algirus".

Die Trennung korreliert mit der süddeutschen Mindel- bzw. der norddeutschen Elster-Kaltzeit, deren Höhepunkt auf 460.000 bis 400.000 Jahre vor unserer Zeit datiert wird. Nach der letzten Eiszeit besiedelte das Wildkaninchen von Spanien aus zunächst wieder Südfrankreich. Knochenfunde in Ausgrabungen von Siedlungen in der Provence im Südosten von Frankreich zeigen, dass sich deren Bewohner bereits 8.000 - 7.000 Jahre vor Beginn der Zeitrechnung in größeren Mengen von Kaninchenfleisch ernährten. Im Neolithikum (1400-1300 Jahre v. Chr.) existierten auf der Baleareninsel Menorca Kaninchen, die vom spanischen Festland stammten.

Vermutlich waren es seefahrende Phönizier, die Wildkaninchen im Mittelmeerraum verbreiteten. Die Gestalt und Lebensweise der Kaninchen in Spanien erinnerten sie an die Klippschliefer (Procavia capensis) aus ihrer Heimat. Sie übertrugen also die Bezeichnung für die Klippschliefer auf die Kaninchen und nannten das heutige Spanien „I-shaphan-Im" (Insel der Klippschliefer). Die Römer übersetzten diesen Namen später in „Hispania". Spanien erhielt also seinen Namen nach Tieren, die dort nie gelebt haben. Heute kommt das Europäische Wildkaninchen auf mindestens 150 Inseln im Mittelmeerraum vor (Chapman, et al., 2008).

(Luther, 1534) übersetzte die Bibel mit weiteren Theologen aus dem Altgriechischen und Althebräischen in die deutsche Sprache. Der Begriff hebräische Begriff „shaphan" bedeutet auf Deutsch der „sich Verbergende". Offenbar kannten Luther bzw. seine Mitarbeiter die Klippschliefer nicht. Es musste sich aber der Beschreibung nach um Tiere handeln, die im ganzen Volk bekannt waren und im Untergrund lebten. Also wurde der Begriff, der eigentlich die Klippschliefer meinte, auf das Kaninchen übertragen: *„Caninichen ein schwach volck / Dennoch legts sein haus inn den felsen"* (Sprüche Salomonis, XXX). Zoologisch gesehen war die Entscheidung korrekt, auch wenn der Begriff der Hebräer falsch übersetzt wurde. Neuere Bibelübersetzungen benutzen den Begriff Klippdachs, ein anderes Wort für Klippschliefer.

Vor allem die Kaubewegungen des Kaninchens, auch „Mümmeln" genannt, hielt man für Wiederkäuen, weshalb die Tiere für die Kirche als „unrein" galten.

Bild 2: Klippschliefer-Weibchen mit Jungtier

In Deutschland wurden die ersten urkundlich belegten Kaninchen wahrscheinlich um 1149 eingeführt. In einem Brief an seinen Amtsbruder Gerald, Abt des Klosters Solignac in Südfrankreich bittet Wibald, der Abt von Stablo und Corvey, um 4 Kaninchen - jeweils zwei männliche und zwei weibliche Tiere: „*…per ipsum nobis quatuor cuniculos, duos videlicet mares et duas feminas, mittetis.*" (Jaffé, 1864).

Ausgesetzt wurden Kaninchen in Deutschland nachweislich zum ersten Mal auf der nordfriesischen Insel Amrum, wie aus dem „Erdbuch" von Waldemar II. aus dem Jahr 1231 hervorgeht. Dabei handelt es sich um ein Steuererfassungsbuch, in dem alle Besitzungen und Einkünfte des Königs aufgeführt wurden. Eine Liste der Inseln seines Reiches enthielt auch Bezeichnungen der dort vorkommenden Tiere. Für Amrum wurde „ha" für „hare" = Hase und „cu" für „cuning" = Kaninchen vermerkt (Newig, 2004). Seit 1597 gab es Kaninchen auf Helgoland, und hundert Jahre später auf den ostfriesischen Inseln Juist und Borkum (Nachtsheim, et al., 1977).

(Winckelmann, 1671) berichtete in einer Oldenburgischen Chronik von ausgesetzten Kaninchen auf der ostfriesischen Insel Wangerooge, die dort in den Dünen lebten und sich stark vermehrt hätten.

(Hale, et al., 1763) schrieben über zahme und wilde Kaninchen in Deutschland, wobei angemerkt wurde: *"daß diejenigen, die man gewöhnlich als zahme Caninchen betrachtet, sehr gut wild leben können, vornehmlich die härtere Art. [...] Diese ist diejenige, die unter dem Namen der silberhaarichten bekannt ist"*. Eine andere Namensbezeichnung für diese Art wäre „türkisches Caninchen" nach dem Land, wo diese Tiere herkommen würden. Die Namensbezeichnung „Angora" geht auf den alten Namen der Hauptstadt und gleichnamigen Provinz der Türkei, „Ankara" zurück. Mit der härteren, silberfarbenen Art war also das Angorakaninchen gemeint, welches wahrscheinlich um 1777 von England aus nach Deutschland eingeführt und dort auch unter dem Namen „Englisches Kaninchen" bekannt wurde (Mayer, 1789).

Um 1732 wurden Kaninchen auf Sylt ausgesetzt, die zwischenzeitlich von Fressfeinden ausgerottet wurden. Später wanderten wahrscheinlich wieder Tiere über das Watt auf die Insel ein, wobei diese jedoch stark mit „Stallhasen" vermischt waren (Witt, 1991).

Im Gegensatz zu Hasen graben Kaninchen Röhren in das Erdreich, die eine Länge von bis zu 40 m erreichen können. Die Weibchen bringen ihre Jungen in so genannten Satzröhren zur Welt, die normalerweise abseits des Hauptbaus liegen. Nach (Kraft, 1976) gräbt gelegentlich das ranghöchste Weibchen eine Satzröhre, die vom Wohnbau abzweigt. Rangniederen Weibchen bleibt dies zu Beginn einer Fortpflanzungsperiode meist verwehrt. Um Baue graben zu können, werden leichte, lockere Böden mit einem möglichst hohen Anteil an Sand benötigt. Schwere, dunkle Böden werden gemieden, weil sie sich vor allem bei hohen Niederschlagsmengen zu stark mit Wasser vollsaugen. Auf Grund der festen, steinigen Böden und der Schneemengen, die auch länger liegen bleiben, findet man Wildkaninchen auch nur selten in gebirgigen Lagen. Bei Möglichkeit der freien Wahl des Habitats bevorzugen sie nicht unbedingt Lebensräume, in denen die meiste und beste Nahrung vorhanden ist, sondern jene, in denen der Feinddruck am niedrigsten ist (Iason, et al., 2002).

In Mitteleuropa leben Wildkaninchen bevorzugt in halboffener Feldflur mit Büschen und Bäumen, Dünen, in Parkanlagen, an Eisenbahndämmen, Böschungen, Erddämmen und auf Friedhöfen. Dank ihrer Anpassungsfähigkeit leben sie in Gegenden, die ihnen nicht das Graben von Bauen ermöglichen, zum Teil auch oberirdisch. Der Aktionsradius der Gruppenmitglieder um den Bau beträgt ca. 150-200 m, dieser kann zur Nahrungssuche auf bis zu 600 m erweitert werden. Durchschnittlich beansprucht eine Kaninchengruppe ein Terrain von etwa 20 ha, was einer Fläche von 28 Fußballfeldern entspricht. Die Grenzen der Gruppenterritorien können sich bei dieser Größe auch überlappen.

Die Temperaturen in den Bauen, die sie bis zu 2m tief in die Erde graben, schwankt, saisonal bedingt, zwischen 4-14°C. Die Luftfeuchtigkeit in den Röhren ist sehr hoch, sie beträgt bis zu 90%. Die durchschnittliche, jährliche Luftfeuchtigkeit in Deutschland liegt zwischen 70-80%.

Je nach Witterung halten sich Kaninchen einen großen Teil des (hellen) Tages im Bau auf - über die Hälfte seines Lebens verbringt ein Tier in dem unterirdischen Heim. Es dient nicht nur dem Schutz vor Beutegreifern, sondern auch vor Witterung und der Regulierung der Körpertemperatur in warmen Regionen. Der Bau wird sehr sauber gehalten: Hartkot und Urin werden außerhalb des Baus ausgeschieden, der Blinddarmkot direkt vom After aufgenommen. Körperbau und Sinne des Kaninchens sind für ein Leben als Beutetier ausgelegt, dass einen großen Teil des Tages im Untergrund verbringt und überwiegend in der Dämmerung und Nacht aktiv ist. Die Augen sind für einen Rundum-Blick und das Sehen bei Dunkelheit bestens angepasst.

Kaninchen sind soziale Tiere, die in Gruppen zusammen leben, trotzdem ist es nicht ungewöhnlich, wenn einzelne Tiere oder Pärchen am Rand einer solchen sozialen Gemeinschaft leben. Diese Tiere werden als „Satelliten" bezeichnet. Reviergrenzen und Weibchen werden besonders in der Fortpflanzungszeit von den Rammlern verteidigt, während die Weibchen in dieser Zeit um den Zugang zu den Bauen als künftige Nestplätze kämpfen.

Das Zentrum des Reviers jeder Gruppe ist der Bau. Hier finden die Tiere Schutz vor Feinden und widriger Witterung. Er wird von den dominanten Tieren gegen fremde Artgenossen verteidigt. Die Gruppen bilden familiäre Strukturen. Für weibliche und männliche Tiere bestehen getrennte Hierarchien mit jeweils einem dominanten Tier an der Spitze. Diese beiden zeugen auch den meisten Nachwuchs. Zur Gruppe gehören heranwachsende und erwachsene Tiere. Fremde Tiere finden nur selten und wenn, erst nach längerer Zeit, Zugang zu einer bestehenden Gruppe. Häufig bilden rangniedrige Weibchen den Grund für Rammler, Zugang zu einer fremden Gruppe zu suchen.

Kaninchenweibchen kennen keinen Zyklus, der Eisprung erfolgt ca. 12 Stunden nach der Paarung. Es gibt jedoch Perioden der Hitzigkeit, wie die Zeit besonders hoher Empfängnisbereitschaft genannt wird. Die Trächtigkeit erstreckt sich über 31 Tage, danach werden 2 bis 8 Junge zur Welt gebracht, die nach etwa 4-6 Wochen die Mutter verlassen bzw. von ihr nicht mehr beachtet werden. Letzteres ist besonders dann der Fall, wenn sie neuen Nachwuchs erwartet. Der Nestbau kann ca. 14 Tage vor der Geburt der Jungtiere erfolgen und kurz vor der Geburt vollendet sein. Oft wird aber erst am Tag der Geburt mit dem Nestbau begonnen. Dafür trägt die Häsin Material wie trockenes Gras und Pflanzenreste zusammen. Kurz vor dem Werfen rupft sie sich Bauch- und Brustfell aus, mit dem das Nest ausgepolstert wird. Hormonell bedingt sitzt das Bauchfell zu dieser Zeit locker. Nach der Geburt werden von der Häsin die Nachgeburten gefressen.

In Europa liegt die durchschnittliche Fortpflanzungszeit zwischen Anfang April bis Ende September (Länge ca. 204 Tage). Kaninchenweibchen könnten theoretisch 6-7 Würfe im Jahr zur Welt bringen. Auf Grund „intrauteriner" Verluste ist jedoch die Gesamtzahl im Jahr mit 3-4 Würfen deutlich niedriger. Die Weibchen verfügen über die Möglichkeit, bei Umständen, die die Aufzucht eines Wurfes erschweren oder unmöglich machen würden, Embryonen im Uterus zurückzubilden und aufzulösen - zu „resorbieren". Dieser Vorgang wird auch als „intrauterine Resorption" bezeichnet. Auf diese Weise findet eine natürliche Regulierung der Populationsgröße statt (von Holst, 2004).

Bild 3: Bei dieser Häsin sieht man, dass sie sich kürzlich Fell ausgerupft hat (grauer Brustbereich). Das Fell dient der Polsterung des Nestes und der Wärmeregulierung für die Jungtiere.

Die mittlere Wurfgröße in Europa beträgt 5 Tiere/Wurf (von Holst, 2004). Die Überlebensrate der geborenen Jungtiere bis zum Beginn ihrer ersten Reproduktionsperiode im folgenden Jahr beträgt durchschnittlich nur knapp 6%. Sie ist abhängig vom Zeitpunkt der Geburt: Jungtiere des ersten Wurfes haben deutlich bessere Überlebenschancen als die eines 3. oder 4. Wurfes. Rammler werden ab ca. vier Monaten, Weibchen ab etwa 3 Monaten geschlechtsreif.

Nach der Befruchtung reifen Eizellen in den Graafschen Follikeln in den Eierstöcken der Gebärmutter. 10 - 12 Stunden nach der Paarung platzen die Follikel und geben die Eizellen frei (Eisprung). Der Paarungsakt selbst dauert nur wenige Sekunden, dem aber ein aufwendiges Werben des Rammlers um die Häsin vorausgeht. Ist der Begattungsakt erfolgreich vollbracht, fällt der Rammler mit einem kurzen, deutlich vernehmbaren Brummlaut regungslos vom Weibchen ab. Die Eizellen werden vom Trichter des Eileiters aufgefangen, wandern in den Eileiter und werden dort von den Spermien des Rammlers befruchtet. Die befruchteten Eizellen wachsen und wandern schließlich in eines der beiden Gebärmutterhörner, wo sie sich in der Gebärmutterschleimhaut einnisten und zum Embryo entwickeln. Nach 31 Tagen öffnet sich der Gebärmuttermund und die Geburt erfolgt. Eine Freisetzung der Eizellen aus den Follikeln kann auch ohne Paarungsakt stattfinden, z. B. durch Berührungen oder Umwelteinflüsse. Die Folge ist eine Scheinträchtigkeit, da die Eier nicht befruchtet werden. Trotzdem entstehen durch den Eisprung Gelbkörper, die u. a. das Hormon „Progesteron" produzieren, welches für die Aufrechterhaltung der scheinbaren Trächtigkeit sorgt und somit eine erfolgreiche Wiederbedeckung während dieser Zeit verhindert. Die Gelbkörper sind nach ca. 18 Tagen abgebaut.

Die Jungtiere werden ohne Fell, taub und mit geschlossenen Augen geboren, während Hasenjunge bereits vor der Geburt im Mutterleib im Alter von 38 Tagen die Augen öffnen. Jungtiere, die aus verschiedenen Gründen nicht im Nest oder am Nestrand, sondern relativ weit abseits der Nestgrube geboren oder verschleppt werden, finden nicht allein dorthin und erfrieren. Nach der Geburt krabbeln die Jungtiere zum Nestboden und werden anschließend von der Häsin mit Nestmaterial und gerupftem Bauchfell zugedeckt. Das durchschnittliche Geburtsgewicht beträgt ca. 44g, die Gewichtszunahme in den ersten zwölf Tagen im Schnitt 94g (Künkele, 1992). Die Jungtiere werden direkt nach der Geburt gesäugt, gelegentlich auch erst 24 Stunden später. Eine Brutpflege wie bei anderen Säugetieren gibt es bei Kaninchen nicht. Die erste Milchgabe, auch „Erstmilch", „Kolostrum" oder „Biestmilch" genannt, ist eminent wichtig für die Jungtiere - sie enthält in einer hohen Konzentration die Abwehrstoffe, über die sie selbst nach der Geburt noch nicht verfügen. Sie werden Immunglobuline genannt und sind Eiweißstoffe, die der Körper zur Abwehr fremder Substanzen bildet. Kommt die Häsin an das Nest, orientieren sich die Jungtiere mit Hilfe spezieller Hormone, den Pheromonen, um die Zitzen der Häsin zu finden. Sind die Jungtiere gesund und werden regelmäßig gesäugt, verdoppeln sie in den ersten 5-7 Tagen ihr Geburtsgewicht, dabei können sie bis zu 25% ihres Körpergewichtes an Milch aufnehmen. 7-8 Tage nach der Geburt beginnen sie zu hören, zwischen dem 8.-12. Tag öffnen sie ihre Augen und das Fell ist bereits etwas gewachsen. Mit dem Alter von 14-17 Tagen beginnen sie, feste Nahrung aufzunehmen. Dabei handelt es sich u. a. auch um Kot von der Häsin und Nestmaterial. Manche Jungtiere verlassen bereits mit 12-13 Tagen den Bau, andere erst mit 20 Tagen. Sie bleiben anfangs in der Nähe der Öffnung und verschwinden bei Gefahr sofort im schützenden Bau.

Bis zum 24. Lebenstag ist die Amylase der Bauchspeicheldrüse soweit aktiv, dass Stärke im Futter verdaut werden kann. Ab dem 24. Lebenstag ist die Darmflora des Jungtieres ausgebildet und die Caecotrophie (Aufnahme und Verwertung von Blinddarmkot) findet regelmäßig statt. Bis zur 4. Woche sind die Jungen gegen Krankheiten durch Abwehrstoffe geschützt, die sie über die Milch der Häsin erhalten haben. Danach nimmt dieser Schutz ab und sie müssen eigene Antikörper zum Aufbau des Immunsystems bilden. Zwischen dem 21. und 42. Lebenstag gibt es ein exponentielles Wachstum enzymatischer und immunologischer Mechanismen, die wichtig für die Nährstoffaufnahme und den Schutz vor Krankheitserregern sind (Carabaño, et al., 2009). In dieser Zeit sind sie besonders durch Krankheitskeime gefährdet, die unter anderem über den Kot der Mutter ausgeschieden werden.

Nach 28 Tagen sind die Jungtiere in ihrer Entwicklung soweit, ohne Mutter leben zu können. Ab der dritten Woche sinkt die Milchleistung der Häsin stetig, so dass die Jungtiere in der Regel zwischen dem 28 und 35. Tag nicht mehr gesäugt werden. Wenn genügend Nahrung vorhanden und die Häsin nicht trächtig ist, kann die natürliche Säugezeit 5-6 Wochen betragen.

Für die Wachstumsgeschwindigkeit gibt es den Begriff der Verdoppelungszeit als Gradmesser (Dorn, 1973). Darunter wird die Zeitspanne verstanden, in der sich ein Tierkörper im Gewicht verdoppelt. Das neugeborene Kaninchen braucht ca. 1 Woche, um das Geburtsgewicht zu verdoppeln. Das Wachstum ist abgeschlossen, wenn sich das Gewicht in der Folge weitere drei- bis fünfmal verdoppelt hat.

Diagramm 1: Wachstumskurve von Wildkaninchen, nach (Whittle, 1955)

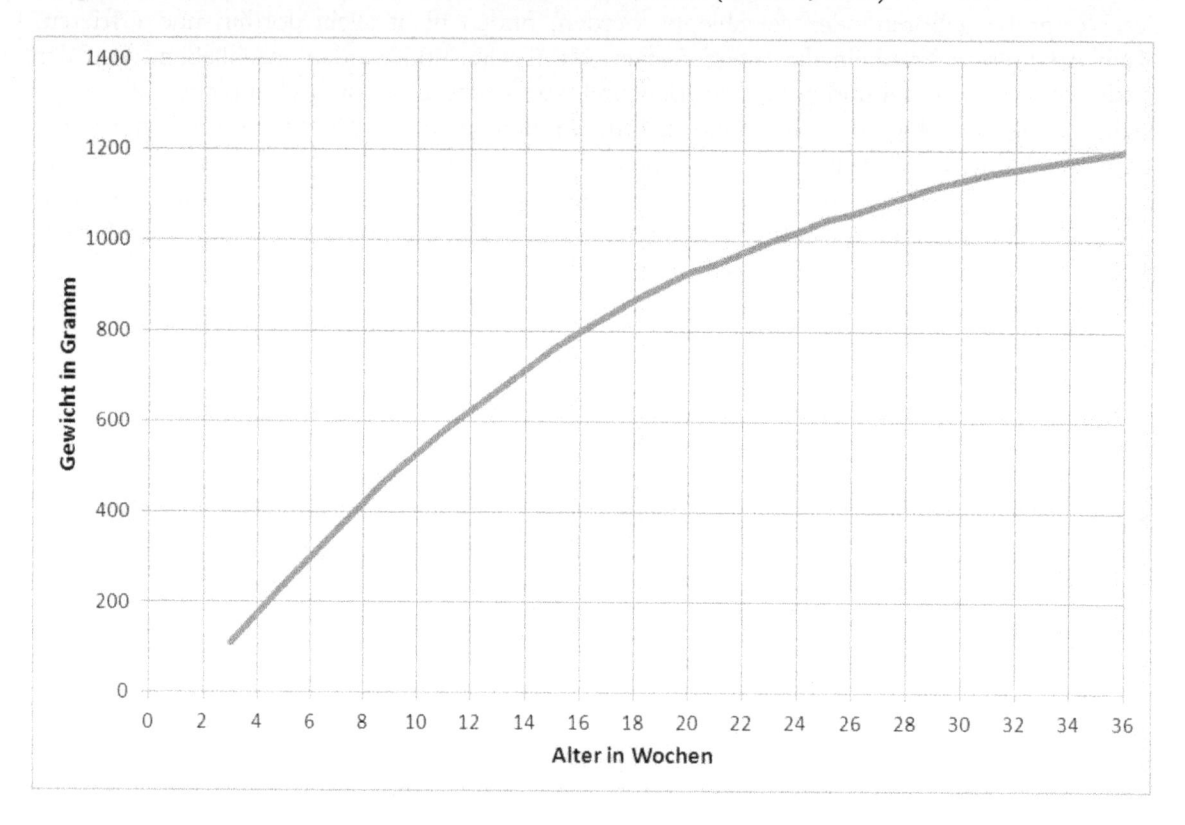

Wildkaninchen werden in Europa durchschnittlich 35-50 cm lang und 1,5-2,5 kg schwer. Die normale Körpertemperatur beträgt ca. 38,5°C. Die Atemfrequenz liegt bei 32-60 Atemzügen/Minute und die Pulsfrequenz zwischen 130-160 Herzschlägen/Minute. Körpergröße und -gewicht sind abhängig vom Lebensraum und Geburtszeitpunkt im Jahr.

Der Schwanz des Kaninchens, auch „Blume" genannt, wird ca. 6 cm lang und ist an der Unterseite weißlich gefärbt. Die Hinterbeine sind deutlich länger als die Vorderbeine und ermöglichen dem Wildkaninchen hohe Geschwindigkeiten, weite und hohe Sprünge sowie kurze, extrem schnelle Richtungswechsel. Die max. Fluchtgeschwindigkeit kann bis zu 53,6 km/h betragen (Carnegie Library, 1993).

Körpergröße und Fellfarbe können je nach Verbreitungsgebiet variieren. Der Kopf hat eine längliche Form, die Augen sind sehr groß und weisen auf überwiegende Aktivitäten in der

Dunkelheit hin. Die Größe der Kaninchen variiert mit ihrem Verbreitungsgebiet, wobei grundsätzlich gilt, dass Kaninchen in südlichen Lebensräumen kleiner als solche in nördlichen Regionen sind. Dieser Fakt wird durch die Regel von (Bergmann, 1848) beschrieben: da der Körper Wärme über seine Oberfläche abgibt und diese quadratisch (cm²) wächst, das Volumen aber kubisch (cm³), heißt das, dass bei größer werdendem Volumen der Wärmeverlust über die Oberfläche kleiner wird.

Bild 4: Hoch und weit: ein Wildkaninchen auf der Flucht

Die Wirbelsäule des Kaninchens besteht aus insgesamt 46-47 Wirbeln: 7 Halswirbel, 12 Brustwirbel, 7-8 Lendenwirbel, 4 Kreuzwirbel, die das Kreuzbein bilden und 16 Schwanzwirbel. An den ersten beiden Halswirbeln setzen die Muskeln für die Kopfbewegungen an. Sieben der 12 Rippen verbinden sich mit dem Brustbein, die siebente bis neunte Rippe bilden den Rippenbogen, die Knorpel der zehnten bis zwölften enden frei. Der Schulterknochen besteht aus dem Schulterblatt und dem Schlüsselbein. Das Oberarmskelett wird aus dem Oberarmbein gebildet, das Unterarmskelett aus Speiche und Elle, das Handskelett aus den Knochen der Vorderfuß- bzw. Handwurzel. Der Schädel setzt sich aus 18 Knochen zusammen, die die Nasen- und Schädelhöhle umschließen. Die Knochen des Kaninchens sind sehr dünn und brechen leicht. Von (Harkness, 1987) wird die Knochendichte von Kaninchen im Vergleich zu Katzen mit nur einem Drittel angegeben.

Da Kaninchen so gut wie keine Schweißdrüsen besitzen, erfolgt die Wärmeregulierung zum größten Teil über die Atmung und Ohren. Die optimale Temperatur für Kaninchen liegt in einem Bereich von 15-17°C. Bei einer Umgebungstemperatur von 20-25°C erhöht sich die Atemfrequenz, ab 30°C beginnen sie zu hecheln. Durch die Verdunstung des Wassers von den Schleimhäuten des Atemtraktes werden diese und das in ihnen enthaltene venöse Blut gekühlt. Da die venösen Blutgefäße in unmittelbarer Nachbarschaft zu arteriellen Gefäßen an der Gehirnbasis liegen, kommt es zwischen diesen zum Wärmeaustausch und somit zum Schutz des zentralen Nervensystems vor Übererwärmung. Die normale Körpertemperatur liegt zwischen 38-40°C, ab einer Temperatur von 41,5°C fällt die Atemfrequenz, dafür erhöht sich aber die Atemtiefe - die Tiere atmen verstärkt bis hin zum krampfhaften Atmen (Nichelmann, 1984).

In einer Langzeituntersuchung auf einem geschlossenen Gelände mit einer Fläche von 22.000 m² (ca. 150 x 150 m bzw. 2,2 ha) wurden von (von Holst, et al., 1999) populationsdynamische Daten von Wildkaninchen ermittelt. Auf dem Areal lebten im jährlichen Schnitt 65 erwachsene Tiere mit ihren Jungen in 8-14 Gruppen. Die durchschnittliche Lebenserwartung der neugeborenen Wildkaninchen betrug nur ca. 70 Tage. Erwachsene Rammler wurden durchschnittlich 2,3 Jahre alt, Weibchen 2,6 Jahre. Für die hohe Sterblichkeit wurde Stress mit einer damit verbundenen, reduzierten Immunabwehr vermutet, die in Kokzidiose und folgenden, entzündlichen Darmerkrankungen und Gewichtsverlust mündete. Ausgelöst wurde der Stress durch Rangordnungskämpfe in den ersten beiden Fortpflanzungsperioden der Tiere einer jeweiligen Gruppe. Die Überlebenschancen stiegen mit dem Rang in der Gruppe: Rammler, die in der ersten Fortpflanzungsperiode die führende Position in einer Gruppe erlangten, wurden durchschnittlich 3,9 Jahre und Weibchen 4,2 Jahre alt. Das Höchstalter betrug 6,8 Jahre für Rammler bzw. 6,2 Jahre für Weibchen.

(Lockley, 1973) stellte als Höchstalter in einer beobachteten, freilebenden Population ca. 5 Jahre fest. Als durchschnittliche Lebenserwartung nach der Entwöhnung (4-5 Wochen) wurde von ihm ca. 1,5 Jahre angenommen.

(Peacock, et al., 2009) ermittelte als Höchstalter 7,6 Jahre für ein weibliches Wildkaninchen in Australien. (Gibb, et al., 1998) stellten in ihren Beobachtungen von Wildkaninchen für 5 von 20 markierten Rammlern ein Lebensalter von mindesten 5 Jahren und für ein Tier von über 9,5 Jahren fest. Von 16 Häsinnen wurde dagegen nur eine über 5 Jahre alt.

Die Nahrung
Ein Literaturüberblick
Bild 5: Wildkaninchen (Oryctolagus cuniculus)

(Lincke, 1943) wies auf eine große Vorliebe wilder Kaninchen für reifes Getreide hin. Bei der Möglichkeit einer Auswahl bevorzugen sie Hafer. Es wurde beschrieben, wie sie zur Erntezeit die zusammengestellten Garben (Hocken) erklettern und die Körner aus den Ähren fressen, wobei sie auch tagsüber unter den Hocken bleiben, um auf diese bequeme Art abends weiter fressen zu können. Halme wurden in großen Mengen abgebissen, um an die Körner zu gelangen. Auch sonst wurden zum Teil beträchtliche Anstrengungen unternommen, um an die begehrte Nahrung zu gelangen. Lincke beschrieb sie dabei als *„flink und gewandt wie Eichhörnchen"*. Ebenso wurde der Verzehr von Grassamen beschrieben, die direkt von den Rispen gefressen oder durch das Abbeißen der Halme erreicht wurden. Auf diese Weise richteten sie auf relativ kleinen Kulturflächen zum Teil sehr große Schäden an, die durch die Anlage von Pässen, also Wechseln bzw. Wegen zu den Nahrungsplätzen, noch verstärkt wurden. Bereits im Frühjahr richteten sie Schäden unter den Saatgutpflanzen an, von denen sie bevorzugt die jungen und zarten Blätter fraßen. Vor allem Klee-, Esparsette-, Serradella- und Lupinepflanzungen wurden heimgesucht. Weiterhin wurde der verursachte Schaden an Kulturpflanzen wie Möhren und Stoppelrüben (auch Weißrübe, Herbstrübe, Wasserrübe oder Steckrübe) erwähnt. Bei länger anhaltender Trockenheit wurden Kartoffeln ausgegraben - sowohl junge als auch reife. Ebenso gern wurde junges Kartoffelkraut gefressen. Schließlich wurden die Vorlieben für verschiedene

Gehölze beschrieben, die vor allem im Winter und Frühjahr durch „Schälen" (Abnagen der Rinde) geschädigt wurden. Bis auf Holunder wurde keine Baumart verschmäht, beliebt waren in abnehmender Folge vor allem bei Laubhölzern Akazie, Weißbuche, Esche, Espe, Roteiche, Rotbuche, Birke, Ahorn, Ulme, Linde, Weide und Eiche. Unter den Obstbäumen wurden in abnehmender Folge Quitte, Mispel, Apfel, Birne und Kirsche benagt. Nadelgehölze wurden nur dort geschädigt, wo es wenige Laubhölzer gab. Dazu gehörten Fichte, Weymouth-Kiefer, Tanne und Kiefer.

(Turček, et al., 1959) führten aus dreijähriger Beobachtung über 70 verschiedene, von Wildkaninchen gefressene Pflanzenarten nach ihrer Bevorzugung auf und stellten fest, dass sich unter ihnen etwa 46% Heil- und Gift-, ölhaltige und bittere Pflanzen befanden. Besonders wurde auf den Weißen Gänsefuß verwiesen, dessen Öle eine wurmtötende Wirkung haben. *„Regelmäßig"* und *„sehr häufig oder bevorzugt"* befressen wurden Luzerne, Rispenhirse, Gartenbohne, Roggen, Schafgarbe, Odermennig, Krause Distel, Gewöhnliche Wegwarte, Gewöhnliche Kratzdistel, Acker-Kratzdistel, Gewöhnlicher Feldrittersporn, Weißer Gänsefuß, Sichelklee, Kermesbeeren, Bibernelle, Windenknöterich, Gabel-Leimkraut, Schwarzer Nachtschatten, Große Brennnessel, Klee, Weizen, Mais, Beifuß, Echter Waldmeister, Wiesen-Flockenblume, Acker-Hornkraut, Zypressen-Wolfsmilch, Knöterich, Wiesen-Margerite, Gemeiner Rainkohl und Vogelmiere. Als *„regelmäßig befressen"* wurden Bergahorn, Espe, Feldulme, Esche, Hunds-Rose, Kratzbeere, Rote Heckenkirsche, Stieleiche, Weißdorn, Klee, Weizen, Mais, Acker-Hornkraut, Waldmeister, Rainkohl, Vogelmiere, Beifuß, Knöterich, Wiesen-Flockenblume, Wiesen-Margerite und Zypressen-Wolfsmilch angegeben. *„Wenig, selten oder nur örtlich"* befressen wurden Blutroter Hartriegel, Grauerle, Hainbuche, Robinie, Schwarznuss, Traubeneiche, Mangold, Kohl, Kartoffel, Echter Nelkenwurz, Echtes Labkraut, Gänse-Fingerkraut, Gemeiner Schwalbwurz, Habichtskraut, Kälberkropf, Königskerze, Kornrade, Quirlblütiger Salbei, Rundblättrige Glockenblume, Schmalblättriges Weidenröschen, Schwarznessel, Wald-Reitgras, Wiesen-Lieschgras (Timothee- bzw. Timothygras) und Wirbeldost.

Auch hier wurde über angerichtete Schäden durch die Kaninchen an Kulturpflanzen geschrieben. Insbesondere wurde auf Schäden an Luzerne und Bohne hingewiesen, die vor allem von Jungkaninchen angerichtet wurden, da sie für das Wachstum eine besonders eiweißhaltige Nahrung benötigten. Der im dortigen Habitat fehlende Anteil an Gräsern wurde durch den höheren Verzehr von Kulturgräsern (Getreide) wettgemacht. Weiterhin beliebt waren besonders Distelarten auf Grund des hohen Eiweißgehaltes. Zucker- und Futterrüben sowie Kartoffeln wurden bei Dürre benagt und sogar ausgegraben. Ebenso wie in (Lincke, 1943) wurde das Verschmähen des Schwarzen Holunders festgestellt, dagegen ein Abfressen von Robiniensprossen im Frühjahr sowie ein Abschälen der Rinde vom Spindelstrauch im September konstatiert - beide Arten gelten als giftig. Als bevorzugte Pflanzen wurden von (Boback, 2004) junge Saaten, Klee, Lupine, Serradella und Esparsette, reifes Getreide, Rüben, Mohrrüben, Raps, Kartoffeln und junges Kartoffelkraut angegeben, ebenso wie Weinreben, Zierpflanzen und Stauden.

(Angermann, 1972) stellte fest, dass fünf bis sieben Wildkaninchen so viel wie ein Schaf verzehren und junge Weide- und Futterpflanzen bevorzugen. Als besonders beliebt wurden Süßgräser, Klee und Getreide sowie Besenheide (Heidekraut) und Seggen (Sauergras) genannt. Die Angaben von (Boback, 2004) und (Angermann, 1972) stammen mehrheitlich aus verschiedenen Quellen.

(Williams, et al., 1974) berichteten über die Nahrung der Kaninchen von Woodwalton Fen, einem naturnahen Feuchtgebiet in Großbritannien. Dort bevorzugten sie weiches, grünes, üppiges Gras, während Kräuter nur im Sommer in nennenswerten Mengen gefressen wurden. Folgende Pflanzen wurden u. a. im Kot der Wildkaninchen nachgewiesen: Wald-Engelwurz, Sumpf-Kratzdistel, Gefleckter Schierling, Gundermann, Doldiges Habichtskraut, Echtes Johanniskraut, Spitzwegerich, Knolliger Hahnenfuß und Große Brennnessel.

Wie sich die Nahrung in zwei verschiedenen Lebensräumen von Wildkaninchen unterscheidet, die ca. 300 km auseinanderliegen, wurde von (Homolka, 1985) und (Homolka, 1988) in Tschechien untersucht. Dabei handelte es sich einmal um ein Gebiet auf dem Böhmisch-Mährischen Höhenzug in einer Höhe von ca. 430 m an einem Waldrand mit Wiesen. Das zweite Untersuchungsgebiet befand sich südlich von Brno im Flachland zwischen Feldern und einer alten Obstwiese. Diese Population war deutlich größer, die Vegetation nicht so abwechslungsreich und das Klima weniger hart als auf dem Böhmisch-Mährischen Höhenzug. In Diagramm 2 ist die Zusammensetzung der Nahrung in den beiden Gebieten dargestellt, um die Unterschiede zu verdeutlichen. Jeweils 6 Balken der Rubriken „Wald, Wiese" sowie „Felder, Obstwiese" zeigen die Nahrungszusammensetzung für 2 Monate, der siebente Balken jeweils rechts daneben zeigt den jährlichen Durchschnitt. Die Werte aus den zwei Studien wurden so zusammengefasst, dass sie vergleichbar sind. Die Darstellung der Diagramme unterscheidet sich geringfügig von der in den Originalbeiträgen von Homolka. Die Nahrungskomponente „Baumnadeln" kam nur im Hochland vor und fehlt deshalb im rechten Diagramm „Felder, Obstwiese". Die englischen Bezeichnungen wurden den deutschen im Original angepasst und bedeuten folgendes:

- Poaceae: Einkeimblättrige = Gräser
- Dicotyledonae: Zweikeimblättrige = Pflanzen oder deren Bestandteile wie Kräuter und Laub
- Pflanzliche Holzteile: verholzte Bestandteile von Pflanzen sowie Rinde von Bäumen und Sträuchern.
- Gehölzschößlinge: nachwachsende, junge Bäume geringer Wuchshöhe
- Baumnadeln: Nadeln vorrangig von Fichten und Föhren (Kiefern).
- Sonstige: im linken Diagramm „Wald, Wiese" wurden damit unterirdische Bestandteile (Wurzeln) von Pflanzen erfasst, im rechten Diagramm „Felder, Obstwiese" zusätzlich die Wurzeln von Rüben
- Samen + Grasfrüchte: Körner von Kräutern und Kulturpflanzen sowie Gräsern

Diagramm 2: Zusammensetzung der Nahrung von Wildkaninchen in zwei verschiedenen Lebensräumen (nach (Homolka, 1985) und (Homolka, 1988))

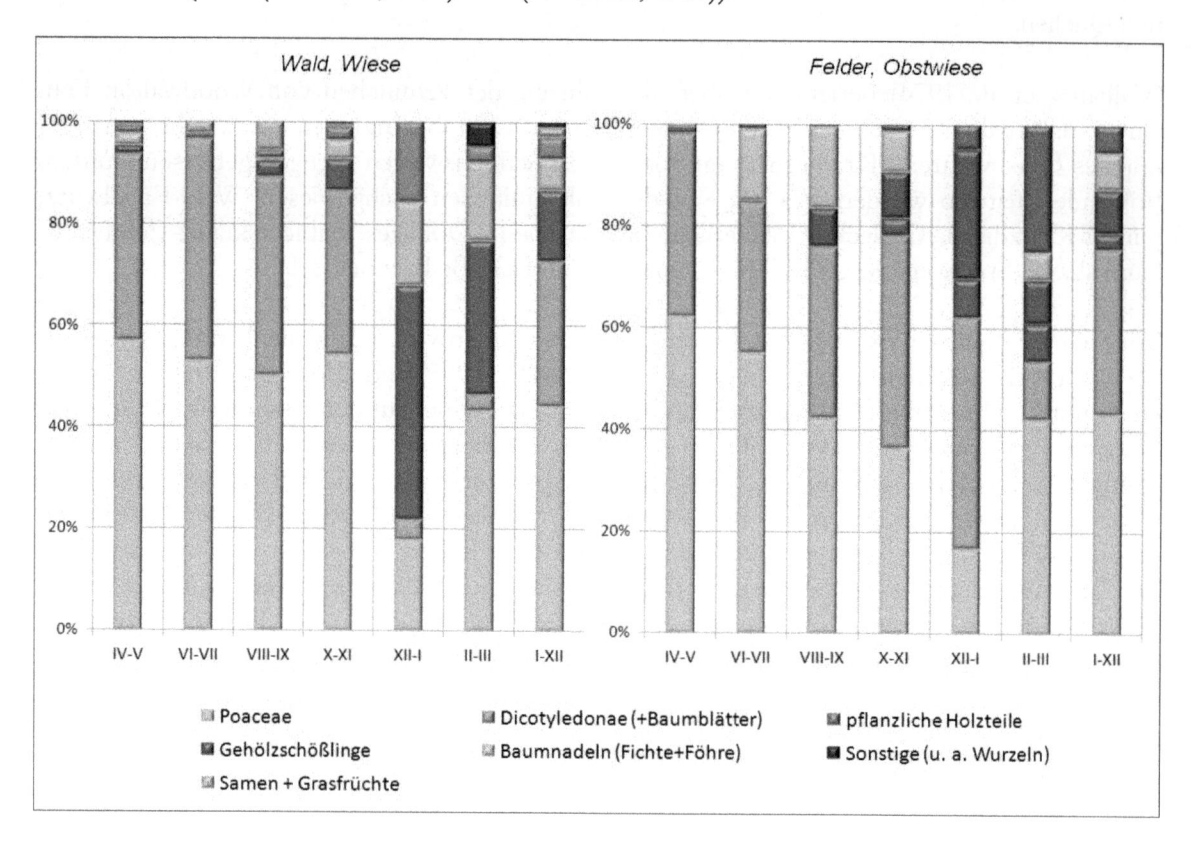

Nahrung im Hochland (Wald, Wiese; nach (Homolka, 1985)): Poaceae (Gräser) bildeten in diesem Habitat den Hauptanteil, während die übrigen in geringeren Mengen vertreten waren. Die Kaninchen fraßen somit ein breites Spektrum an Pflanzenarten, von denen aber nur ein kleiner Teil die Basis bildete. In Zeiten von Nahrungsmangel konnten allerdings ansonsten wenig gefressene Komponenten zum Hauptanteil werden. In der Vegetationszeit waren die Gräser mit ca. 50% in der Nahrung vertreten. In der ersten Winterhälfte sank dieser Anteil auf 18%, um in der zweiten wieder auf 41% anzusteigen. Bevorzugt wurde Italienisches Raygras (Welsches Weidelgras) gefressen. Als zweitwichtigste Komponenten mit 30-42% Anteil in der Nahrung wurden in der Vegetationszeit zweikeimblättrige Pflanzen festgestellt, hier besonders Hülsenfrüchtler und Korbblütler (Gemeine Schafgarbe, Habichtskräuter, Klee, Färber-Ginster u. a.). Im Winter waren diese Pflanzen nur noch mit 3% als Nahrungsbestandteil vertreten. Die drittwichtigste Komponente bildeten Schößlinge verschiedener Gehölze (junge Pflanzen bzw. Pflanzensprosse). Im Jahresdurchschnitt waren sie zwar nur mit 14% vertreten, in der ersten Winterhälfte aber mit 45% und in der zweiten mit 29%. Am häufigsten wurden Himbeere, Schlehdorn und Espe befressen. In der Vegetationszeit betrug dieser Anteil nur noch 1-6%. Der Anteil von Grasfrüchten und Pflanzensamen betrug ganzjährig ca. 2%, unterirdische Pflanzenteile im Winter ca. 4%.

Im Sommer wurden zusätzlich Moos und Acker-Schachtelhalm gefressen. Mit einem Anteil in der Vegetationsperiode von 81-94% bestand der Hauptanteil der Nahrung aus Gräsern und Kräutern, der im Winter auf 20-43% sank. In dieser Zeit wurde der Teil der Nahrung durch Schößlinge, Rinde, Nadeln und Holzteile von Pflanzen ersetzt. Folgende Pflanzen wurden als Nahrung der Wildkaninchen identifiziert: Schafgarbe, Klee, Färber-Ginster, Erdbeeren, Himbeere, Habichtskraut, Spitzwegerich, Hornkraut, Echter Nelkenwurz, Hohlzahn, Acker-Witwenblume, Hasen-Klee, Herbstlöwenzahn, Wilde Möhre, Wiesen-Platterbse, Hirtentäschelkraut, Große Brennnessel, Kletten, Schachtelhalme, Storchschnäbel, Schlehdorn, Gundermann, Hainsimsen, Frühlings-Fingerkraut, Laubmoose, Weiße Lichtnelke, Löwenzahn, Flockenblume, Kletten-Labkraut, Kleiner Sauerampfer, Schwarze Königskerze, Berg-Steinkraut, Schmalblättriges Weidenröschen, Lichtnelke und Leimkraut.

Nahrung im Flachland (Felder, Obstwiese; nach (Homolka, 1988)): als wichtigste Nahrung über das Jahr wurden grüne Teile von Pflanzen identifiziert (75%), wobei mehr als die Hälfte aus Gräsern bestand. Holzige Bestandteile von Pflanzen stellten 8,4%, Saaten und Körner 7,4%, Wurzeln 5,3% und Baumschößlinge 3,2% der Nahrung dar. Von Juni bis September wurden zusätzlich die Körner von Weizen, Gerste, Mais sowie der Samen von Gänsefuß und Amarant gefressen (14-16%). Folgende Pflanzen wurden als Nahrung identifiziert: Luzerne, Aprikose, Rüben, Schafgarbe, Mohn, Brombeere, Amarant (kraut und Samen), Flockenblumen, Steinkräuter, verschiedene Doldenblütler, Gänsefüße, Kletten, Hohlzahn, Gewöhnliches Hirtentäschel, Löwenzahn, verschiedene Kreuzblütler, Leimkräuter, Erdbeeren, Wegeriche, verschiedene Hülsenfrüchtler, Asterngewächse, Kratzdisteln, Echter Nelkenwurz, Lichtnelken, Königskerzen, Mais, Günsel, Roter Hartriegel, Hornkräuter, Storchschnäbel, Bitterkräuter, Fingerkräuter, Veilchen und Ehrenpreis. Vergleicht man die Zusammensetzung der Nahrung beider Populationen, so lassen sich grundsätzliche Übereinstimmungen als auch Abweichungen, die sich durch das Nahrungsangebot im jeweiligen Lebensraum ergaben, feststellen. Vor allem im Winter wurden im Hochland die nachwachsenden Bäume als Nahrung genutzt, während in der Kulturlandschaft des Flachlands Wurzeln in dieser Jahreszeit genutzt wurden. Der Anteil an Samen/Körnern war besonders im Sommer in den Feldern und Wiesen deutlich höher bzw. wurden die, zur Verfügung stehenden Getreidesamen verstärkt als Nahrung genutzt.

(Bhadresa, 1987) stellte als bevorzugte Nahrungspflanzen im Gebiet einer Gras- und Weidelandschaft von Flatford/Suffolk (Ost-England) in abnehmender Reihenfolge Feld-Hainsimse, Wolliges Honiggras, Wiesen-Rispengras, Gewöhnliches Hornkraut, Gewöhnlichen Rot-Schwingel, Spitzwegerich, Rotes Straußgras, Weiß-Klee, Gundermann, Wiesen-Sauerampfer, Gamander-Ehrenpreis, Gemeine Schafgarbe und Kriechenden Hahnenfuß fest.

(Rogers, et al., 1994) gaben einen Überblick über Nahrungspflanzen von Kaninchen in Frankreich und Portugal. In der Camargue, dem salzigen Mündungsgebiet der Rhône am Mittelmeer, ist die Wahlmöglichkeit in der Nahrung eingeschränkt, so dass hier 8 Pflanzenarten 86% des gesamten Nahrungsinhaltes ausmachen können. Von den Gräsern wurden nur Trespen häufig gefressen, die Hauptnahrung im Winter bestand aus Melden, Zistrosen und Queller (Salicornia). Im Frühjahr und Sommer wurde diese auf Grund der größeren Auswahl durch Klee,

Schneckenklee und Steinklee ergänzt, außerdem durch Quecke. Kaninchen, die im Buschland mit wenigen Kräutern und Gräsern leben, schälten Rinde und fraßen Samen sowie Früchte von Ginster, Zistrosen, Phönizischem Wacholder sowie Heidekraut. In Nordfrankreich reflektierte die Nahrung eine andere Landschaft und ein anderes Klima. In dieser Gegend leben Kaninchen von Frühling bis zum Spätsommer hauptsächlich von Gräsern, besonders der kultivierten wie Mais und Weizen, und wenden sich im Winter Brombeersträuchern und der Rinde von Bäumen zu. Demgegenüber fraßen Kaninchen, die in den kleinen bewaldeten Regionen oder bebauten Landschaften lebten, das ganze Jahr vorrangig Gräser. Auch hier herrschten in der Nahrung, wenn vorhanden, kultivierte Gräser wie Roggen, Weizen, Mais und besonders Gerste vor. Wenn Gräser nicht mehr vorhanden waren, wurde dieser Teil der Nahrung durch Pflanzen wie Brombeere, Efeu oder Raps ersetzt. In den Heidelandschaften der Bretagne fressen Kaninchen Honig-, Schwingel- und Straußgräser, aber auch Stechginster und junge Knospen des Heidekrauts (Calluna und Erica). Stechginster kann mitunter bis zu 50% der gesamten Nahrung betragen.

Tabelle 1: Nahrungszusammensetzung des Kaninchens in verschiedenen europäischen Regionen, Auszug aus (Rogers, et al., 1994); Werte gerundet

	Süßgräser in %	Kräuter in %	Sträucher in %
Holland (Sanddünen)	58	23	19
Tschechoslowakei (≈ 430m ü. N.)	44	41	15
England	81	19	0
Großbritannien	80	15	0
Nordfrankreich (Bretagne)	16	75	8
Nordfrankreich (Ile-de-France)	86	4	7
Südfrankreich (Camargue)	16	43	41
Südspanien	67	30	1

Auch Moose werden von den dort lebenden Kaninchen gefressen. In Portugal nutzen Wildkaninchen bei saisonal oder räumlich abnehmender Qualität von Gräsern und Kräutern auch die Früchte von Kork- und Rundblättriger Eiche als Nahrung. Im Doñana-Nationalpark von Spanien leben Kaninchen im Busch- und Marschland hauptsächlich von Gräsern, während im Sanddünensystem in der Hauptsache Stängel, Blätter und Früchte verschiedener Pflanzen die Nahrung bilden. Weidelgras, Honiggräser, Trespen, Zittergräser, Schwingel, Straußgräser, Greiskräuter (Senecio), Natternköpfe und Löwenzahn gehörten nach einer Studie zu den häufig vorkommenden Pflanzen in Gebieten, die von Wildkaninchen bevorzugt werden (Martins, et al., 2002).

(Duffy, et al., 1996) untersuchten die Nahrungsbestandteile von Kaninchen bei Connemara, einer Region im Westen Irlands. 75% der Nahrung bestanden aus Süßgräsern, der Rest zu fast gleichen Teilen aus Seggen, Binsen, Kräutern und Moosen. Zu den bevorzugten Gräsern gehörten Rotes Straußgras, Ruchgras, Schmiele, Honiggras, Kammgras, Pfeifengras, Knaulgras,

Ährenrispengras, Schwingel, Glatthafer, Traubenhafer, Borstgras, Blaues Pfeifengras und Weidelgras. Im Winter dominierten Draht-Schmiele, Gewöhnliches Ruchgras, Einjähriges Rispengras und Moose die Nahrung.

Der hohe Anteil von Gräsern in der Nahrung der Kaninchen von Irland wurde durch (Wolfe, et al., 1996) bestätigt, die 38 verschiedene Pflanzenarten in den Exkrementen von Kaninchen feststellten. Die häufigsten waren Gräser, welche etwa 85% der jährlichen Nahrung ausmachen.

In einem Vergleich von Wildkaninchen und Feldhasen in Ungarn stellten (Katona, et al., 2004) unter anderem die folgenden Nahrungspflanzen von Wildkaninchen fest: Quecke, Sparrige Trespe, Seggen, Schwingel, Steinkräuter, Gänsefüße, Kanadisches Berufkraut, Sand-Fingerkraut, Österreichischer Thymian, Berberitze, Gewöhnlicher Liguster, Silber-Pappel, Holunder und Gemeiner Wacholder.

Dass Kräuter und Süßgräser zur Nahrung des Kaninchens gehören, wobei Süßgräser bis zu 2/5 der Nahrung ausmachen können, wurde von (Allgöwer, 2005) beschrieben. Ansonsten wurden Grünpflanzen aller Art und sämtliche Kulturpflanzen wie Rüben, Kohlsorten, Getreide und Mais als Nahrung aufgeführt. Im Winter werde der fehlende Grünpflanzenanteil von etwa 3/5 der Nahrung durch den Verzehr von Knospen, Triebspitzen, Rinden und Wurzeln ersetzt.

In einer Studie von (Rödel, 2005) wurde die Anpassung der Nahrungswahl von Wildkaninchen an winterliche Verhältnisse untersucht. Auf Grund der verminderten Verfügbarkeit und Qualität der Nahrung zeigte sich bei subadulten Tieren ein Körpermasseverlust von 22,3% und bei adulten Tieren von 9,7%. Ein größerer Sandanteil im Kot im späten Winter wies auf die erhöhte Aufnahme bodennaher Pflanzenteile hin. Die Messung des Stickstoffgehaltes von Blättern und Stängeln zeigte eine Abnahme, während der Stickstoffgehalt in Wurzeln und bodennahen Trieben relativ stabil blieb. Daraus wurde geschlossen, dass die Tiere in nahrungsarmen Zeiten zunehmend auf Wurzeln und bodennahe Pflanzenteile als alternative Nahrungsquelle auswichen, um ihren Bedarf zu decken.

Nach (Faust, 2009) bevorzugten Kaninchen im nördlichen Oberrheingraben Fabaceae (Hülsenfrüchtler bzw. Leguminosen), der Hauptteil der Nahrung bestand aber aus Gramineae (Gräser), die arm an „Sklerenchym" sind. Damit wird das Festigungsgewebe von Pflanzen bezeichnet, im allgemeinen Sprachgebrauch sind damit Gerüstsubstanzen wie Lignin, Cellulose und Hemicellulose gemeint. Pflanzen mit beißendem bzw. scharfem Geschmack wurden gemieden. Behaarte Segge (Carex hirta) und Hundszahngras wurden nur sehr selten und insbesondere *„nur die weicheren jungen Blattspitzen oder Blütenstände"* gefressen. Sand-Straußgras (Agrostis vinealis), Schmalblättriges Wiesen-Rispengras und Früh-Segge wurden mehr bevorzugt. Bis zu 75% der Phytomasse (Pflanzenmasse) wurde von Zwerg-Schneckenklee gefressen, während bei anderen Fabaceae die Werte bei 50% lagen. Bei weiteren Arten wurden insbesondere *„die Blüten bzw. Blütenstände und junge Blätter und/oder Blattspitzen intensiv befressen"*. Allgemein wurde festgestellt, dass Blüten oder Blütenstände, Leguminosen und andere Kräuter oder Gräser mit weichen Blättern bevorzugt wurde. Als bemerkenswert wurde die hohe Fraßpräferenz für die Sand-Grasnelke festgestellt. Diese enthält das Alkaloid „Plumbagin", welches in vitro mutagene

Effekte zeigt, aber im Tierversuch auch spasmolytisch auf die glatte Muskulatur sowie immunstimulierend wirkte. Die Bevorzugung von Pflanzen änderte sich im Jahresverlauf: *„im Sommer wurden verstärkt Fabaceae und sonstige Kräuter gefressen; im Frühling bzw. Frühsommer wurden zusätzlich mehr Graminoide genutzt als im Sommer und Herbst.".* Als „Graminoide" werden grasartige Pflanzen bezeichnet. Weiterhin wurden als bevorzugt Grasnelken, Gewöhnlicher Reiherschnabel und Sichelklee beschrieben. Pflanzen mit einem hohen „Gift"-Anteil wie Zypressen-Wolfsmilch wurden dagegen nur wenig gefressen.

Krähenbeeren (Corema album) sind immergrüne Zwergsträucher aus der Familie der Heidekrautgewächse, die bereits in der Antike gegen Blasensteine eingesetzt wurden. (Larrinaga, 2010) konstatierte im Nordwesten Spaniens eine besondere Auswahl des Samens dieser Pflanzen durch Wildkaninchen nach deren Größe. Die Ergebnisse legten nahe, dass Kaninchen aktiv kleine Blüten auswählen bzw. aus den Blüten die kleinen Samen selektieren.

(Kumerloeve, 1956) stellte auf der Insel Amrum eine Vorliebe der Kaninchen für Boviste fest, was auch auf die geringen Flächen mit Süßgräsern zurückführt wurde. Strandhafer und ein Großteil der Geest-Vegetation wurde weitgehend gemieden.

Dass sich Kaninchen als Herbivore durchaus auch von Fleisch bedienen, wird nur selten erwähnt, überwiegend angezweifelt oder auch rigoros bestritten. Eigentlich wäre ein Fleischverzehr durch Kaninchen nichts Ungewöhnliches, denn viele Herbivoren ernähren sich auch von tierischen Eiweißen. Ebenso ernähren sich Carnivoren (Fleischfresser) gelegentlich auch von Pflanzen (z. B. Hund, Katze). (Gaffrey, 1954) berichtete von Wildkaninchen am Stadtkrankenhaus Dresden, die Knochen benagten und Fleisch fraßen. Im Parkgelände wurde ein Haufen von 75-100 kg ausgekochter Knochen von Rindern und Schweinen aufgeschüttet, an denen sich noch Knorpel, Sehnen und größere Fleischreste befanden. Dieser Haufen wurde von Tag zu Tag kleiner, wobei nur wenige Knochen verstreut wurden. An den Spuren im frisch gefallenen Schnee ließ sich zweifelsfrei erkennen, dass Wildkaninchen als Urheber des kleiner werdenden Haufens anzusehen waren.

(Petzsch, 1959) gab Auskunft über ein junges Wildkaninchen, das mit einem jungen Feldhasen im Zoo in Halle/S. zusammengebracht wurde und die ohne Streit zusammen lebten. Die Tiere erhielten ausschließlich pflanzliche Nahrung, die *„vielseitig, gehaltvoll und vitamin- und mineralstoffreich"* war. In einem Versuch nahmen beide Tiere trotzdem zusätzlich ungekochte Pferderippenstücke mit anhaftendem Muskelfleisch *„gierig"* an und benagten diese selbst im gefrorenen Zustand. (Alves, et al., 2006) fanden in Kaninchenkot u. a. Helochares spp., eine Wasserkäferart.

Ebenfalls in Kotproben von Wildkaninchen wurden von (Homolka, 1988) Reste von Arthropoden (Gliederfüßern) wie Milben und Flöhen nachgewiesen, die wahrscheinlich mit der Nahrung oder beim Putzen aufgenommen wurden.

Nahrungsaufnahme

In der Literatur wird die Nahrung des Kaninchens recht widersprüchlich charakterisiert bzw. interpretiert: so wird sie einerseits als karg und rohfaserreich, andererseits als protein- und energiereich sowie rohfaserarm dargestellt. Wenn man die Tiere aus der Ferne bei der Nahrungsaufnahme beobachtet, fragt man sich, was genau sie da eigentlich fressen. Die Flächen erscheinen oft karg, also genauso, wie es häufig in der Literatur beschrieben wird.

Bild 6: Kaninchen im Hochsommer auf karger Fläche

Je nach Habitat stehen Wildkaninchen die verschiedensten Pflanzen zur Verfügung. Kaninchen fressen nicht wie Rinder oder Pferde, indem sie große Pflanzenmengen relativ wahllos fressen. Sie suchen sich ganz gezielt bestimmte Pflanzen und fressen auch nur die Bestandteile, die lohnenswert sind. Auf Grund dieser Fressweise werden sie auch als „Konzentrat-Selektierer" (engl.: Browser) bezeichnet.

Je älter Pflanzen werden, umso höher wird ihr Gehalt an unverdaulichen Gerüstsubstanzen wie Cellulose und Lignin. Sie haben zwar eine gewisse Bedeutung als „Ballaststoff", ihr Nährwert ist aber gering. Kaninchen selektieren ihre Nahrung gegen Rohfaser, das heißt, sie fressen bevorzugt solche Pflanzen bzw. deren Bestandteile, die wenig Fasern enthalten – sie selektieren ihre Nahrung also **gegen** einen hohen Fasergehalt.

Zunächst fressen Kaninchen die Pflanzen, die in unmittelbarer Reichweite stehen. Langsam erweitert sich der Radius und sie strecken sich nach Pflanzen, die etwas weiter entfernt stehen. Lohnt es sich aufgrund des Geschmacks und der Güte der Pflanzen, erfolgt ein Stellungswechsel. Man sieht sie zum Teil in sehr unbequemen Stellungen fressen, ehe sie sich entschließen, zu der Position zu wechseln, die lohnenswerter erscheint. Wer Kaninchen in einem Freilauf mit Grünfläche hält, wird exakt die gleiche Vorgehensweise bei der Nahrungssuche und -aufnahme beobachten können.

Die Stängel älterer Pflanzen werden selten gefressen, oft werden die jungen, noch leicht verdaulichen kurz über dem Boden durchgebissen. Dafür wird der Kopf leicht geneigt und der Stängel durchgebissen. Der abgebissene Teil wird im Maul gedreht und von der Spitze her nach und nach gefressen. Auf diese Weise werden interessante Pflanzen selektiert und nur der nahrhafteste Teil gefressen, während z. B. kurze, frische Blätter von Gräsern recht schnell und in großer Menge regelrecht gerupft werden. Dadurch entstehen auch die typischen Flächen mit kurz gehaltenen Gräsern, die dem Tier den Beinamen „Rasenmäher" eingebracht haben.

Gräser bilden über das Jahr hinweg mengenmäßig den größten Anteil in der Nahrung des Kaninchens. Daneben stellen vor allem in der Wachstumsphase die Blätter von Sträuchern und Kräutern einen großen Teil dar. Frische Blätter hochwachsender Sträucher wie Brombeere sind mit zunehmendem Alter der Pflanze für Kaninchen eigentlich nicht mehr erreichbar, weil die Äste zu lang sind. Deshalb beißen die Tiere einfach die starken Äste durch und fressen die zarten, jungen Blätter am Boden weiter.

Die gesamte Nahrung des Wildkaninchens enthält auf Grund der selektiven Fressweise relativ wenig Ballaststoffe, aber sehr viele Nährstoffe und vor allem Wasser, welches das Volumen der Nahrung erhöht. Damit ist auch die Nahrungsmenge für die Befriedigung des Bedarfes sehr hoch. Wie die meisten Säugetiere besteht auch der Körper des Kaninchens zu ca. 70% aus Wasser. Dieses erfüllt verschiedene Funktionen und dient u. a.:
- als Lösungs- und Transportmittel zahlreicher Substanzen für die Versorgung der Zellen mit Nährstoffen,
- zur Unterstützung der Ausscheidung harnpflichtiger Substanzen,
- als Reaktionspartner für Stoffwechselprozesse,
- als Regulator des Säure-Basen-Haushalts,
- zur Vergrößerung des Volumens der Nahrung, das für eine regelmäßige Erneuerung des Darminhalts sorgt und
- zur Erhaltung der physiologischen Körpertemperatur.

Bild 7: Obwohl in der näheren Umgebung saftige, grüne Pflanzen wachsen, konzentriert sich dieses Tier auf eine scheinbar karge Fläche.

Bild 8: Oft verrenkt sich das Kaninchen, bevor es sich entscheidet, dorthin zu wechseln, wo das bessere Grün wächst.

Bild 9: Rot eingekreist sind Pflanzen, die gerade frisch nachwachsen ...

Bild 10: ... und die auf diesem Bild verschwunden sind.

Bild 11: Samen von Gräsern finden sich in großen Mengen …

Bild 12: … und werden gern gefressen

Bild 13: Zarte, junge Blätter von Gräsern werden von der Blattspitze her einfach abgerupft.

Bild 14: Längere Gräser werden am Blattansatz durchgebissen, im Maul gedreht und dann gefressen.

Bild 15: Mit zunehmendem Alter sind junge Blätter der Brombeere nur schwer zu erreichen. Entweder man streckt sich …

Bild 16: … oder man beißt einfach einen Ast durch …

Bild 17: ... und frisst dann die jungen Blätter bequem am Boden weiter.

Bild 18: Manche Tiere zeigen den Ansatz einer Wamme. So wird die Neigung zu einem Fettansatz unter dem Kinn bezeichnet.

An heißen Tagen verhindert der Aufenthalt im kühlen, relativ feuchten Erdbau einen übermäßigen Verlust an Wasser, denn nur selten verfügt das Wildkaninchen in seinem Lebensraum über die Möglichkeit der direkten, zusätzlichen Wasseraufnahme. Sinkt der Wassergehalt in der gesamten Nahrung unter ca. 55%, wäre das Tier auf eine solche angewiesen (Cooke, 1982b). Einen zusätzlichen Beitrag der Wasserversorgung bietet aber nach kühlen Nächten z. B. der Tau an den Pflanzen. Trotz der scheinbaren kargen Nahrung sind jedoch alle beobachteten Kaninchen wohlgenährt, manche zeigen gar Anzeichen einer Wamme, wie eine Fettansammlung unter dem Kinn genannt wird.

(Tellkamp, 1979) berichtete in einem Beitrag über Kaninchen auf „Memmert", einer kleinen ostfriesischen Insel, die vor Juist liegt. 1920 wurden dort Hauskaninchen ausgesetzt. Trotz der kargen Nahrung wogen die Tiere im Jahr 1974 im Schnitt ca. 2,2 kg, das schwerste 2,5 kg. Im Verhalten ähnelten sie immer noch Hauskaninchen, das heißt, sie waren kaum scheu und ließen sich nach einer Zeit der Gewöhnung sogar aus der Hand füttern. Der Versuch, eines dieser Kaninchen durch reichlich Grünfutter auf ein höheres Gewicht zu bringen, schlug fehl. Das Endgewicht betrug im Alter von 6 Monaten 2,3 kg. Gefahr für die Kaninchen auf der Insel bestand nur für Jungtiere in Form von spezialisierten Silbermöwen und Weihen, die gelegentlich vor den Röhren lauerten. Im Gegensatz dazu waren die ehemaligen, domestizierten Kaninchen auf der Insel „Föhr", die um 1940 aus einer Scheune entwichen, deutlich scheuer und dem Wildkaninchen ähnlicher. Als Grund wurden die Anwesenheit von Mauswieseln und Hermelinen, streunenden Katzen und Hunden sowie die Bejagung durch den Menschen angegeben. Trotzdem wogen die Kaninchen auf dieser Insel, die für Untersuchungszwecke gefangen wurden, im Schnitt immer noch 1,98kg, das schwerste sogar 2,4 kg.

Mangelsituationen
Im Leben des Wildkaninchens kommt es, je nach Standort mehr oder weniger, zu Zeiten eines Notstandes. Im Sommer kann z. B. durch anhaltende Trockenheit die Vegetation vertrocknen. Auch das Mähen von Wiesen lässt häufig über Nacht Deckung und Nahrung der Tiere verschwinden. Der Betrachter kann schnell zu der Auffassung gelangen, die Tiere würden in solchen Zeiten nur noch „Heu" fressen.

In einem Versuch mit Wildkaninchen von (Cooke, 1982b) bestand bei freier Wahl ca. 65% der gesamten, aufgenommenen Nahrung aus Wasser.

Zu einem ähnlichen Ergebnis kamen Myers & Poole 1963, die bei einem Absinken des Wassergehaltes in der Nahrung unter 70% eine zusätzliche Aufnahme von Trinkwasser registrierten (20-30 ml/Tag/Tier). Fiel der Betrag von Wasser in der Nahrung unter 55%, begannen die Kaninchen, von körpereigenen Reserven zu zehren (Cooke, 1982a). Nach Richards (1979) überlebten Kaninchen in trockenen Gebieten nur dann, wenn der Wassergehalt in der Nahrung mehr als 60% betrug.

Bild 19: Selbst in der scheinbar verbrannten Landschaft finden und fressen die Tiere immer noch das frische, nachwachsende Grün.

Bild 20: Sogar in dieser Notzeit leisten sich die Tiere den „Luxus", nur die oberen Teile der Blätter - die Blattspitzen - zu fressen.

Das Gegenteil stellt der Winter dar, der in Mitteleuropa relativ mild ist, so dass die Tiere in der Regel zumindest noch viele Gräser als Nahrung zu Verfügung haben. Leben sie in der Nähe von Kulturflächen, werden vor allem Wintersaaten stark geschädigt.

> Bild 21: Teil eines Feldes mit Winterraps Ende Dezember. In unmittelbarer Nachbarschaft leben in undurchdringlichen Brombeerhecken Kaninchengruppen. Die Kaninchen fressen zwar nur Teile der Blätter, wodurch aber die Pflanzen eingehen. Die beweidete Fläche dehnte sich im Laufe des Winters immer weiter aus. Während die Pflanzen außerhalb des Bereiches, der von Wildkaninchen abgefressen wurde, noch dunkelgrün und gesund sind, ist schon farblich deutlich zu erkennen, dass die meisten Pflanzen innerhalb (links) der roten Linien bereits verwelkt bzw. abgestorben sind.

Bild 22: Das Blatt des Winterraps zeigt die typische Fressweise des Kaninchens: bevorzugt werden die frischen, zarten Teile der Blätter, während die faserreicheren Bestandteile wie die Blattrippen und Stängel gemieden werden. Diese Fressweise findet sich in identischer Weise bei Hauskaninchen wieder.

Die Auswahl der Nahrung

Auf Grund ihrer selektiven Fressweise bestimmter Pflanzenteile, werden Kaninchen zu den „Konzentrat-Selektierern" gezählt. Dieser Begriff geht auf (Hofmann, et al., 1972) zurück, der ihn für afrikanische Wiederkäuer prägte. Diese verfügen über mehrere Mägen. Innerhalb der Konzentrat-Selektierer wurde noch einmal in jene unterschieden, die sich vom Laub von Bäumen und Sträuchern ernähren (Giraffe, Kudu) und in jene, die sich von Früchten und den Blättern zweikeimblättriger Pflanzen wie Bäume, Sträucher und Kräuter ernähren (Ducker, Klippspringer, Dik-Dik). Später wurde diese Einteilung und der Begriff Konzentrat-Selektierer auch auf Tiere in Europa wie z. B. das Kaninchen und das Reh (Cheeke, 1987), (Cheeke, 1994), (Van Soest, 1994) sowie Weißwedelhirsch und Elch übertragen (Behrend, 1999). Sicher kann man auch den Hasen dazu zählen, entspricht doch die Nahrung, deren Auswahl sowie die Fressweise und Verdauung weitgehend der des Wildkaninchens.

Der Begriff „Konzentrat-Selektierer" bedeutet nicht, dass ein Kaninchen gern Konzentratfutter fressen würde, sondern dass es sich aus seiner arttypischen Nahrung jene Bestandteile auswählt, die den höchsten Gehalt an Nährstoffen aufweisen. Bedingt durch eine relativ kurze Passagezeit der Nahrung im Verdauungstrakt und des Fassungsvermögens fressen Kaninchen vorrangig jene Pflanzenteile, die reich an Zellinhaltsstoffen, aber arm an Zellwandbestandteilen (Fasern) sind. Schwer- bzw. unverdauliche, größere Teile werden schnell durch das Verdauungssystem geschleust und nach kurzer Zeit bereits wieder als Hartkot ausgeschieden. Leichter verdauliche, kleine Partikel hingegen wandern in den Blinddarm und werden dort von Bakterien verwertet.

Als Monogastrier vermeidet das Kaninchen nach Möglichkeit die Aufnahme rohfaserreicher Nahrung, da es nur sehr begrenzt über die Möglichkeit verfügt, Cellulose zu verdauen. Wie dem Menschen fehlen dem Kaninchen Enzyme, die diese aufspalten können. Stattdessen übernehmen diese Aufgabe Bakterien im Darm. Diese Form der Verwertung mittels Zersetzung durch Bakterien wird auch als „Fermentation" bzw. „Gärung" bezeichnet. Der Begriff „Fermentation" beschreibt allgemein den Abbau von biologischem Material durch Mikroorganismen wie Bakterien und Pilzen, während für die „Gärung" dieser Abbau explizit ohne Anwesenheit von Sauerstoff gilt – also für den Abbau von Pflanzenfasern im Dickdarm des Kaninchens.

Polygastrier wie z. B. das Rind mit mehreren Mägen und daraus resultierender, längerer Passagezeit der Nahrung können Zellwandbestandteile wesentlich effektiver verwerten. Unter Berücksichtigung der metabolischen Körpermasse beträgt der Raum für den Gärprozess im Blinddarm beim Kaninchen nur 20% der Größe des Pansens beim Rind. Demgemäß beträgt auch der Anteil der Faser in der Nahrung des Kaninchens im Vergleich zum Rind nur etwa die Hälfte (Williams, et al., 1995).

Pflanzenfasern dienen dem Kaninchen nach (Cheeke, 1987) lediglich der Darmmotilität (Eigenbewegung der Darmmuskulatur) und weniger als Nährquelle, da die Zeit für die Fermentation im Blinddarm durch Bakterien nicht ausreicht. Im Blinddarm werden kleinere, besser verdauliche Bestandteile durch Bakterien verwertet und das Produkt, der Blinddarmkot, vom Kaninchen erneut aufgenommen.

Bild 23: Einteilung von Herbivoren, nach (Van Soest, 1994)

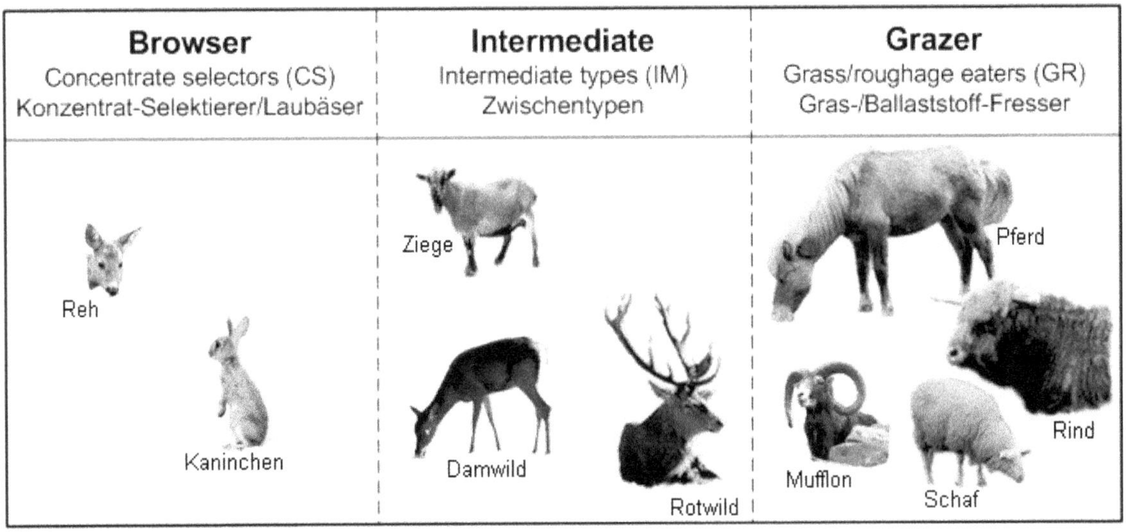

Bild 24: Aufbau einer Pflanze

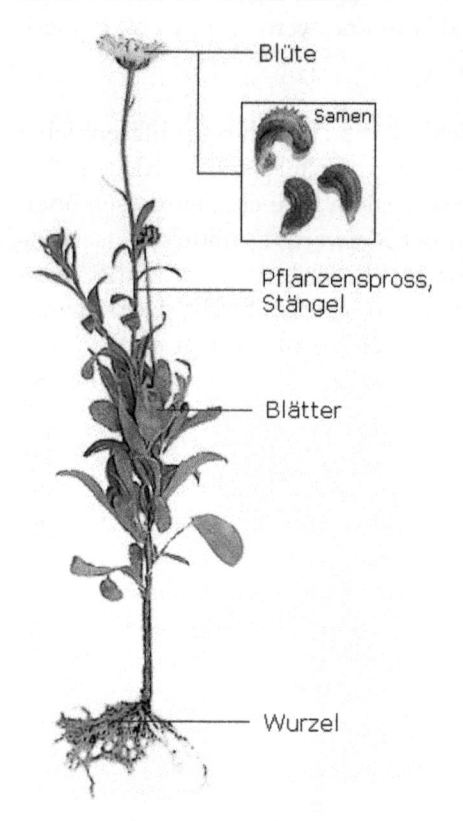

Beschriftungen der Abbildung: Blüte, Samen, Pflanzenspross, Stängel, Blätter, Wurzel

Grüne Landpflanzen, die zur Nahrung des Kaninchens gehören, bestehen in der Regel aus der Wurzel, dem Stängel sowie den Blättern und Blüten mit Samen. Solange die Pflanze im Erdreich verwurzelt ist, hat sie einen hohen Wassergehalt, in Gräsern und Kräutern liegt dieser zwischen 75 - 90%. Das Wasser hat mehrere wichtige Funktionen für das Kaninchen: so ist das Volumen der Nahrung relativ groß, was für einen steten Nachschub des „Chymus" (Nahrungsbrei) und somit auch für eine regelmäßige Erneuerung des Magen- und Darminhaltes sorgt. Das Wasser ist als Transportmittel für die verschiedensten Nähr- und Wirkstoffe unerlässlich. Mit der Wurzel wird es aus der Erde aufgenommen und über den Stängel zu allen Teilen der Pflanze transportiert. Frische, neu gewachsene Pflanzen bzw. Pflanzenteile sind besonders reich an Nährstoffen. Mit zunehmendem Alter der Pflanze beginnen die Zellwände zu verholzen, da sich Lignin anreichert – ein Bestandteil, der in die Zellwand einer Pflanze eingelagert wird und ihr Verholzen bewirkt. Lignin ist für Menschen und Tiere unverdaulich. Von einer im Boden verwurzelten, jungen Pflanze fressen Kaninchen bevorzugt das obere Drittel ab und widmen sich dann der nächsten. Von geschnittenem Grün wird dagegen oft das ganze Blatt gefressen, insbesondere von älteren Tieren. Auf diese Weise verbringen sie sehr viel Zeit mit der Nahrungsaufnahme, vor allem in den Morgen- und Abendstunden sowie in der Nacht, während domestizierte Tiere dem Tag-/Nachtrhythmus ihrer wilden Verwandten weitgehend nicht mehr folgen. Sie fressen auch tagsüber immer wieder, wenn Futter ad libitum zur Verfügung steht. Bis zu 80mal wird Nahrung von ihnen aufgenommen, während Wildkaninchen etwa 30 Mahlzeiten pro Tag zu sich nehmen (Hörnicke, 1978).

Woher wissen Jungtiere, was sie fressen dürfen?
In den ersten Lebenstagen nach ihrer Geburt sind Kaninchen taub und blind, lediglich Geschmacks- und Geruchssinn sind bereits gut ausgeprägt. Obwohl die Häsin in der Regel nur ein- bis zweimal täglich für 3-5 Minuten an das Nest kommt, um ihre Jungen zu säugen, sind diese in der Lage, in der kurzen Zeit die Nahrungsquelle zu finden und sich satt zu trinken. Verantwortlich dafür sind so genannte „Pheromone" – artspezifische, biochemische Botenstoffe, die den Jungtieren zuverlässig den Weg zu den Zitzen der Mutter weisen. Auf die Milch von Ratten, Schafen, Kühen und Stuten reagieren Jungtiere nicht im gleichen Maße wie auf arteigene.

Nach ca. 2 Wochen erfolgt der Übergang von flüssiger zu fester Nahrung. Als erstes steht das Nestmaterial zur Verfügung, welches von dem Muttertier ausgewählt und zusätzlich mit Bauchfell ergänzt wurde.

Außerdem hinterlässt die Häsin Kotbällchen am Nest, die von den Jungtieren beknabbert werden (Hudson, et al., 1982). Nach etwa 3 Wochen kommt die Stunde der Wahrheit: die Jungtiere verlassen den Bau und müssen sich ihre Nahrung in einer völlig neuen und fremden Umgebung suchen. Die Mutter hilft dabei nicht, im Gegenteil: bereits nach 3 Wochen kann der Fall eintreten, dass sie die Jungtiere nicht mehr säugen lässt. Ab jetzt müssen sie also völlig allein zurechtkommen. Wenn jedes Kaninchen von Anfang an erst lernen müsste, was in seiner Umgebung genießbar und was giftig ist, wäre die Überlebensrate für Jungtiere noch niedriger, als sie so schon ist.

Das einfachste wäre sicher, die Häsin würde ihren Jungtieren zeigen, was sie fressen können und was nicht. Das ist in einer Erdhöhle schwierig, die zudem im Dunkeln, möglichst unauffällig und nur für sehr kurze Zeit aufgesucht wird, um keine Fressfeinde anzulocken. Mutter Natur hat aber anderweitig vorgesorgt: die Jungtiere lernen bereits über die Muttermilch, den Kot der Häsin und über das Nestmaterial ihre späteren Fresspflanzen kennen. Geschmack und Geruch lehren die Jungtiere also schon vor der selbstständigen Futtersuche, welche Pflanzen für sie geeignet sind. Somit „kennen" junge Kaninchen, wenn sie den Bau verlassen, bereits viele Pflanzen - genauer müsste man eigentlich sagen: deren Inhaltsstoffe. Auf diese Weise selektieren sie von Anfang an über den Geruch und Geschmack Pflanzen, die bereits ihre Mutter als unbedenklich eingestuft und in größeren Mengen gefressen hat.

Dokumentiert wurde diese Fähigkeit der Kaninchen, die wir auch in unserer eigenen Haltung feststellen konnten, u. a. von (Altbäcker, et al., 1995), indem an verschiedene Gruppen von Häsinnen jeweils Wacholder und Thymian im Futter verabreicht und geprüft wurde, was deren Jungtiere später präferierten. Jungtiere, deren Mütter zusätzlich 10% Wacholder im Futter erhielten, bevorzugten später auch Nahrung, die Wacholder enthielt. Ebenso favorisierten Jungtiere Thymian, wenn dieser vorher im Futter der Häsin enthalten war. Im Laufe der Zeit relativierte sich die Aufnahme des Futters mit den sehr speziellen Inhaltsstoffen im Vergleich zur Kontrollgruppe, das weder Wacholder, noch Thymian enthielt.

Ein weiterer, interessanter Fakt ist die Fähigkeit des Kaninchens, das Aminosäuremuster in der Nahrung zu erkennen und die Aufnahme entsprechend zu regulieren. Demonstriert wurde das am Beispiel der Aminosäure Lysin (Colin, et al., 1975).

Das Gebiss
Allgemeines

Die Zähne von Säugetieren werden u. a. in nieder- und hochkronig unterschieden. Die meisten Säugetierzähne sind niederkronig (brachyodont), verfügen über gut entwickelte Zahnwurzeln. Die Zahnkrone befindet sich vollständig außerhalb des Zahnfaches (Pulpa) und ist deutlich niedriger als die Zahnwurzel. Als Zahnfach wird die Vertiefung im Kieferknochen bezeichnet, in der die Zahnwurzel steckt.

Für hochkronige Zähne, wie sie für Lagomorpha typisch sind, werden die Begriffe „hypsodont" bzw. „hypselodont" benutzt, wobei die Unterscheidung nicht eindeutig ist. Von (Mones, 1982) wurde der Begriff „euhypsodont" für Zähne wie die der Lagomorpha vorgeschlagen, die ein unbegrenztes Wachstum aufweisen.

Bis zu einem Alter von 3 - 5 Wochen verfügen Kaninchen über ein Milchgebiss mit 16 Zähnen. Gebisse, die aus Milchzähnen und bleibenden Zähnen bestehen, werden „diphyodont" genannt. Die großen Schneidezähne haben keine Milchzahnvorgänger, sondern sind bereits zur Geburt als bleibende Zähne durchgebrochen, weshalb sie auch in der Zahnformel des Milchgebisses mit großen Buchstaben angegeben werden. Die kleinen Schneidezähne des Oberkiefers, auch Stiftzähne genannt, werden gewechselt. Die Molaren (Mahlzähne) haben keine Milchzahnvorgänger.

Das Milchgebiss verfügt in der oberen Kieferhälfte über 2 große Schneidezähne, 2 kleine Schneidezähne und 6 vordere Backenzähne, in der unteren Kieferhälfte über 2 große Schneidezähne und 4 vordere Backenzähne.

Zahnformel für das Milchgebiss:
2I 0c 3p 0m
1I 0c 2p 0m

I = *Incisivus* = Schneidezahn
C = *Caninus* = Eckzahn
P = *Prämolar* = Vormahlzahn
M = *Molar* = Mahlzahn

Das bleibende Gebiss der Kaninchen verfügt über 28 Zähne: in der oberen Kieferhälfte 2 große Schneidezähne, 2 kleine Schneidezähne, 6 vordere Backenzähne und 6 Backenzähne und in der unteren Kieferhälfte 2 große Schneidezähne, 4 vordere Backenzähne und 6 Backenzähne.

Zahnformel für das bleibende Gebiss des Kaninchens:

2I 0C 3P 3M
1I 0C 2P 3M

Bild 25: Schädel und Gebiss des Kaninchens

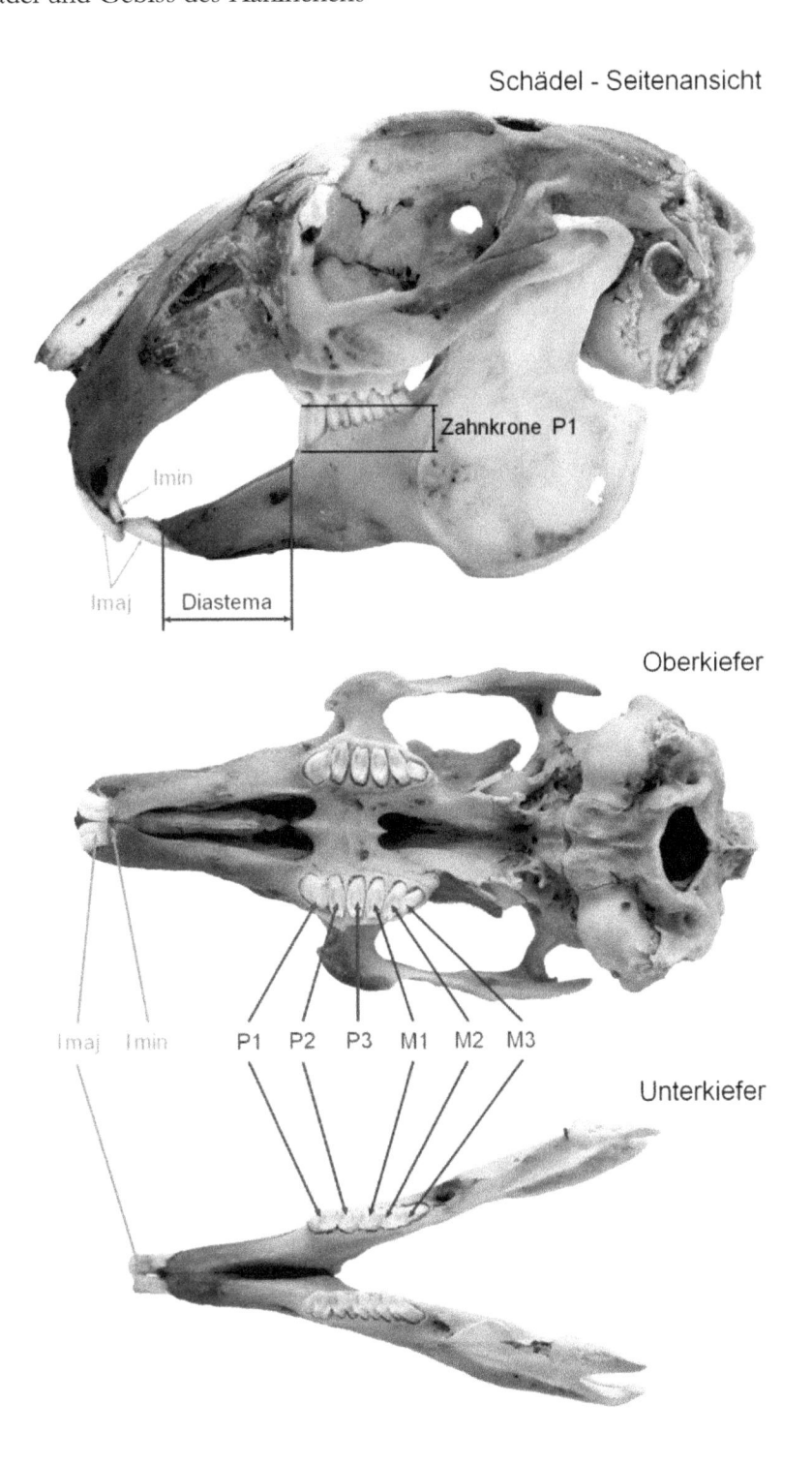

Schädel - Seitenansicht

Zahnkrone P1

Imin

Imaj Diastema

Oberkiefer

Imaj Imin P1 P2 P3 M1 M2 M3

Unterkiefer

Die kleinen Stiftzähne hinter den großen Schneidezähnen im Oberkiefer unterscheiden das Kaninchen vom Nagetier, diese haben nur die 2 großen Schneidezähne. Diese Stiftzähne haben keine Schneidkanten und sind am oberen Ende abgerundet. Auf ihnen liegen bei geschlossenem Maul die Schneidezähne des Unterkiefers auf. Sie erfüllen somit also die Funktion eines Widerlagers. Ein drittes Paar Schneidezähne formt sich, wird aber bereits kurz vor oder nach der Geburt verloren. Auf Grund der zusätzlichen Stiftzähne bezeichnet man Lagomorpha (Hasenartige) als „Duplicidentata", während Rodentia (Nagetiere) zu den „Simplicidentata" gezählt werden. In der Literatur wird von verschiedenen Autoren über eine „Hypodontie" der Stiftzähne berichtet, dem erblich bedingten Fehlen dieser Zähne (Taglinger, et al., 1999).

Kaninchen verfügen über keine Eckzähne (Canini). Der zahnlose, große Freiraum zwischen den Schneide- und Backenzähnen wird „Diastema" genannt. Alle Zähne des Kaninchens sind wurzeloffen - das bedeutet, sie haben eine, zum Zahnfach hin, offene Zahnhöhle (Pulpahöhle). Der Zahnschmelz (Enamelum) umschließt das weichere Dentin (Zahnbein). Bei Kaninchen umschließt der Zahnschmelz grundsätzlich die gesamte Dentin-Substanz.

Aufbau und Härte der Zähne
Die Zahnschmelzschicht der Schneidezähne ist auf der äußeren Zahnseite dicker als auf der inneren Mundhöhlenseite (Nachtsheim, 1936), (Taglinger, et al., 1999). Dadurch wird die innere Schicht stärker abgenutzt, wodurch eine scharfe, meißelartige Schneidkante entsteht. Diese ermöglicht ein Nagen und Zerteilen der Nahrung, während die oberen Schneidezähne dem Festhalten der Nahrung dienen. Auf diese Weise nutzen sich die unteren Schneidezähne stärker ab und wachsen auch schneller als die oberen, wobei der Prozess von Wachstum und Abnutzung von der Nahrung abhängig ist.

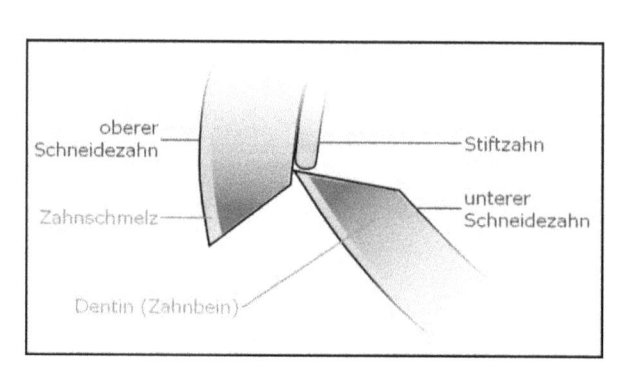

Bild 26: Oberer und unterer Schneidezahn sowie Stiftzahn

Eine wichtige Substanz für den Aufbau von Knochen und Zahnsubstanz ist das Mineral „Hydroxylapatit" aus der Gruppe der Apatite. Es übernimmt wichtige Stützfunktionen und kann durch Zellen, die für die Knochenbildung verantwortlich sind, aus Phosphat- und Calciumionen erzeugt werden. Diese Zellen werden „Osteoblasten" genannt. „Osteoklasten" sind hingegen Zellen, die den Knochen auflösen, wobei diese Funktion durch die Hormone „Parathormon" und „Calcitonin" gesteuert wird.

Knochen enthalten etwa 50% Hydroxylapatit, Dentin 70%, und Zahnschmelz 97%. Daraus resultiert, dass der Zahnschmelz die härteste Substanz im Körper bildet.

(Pilz, et al., 1979) stellten in Untersuchungen fest, dass die physiologische Endhärte des Nagezahns bereits im alveolären Zahnanteil (also im Zahnfach) und in einem sehr frühen Wachstumsstadium erreicht wird. Damit unterscheidet sich die Reifung des Schmelzes der Zähne des Kaninchens von der des Menschen, bei dem die Endhärte erst später nach dem Zahndurchbruch erreicht wird. Als Härte wird der mechanische Widerstand bezeichnet, den ein Werkstoff dem mechanischen Eindringen eines anderen Körpers entgegensetzt. Für die Prüfung der Härte von Materialien existieren verschiedene Methoden, deren Ergebnisse mehr oder weniger miteinander vergleichbar sind. Der Unterschied besteht in der Regel in Material und Form des Eindringkörpers sowie der aufgebrachten Kraft für das Eindringen. Eine Methode der Härtebestimmung, insbesondere für Zahnmaterialien, ist diejenige nach (Knoop, et al., 1939). In der Literatur werden Werte nach dieser Methode für Zahnschmelz mit 272-440 KHN (Knoop Hardness Number) und für Dentin mit 50-70 KHN angegeben (Meredith, et al., 1996).

Die Vickers-Härteprüfung wurde im Jahr 1925 von Smith und Sandland entwickelt und nach der britischen Flugzeugbaufirma „Vickers" benannt. In Untersuchungen von (Pilz, et al., 1979) betrug die Vickershärte für den Zahnschmelz im inzisalen Drittel (an der Zahnspitze bzw. dem Schneidebereich) 328 kp/mm^2, im mittleren Drittel 233 kp/mm^2 und im apikalen Drittel (dem Zahnwurzelbereich) ca. 110 kp/mm^2. Das zeigt, dass der Zahn im unteren Bereich eher Schädigungen ausgesetzt ist, als im oberen Bereich. Die Härte des Dentins betrug 48 kp/mm^2.

Die Ritzhärte wurde von dem deutschen Mineralogen Friedrich Mohs für Mineralien entwickelt. Die Skala reicht von 1 (für Talk) bis 10 (für Diamant) und beruht auf dem Prinzip, dass harte Stoffe weichere ritzen. **Gleich harte Minerale ritzen sich nicht**. Die Härte kann einen Hinweis auf das Verhalten eines Stoffes wie zum Beispiel der Abnutzung von Zähnen liefern, reicht aber allein für eine solche Beurteilung nicht aus. Hinzu kommen noch weitere Faktoren wie Konsistenz und Inhaltsstoffe des Futters sowie das Kauverhalten, um nur einige zu nennen. Trotz der Härte des Zahnschmelzes ist dieser auch relativ spröde. So können mechanische und chemische Einflüsse zu Haarrissen in der Schmelzschicht oder einer Verringerung ihrer Dicke führen.

Tabelle 2: Härte verschiedener Materialien

	Ritzhärte nach Mohs (1-10)		**Ritzhärte nach Mohs (1-10)**
Holz*	2,0-3,0	Eisen	4,5
Gold	2,5-3,0	Granit	5,0
Calcit (CaCO$_3$)	3,0	Zahnschmelz**	5,5
Knochen	2,0-3,0	Sand, Quarz (SiO$_2$)	7,0
Dentin	2,0	Diamant	10,0

* abgeleiteter Wert aus der Brinellhärte
** für Kaninchen, Hase, Hamster, Haus- und Wanderratte; aus (Herold, 1950)

Bei SiO$_2$ in Tabelle 2 handelt es sich um Silikate in Form von Kieselsäure, die von Pflanzen über das Wasser aufgenommen werden und ihnen als Gewebestabilisierung und z. B. als Schutz vor Pilzerkrankungen dienen. Sie werden auch als „Phytolite" bezeichnet und kommen in größerer Menge vor allem in Gräsern vor. Die Ritzhärte der Phytolite liegt deutlich über der des Zahnschmelzes und so ist durchaus denkbar, dass der Beitrag der Silikate zum Zahnabrieb eine größere Beachtung verdient, als ihnen in Fachartikeln zukommt. Im Fall von Pferden ist das Problem eines übermäßigen Abriebs der Zähne durch den vorwiegenden Verzehr „harter" Gräser bekannt – „hart" auf Grund der gewebestabilisierenden Silikate.

Der Kauprozess

Bei Kaninchen treffen die Schneidezähne bei normaler Okklusion (also normaler Schlussbissstellung) nicht aufeinander, sondern laufen aneinander vorbei. Das Zerteilen der Nahrung erfolgt durch seitliche Unterkieferrotationen durch Schneiden und nicht durch Nagen. Nach dem Zerteilen wird die Nahrung mit der Zunge über das „Diastema" (Zahnzwischenraum) zwischen die Backenzähne geschoben und dort zerrieben. Die mahlende Reibbewegung der Backenzähne wird durch das Schlittengelenk möglich, das Verschiebungen des Unterkiefers nach vorn und zurück zulässt. In der englischsprachigen Literatur findet sich für diese mahlenden Kaubewegungen oft der Begriff „masticate", auf Deutsch „mastizieren" (lat. masticare = kauen), was diese Prozedur eigentlich treffend beschreibt. Der Begriff wird synonym in der kautschukverarbeitenden Industrie benutzt und beschreibt den Prozess des Knetens von Kautschuk und die damit verbundene Zerkleinerung bzw. den Abbau der Struktur durch das Brechen von Molekülketten. Dadurch wird der Kautschuk weicher bzw. plastischer und lässt sich besser weiterverarbeiten. Im Prinzip passiert beim Kauprozess das Gleiche: die langfaserige Struktur der Pflanzen wird durch das Kauen und Mahlen zwischen den Backenzähnen abgebaut, also zerkleinert. Dadurch entsteht ein Nahrungsbrei (Chymus), der besser weiterverarbeitet und verdaut werden kann. Durch die Zerkleinerung vergrößert sich die Oberfläche der aufgenommenen Nahrung, so dass Enzyme effektiver tätig werden können.

Das Bewegungs- bzw. Kauprofil der Kiefer sowie die Wechselwirkungen zwischen den Zähnen sind von der Konsistenz der Nahrung abhängig (Weijs, et al., 1981). Der Abrieb der Zähne beruht auf Kaubewegungen und, nach (Wolf, et al., 1996), auf der gegenseitigen Abnutzung der Zähne. Diese Feststellung scheint fraglich, denn eine Abnutzung durch den Kontakt gleichharter Materialien ist theoretisch erst nach sehr langer Zeit denkbar. Wahrscheinlicher ist ein Einfluss der abrasiven Wirkung durch Nahrungsbestandteile wie z. B. Kieselerde (Schulz, et al., 2013), (Müller, et al., 2014).

Ein weiterer, sehr wichtiger Aspekt im Zusammenhang mit dem Kauprozess ist das Einspeicheln der Nahrung. Der Speichel enthält z. B. das Enzym Amylase zur Spaltung von Kohlenhydraten wie Stärke sowie Enzyme für das Neutralisieren von Sekundären Pflanzenstoffen wie Tanninen. Außerdem helfen Schleimstoffe (Muzine), die Schluckfähigkeit der Nahrung zu verbessern.

Da die Weite der Zahnbögen der Kiefer unterschiedlich groß sind, treffen die Backenzähne von Unter- und Oberkiefer nicht direkt aufeinander. Sie stehen erst bei seitlicher Verschiebung der Kiefer direkt aufeinander. Das Kiefergelenk ist kein Scharniergelenk wie z. B. das Ellbogengelenk, welches lediglich Bewegungen in zwei Richtungen zulässt. Die Gelenkpfanne im Oberkiefer hat die Form einer Rinne, die in Längsrichtung des Schädels verläuft und in der die Gelenkknorren der Unterkiefer nach vorn geschoben werden können.

Für das Abbeißen von Blättern wird der Unterkiefer gesenkt und vorgeschoben, so dass sich beim Schließen die scharfen Kanten der Schneidezähne beider Kiefer treffen und die Nahrung teilen. Danach gleitet der Unterkiefer in seine Ruheposition. Bei dieser Rückwärtsbewegung gleiten die unteren Schneidezähne hinter den oberen entlang und schärfen diese dabei. Beim Kauen, also dem Zermahlen der Nahrung mit den Backenzähnen, gleiten die Schneidezähne in ähnlicher Weise, allerdings schräg, aneinander vorbei. Für das Kauen wird der Unterkiefer seitlich verschoben, bis die Mahlzähne in Kontakt kommen. Durch das Rückgleiten des Unterkiefers in seine Ruhestellung wird dann die Nahrung zwischen den Backenzähnen zerquetscht bzw. zermahlen. Für jeden neuen Kauzyklus schiebt die Zunge die Nahrung über die Backenzähne nach hinten, so dass sie nach drei bis vier Kauzyklen den letzten Backenzahn erreicht hat. Samen und Pellets werden in das Diastema und von dort zwischen die Backenzähne geschoben und zermahlen.

Bild 27: Korrekt ausgebildetes Gebiss von vorn: die Mittellinien der Backenzahnreihe (orange) zeigen, dass die Mahlzähne bei geschlossenem Kiefer nicht direkt übereinander stehen. Durch seitliche Verschiebung wird die Nahrung über den Gruben und Höckern der Flächen der Mahlzähne „zerrieben". Die oberen Schneidezähne weisen in Längsrichtung Rillen auf und liegen vor den unteren Schneidezähnen.

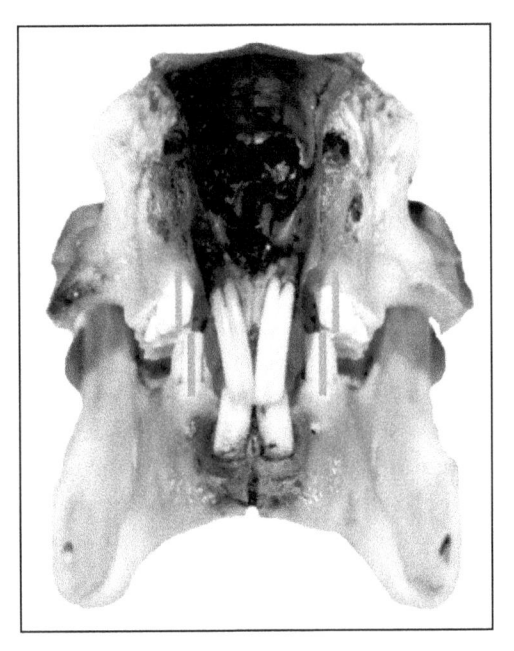

Von Obst und Gemüse werden größere Stücke abgebissen, aber auf Grund der weichen Konsistenz weniger gekaut. Der Kauprozess von faserigen Bestandteilen wie Stängel und Blätter hängt stark von dem Fasergehalt ab.

Nach (Hörnicke, 1978), von dem auch einige Beschreibungen des Kauprozesses übernommen wurden, kauen Kaninchen stets nur einseitig, und zwar meist mehrere Tage auf derselben Seite, danach wird auf die andere Seite gewechselt. Längere Pflanzenteile wie Stängel und Blätter von Gräsern, Löwenzahn oder Spitzwegerich werden mit geneigtem Kopf abgebissen und anschließend mit Hilfe der Zunge gedreht, so dass das abgebissene Ende zwischen den Backenzähnen zermahlen werden kann.

Bild 28: Sind die Pflanzen länger, muss zum Abbeißen der Kopf seitlich gedreht werden. Dies ist nötig, weil der zum Kauen maximale Öffnungswinkel der Kiefer erwachsener Tiere nur ca. 20-25° beträgt.

Wachstum und Abnutzung der Zähne

(Herold, 1950) zitierte Arbeiten aus den Jahren 1919 und 1927, in denen eine Wachstumsrate der unteren Schneidezähne des Kaninchens in 7 Tagen von 3-4 mm ermittelt und ein stärkeres Wachstum als bei den oberen festgestellt wurde. Als Grund wurden die verschiedenen Funktionen vermutet: während die unteren Schneidezähne dem „Schaben oder Meißeln" dienen, erfüllen die oberen im Wesentlichen die Funktion als „Widerlager" bzw. zum Festhalten des Futters. (Weißenborn, 1932) ermittelte für das tägliche Wachstum der Schneidezähne des Oberkiefers 0,29 mm (2,03 mm/Woche) und für die Schneidezähne des Unterkiefers 0,32 mm (2,24 mm/Woche). Gefüttert wurden die Tiere mit gekochten Kartoffelschalen und Haferschrot, Grünfutter, Hafer sowie hartem Brot. Zudem wurde festgestellt, dass die Schneidezähne in Ruhezeiten schneller wachsen als in Zeiten ihrer Benutzung, also während der Nahrungsaufnahme. (Harkness, 1987) wies darauf hin, dass Kaninchen kein Holz oder besonders harte Pflanzenteile für den Abrieb der Zähne benötigen, weil sich diese durch die Aufnahme natürlicher, arttypischer Nahrung und durch den gegenseitigen Kontakt abnutzen.

(Bucher, 1994) ermittelte über einen Zeitraum von 8 Monaten bei unterschiedlichem Futterangebot Wachstumsraten der oberen Schneidezähne von 1,19 - 1,88 mm/Woche und der unteren Schneidezähne von 1,33-1,76 mm/Woche. Größere Differenzen zwischen Wachstum und Abrieb fanden sich bei der Fütterung von konventionellem Alleinfutter sowie Mischfutter und Kalkstein, während die geringsten Differenzen jene Gruppe aufwies, die Grünfutter erhielt. (Jekl, et al., 2013) gaben für das Wachstum der Schneidezähne 2-4-mm/Woche und für das der Backenzähne 3-4-mm/Monat an.

In dem Maße, wie die Zähne wachsen, müssen sie auch abgenutzt werden. Dies geschieht hauptsächlich durch die mahlenden Bewegungen der Backenzähne, welche auch für die Abnutzung und Schärfung der Schneidezähne sorgen. Bei dem Vorgang handelt es sich um den Verschleiß von Zahnhartsubstanzen, also einen fortschreitenden Materialverlust. Hervorgerufen wird dieser Verschleiß vorwiegend durch mechanische sowie chemische Einflüsse.

Diagramm 3: Einfluss unterschiedlicher Futtermittel auf Wachstum und Abrieb der Schneidezähne von Zwergkaninchen; Angaben in mm/Woche; nach (Wolf, et al., 1995)

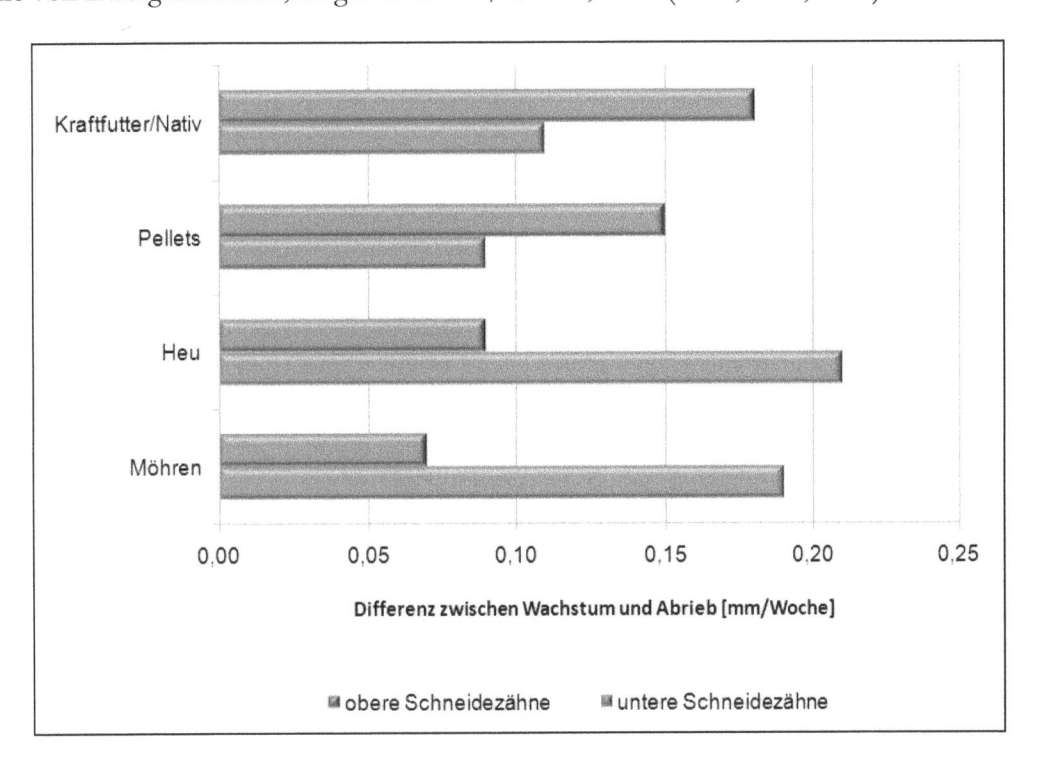

Das Wachstum der oberen Schneidezähne betrug in Untersuchungen von (Shadle, 1936) an Hauskaninchen 2,03 mm/Woche und der Abrieb 2,00 mm/Woche. Für die unteren Schneidezähne wurden 2,47 mm/Woche Wachstum und 2,34 mm/Woche Abrieb gemessen. Schon damals war bekannt, dass vor allem die Nahrung eine wichtige Rolle spielt.

Spätere Untersuchungen wie z. B. die von (Bucher, 1994) oder (Wolf, et al., 1996) lieferten deshalb nicht grundlegend neue Erkenntnisse, sondern bestätigten bereits vorhandene. Fraglich ist lediglich, ob sich tatsächlich die Zähne aneinander in dem Maße abreiben wie angenommen oder ob der Einfluss der Nahrung, die Dauer des Kauvorganges und die Kauintensität auf Grund der enthaltenen Silikate den Abrieb mehr beeinflussen.

(Wolf, et al., 1995) maßen das Wachstum und die Abnutzung der Zähne durch den Verzehr verschiedener Futtermittel, unter anderem Möhren, Heu und Trockenfutter. Mit keinem dieser Futtermittel wurde eine Differenz zwischen Wachstum und Abrieb von 0,0 mm festgestellt. Das heißt, der Abrieb konnte das Längenwachstum nicht kompensieren. Aus dieser Untersuchung wurde ebenfalls deutlich, dass Heu für den Zahnabrieb eigentlich völlig ungeeignet wäre, denn die unteren Schneidezähne nutzten sich mit diesem Futtermittel am wenigsten ab. Für die oberen Schneidezähne war der Abrieb schlechter als bei der Verfütterung von Möhren. Keines dieser Futtermittel entspricht aber der arttypischen, natürlichen Nahrung des Kaninchens.

Das Bild 29 verdeutlicht noch einmal auf andere Weise, wie ungeeignet alternative Futtermittel sind. Es zeigt die Überlängen der unteren und oberen Schneidzähne, die bei der Gabe verschiedener Futtermittel entstehen. 0,0 würde bedeuten, die Zähne nutzen sich im gleichen Maß ab, wie sie wachsen.

Bild 29: Schematische Darstellung der Überlängen der oberen und unteren Schneidezähne für verschiedene Futtermittel in mm/Woche, nach (Wolf, et al., 1995)

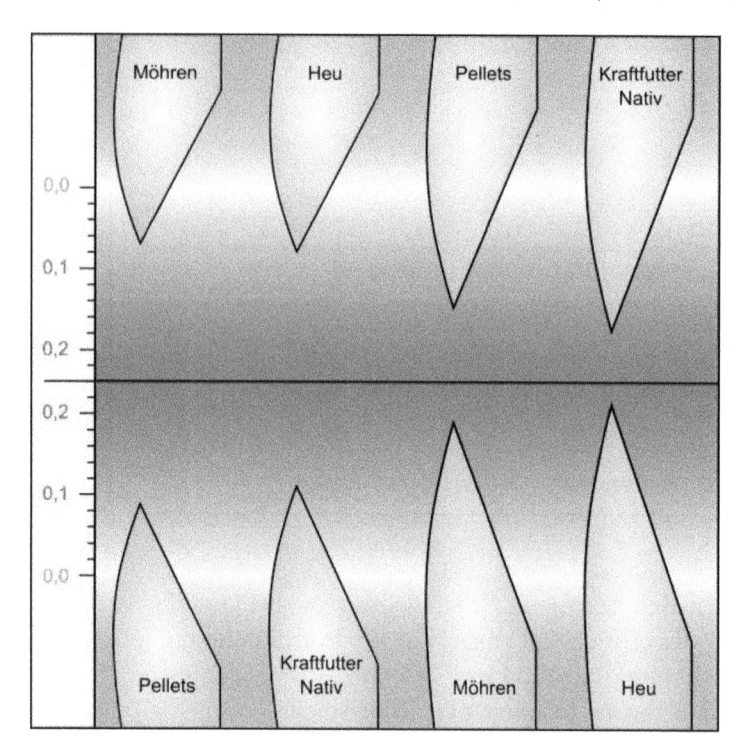

Je mehr die Zähne in den roten Bereich ragen, umso größer ist der Unterschied zwischen Wachstum und Abnutzung, also die Gefahr der Entstehung von überlangen Schneidezähnen. Pellets und Möhren nutzen in diesem Fall die Zähne am besten ab, natives Kraftfutter und Heu am schlechtesten. Mit dieser Interpretation ist aber Vorsicht geboten, weil sie nur für diese spezielle Untersuchung gilt.

Leider ist ein wesentliches Merkmal fast aller Studien dieser Art, dass die tatsächliche, arttypische Nahrung des Kaninchens nicht mit untersucht wird. (Bucher, 1994) stellte als Resultat aus Ergebnissen ihrer Dissertation fest, dass es interessant wäre, Tiere mit Elefantenzähnen (also überschießendem Zahnwachstum) einer ausschließlichen Grünfütterung auszusetzen, um Schneidezahnwachstum und -abrieb zu untersuchen. Wir haben das getan und in Beratungen habe ich das auch oft empfohlen. In **jedem** Fall kam es zu einer Verbesserung a) der Kauaktivität, b) einem Aufbau der Zahnsubstanz und c) zu einem Erhalt des status quo. Einigen Tieren konnten Arztbesuche endgültig erspart werden. Für andere Tiere mit zu starker Schädigung des Gebisses konnte zumindest das Fressen erleichtert und eine deutliche Verlängerung der Zeiträume zwischen nötigen Zahnbehandlungen erreicht werden.

Eine weitere Rolle für den notwendigen Zahnabrieb spielt die Konsistenz des Futters. Damit ist die Zusammensetzung in Hinsicht auf Art und Qualität der Rohfaser, des Wassergehaltes, der Partikelgröße usw. gemeint. Dieser Einfluss lässt sich zum Beispiel aus der Kaufrequenz ermitteln. Diese resultiert aus der Anzahl der Kaubewegungen pro Minute. Je höher diese Frequenz, umso intensiver der Kauprozess und somit höher der resultierende Zahnabrieb (Tabelle 3). In der Untersuchung von (Hörnicke, 1978) lagen die Kaufrequenzen für Heu und Löwenzahn etwa gleichauf, für Gras dagegen deutlich höher. Pellets wurden nur wenig gekaut, was aus deren Größe und Struktur der Bestandteile resultiert. Die Fasern müssen nicht mehr zerteilt und lange gekaut werden, da sie durch die industrielle Verarbeitung bereits zerkleinert wurden. Interessant ist auch die geringe Kaufrequenz für die Karotte, die auf die weiche Konsistenz zurückzuführen ist.

Tabelle 3: Kaufrequenzen in Hz; aus (Hörnicke, 1978)

Futter	Kaufrequenz in Hz
Gras	5,00 - 6,30
Heu	4,63
Löwenzahn	4,62
Mais	4,12
Pellets	3,96
Karotten	3,50 - 4,00

(1Hz = 60 Kauschläge/min)

In fast allen Studien in Bezug auf das Wachstum und den Abrieb der Zähne wurde deutlich, dass der Prozess nicht kontinuierlich ist, sondern sich Phasen eines schnelleren Wachstums und Abriebs mit solchen eines langsameren ablösten. Das ist auch völlig normal, da Kaninchen nicht jeden Tag immer die exakt gleiche Nahrung fressen und somit die Kauaktivitäten unterschiedlich sind. Unter natürlichen Bedingungen ließ sich jedoch immer über die Zeit ein Ausgleich feststellen.

Tabelle 4: Um ein Gramm Trockensubstanz aus verschiedenen Futtermitteln aufzunehmen, benötigen Zwergkaninchen nach (Wenger, 1997) folgende Zeiten*:

Futter	Zeit in min/g TS/Tag
Heu	6,52 … 17,84
Gras	5,02 … 8,66
brikettiertes Mischfutter	2,78 … 4,42
Alleinfutter mit nativen Komponenten	1,80 … 4,04
Mischfutter, pelletiert	1,02 … 1,78

*Mittelwert der Messungen bei jeweils sechs Tieren an jeweils einem Tag

Vergleicht man die Aufnahmezeiten von Gras und Heu, stellt man zunächst fest, dass sie zum Teil relativ gleich sind, jedoch für Heu auch sehr lang sein können. Wenn ein Tier mit einem Gewicht von etwa 2kg die nötigen 80g Trockenmasse aus dem Heu frisst und für 1g fast 18 Minuten braucht, bedeutet das, es benötigt insgesamt 24 Stunden, um diesen Bedarf zu decken. Damit ist aber nur die Masse berücksichtigt. Im Heu fehlen jedoch sehr viele Nährstoffe, die es noch anderweitig aufnehmen müsste – aber dafür hätte es gar nicht mehr die Zeit. Zum Schlafen, Ruhen, Putzen, Sozialkontakte pflegen etc. hat es auch keine Zeit mehr, weil der Tag nun einmal nur 24 Stunden hat. Die Zeit für die Aufnahme von Gras kann als absolut ausreichend für den Zahnabrieb angesehen werden, da auch Wildkaninchen sich zu einem großen Teil davon ernähren. Um seinen Nährstoffbedarf über Heu zu decken sind a) diese nur unzureichend vorhanden und b) bedeutet es für das Tier Stress, da der hohe Rohfasergehalt die Aufnahmezeiten extrem verlängern kann. Problematisch ist vor allem, dass der Halter die Qualität des Heus nicht einschätzen kann, weil es in der Regel keine Deklaration enthält und die Zusammensetzung völlig unbekannt ist.

Zusammenfassend lässt sich feststellen, dass Wachstum und Abnutzung aller Zähne des Kaninchens unter anderem von folgenden Faktoren beeinflusst wird:
- Härte des Futters
- Konsistenz des Futters (Körner, Gemüse, Obst, Blätter)
- Geometrie, Abmessungen (Stängel, Blätter)
- Inhaltsstoffe des Futters (u. a. Abrasion durch Minerale, Art und Gehalt der Fasern)
- pH-Wert im Maul, Säure-Basen-Gleichgewicht (resultierende Störungen in den Zahnhartsubstanzen)
- Okklusion - Kontakt der Zähne beim Kauen
- Alter des Tieres
- Verletzungen im Maul
- Genetische und nicht-genetische Fehler in der Zahnanlage

Gebissanomalien

In der Zahnkunde wird unter Okklusion der Kontakt zwischen Oberkieferzähnen und Unterkieferzähnen verstanden, unter Malokklusion eine Abweichung von der Normokklusion, also der normalen, korrekten Zahnstellung. Man unterscheidet zwischen skeletaler Malokklusion, die sich aus Unterschieden in der Länge und/oder Breite der Ober- und Unterkiefer entwickelt, dentaler Malokklusion durch eine Fehlstellung der Zähne oder einer Kombination von dentaler und skeletaler Malokklusion. Skelettale Malokklusionen können meist als genetisch verursacht angesehen werden, während dentale Okklusionen in der Regel erworben werden.

In der Literatur werden verschiedene Formen von Gebissanomalien bei Kaninchen beschrieben. Überwiegend handelt es sich dabei um fehlende oder überzählige Zähne im Kiefer. Weitere Anomalien, die sehr selten auftreten, sind Verkürzungen eines Kiefers gegenüber dem anderen, meist des Oberkiefers gegenüber dem Unterkiefer, „Brachygnathia superior" genannt (Hechtgebiss; Mandibuläre Prognathie). Die andere Form, ein vergrößerter Oberkiefer, wird als „Prognathia inferior" bezeichnet.

Mit der mandibulären Prognathie ist in der Regel eine Anomalie der Schneidezähne (Überstand der unteren über die oberen Schneidezähne = anomale Okklusion) verbunden, wodurch eine Abnutzung der nachwachsenden Schneidezähne nur noch unzureichend oder ganz unmöglich ist. Durch die zunehmend erschwerte Futteraufnahme und eine späte oder ausbleibende Behandlung verhungern die Tiere.

(Nachtsheim, 1936) untersuchte 266 Schädel von Wildkaninchen auf Gebissanomalien. Die Präparate stammten zu einem Drittel aus Spanien, Nordwestafrika (Marokko) und einigen Mittelmeerinseln (Balearen, Pityusen und Dia bei Kreta). Ein weiteres Drittel stammte von Tieren aus Mittel- und Nordeuropa (Deutschland, Österreich, Belgien, England, Schottland und Irland) und das letzte Drittel aus nichteuropäischen Ländern und Inseln (Kanarische Inseln, Azoren, Australien und Kerguelen). Unter diesen 266 waren insgesamt 3 Schädel (1,13%), die eine Anomalie aufwiesen: bei einem Schädel aus El Pardo in Spanien fehlt das erste Backenzahnpaar im Oberkiefer (P1), bei einem zweiten aus der gleichen Gegend das letzte Backenzahnpaar im Oberkiefer (M3). Dieselbe Anomalie wies auch der Schädel eines Tieres von der kleinen Insel Dia nördlich von Kreta auf. Im Vergleich dazu wurden bei 101 Schädeln von verschiedenen Rassekaninchen 11 Tiere (10,89%) mit Anomalien des Gebisses gefunden. In fünf Fällen (4,95%) handelte es sich sicher, in zwei Fällen (1,98%) höchstwahrscheinlich und in einem Fall (0,99%) möglicherweise um erbliche Anomalien. Bei 3 Tieren (2,97%) konnte ein genetischer Einfluss sicher ausgeschlossen werden.

Ein überschießendes Wachstum der Schneidezähne wurde von Hans Nachtsheim bei Wildkaninchen wie auch Feldhasen als gelegentlich vorkommend beschrieben. Die Gründe dafür seien allerdings meistens *„nicht-erblicher Natur"*. Verantwortlich wären vielmehr *„Zahngeschwüre und Kiefereiterungen, Verlust eines großen Nagezahns, Missbildungen und Verlagerungen der Kieferknochen"*, die auf mechanische Weise entstanden sind – also erworben wurden. "*Erbliche Prognathie, d. h. erbliches Vorstehen Unterkiefers*", wäre in der Säugephase relativ unproblematisch, da das Wachstum der Schneidezähne noch gering ist. Bereits mit 8 Wochen ist die Anomalie jedoch deutlich sichtbar und ohne Hilfe müssten die Tiere verhungern (Nachtsheim, 1936).

Sinne

Das Hauskaninchen unterscheidet sich heute in mancher Hinsicht von der Wildform. So haben sich neben dem Äußeren und dem Gewicht einiger Rassen vor allem die Sinnesleistungen und damit verbundenen Organe mittlerweile beträchtlich verändert. Diese Veränderungen sind vor allem durch das Fehlen des Überlebenskampfes, der Bewegung sowie der nötigen Nahrungsbeschaffung bedingt. (Müller, 1919) ermittelte im Vergleich zum Hauskaninchen für das Wildkaninchen ein 37,5% höheres Herzgewicht und für das Gehirn ein Mehr an Gewicht von ca. 22%. Zugeschrieben wurde dieser Aspekt der *"dauernden Aufnahme immer neuer Sinnesreize und deren Verarbeitung in der freien Wildbahn, den erhöhten Anforderungen, die zum Erwerb der Nahrung, zum Schutz gegen Feinde und Witterungseinflüsse zur Erhaltung der Jungen gestellt werden"*. Das Auge des Wildkaninchens war im Vergleich zu dem des Hauskaninchens durchschnittlich 21% schwerer.

Die Ohren sind je nach Rasse gegenüber den ca. 7 cm des Wildtieres entweder sehr viel länger oder kürzer, das Hörvermögen ist insgesamt schlechter. Ebenso verschlechtert hat sich der Geschmackssinn, belegbar durch die Verringerung der Geschmacksknospen auf der Zunge. Je nach Interpretation werden zwischen 5 - 13 Sinne unterschieden, im allgemeinen Sprachgebrauch sind es fünf:

- Sehen, Visuelle (optische) Orientierung
- Hören, Auditive (akustische) Orientierung
- Riechen, olfaktorische Orientierung
- Schmecken, gustatorische Orientierung
- Tasten, taktile Orientierung.

Gelegentlich werden noch der Gleichgewichtssinn, zeitliche und räumliche Orientierung sowie ein Schmerzsinn aufgeführt. Die Sinne ermöglichen den Tieren die Orientierung in ihrer Umwelt, dienen der Erkennung von Artgenossen innerhalb der Gruppe, helfen bei der Nahrungssuche und -auswahl und vielem mehr. Im Zusammenhang mit der Nahrung sind vor allem das „Riechen" und „Schmecken" wichtig.

Riechen (Olfaktorische Orientierung)

Kaninchen werden wie der Hund zu den „Makrosmaten" gerechnet, während der Mensch als „Mikrosmat" gilt. Sie besitzen nach (Kaetzke, et al., 2003) etwa 100 Millionen Riechzellen in den beiden Nasenmuscheln, dies entspricht ca. 120.000 Riechzellen pro cm^2 Riechschleimhaut. Der Mensch verfügt über ca. 10-30 Millionen Riechsinneszellen; ein Hund über ca. 250 Millionen Riechzellen, ein Aal über fast 1 Milliarde. Gemessen an den Riechzellen, riecht ein Kaninchen also bis zu fünfmal besser als ein Mensch. Die meisten Zellen des Riechhirns sind bereits bei der Geburt voll entwickelt. Wenn sie gerade zur Welt gekommen sind, werden Kaninchen von einem besonderen Botenstoff zu den Zitzen ihrer Mutter gelockt – dem Pheromon 2MB2. Obwohl sie noch so gut wie taub und blind sind, finden sie in der kurzen Zeit, in der die Häsin zum Säugen an das Nest kommt, die Zitzen im Fell und trinken sich satt. Das Pheromon, welches ihnen dabei hilft, ist nur bei einer Art wirksam (artspezifisch). Nach von (Schaal, et al., 2003) wurde bei Ratten und Mäusen keine Wirksamkeit des Pheromons des Kaninchens festgestellt.

Über die Duftdrüsen in der Anal- und Leistenregion (Anal- und Inguinaldrüsen) werden Duftstoffe mit Signalcharakter abgegeben. Sie dienen der Territorialmarkierung, der gegenseitigen Erkennung sowie der Beeinflussung der sexuellen Attraktivität – ihre Sekrete werden auf dem Erdboden beim Sitzen und mit dem Kot hinterlassen.

Weiterhin verfügt das Kaninchen über Drüsen am Kinn, die sich mit beginnender Geschlechtsreife herausbilden. Ranghöhere Männchen bzw. Rammler entwickeln größere Kinndrüsen als rangniedrigere und zwar unabhängig von Alter und Körpergewicht (Leicht, 1979). Außerdem verfügt das Kaninchen an der Nasenspitze über eine rudimentäre Drüse, die Hardersche Drüse (Tränendrüse) sowie Drüsen in Unter-/Oberlippe und der Innenseite der Backen.

Bild 30: Kaninchen einer Gruppe benutzen gemeinschaftliche Kotplätze, die auch der Revierabgrenzung zu benachbarten Gruppen dienen

Zur Prüfung von Duftstoffen in der Luft „blinzeln" Kaninchen mit der Nase, indem sie die Falten der Nasenlöcher mit einer Frequenz von 1,5-4/Sekunde rhythmisch anheben und senken (Kraft, 1976). Aufgrund ihrer Fähigkeit, eine große Zahl und auch Mischungen von Gerüchen zu unterscheiden, sind Kaninchen in der Lage, Artgenossen und Artfremde zu unterscheiden.

Wenn Jungtiere den Bau verlassen, bleiben sie zunächst in der Nähe des Eingangs. Mit der Zeit nehmen die Entfernungen zu, aber in bestimmten Abständen wird der Eingang zum Bau immer wieder aufgesucht. Später werden auch neue Wege getestet und die Erreichbarkeit des Baus durch Sprints getestet.

In erster Linie prägen sich Kaninchen ihre Fluchtwege durch geruchliche (olfaktorische) Markierungen ein. Entlang der Wege werden markante Punkte wie Erhebungen, Steine und auch Pflanzen mit den Kinndrüsen markiert. Diese bilden gewissermaßen Gassen, welche durch Geruchsmarken erkannt werden. Kaninchen auf der Flucht werden immer die vertrauten Wege nutzen. Veränderungen im Revier werden sofort registriert und immer vorsichtig erkundet. Der Geruchssinn dient auch der Nahrungsselektion. (Niehaus, 1968) demonstrierte dies, indem er Kaninchen ein Futter mit verdorbenen Komponenten anbot. Die Tiere verschmähten die schlechten Bestandteile.

Schmecken (Gustatorische Orientierung)
Kaninchen selektieren ihre Nahrung nach dem Nährstoffgehalt, dem Energiegehalt in der Nahrung wie auch nach dem Geschmack. Sie unterscheiden zwischen süß, sauer, bitter und salzig. Die Zahl der Geschmacksknospen in der Mundschleimhaut beträgt beim Kaninchen 17.000, während sie beim Menschen je nach Alter bei 8000 - 9000 für ein Kind und bei 2000 für einen Greis liegt (O'Malley, 2008), (Eckert, 2002). Unterstützt wird der Geschmackssinn durch den Geruch-, Temperatur-, Druck- und Schmerzsinn, wobei der Geruchsinn wahrscheinlich die größte Rolle spielt. Die Nahrung des Kaninchens enthält neben den Hauptnährstoffen unzählige, so genannte Sekundäre Pflanzenstoffe. Zu diesen zählen auch solche, die der Mensch in größeren Mengen als giftig bezeichnet: ätherische Öle, Alkaloide, Aminosäuren, Cumarine, cyanogene Glykoside, Digitaloide, Gerbstoffe, Glukosinolate, Pflanzensäuren, Phenole, Polyine, Proteine, Peptide, Saponine und Terpene. Den meisten dieser Stoffe ist ein typischer, oft sehr bitterer Geschmack gemeinsam.

Kaninchen weisen eine relativ hohe Toleranz gegenüber Bitterstoffen auf, was ihrer natürlichen Nahrung geschuldet ist. Ohne diese Toleranz und bestimmte Mechanismen zum Abbau dieser Stoffe wäre es nicht in der Lage, sich in vielen Lebensräumen zu ernähren.

(Turček, et al., 1959) stellten fest, dass es sich bei insgesamt 46 % der Pflanzenarten, die als Nahrungspflanzen des Kaninchens ermittelt wurden, um *„Heil-und Gift-, bzw. ölhaltige und bittere Pflanzen"* handelte.

Kaninchen sind in der Lage, das Aminosäuremuster in der Nahrung zu „erschmecken" und den Verzehr entsprechend dem Bedarf zu regulieren (Colin, et al., 1975). (Laska, 2002) folgert aus Versuchen, dass Kaninchen zudem über spezialisierte Geschmacksrezeptoren für Stärke verfügen und dass die Geschmacksempfindlichkeit für futterassoziierte Saccharide eine evolutionäre Anpassung an ihre Ernährungsgewohnheiten widerspiegeln könnte. Bei Wahlmöglichkeit präferieren sie in der Reihenfolge Maltose > Saccharose > Glucose > Fructose > Lactose (siehe auch Kapitel „Zucker" und „Stärke").

Bild 31: Die Zunge des Kaninchens mit zahlreichen Geschmacksknospen ist sehr lang.

Wer Haustiere hält und diese arttypisch mit ihrer natürlichen Nahrung ernährt, wird früher oder später feststellen, dass die Herkunft der Nahrung eine wichtige Rolle spielt. Qualitative Unterschiede werden sehr genau registriert (gerochen und geschmeckt) und stellen den Halter letztlich vor die Herausforderung, hochwertiges Futter zu beschaffen und somit oft höhere Aufwendungen in Kauf zu nehmen. Kaninchenhalter sind hier klar im Vorteil, weil sie die beste Nahrung für ihre Tiere in der Natur finden können.

Von (Edelmüller, 1984) wurde z. B. in Futterwahlversuchen festgestellt, dass Kaninchen bei freier Wahl Futter aus biologischem Anbau dem aus konventionellem vorzogen.

In der eigenen Freilandhaltung auf einer Wiese mit zusätzlicher Beschaffung von frischem Grünfutter von weiteren Wiesen ließ sich bei vielen Tieren feststellen, dass Alternativen wie Heu, Gemüse und kommerzielle Trockenfutter (Pellets) gemieden oder nur in sehr geringen Mengen aufgenommen wurden. So gut wie jedes Tier hatte dabei ganz individuelle Vorlieben bzw. Präferenzen.

Die Verdauung der Nahrung

Bild 32: Schema des Verdauungstraktes

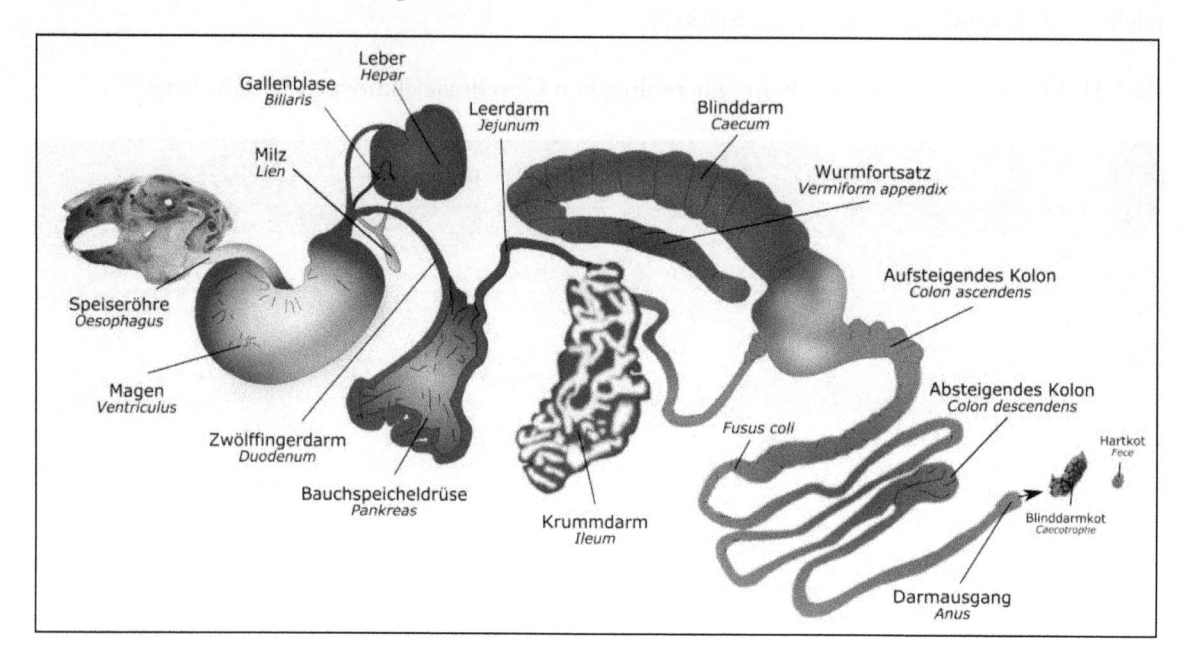

Kaninchen verfügen über einen einhöhligen Magen, weshalb sie auch als Monogastrier bezeichnet werden. Wie andere Wirbeltiere verfügen sie über keine Enzyme, die Zellulose aufspalten und für das Tier nutzbar machen könnten. Diese Aufgabe übernehmen Bakterien, die speziell im Blinddarm siedeln. Wiederkäuer verfügen dagegen über mehrere Mägen, in denen Mikroorganismen vor allem grobe Fasern verwerten.

Der Magen des Kaninchens ist, bis auf den Magenausgang, nur schwach bemuskelt. Im Bereich des Übergangs der Speiseröhre in den Magen (unterer Ösophagussphinkter) sind starke Muskeln vorhanden, die einen kräftigen Schließmechanismus bilden. Dieser verhindert im Zusammenhang mit den schwachen Muskeln des Magens ein Erbrechen des Kaninchens. Das heißt, dass alles, was ein Kaninchen frisst, durch den gesamten Verdauungstrakt wandern und ausgeschieden werden muss.

Der Weitertransport der Nahrung vom Magen in den Darm erfolgt vorrangig durch den Nachschub neuer Nahrung. Beim Menschen sorgt die Peristaltik für die Durchmischung und den Weitertransport des Nahrungsbreis in den Darm, beim Kaninchen ist diese nur schwach und bei Vorhandensein einer ausreichenden Menge mit einem entsprechenden unverdaulichen Anteil ausgeprägt. Als Peristaltik werden Eigenkontraktionen der Darmwand bezeichnet, die durch verschiedene Reize ausgelöst werden. Am Magenausgang befinden sich kräftige Muskeln, die dort für eine Durchmischung des Nahrungsbreies und auch unterstützend für dessen Überführung in den Darm sorgen. Wird der Nachschub von Nahrung unterbrochen, verbleibt der Nahrungsbrei (Chymus) zu lang im Verdauungstrakt und fängt an zu gären.

Die Stationen der Verdauung
Maul: hier beginnt bereits die Verdauung. Durch Enzyme im Speichel (Amylase) wird unter anderem Stärke in Glucose (Traubenzucker) umgewandelt. Durch langes und kräftiges Kauen wird die Nahrung zerkleinert, eingespeichelt und durchmischt. Der pH-Wert des Speichels im Maul liegt bei ca. 7, also im neutralen Bereich. Durch intensives Kauen wird der pH-Wert des entstehenden Nahrungsbreis (Chymus) neutralisiert, was auch u. a. für das Säure-Basen-Gleichgewicht im Maul wichtig ist. Sinkt er für längere Zeit zu stark in den sauren Bereich ab, kann sich das schädlich auf die Zähne auswirken. Säure greift die Zahnhartsubstanzen an, wobei vor allem der Wurzelbereich gefährdet ist.

Magen: durch Enzyme und Salzsäure im Magensaft wird die Nahrung weiter verdaut, die Salzsäure des Magens wirkt zudem antibakteriell sowie antiviral und verhindert Fehlgärungen. Der pH-Wert des Magens liegt bei erwachsenen Tieren zwischen 1-2. Saugende Jungtiere verfügen über einen pH-Wert von 5-6,5, er sinkt nach dem Absetzen sehr schnell in einen stark sauren Bereich (Brewer, et al., 1994). Der hohe pH-Wert während der Säugezeit ermöglicht Bakterien, den Blinddarm zu besiedeln. Später dient der niedrige pH-Wert dem Abtöten von Mikroorganismen in der aufgenommenen Nahrung. Durch den Wechsel des pH-Wertes und der damit verbundenen Bakterienkultur ist das Jungtier in dieser Zeit durch Futterumstellungen besonders gefährdet. Der Magen ist nie leer, sondern immer zu einem Teil gefüllt, u. a. mit Blinddarmkot. Neu aufgenommene Nahrung wird aufgrund geringer Kontraktionen schichtweise im Magen eingelagert und nur wenig durchmischt.

Dünndarm: unterteilt in **Zwölffingerdarm** (Duodenum), **Leerdarm** (Jejunum) und **Krummdarm** (Ileum) – am Zwölffingerdarm schließen Leber und Bauchspeicheldrüse an. Die Schleimhaut des Dünndarms bildet niedrige Längsfalten und unregelmäßige Querfalten (Jaffé, 1931). Hier werden Eiweiße, Fette und Kohlenhydrate durch Enzyme der Bauchspeicheldrüse verdaut. Eiweiße werden in Aminosäuren zerlegt, die durch die Darmwand in die Blutbahn und Lymphe und weiter in den Körper zu den Zielorten transportiert werden. Endprodukte von verdautem Zucker und Stärke sind die löslichen Kohlenhydrate Glukose, Fruktose und Galaktose. Schwerer lösliche Kohlenhydrate wie Pektine werden im Blinddarm von Bakterien abgebaut, unlösliche mit dem Hartkot ausgeschieden. Der pH-Wert im Dünndarm liegt zwischen 7,2-7,9 (Fekete, 1991). Kurz vor der Einmündung in den Hüftdarm liegt eine sackförmige Erweiterung, der „Sacculus rotundus". Dessen Schleimhaut ist durch die Einlagerung von Lymphfollikeln auf 2-3 mm verdickt.

Dickdarm: unterteilt in **Wurmfortsatz** (Appendix vermiformis), **Blinddarm** (Caecum) sowie den **Enddarm** mit dem **Grimmdarm** (Colon) und **Mastdarm** (Rectum) – im Blinddarm findet ein Fermentationsvorgang statt, der eine Ähnlichkeit zu Wiederkäuern aufweist. Hier werden mit Hilfe von Bakterien bestimmte Bestandteile der Nahrung verwertet. Das Fassungsvermögen des Blinddarms ist 6-12mal so groß wie das des Magens.

Der Blinddarm wirkt wie eine Gärkammer. Relativ gut verdauliche, kleine Partikel, die überwiegend kleiner als 100 µm sind, werden vom „Fusus coli" mit Flüssigkeit entgegen der Flussrichtung des Nahrungsbreis zurück (retrograd) in den Blinddarm befördert. Ihr Anteil im

Blinddarmkot beträgt ca. 62% (Björnhag, 1972). Zumeist handelt es sich dabei um kleine Teilchen der Pflanzenzellwand wie Hemicellulose und Pektine. Im Blinddarm entsteht durch die Bakterien ein Brei aus hochwertigen Proteinen der Bakterien sowie Fettsäuren, Vitamine des B-Komplexes und Vitamin K, welches von verschiedenen Stämmen des Bakteriums Escherichia coli produziert wird. Diese Masse wird durch Kontraktionen zu Kugeln geformt und mit einer Schleimschicht, der „Mucosa", überzogen. Größere, schlecht bzw. unverdauliche Nahrungsbestandteile werden dagegen schnell und direkt als Hartkot ausgeschieden. Auf diese Weise kann vor allem nährstoffarmes Futter besser verwertet werden, denn normalerweise enthält die natürliche Nahrung ca. 8% Rohfaser.

Die Trennung der Nahrungsbestandteile ist somit ein mechanisches Verfahren, welches abhängig von der Größe der Nahrungspartikel ist. Seine Hauptaufgabe besteht darin, schlecht verdauliche große Partikel (> 0,3-0,5 mm) schnell als harten Kot auszuscheiden und feine Nahrungspartikel und Mikroorganismen im Blinddarm für die Fermentation zurück zu behalten. Daraus lässt sich z. B. die Kotform ableiten: besteht der Hartkot aus kleinen Kügelchen oder hat das Tier Durchfall, kann es daran liegen, dass die Nahrung zu wenig große, unverdauliche Faserpartikel enthält. Besteht das Futter überwiegend aus leicht verdaulichen, kleinen Bestandteilen, fehlt der nötige „Ballast" für die Peristaltik und die Formung fester Kotkugeln. Da der Nahrung das Wasser für körpereigene Prozesse entzogen wird, werden die Kugeln klein oder bei Fehlen der Fasern dünnflüssig. Der relativ niedrige pH-Wert im Blinddarm erwachsener Tiere von 5,7-6,1 resultiert aus der Bildung flüchtiger Fettsäuren durch den mikrobiellen Gärungsprozess.

Kaninchen mit einem Gewicht von 2-3 kg setzen an einem Tag ca. 320 Kotkügelchen ab, was einem Gewicht von ca. 113 g entspricht (Lockley, 1973). (Björnhag, 1972) ermittelte 109 g Trockenmasse Hartkot in 24 Stunden. Dieser Hartkot bestand zu 86% aus Partikeln, die größer als 0,1 mm waren.

Die Proteinverdauung erfolgt mit Hilfe von Enzymen aus der Magenschleimhaut und der Bauchspeicheldrüse. Die Bildung von Pepsin und Salzsäure ist ab der 4. Lebenswoche nachweisbar und erreicht in der 5.-6. Lebenswoche die volle Aktivität. Die Aktivität der Amylase nimmt in den ersten 15 Tagen nur langsam zu und steigt bis zum 60. Lebenstag auf das Sechsfache. Die Veränderungen im Glukosestoffwechsel erfolgen nicht nur auf Grund der Umstellung von flüssigem auf festes Futter, sondern werden auch von Hormonen der Nebennierenrinde beeinflusst (Fekete, 1993). Bis zur 3. Lebenswoche erfolgt die Fettverdauung mit Hilfe der Lipase, die Bestandteil der Muttermilch ist. Ab der 5.-6. Lebenswoche ist die charakteristische Aktivität der Lipase für erwachsene Tiere nachweisbar. Nicht nur aus diesem Grund ist nach (Fekete, 1993) ein Absetzen von Jungtieren von der Mutter nach dem 35.-42. Tag *„hinsichtlich eines ungestörten Wachstums und der Gesundheit der Tiere zu empfehlen"*. Die Muttermilch enthält ca. 15% Fett, welches u. a. aus mittelkettigen C:8- und C:10-Fettsäuren besteht, die eine antibiotische Wirkung aufweisen. Im Vergleich enthält die Milch der Kuh 3,7% Fett und die des Schweins 6,8% (Abecia, et al., 2007).

Bild 33: Separation der Nahrung im Kolon, nach (Ruckebusch, et al., 1976), (Björnhag, 1987), (Cheeke, 1987)

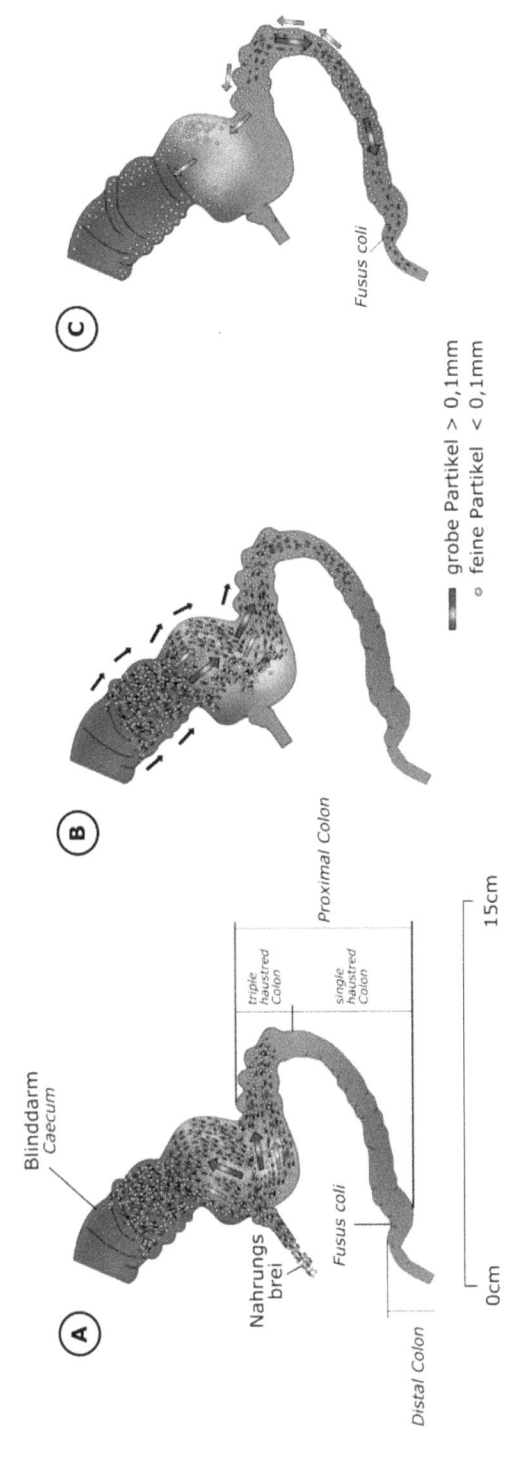

Erklärungen zu Bild 33

A: Der Nahrungsbrei aus dem Ileum erreicht zuerst den Blinddarm und mischt sich mit seinem Inhalt, bevor er in den proximalen Kolon bewegt wird (Björnhag, 1987).

B: Durch Kontraktionen des Blinddarms wird die Nahrung in das Kolon befördert, wobei sich grobe Partikel in der Mitte und kleine Partikel sowie Flüssigkeit an den Ausbuchtungen (Haustren) der Darmwand orientieren. Die Kontraktionen des Blinddarms erfolgen ein- bis zweimal pro Minute bei der Bildung des Hartkots und halbieren sich bei der Bildung von Blinddarmkot. Ab und zu sendet eine große peristaltische Bewegung einen Teil der verdauten Nahrung zum proximalen Dickdarm.

C: Durch Kontraktionen des Darms werden feine Partikel und Flüssigkeit an der Darmwand entlang zurück in den Blinddarm befördert, während grobe, faserreiche Bestandteile direkt zum Darmausgang transportiert werden. In der Hauptsache handelt es sich bei den Partikeln, die kleiner als 0,1 mm sind, um Cellulose und lösliche Kohlenhydrate der Zellwand wie Hemicellulose und Pektin. Diese werden von Bakterien im Blinddarm genutzt. Als „Motor" für diese Rückwärtsbewegung (retrograde Peristaltik) gilt der „Fusus coli", ein Bereich, der nur bei Hasenartigen existiert. Das Produkt ist eine protein- und fettreiche Masse, die zu Kügelchen geformt und mit einer Schleimschicht, der Mucosa, überzogen wird, die bis zu 6 Stunden erhalten bleibt. Nach der Aufnahme dieses Kots können die Bestandteile somit von der Magensäure nicht zerstört werden.

Die Verweildauer der Bestandteile des Nahrungsbreis im Magen-Darmtrakt ist umso kürzer, je höher der Anteil unverdaulicher Bestandteile in der Nahrungsration ist. Das heißt zum Beispiel, dass mit der Zunahme unverdaulicher Faserbestandteile auch die Geschwindigkeit des Durchgangs des Nahrungsbreis durch den Verdauungstrakt zunimmt. Verbleibt die Nahrung auf Grund einer hohen Verdaulichkeit zu lange im Verdauungstrakt, kann durch die Gegenwart von Bakterien der pH-Wert in einen Bereich von 7-8 ansteigen. Dies fördert die Ausbreitung der Erreger, die das Milieu der gärenden Nahrung als Keimboden nutzen (Matthes, 1981). Die Darmflora ist stark von der Ernährung abhängig. (Weber, et al., 1974) fanden z. B. in einer vergleichenden Untersuchung der Fütterung junger Kaninchen aerobe Laktobazillen und Clostridien nur bei Tieren, die mit Grünfutter ernährt wurden. Anaerobe Laktobazillen waren dagegen bei allen Kaninchen, außer bei nur mit pelletiertem Fertigfutter ernährten, Tieren nachzuweisen.

Die Niere ist nur beschränkt in der Lage, Urin zu konzentrieren, so dass ein größeres Urin-Volumen nötig ist, wenn die Harnstoffbelastung zunimmt. Deshalb sind Kaninchen auf eine ständige Zufuhr von Wasser angewiesen, sei es über die Nahrung oder in zusätzlicher Form.

Der Urin ist der Hauptausscheidungsweg für Calcium. Kaninchen, denen ein Futter mit 10% Calcium gefüttert wurde, schieden über 60% davon mit dem Urin aus, Ratten dagegen, denen die gleiche Menge Calcium über das Futter zugeführt wurde, nur 2% (Cheeke, 1973).

Das Fassungsvermögen der Verdauungsorgane

Bei einer Körperlänge von ca. 47 cm beträgt die Darmlänge des Wildkaninchens ca. 4,5 m. Der Darm ist also 9-10mal länger als der Körper (Müller, 1919). Nach (Jaffé, 1931) beträgt das Verhältnis der Körperlänge zur Länge des Darms etwa 1 : 9,3, wobei das Verhältnis für den Dünndarm 1 : 6, Blinddarm 1 : 1 und für den Grimm- und Mastdarm 1 : 2,3 beträgt. Die enorme Länge des Darmes ist nötig, damit trotz einer relativ hohen Durchgangsgeschwindigkeit der Nahrung in der zur Verfügung stehenden Zeit die nötigen Nährstoffe entzogen werden können. Die hohe Geschwindigkeit ergibt sich aus einem relativ hohen Anteil schwer und unverdaulicher Fasern. Am ersten Tag hat ein Kaninchen mit dem Grünfutter ca. die Hälfte der gefressenen Menge wieder ausgeschieden und am zweiten Tag bereits 93%. Die letzten, am besten verdaulichen Bestandteile verbleiben 4-6 Tage im Darm (Mangold, 1951a), (Mangold, 1951b).

Je nach Körpergröße kann die Darmlänge des Hauskaninchens bis zu 7,5m betragen, wobei das Verhältnis zur Körperlänge etwa der des Wildkaninchens entspricht. Das heißt, die Darmlänge nimmt im gleichen Verhältnis wie die Körperlänge des Tieres zu. In Fachpublikationen wird häufig darauf verwiesen, dass aufgrund eines verringerten Fassungsvermögens der Verdauungsorgane im Vergleich zu Wildkaninchen die Fütterung domestizierter Tiere mit industriellen Fertigfuttern wie Pellets nötig wäre. Insbesondere wird auf die Darmlänge verwiesen, die beim Hauskaninchen einen halben Meter kürzer als beim Wildkaninchen wäre. Diese Aussagen wurden inzwischen widerlegt (Rühle, 2015a), (Rühle, 2015b). Das heißt, die Länge des Darms verhält sich proportional zur Körpergröße, unabhängig vom Domestikationsgrad.

(Mangold, 1951b) stellte fest, dass insbesondere frisches Grünfutter und die zusätzliche Gabe von Wasser die Darmpassage des Futters beim Kaninchen erheblich verkürzte. Ohne Grünfutter lag das Maximum der Kot-Ausscheidungen am 2. Tag und das Ende zwischen dem 5.-8. Tag. Mit Grünfutter und Wasser lag dagegen das Maximum der Ausscheidungen am 1. Tag und das Ende verlagerte sich auf den 4.-6. Tag. Im Vergleich zwischen verschieden großen Tieren zeigten sich keine Unterschiede, aber für Angora-Kaninchen wurde eine verlangsamte Durchgangszeit als Eigentümlichkeit der Rasse festgestellt.

Die Ermittlung von Futterdurchgangszeiten durch den Verdauungstrakt in Abhängigkeit vom Rohfasergehalt der Nahrung war u. a. ein Untersuchungsschwerpunkt von (Abgarowicz, 1948). Demnach verkürzte ein hoher Rohfasergehalt im Futter die Durchgangsgeschwindigkeit der Nahrung durch den Darmtrakt.

(Spencer, et al., 1983) untersuchten die Folgen einer Überfütterung aufwachsender Kaninchen. 8-12 Stunden nach dem Säugen bei ihrer Mutter bekam eine Gruppe die Möglichkeit, bei einer zweiten Häsin zu säugen. Nach 21 Tagen wogen die doppelt gesäugten Tiere 65% mehr als die der Kontrollgruppe, aber ihr Magengewicht hatte sich nicht proportional mit vergrößert, so dass sie im Vergleich zu der normal gesäugten Kontrollgruppe im Verhältnis zum Körpergewicht ein kleineres Magengewicht aufwiesen. Der Körper der doppelt ernährten Tiere enthielt weniger Wasser und mehr Fett als die Kontrolltiere, Zitat: *„In other words, double-fed rabbits were fat."* (Übersetzung: „Mit anderen Worten, doppelt gefütterte Tiere waren fett.")

(Carabaño, et al., 2010) fassten sehr viele Untersuchungsergebnisse zu den Futter-Durchgangszeiten durch den Darmtrakt bei Kaninchen zusammen. Demnach hängt die Geschwindigkeit des Durchgangs der Nahrung u. a. vom Alter und physiologischen Zustand der Tiere sowie der Futteraufnahme (ad libitum oder restriktiv), der Partikelgröße und dem Fasergehalt der Nahrung ab.

In einer Arbeit von (Zumbrock, 2002) wurde die Aufnahmekapazität und Verdauung von Kaninchen der Rassen „Deutsche Riesen" (7,06-7,47 kg), „Weiße Neuseeländer" (3,83-5,15 kg) und „Zwergkaninchen" (1,58-2,32 kg) verglichen (Zitat): *„Daher stellt sich die Frage, ob die unterschiedlichen Kaninchenrassen bezogen auf die Stoffwechselmasse gleiche Futteraufnahmemengen verzehrten. Es konnte gezeigt werden, dass diesbezüglich zwischen den Rassen eben keine signifikanten Unterschiede bestehen. […] Eine tendenziell höhere relative Magenmasse wurde jedoch bei den Neuseeländern beobachtet. Eine mögliche Erklärung könnte die Züchtung von Mastkaninchen auf höhere Zunahmen sein, die eventuell mit einer höheren Futteraufnahmekapazität korrelieren."*

(Wolf, et al., 2005) ermittelten bei erheblichen, individuellen Unterschieden keine signifikanten, rassespezifischen Auffälligkeiten in Bezug auf Größe und Füllung des Darmtraktes von Kaninchen. Festgestellt wurde eine geringere Ausnutzung der aufgenommenen Nahrung für größere Tiere, was auf anatomische Unterschiede zurückgeführt wurde. Demnach könnten größere Tiere auch größere Bissen abschlucken und kauen die Nahrung nicht so intensiv wie z. B. Zwergkaninchen.

In Bezug auf ihre Körpermasse ist der Nährstoffbedarf von größeren Tieren geringer als der von Zwergkaninchen, weil sich dieser proportional zur Körperoberfläche und nicht linear zum Körpergewicht verhält (Kleiber, 1947). Die schlechtere Verdaulichkeit des Futters bei größeren Kaninchen im Vergleich zu Zwergkaninchen ist allerdings keine überraschende Neuigkeit, sondern schon recht lange bekannt. (Udén, et al., 1982) z. B. verglichen Jungrinder, Ziegen, Schafe, Ponys sowie kleine Kaninchen der Rasse „Holländer" mit 1,3 kg und große Kaninchen der Rasse „Belgische Riesen" mit einem Gewicht von 5,1 kg in Bezug auf die Verdaulichkeit der Rohfaser. Im Vergleich der verschiedenen Tierarten verdauten Kaninchen die Rohfaser am schlechtesten und im Vergleich zu den Zwergkaninchen verdauten die Belgischen Riesen die Fasern schlechter.

(Niehaus, 1968) gab das Fassungsvermögen des Magens für etwa 13 Wochen alte Weiße Neuseeländer und Helle Großsilber (ausgewachsen 4,0-5,5 kg) mit 190-200 cm^3 an.

(Myers, et al., 1977) untersuchten den Einfluss der Nahrung auf verschiedene Körperorgane, so auch auf das Gewicht des Magens im Verhältnis zum Körpergewicht verschiedener Populationen von Wildkaninchen in Australien, die unter verschiedenen klimatischen Bedingungen leben. Je nach Qualität und Verfügbarkeit der Nahrung betrug der Anteil des Magens am Körpergewicht 3,0-6,5%, die Differenz betrug also nur auf Grund der Nahrung mehr als das Doppelte!

Hunger und Regulierung der Futteraufnahme

Das Hungergefühl wird grundlegend durch folgende Faktoren bestimmt:
- ➢ objektiv, physiologisch bedingt durch das Absinken des Glukosespiegels (Blutzucker) sowie des Gehaltes an Aminosäuren, der Milchsäure und flüchtigen Fettsäuren im Blut
- ➢ subjektiv durch die Fresslust z. B. durch Gewöhnung und Geschmack.

Glukose ist ein Einfachzucker, der das Gehirn, die roten Blutkörperchen und das Nierenmark mit Energie versorgt. Andere Körperzellen gewinnen die Energie überwiegend aus dem Fettstoffwechsel. Glukose ist in der Lage, die Blut-Hirn-Schranke zu überwinden und so das Gehirn mit nötigen Nährstoffen zu versorgen. Diese Schranke schützt als Filter das Gehirn vor Krankheitserregern, Toxinen und Botenstoffen, die im Blut enthalten sind. Dieser Schutz stellt allerdings auch eine Barriere z. B. für Medikamente dar, die bei neurologischen Erkrankungen, also Erkrankungen des Nervensystems, eingesetzt werden sollen und diese Schranke überwinden müssen. Charakteristisch für das gesunde Kaninchen ist das „Fressen auf Energie". Das heißt, dass Kaninchen normalerweise nur so viel fressen, wie sie für ihren täglichen Energiebedarf benötigen. Das setzt natürlich voraus, dass sie die Möglichkeit dazu haben und das Futter die entsprechenden Nährstoffe enthält.

Diese Fähigkeit ist beim Kaninchen etwa ab dem 35. Lebenstag voll entwickelt (Fekete, 1991). Indirekt zeigt auch die Aufnahme von Blinddarmkot diesen Fakt: bei Energiemangel wird die gesamte Menge Blinddarmkot, bei einem Energieüberschuss im Futter entsprechend weniger aufgenommen.

(Schwabe, 1995) stellte fest, dass bei einer ad-libitum-Bereitstellung von Pellets, „Saftfutter" (Möhren und Apfel) sowie Wasser die Aufnahme von Pellets deutlich zurückging. Diese Menge wurde, bezogen auf die Trockensubstanz, durch das Saftfutter ausgeglichen. Das heißt, die Tiere verzichteten zugunsten des frischen Futters auf das „Energiekonzentrat" in Form von Fertigfutter. Obwohl der Energiegehalt, bezogen auf die Trockensubstanz, im „Saftfutter" wesentlich höher ist, nahmen sie diesen also lieber in „verdünnter" Form mit dem im „Saftfutter" enthaltenen Wasser auf, als mit dem Trockenfutter. Eine weitere Rolle für die aufgenommene Futtermenge spielt also auch die Schmackhaftigkeit, denn von einem beliebten Futter wird mehr aufgenommen als von einem faden, eintönigen. Erfahrungsgemäß lassen sich Kaninchen leichter von industriellen Fertigfuttern auf frisches Grünfutter umstellen als umgekehrt.

Caecotrophie

Im Vergleich zu anderen Tierarten ist der Blinddarm des Kaninchens sehr groß. Er beträgt ca. 40-45% der Gesamtkapazität des Verdauungstraktes und ist somit größer als der Magen. Wie andere warmblütige Tiere und auch der Mensch verfügt das Kaninchen über keine Enzyme, die die Gerüstbestandteile von Pflanzen wie Zellulose aufschließen könnten. Diese Aufgabe übernehmen Bakterien, die den Blinddarm als Gärkammer benutzen. Durch den Aufschluss verdaulicher Kohlenhydrate entstehen flüchtige Fettsäuren, welche dem Blinddarmkot den charakteristischen Geruch verleihen.

Bild 34: Blinddarm- und Hartkot

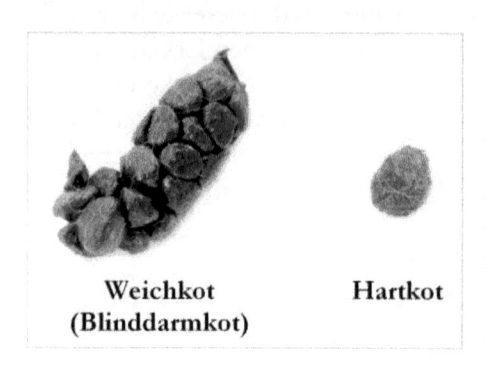

Der Blinddarmkot ist von einer Schleimhülle umgeben, die zum großen Teil aus Bakterien, Protein, Vitamin K sowie Vitamin B12 zusammengesetzt ist und im Magen bis zu 6 Stunden völlig erhalten bleibt (Lockley, 1973). Er besteht aus zusammenhängenden, annähernd runden Gebilden, die traubenförmig zusammenkleben. Er ist weich, glänzt, hat einen charakteristischen, sauren Geruch und wird leicht mit Durchfall verwechselt. Aufgenommen wird er direkt vom After, so dass dieser Vorgang vom Halter meist unbemerkt bleibt. In der Literatur wird oft geschrieben, dass dieser Blinddarmkot grundsätzlich unzerkaut geschluckt wird (z. B. Fekete, 1994). Nach (Selzer, 2000) und (Rühle, 2009) wird er auch gelegentlich gekaut. Die Aufnahme von Blinddarmkot ist keine Reaktion auf ein Ungleichgewicht in der Ernährung, sondern stellt eine besondere Verdauungsstrategie dar. Kaninchen nehmen den Blinddarmkot ab einem Alter von 3-4 Wochen auf, wenn die erste feste Nahrung gefressen wird. Das Maximum wird im Alter von etwa 10 Wochen mit ca. 25 g Trockenmasse/Tag erreicht (Carabaño, et al., 2010). Nach (Gidenne, et al., 1985) beträgt die Blinddarmkotmenge ca. 15% der aufgenommenen Nahrungsmenge. (Villamide, et al., 2010) geben für Kaninchen mit einem Gewicht von 2 kg eine tägliche Blinddarmkotmenge von 15-32 g Trockensubstanz bei einem mittleren Wert von 21,3 g an, was einer Frischesubstanz von rund 55 g entspricht.

Bei Energie- und Proteinmangel wird der gesamte Blinddarmkot aufgenommen. Je weniger Protein und mehr Rohfasergehalt in der Futterration enthalten ist, umso größer ist die aufgenommene Menge an Blinddarmkot.

Die Aminosäuren-Zusammensetzung des Blinddarmkots wird durch die Bakterienpopulation im Blinddarm und die Verdaulichkeit des Proteins im Futter beeinflusst. Das Bakterienprotein im Blinddarmkot kann den Tagesbedarf eines Kaninchens an essentiellen Aminosäuren nicht decken, insbesondere nicht den von Methionin und Cystin, Lysin sowie Arginin (Fekete, 1993). Nach (Belenguer, et al., 2005) beträgt z. B. der Beitrag der Caecotrophie für die Versorgung mit der essentiellen Aminosäure „Lysin" aus dem Bakterienprotein ca. 15%. Das heißt, 85% müssten immer noch zwingend mit dem Futter zugeführt werden. Auch der tägliche Bedarf an Vitaminen kann nach (Drepper, 1980) über diesen speziellen Kot nicht gedeckt werden.

Bild 35: Ein Hauskaninchen bei der Aufnahme von Blinddarmkot

Tabelle 5: Zusammensetzung von Blinddarmkot und Hartkot, nach (Fekete, 1991)

		Blinddarmkot	**Hartkot**
Trockensubstanz	g/kg	386	527
Rohprotein	g/kg TS	340	154
Rohfett	g/kg TS	53	30
Rohfaser	g/kg TS	178	300
Rohasche	g/kg TS	152	137
NfE	g/kg TS	277	379
Verdauliche Energie*	MJ/kg TS	10,8	7,9

*Berechnet nach (GfE, 2014); NfE = Stickstofffreie Extraktstoffe

Aufgrund der Menge und des enthaltenen Energiegehaltes lässt sich feststellen, dass der Blinddarmkot 25-30% der Energie, die ein Kaninchen benötigt, deckt. Das setzt voraus, dass dem Kaninchen eine adäquate Nahrung zur Verfügung steht.

Enthält die Nahrung größere Mengen bestimmter Kräuter oder Leguminosen (Fabaceae, Hülsenfrüchtler wie z. B. Lupine, Wicken), bleibt Blinddarmkot auch liegen bzw. wird nicht wieder aufgenommen (Lang, 1981).

Wird das Tier an der Aufnahme des Blinddarmkotes gehindert, stirbt es nicht daran. Da er aber an der Verdauung anderer Nahrungsbestandteile beteiligt ist, sinkt die Ausnutzung der Nährstoffe und hat geringere Gewichtszunahmen von Jungtieren zur Folge. Ebenso sinkt die Ausnutzung von Vitaminen, wenn sie nicht in ausreichender Menge durch das Futter zugeführt werden (Schley, 1985), wie auch die von feinen Partikeln der Nahrung. Durch den Blinddarmkot kann eine gewisse Zeit von Wassermangel überbrückt werden.

Seit längerer Zeit herrscht bereits Konsens über die positive Wirkung der Caecotrophie. Diese besteht in einer besseren Ausnutzung der Proteine aus der Nahrung und von Bakterien, der Energieversorgung und der zusätzlichen Füllung des Verdauungstraktes, was wiederum den Transport des Nahrungsbreis gewährleistet (Scheelje, 1975), (Lang, 1981), (Cheeke, 1987).

Die Zusammensetzung des Blinddarmkots und somit der Nutzen für das Tier kann durch verschiedene Faktoren negativ beeinflusst werden. Die wichtigsten sind Darmerkrankungen sowie Medikamente. Vor allem Antibiotika können die Bakterienzusammensetzung im Blinddarm nachhaltig stören. Für junge und immungeschwächte Tiere bestehen Risiken, wenn sie Kot aufnehmen, der 2 Tage oder älter ist, weil dieser z. B. „Oozysten" (infektiöse Erreger in der Entwicklung, wie sie z. B. von Kokzidien produziert werden) enthalten kann. Nach 36-48 Stunden Reifezeit in Gegenwart von Sauerstoff können diese Infektionen verursachen. Bei Darmerkrankungen besteht die Möglichkeit, dass eine Versorgung mit Vitaminen der Gruppe B sowie C und K nicht mehr im ausreichenden Maß gewährleistet ist.

Nach wie vor ungeklärt ist der Umstand, warum keimfrei gehaltene Kaninchen die Caecotrophie nicht ausüben. Dass heißt, das Kaninchen, die unter sterilen Bedingungen gehalten werden, den Blinddarmkot nicht aufnehmen (Yoshida, et al., 1968), (Yoshida, et al., 1971).

Darmflora
Die Gesundheit des Darms wird durch drei wesentliche Faktoren bestimmt (Montagne, et al., 2003):
1. Nahrung
2. Darmschleimhaut, bestehend aus dem Epithel (Zellgewebe) und der darüber liegenden Schleimhaut (Mukosa)
3. symbiotische Darmflora.

Hinzuzufügen wären noch die Haltungsbedingungen, wenn sie z. B. Stress verursachen. Im Magen-Darm-Trakt existiert ein eigenes Nervensystem, welches größer als das im Rückenmark ist und über den „Nervus vagus" mit dem Gehirn in Verbindung steht. Dieses Darmnervensystem wird auch als „enterisches Nervensystem (ENS)" bzw. „Bauchhirn" bezeichnet (Biesalski, et al., 2010). Forschungen über den Zusammenhang von Hormonen und Nervenzellen sowie den Schnittstellen des Gehirns zum Darm-Immunsystem (Darm-Hirn-Achse) stehen aber noch am Anfang.

Die Darmflora eines gesunden Organismus ist dadurch gekennzeichnet, dass bestimmte, typische Bakterien überwiegen. Sie erfüllen damit eine „Statthalter"-Funktion, die es anderen, fremden und möglicherweise pathogenen Bakterien erschwert, sich anzusiedeln. Diese Funktion wird durch die Nahrung bzw. durch das Substrat gewährleistet, von dem sich die etablierten

Bakterien ernähren. Auf Grund ihrer überwiegenden Anzahl und dem Mangel an dem Substrat, von dem pathogene Keime profitieren könnten, bleibt die gesunderhaltende Darmflora stabil.

Unterschieden werden Bakterien unter anderem mit Hilfe einer Methode, die „Gram-Färbung" genannt wird. Damit erfolgt eine Charakterisierung aufgrund des unterschiedlichen Aufbaus der Zellwand, aus der chemische und physikalische Eigenschaften resultieren. Dies ist bedeutend, weil grampositive und gramnegative Bakterien oft nur mit unterschiedlichen Antibiotika bekämpft werden können. Grampositive Bakterien (dicke Zellwand) erscheinen nach der Behandlung dunkelviolett, gramnegative (dünne Zellwand) rot.

Tabelle 6: Beispiele für Bakterien des Kaninchens und ihre bevorzugten Substrate, nach (Boulahrouf, et al., 1991), (Munk, 2008), (von Engelhardt, et al., 2015)

grampositive Bakterien	bevorzugte Substrate
Ruminococcus albus	Cellulose, Xylan
Ruminococcus flavefaciens	Cellulose, Xylan
Streptococcus equinus	Stärke, lösliche Zucker, Succinat, Protein
Eubacterium ruminantium	lösliche Zucker
Eubacterium cellulosolvens	Cellulose, Hemicellulose
Lactobacillus ruminis	lösliche Zucker
Lactobacillus vitulinus	lösliche Zucker
Clostridium spp.*	Cellulose, lösliche Zucker, Protein
Clostridium perfringens	Zucker, Protein
gramnegative Bakterien	**bevorzugte Substrate**
Bacteroides ruminicola	Hemicellulose, Pektin, Xylan
Bacteroides succinogenes	Cellulose, Stärke
Butyrivibrio fibrisolvens (Clostridium)	Cellulose, Xylan
Escherichia coli	lösliche Zucker, Stärke
Prevotella ruminicola	Pektin, Xylan
Succinimonas amylolytica	Stärke, Dextrin

*spp. = species pluralis = mehrere, nicht im Einzelnen genannte Arten

Kaninchen werden praktisch steril geboren. Die Besiedelung mit Bakterien stellt deshalb einen natürlichen, dynamischen Prozess dar, der auch Voraussetzung für die Entwicklung des Immunsystems ist. Gemeinsam mit Protozoen, Archaeen und Pilzen bilden Bakterien den Hauptanteil der Darmflora. Nach der Geburt verfügt das Kaninchen über Bakterien, die es über die Milch erhält oder die aus der Umgebung stammen. Dazu gehören auch Bakterien aus Kotbällen, die die Mutter am Nest hinterlässt und die von den Jungtieren beknabbert werden (Hudson, et al., 1982). Nach (Boulahrouf, et al., 1991) beginnt der Prozess der Etablierung celluloseabbauender Bakterien 12-16 Tage nach der Geburt, wobei die Spezies „Eubacterium cellulosolvens" überwiegt. Wenn der Celluloseanteil im Futter von 11% auf 17% stieg, wuchs die celluloseabbauende Bakterienpopulation um das Zehnfache. Acht Bakterienstämme, die Xylan und zwölf, die Pektin abbauen, wurden der Spezies „Bacteroides ruminicola" zugeordnet. Nach dem 25. Tag der Geburt hatte sich die Darmflora (Dünn- und Dickdarm) stabilisiert, die frühere überwog aber noch immer. Das heißt, die ursprüngliche Darmflora blieb erhalten und wurde durch Bakterien ergänzt, die Cellulose, Hemicellulose und Xylan abbauen.

In einem „Review" von (Kieckhäven, et al., 2016) wurde konstatiert, dass im Darm von Kaninchen keine „Lactobazillen" nachweisbar wären, wie es bei anderen Säugetieren der Fall sei. Als Beleg wurde ein Artikel von (Fortun-Lamothe, et al., 2007) angeführt, also ein weiterer „Review" als verkürzte Wiedergabe von Ergebnissen aus einer Menge von weiteren Arbeiten. Festgestellt wurde ein Widerspruch zu Ergebnissen anderer, später erschienener Arbeiten bzw. untersuchter Proben. Es wurde vermutet, dass dieser Widerspruch darauf zurückzuführen wäre, dass verschiedene Kotsorten untersucht wurden: in einem Fall handelte es sich um Blinddarm-, im anderen Hartkot. Die älteste Arbeit in dem Review stammt aus dem Jahr 2007, war also zum Zeitpunkt des Erscheinens des Review gerade 9 Jahre alt. Zur Erklärung bzw. Auflösung des Widerspruchs: im Jahr 1974 erschien in Deutschland eine Veröffentlichung zum Thema der bakteriellen Darmflora wachsender Kaninchen von (Weber, et al., 1974), deren Ergebnisse sich auf eine Dissertation von (Christ-Vietor, 1973) stützten. Untersucht wurde der Einfluss verschiedener Futtermittel und Haltungsmethoden, weshalb die Ergebnisse von vielen anderen Veröffentlichungen mit Labortieren und Industriefuttermitteln abwichen, in denen die Tiere unter Laborbedingungen (Käfighaltung) mit Pellets ernährt wurden. In der Untersuchung gab es vier Gruppen von Kaninchen, die Probennahme erfolgte direkt aus dem Körper (also unabhängig vom Kot):

Gruppe I: 5-8 Tage alt, die Ernährung bestand nur aus Muttermilch, die Muttertiere erhielten pelletiertes Fertigfutter und Trinkwasser ad libitum; Bodenhaltung auf Einstreu
Nachgewiesen wurden: Kokken, coliforme Keime, **anaerobe Laktobazillen**, Bacteroides

Gruppe II: 3-4 Wochen alt, **zusätzlich** zum pelletierten Fertigfutter täglich **frisches Grünfutter** (Gras, Löwenzahn, Mohrrüben, Kartoffelschalen) und Trinkwasser ad libitum, Bodenhaltung
Nachgewiesen wurden: Kokken, Bazillen, **aerobe und anaerobe Laktobazillen**, coliforme Keime, Clostridien, Bacteroides

Gruppe III: 6 1/2-8 Wochen alt nach dem Absetzen in der 3.-4. Lebenswoche, Bodenhaltung, Heu und täglich **frisches Grünfutter** ad libitum
Nachgewiesen wurden: Kokken, Bazillen, **aerobe und anaerobe Laktobazillen**, coliforme Keime, Clostridien, Bacteroides

Gruppe IV: 6 1/2-8 Wochen alt. Nach dem Absetzen in der 4.-6. Lebenswoche einzeln in Metallkäfigen mit Drahtböden, pelletiertes Fertigfutter und Trinkwasser ad libitum
Nachgewiesen wurden: Kokken, Bazillen, coliforme Keime, Bacteroides

Bakterien der Gattung Bacteroides machten, unabhängig von Alter und Fütterung der Tiere, mengenmäßig stets den größten Anteil aus. Anaerobe Laktobazillen waren bei allen Kaninchen, außer bei den nur mit pelletiertem Fertigfutter ernährten Tieren (Gruppe IV) nachzuweisen.

Aerobe Laktobazillen wie „Lactobacillus Beijerinck", die in Grünpflanzen vorkommen, und Clostridien fanden sich nur bei mit Grünfutter ernährten Jungkaninchen (Gruppe II und III), während sie im Darminhalt von nur mit Muttermilch (Gruppe I) und nur mit Pellets (Gruppe IV) ernährten Kaninchen stets fehlten. Anaerobe Laktobazillen kamen nur in den Gruppen, die mit Grünfutter ernährt und auf Boden gehalten wurden, vor. Das Auftreten aerober und anaerober Laktobazillen bei Kaninchen war also ernährungsbedingt und stand im Zusammenhang mit der Grünfutterverabreichung, denn sie kommen nun einmal in oder auf frischen Pflanzen vor. Die Lösung des Widerspruchs im Review von (Kieckhäven, et al., 2016) war also eigentlich schon vor über 40 Jahren bekannt, blieb aber unberücksichtigt. Besonders bedenklich ist das Vorhandensein der Laktobazillen bei einer Grünfütterung natürlich nicht, eher im Gegenteil. So wurde z. B. von (Blomberg, et al., 1993) nachgewiesen, dass Laktobazillen die Ansiedlung und Vermehrung von E. coli Bakterien verhindern, indem sie intestinale E.coli-Bakterienrezeptoren blockieren.

Laktobazillen bauen Kohlenhydrate zu Milchsäure ab, weshalb dieser Vorgang auch Milchsäuregärung genannt wird. Da sie mit ihren Stoffwechselprodukten die Lebensbedingungen pathogener Mikroorganismen verschlechtern, gelten sie als „probiotisches" Bakterium.

Definitionen für Pro- und Präbiotika, aus (Biesalski, et al., 2010):
- Probiotika: *„Ein lebender mikrobieller Zusatz, der für die Gesundheit von Vorteil ist"*.
- Präbiotika: *„Durch körpereigene Enzyme nicht abbaubarer Nahrungsbestandteil, dessen Verzehr vorteilhaft für den Anwender ist, da er selektiv das Wachstum und/oder die Aktivität einer einzigen oder weniger Bakterienspezies im Kolon stimuliert"*.
- Synbiotika: Die Kombination aus Pro- und Präbiotika.

Der Magen ist die erste „Auffangstation" für Keime (Bakterien) jeder Art. Sein niedriger pH-Wert und Enzyme töten weitestgehend schädliche Bakterien ab, die über das Futter oder aus der Umwelt aufgenommen werden. Die Milch der Häsin ist so gut wie steril und wird erst bei der Aufnahme durch Bakterien kontaminiert, die z. B. an den Zitzen haften können. Da Laktobazillen eine hohe Säuretoleranz aufweisen, überstehen sie auch den Magen mit seinem niedrigen pH-Wert. Sie selbst produzieren wiederum Substanzen, die den pH-Wert im Dickdarm regulieren, der bei gesunden Tieren <7 ist. Sie sind also auch ein wichtiger Regulator für den pH-Wert im Blinddarm.

In auffallendem Gegensatz zu anderen Arbeiten fanden sich bei (Weber, et al., 1974) fast regelmäßig bei gesunden Tieren in allen Gruppen hohe Mengen an Colibakterien bzw. coliformen Keimen. Als besonders bemerkenswert wurde festgestellt, dass gerade Tiere im Alter von 5-8 Tagen in allen 4 Darmabschnitten die höchsten Colizahlen von 10^7-10^8/g Darminhalt aller Tiergruppen aufwiesen. Mit zunehmendem Alter nahm der Anteil der Colibakterien bis auf 10^2-10^5/g Darminhalt bei 6½-8 Wochen alten Tieren ab. Als Ursache der hohen Colizahlen in der vorliegenden Arbeit wurde die Bodenhaltung vermutet. Aus dieser keimreichen Umgebung können Bakterien über Futter, Trinkwasser und Einstreu bzw. auch ohne Nahrungsaufnahme in den Darmtrakt gelangen. Es gab aber in der Untersuchung keine erkrankten Tiere. Andere Untersuchungen zeigten, dass alleinige orale Verabreichungen von E. coli-Keimen auch in hohen Mengen nicht zum Entstehen von Dysenterien führten. Vielmehr traten solche immer nur in Verbindung mit anderen schädigenden Faktoren, wie z. B. einem gleichzeitigen Kokzidienbefall auf. Coliforme Keime können in der Darmflora bei Jungkaninchen in Abhängigkeit von den Umweltbedingungen also als normale Passanten vorkommen, allerdings muss ihr Nachweis allein selbst bei noch nicht abgesetzten Kaninchen nicht a priori auf eine krankmachende Bedeutung hinweisen (Weber, et al., 1974). Zum besseren Verständnis für die Größenordnungen der Bakterienzahlen in einem Gramm Darminhalt: 10^2=Hundert; 10^5= Hunderttausend; 10^7=Zehn Millionen; 10^8= Hundert Millionen.

In einer weiteren Untersuchung von (Matthes, 1981) wurde festgestellt, dass die Darmflora gesunder Kaninchen vorwiegend aus grampositiven Bakterien (Bacillus spec., Laktobazillen) und Vertretern der Bacteroidesgruppe bestand und dass sie bei gleichbleibender Fütterung und Haltung weitgehend konstant blieb. Störungen des Keimgleichgewichtes, die spontan auftreten können, gaben bei Jungkaninchen Anlass zu schweren Darmschäden mit meist tödlichem Ausgang.

Verschiedene Clostridienarten kommen üblicherweise im frischen Grünfutter vor und werden von Kaninchen aufgenommen. Einige dieser Arten wie z. B. Clostridium tyrobutyricum finden sich auch in Silage, wo sie am Gärungsprozess beteiligt sind. Clostridium perfringens dagegen ist eine pathogene Clostridienart, die von Zucker und Protein lebt und vor allem durch den Abbau von Aminosäuren „Fäulnis" hervorrufen kann. Die Abbauprodukte von C. perfringens sind toxisch und können zu schweren Darmerkrankungen führen, die bei dem Verwesungsprozess entstehenden Gase zu Tympanie (Trommelsucht).

Interessant ist der Fakt, dass einige natürliche, essentielle Öle deutlich antibakterielle Eigenschaften aufweisen. So wirken Öle aus Kräutern wie Rosmarin, Oregano, Thymian, Salbei und Ingwer nachweisbar gegen pathogene Bakterien wie Escherichia coli, Staphylococcus aureus oder Clostridium perfringens (Burt, 2004), (Du, et al., 2015).

Immunsystem
Das Immunsystem ist ein komplexes System zur Erhaltung des Individuums durch Abwehr körperfremder Substanzen (Antigene) und kontinuierlicher Elimination anomaler Körperzellen, an der die Organe des lymphatischen Systems, im gesamten Organismus verteilte Zellen (Leukozyten, Zellen des Monozyten-Makrophagen-Systems) und Moleküle (Immunglobuline, Lymphokine) beteiligt sind. Als „Immunität" wird die Unempfänglichkeit des Organismus für eine Infektion mit pathogenen Mikroorganismen bzw. der Schutz vor der Wirkung mikrobieller Stoffwechselprodukte sowie pflanzlicher oder tierischer Gifte aufgrund unspezifischer Abwehrmechanismen bzw. eine adäquate Immunantwort des Immunsystems bezeichnet. (Pschyrembel, 2002).

Als primäre Immunität wird die Reaktion des Immunsystems auf den erstmaligen Antigenkontakt bezeichnet - als sekundäre Immunität die auf einen erneuten Kontakt erfolgende, oftmals stärkere, schneller einsetzende und länger anhaltende Reaktion. Das Immunsystem ist für seine Aufgaben jede Sekunde und ein Leben lang aktiv. Dieses Abwehrsystem ist nicht selbsterhaltend sondern muss gewissermaßen „gefüttert" und „betreut" werden. Ein funktionierendes Immunsystem fällt nicht vom Himmel, sondern entwickelt und erhält sich in dem Maße, wie für seine vollständige Funktionsfähigkeit Sorge getragen wird. In der Haustierhaltung muss der Halter diese Aufgaben übernehmen, weil das Tier weitgehend von seinen natürlichen, arttypischen Ressourcen abgeschnitten ist und in dem Habitat lebt, welches ihm der Halter bereit stellt.

Der Begriff „Immun**system**" macht bereits deutlich, dass es sich dabei nicht um ein klar abgegrenztes Organ handelt, sondern um ein komplexes, biologisches System aus verschiedenen Organen, Zelltypen und Molekülen.

Ist die Mutter gesund und wurde ihren Bedürfnissen entsprechend versorgt, bekommt das Kaninchen bereits mit seiner Geburt eine intakte, „angeborene" Immunantwort für den Start in das Leben mit, die auch „unspezifische Immunabwehr" genannt wird. Mit dem „Kolostrum" (auch Kolostralmilch oder Erstmilch genannt) erhält es zudem einen „Schuss" Milch mit einem konzentrierten Gehalt an Enzymen, Vitaminen, Mineralien, Wachstumsfaktoren, Aminosäuren und Antikörpern wie IgA und IgM.

Die Organe bzw. Organsysteme des Immunsystems sind nach heutigem Erkenntnisstand:
- Thymus
- Sekundäre, lymphatische Organe
- Tonsillen (Mandeln)
- Lymphknoten
- Milz
- Appendix vermiformis (Wurmfortsatz des Blinddarms)
- Peyer-Plaques im Darm

Bereits mit der Geburt und dem Erreichen der „außermütterlichen" Welt wird das Neugeborene mit Keimen konfrontiert, die seine Gesundheit gefährden können. Sie stammen im ersten Moment von der eigenen Mutter wie auch dem Nest mit seinem Material. Ab diesem Zeitpunkt beginnt die „adaptive" bzw. „spezifische" Immunabwehr zusätzlich zur unspezifischen sich zu entwickeln und zu arbeiten. Sie wird auch als „erworbenes Immunsystem" bezeichnet. Dieses reagiert nun auf neue oder veränderte Erreger, die es als „nützlich" oder „pathogen" (krankmachend) erkennt und entsprechend akzeptieren oder unschädlich machen muss.

Die angeborene Immunantwort braucht keine lange Anlaufphase sondern reagiert innerhalb von Stunden. Versagt die angeborene Immunität, reagiert innerhalb von vier bis sieben Tagen die erworbene Immunabwehr, indem sie antigenspezifische Zellen bildet, die sich speziell gegen diesen einen Erreger richten.

Tabelle 7: Barrieren des Körpers gegen mechanische und physiologische Einflüsse

Barriere	Funktion
äußere Haut	physikalische Barrierefunktion gegen das Eindringen von Keimen
Augen	Bindung und Abtransport von Keimen durch Tränenflüssigkeit
Atemwege	Filtern und Binden von Keimen durch Schleim
Mundhöhle	pH-Wert des Speichels neutralisiert Nahrung, enthaltene Enzyme üben antimikrobiellen Einfluss aus
Magen	Magensäure mit ihrem niedrigen pH-Wert (Salzsäure, Peptide) zerstört viele Mikroorganismen
Darm	Darmflora kontrolliert Bakterienwachstum; Darmschleimhaut schützt die Darmwand
Niere	Harn sorgt für Abtransport von Schadstoffen (Spülfunktion)

Die erste Barriere gegen Krankheitserreger bilden mechanische und physiologische Verteidigungslinien des Körpers, die dafür sorgen, dass diese erst gar nicht an Orte gelangen, an denen sie Unheil anrichten könnten. Sie binden diese, töten sie unmittelbar ab oder entfernen sie schnell aus dem Körper. An der „zellulären" Abwehr sind Immunzellen des Körpers beteiligt, die „humorale" Abwehr wird durch Substanzen gewährleistet, die nicht zellulären Ursprungs sind und vom Körper hergestellt werden können (z. B. Enzyme). Ein Teil des unspezifischen humoralen Immunsystems ist das „Komplementsystem", welches zur Eliminierung von zellulären Antigenen wie Bakterien beiträgt.

Antikörper bzw. Immunglobuline (Ig) werden von einer Klasse weißer Blutzellen, den B-Lymphozyten, produziert und sind Bestandteil des adaptiven Immunsystems. Antikörpermoleküle bestehen aus Aminosäuren wie „Cystein" und Sacchariden, sind also keine reinen Proteine, sondern sogenannte „Glykoproteine" (Ferencik, et al., 2004). Die Entwicklung des primären Repertoires von Antikörpern nach der Geburt erfolgt durch Rekombinationen von Nukleotiden, somatischer Hypermutation (Einfügen von Mutationen in die Antikörpergene einer reifenden B-Zelle) und dem Austausch von DNA-Sequenzen im GALT, insbesondere aber im Blinddarm. GALT ist die englische Bezeichnung für „gut associated lymphoid tissue", die deutsche Übersetzung lautet „darmassoziiertes Lymphgewebe". Die Darmflora ist dabei wesentlich für die Herstellung und Diversifizierung des ersten Antikörperrepertoires verantwortlich. Die Entwicklung beginnt vor der Geburt, bis zum Alter von 2-3 Wochen verfügen Kaninchen über das Repertoire von Antikörpern wie Neugeborene vor allem an IgG, die von der Mutter über die Plazenta an das Ungeborene übertragen wurden. Das primäre Repertoire entwickelt sich u. a. durch die Milch und die in ihr enthaltenen IgA während der ersten 4-8 Lebenswochen. Im Alter von 10-12 Wochen ist diese Entwicklung abgeschlossen (Lanning, et al., 2000), (Jensen-Jarolim, et al., 2006), (Combes, et al., 2013).

Tabelle 8: Zelluläre Bestandteile des Immunsystems

Zelltyp	Funktion
Granulozyten	bilden den Großteil der weißen Blutkörperchen (Leukozyten); bei einer Infektion sind vor allem die Werte der stabkernigen, neutrophilen Granulozyten erhöht
Makrophagen	Fresszellen, die extrazelluläre, große, feste Partikel durch spezialisierte Zellen (Phagozyten) aufnehmen („fressen"); reparieren geschädigte Muskelfasern
Killerzellen	Lymphozyten, die infizierte (veränderte) Zellen erkennen und vernichten können
Dendritische Zellen	überwachen das Gewebe, präsentieren T-Zellen das Antigen und lösen somit eine spezifische Immunantwort aus
T-Lymphozyten	erkennen spezifische Antigene, die ihnen präsentiert werden
T-Helferzellen	koordinieren die Immunreaktion, indem sie Botenstoffe freisetzen, die andere Komponenten des Immunsystems aktivieren ((Makrophagen und zytotoxische T-Zellen)
Regulatorische T-Zellen	Modulation der Immunreaktion und Unterdrückung einer überschießenden Immunreaktion durch Selbsttoleranz
Zytotoxische T-Zellen	Erkennung und selektive Zerstörung nur der Zellen, die mit Antigenen befallen sind, wodurch das Gewebe geschont wird
B-Lymphozyten	Grundlage des spezifischen, humoralen Immunsystems; bilden Antikörper und sind damit für die adaptive Immunreaktion verantwortlich, ein Teil entwickelt sich mit Hilfe der T-Helferzellen zu „Gedächtniszellen", so dass bei einem wiederholten Kontakt mit dem Antigen eine schnellere Immunantwort möglich ist

Das bedeutet, dass junge Kaninchen zwischen der 3. bis 12. Lebenswoche ein eigenes Immunsystem aufbauen müssen, weil das angeborene aufgrund der Umstände nicht mehr ausreicht. Die Zeit zwischen der Abnahme der Wirksamkeit des angeborenen, mütterlichen Immunsystems und dem Aufbau des eigenen wird auch als „Immunitätslücke" bezeichnet. In dieser Zeit sind Jungtiere durch jede Art von Stress und dem Fehlen essentieller Nährstoffe gefährdet. Ebenso können sich Veränderungen in der Haltung, die mit der Auseinandersetzung mit neuen, fremden Keimen einhergehen, negativ auf die Gesundheit auswirken.

In der Haustierhaltung ist mittlerweile die sogenannte „Frühkastration" (vor der Geschlechtsreife) von männlichen wie auch vermehrt von weiblichen Jungtieren verbreitet. Unter dem Gesichtspunkt einer störungsfreien Entwicklung des Immunsystems ist dies auf Grund der beschriebenen Fakten abzulehnen, da die Geschlechtshormone das Immunsystem direkt beeinflussen.

Alle Zellen des Immunsystems entstehen aus Stammzellen des Knochenmarks. Die Differenzierung und Reifung von lymphatischen Zellen erfolgt in Organen wie Knochenmark, Thymus, der fötalen Leber und im Blinddarm. Nach der Differenzierung wandern die Lymphozyten durch die Blutgefäße und das Lymphsystem in Richtung der sekundären, lymphatischen Organe (Milz, Lymphknoten und GALT), wo sie zur Vermehrung (Proliferation) angeregt werden. 80-90 % aller Zellen, die Antikörper produzieren, befinden sich in der Schleimhaut des Darmes. Diffuse Ansammlungen von Lymphozyten oder lockere Verbände dieser (Lymphfollikel) findet man im gesamten Magen-Darm-Trakt, der durch die aufgenommene Nahrung besonders häufig mit Keimen und Fremdkörpern in Kontakt kommt. Im Dünndarm sowie im Wurmfortsatz (Appendix vermiformis) existiert organisiertes, lymphatisches Gewebe in Form von 4-6 Peyer-Plaques bzw. Peyerschen Haufen, eine Vereinigung von Lymphfollikeln (Fortun-Lamothe, et al., 2004).

Bild 36: Morphologie des organisierten Lymphgewebes im Darm des Kaninchens, nach (Fortun-Lamothe, et al., 2004)

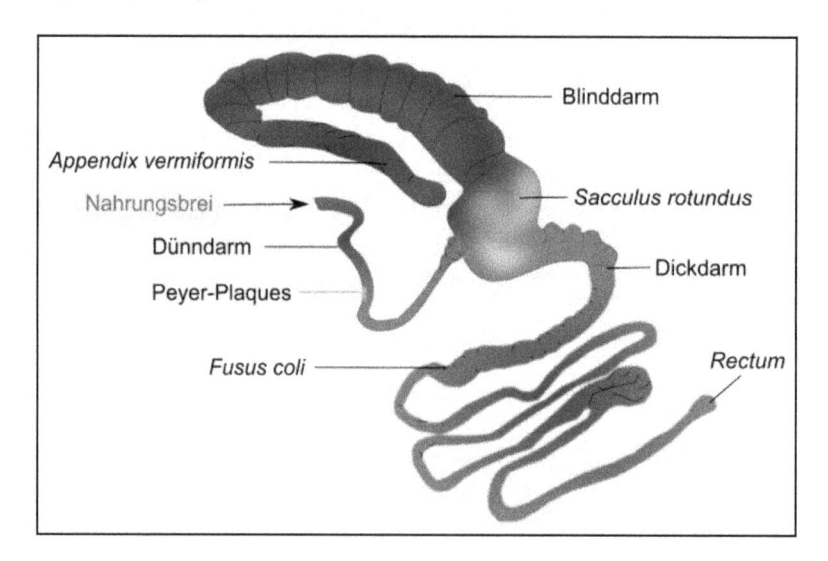

Die Peyer-Plaques (Peyersche Platten) sind sekundäre Lymphorgane mit Ansammlungen von Zellen des speziellen, erworbenen Immunsystems, die eine wichtige Rolle bei der Infektionsabwehr im Darm und bei der Weiterverbreitung immunologischer Informationen spielen. Hier finden sich auch M-Zellen (Epithelzellen im Darm und den Tonsillen), die Viren und Bakterien durch ihre Zellkörper an die Follikel weiterleiten und so eine Immunantwort auslösen.

Wird ein Körper mit pathogenen Keimen konfrontiert, beginnen zahlreiche Mechanismen der verschiedenen, beschriebenen Einrichtungen des Immunsystems zu arbeiten. Die Immunantwort beginnt mit Abwehrzellen des unspezifischen Immunsystems, den Makrophagen. Sie erkennen Keime, nehmen sie auf und transportieren sie in die Lymphgewebe des Immunsystems. Dort werden die Antigene den Immunzellen des spezifischen Immunsystems, also den T- und B- Lymphozyten, präsentiert. Dadurch wird die spezifische Immunreaktion ausgelöst. Die B-Lymphozyten bilden Antikörper, die mit dem Antigen einen Komplex bilden. Dabei werden die Antigene weitgehend neutralisiert. Die Aktivierung und Vermehrung der Lymphozyten und eine gesteigerte Durchblutung führt oft zum Anschwellen von Lymphknoten. Fresszellen des unspezifischen Immunsystems nehmen die Komplexe auf und entfernen sie aus dem Blut. Für die zellvermittelte Antwort sorgt die Aktivierung von T-Lymphozyten, die als zytotoxische bzw. T-Killerzellen Krankheitserreger direkt zerstören. Als T-Helferzellen und regulatorische Zellen beeinflussen sie zudem den Ablauf einer Immunreaktion. B- oder T-Gedächtniszellen versetzen das Immunsystem in die Lage, sich an fremde Oberflächenstrukturen zu erinnern, so dass bei einem erneuten Kontakt mit den Erregern die Immunreaktion schneller verläuft. Das Immunsystem verfügt gewissermaßen über ein „Gedächtnis".

Das Immunsystem mit all seinen Zellen, Organen und Organverbänden existiert nicht allein und unabhängig im Organismus, sondern steht in Verbindung mit dem Nerven- und Hormonsystem. Informationsmoleküle im Nervensystem sind es Neurotransmitter, Neurotrophine, Neuropeptide, Neurohormone und bestimmte Zytokine (Neurozytokine), im endokrinen System Hormone. Im Immunsystem gehören u. a. Antigene, Antigenrezeptoren auf Lymphozyten, Antikörper, Immunhormone und Zytokine dazu (Ferencik, et al., 2004). So hemmt z. B. das Stresshormon „Adrenalin", welches vom Körper bei erhöhter Aktivität freigesetzt wird, die Antikörperproduktion der B-Lymphozyten und beeinflusst auf diese Weise die gesamte Immunreaktion.

Das Immunsystem lebt zum größten Teil von den Nährstoffen, die dem Organismus zur Verfügung stehen. Ein großer Teil von diesen wird als „essentiell" bezeichnet. Das heißt, sie sind lebensnotwendig und können vom Körper nicht selbst hergestellt werden.

Tabelle 9: Mechanismen der Regulierung des Immunsystems durch spezielle Nährstoffe

Mechanismus	**Nährstoff**
Entwicklung des Immunsystems	Linolsäure (ω-6 Fettsäure), Eisen, Vitamin A
Normale Funktion des Immunsystems	Vitamin C, D, A, B2, B12; Folsäure, Zink, Selen, Kupfer
Nahrungsimmunität	Eisen, Biotin (Vitamin B7)
Änderungen des hormonellen Milieus	Energie, Aminosäuren
Direkter Einfluss auf das Immunsystem	Vitamin A, D, E; mehrfach ungesättigte Fettsäuren (ω-3/ω-6-Fettsäuren)
Steigerung der T-Zellaktivität	Aminosäuren (Cystein)
Schutz der Schleimhäute	Vitamin A, B2; Biotin, Niacin
Schutz von Körperzellen vor oxidativem Stress bei Immunreaktionen	Vitamin C, E, B2; Zink, Selen, Kupfer, Mangan
Reduzierung der Krankheitsanfälligkeit	Vitamin E
Reaktion bei Erkrankung	Zink, Vitamin A
Physikalische und chemische Einwirkungen des Futters im Dünndarm	Fasern, oxidierte Fette, Lektine

Kokzidiose

Eine Form der Kokzidiose hat unmittelbar mit der Nahrung und ihrer Verdauung sowie dem Immunsystem von Wild- und Hauskaninchen zu tun, weshalb an dieser Stelle auf sie eingegangen wird. Kokzidiose wird durch parasitäre Sporentierchen (Protozoen) ausgelöst, die zur Gattung Eimeria (E.) gehören. Je nach den verschiedenen Eimeria-Arten als Erreger und dem befallenen Organ wird zwischen Gallengangskokzidiose (auch Leberkokzidiose) und Darmkokzidiose unterschieden. Bei Kokzidiose handelt es sich um eine parasitäre Erkrankung, von der überwiegend Jungtiere im Alter von 4-6 Wochen betroffen sind, seltener erwachsene Tiere. 90% der Hauskaninchen können als Parasitenträger angesehen werden, wobei es sich überwiegend um Erreger der Darmkokzidiose handelt. 66-86% der Wildkaninchen sind mit Kokzidien infiziert, Feldhasen zu etwa 70-80% (Kötsche, et al., 1990), (Hora, et al., 2014). Wildkaninchen und Feldhasen beherbergen aber jeweils eigene Eimeria-Arten und eine wechselseitige Übertragung ist nicht möglich. Nach (Coudert, et al., 1979) und (Licois, 2004) gibt es, außer in Forschungslaboren, keine kokzidienfreien Hauskaninchen, wobei es sich bei 80-100% um einen Befall mit verschiedenen Eimeria-Arten handelt.

Kokzidiose ist eine multifaktorielle Erkrankung. Das heißt, dass ein Befall mit einem Erreger allein die Erkrankung nicht auslöst. So gibt es zum Beispiel keine Korrelation zwischen Ausscheidung von Oozysten und einer Erkrankung: so wurde bei einer maximal möglichen Ausscheidung von 1-2 x 10^8 Oozysten von E. flavescens keinerlei Anzeichen einer Erkrankung festgestellt (Pakandl, 2009). Kokzidiose wird wahrscheinlich erst zu einer bedrohlichen Erkrankung, wenn gleichzeitig pathogene Colibakterien im Darm vorhanden sind. Zweifel an der allgemeinen Auffassung der obligaten Pathogenität von Darmkokzidien für Jungkaninchen ließen z. B. Untersuchungen aufkommen, die von (Dorn, 1973) bestätigt wurden. So traten selbst bei einem mittelstarken Kokzidienbefall hohe Verluste unter Jungtieren auf, die mit bakteriologisch nachgewiesenen Coli-Infektionen einhergingen, was auf ein Zusammenwirken von Kokzidien und Colikeimen hinwies. Das heißt, dass in der Regel verschiedene Faktoren eine Rolle spielen können, die zur Erkrankung an Kokzidiose führen. Mögliche Faktoren für eine Erkrankung an Kokzidiose sind:

- Einschleppung eines Erregers in eine nicht-kontaminierte Umgebung
- Einbringen empfänglicher Tiere in eine kontaminierte Umgebung
- Anzahl der Tiere/Fläche
- Stress (Ortswechsel, Lärm, Änderungen in der Gruppe)
- Erkrankungen
- Nährstoffmangel (essentielle Amino- und/oder Fettsäuren)
- Mangel an Futtermenge und -struktur
- falsches Verhältnis oder Mangel an Struktur-Kohlenhydraten
- Vitaminmangel
- verringerte Immunität
- Futterumstellung
- mangelnde Hygiene

Erreger

Bisher wurden über 25 Kokzidienarten beim Kaninchen beschrieben, elf Spezies davon konnten bisher eindeutig charakterisiert und in Reinkultur isoliert werden (Kühn, 2003):

Tabelle 10: Eimeria-Arten, Entwicklung und Pathogenität, verändert nach (Bauer, 2006) und (Licois, 2004)

Eimeria-Art	endogene Entwicklung	Merogonie-Zyklen[1]	Schädigung	Präpatenzzeit[2] in d	Pathogenität[3]
E. stiedai	Gallengänge	6	Leber	14-16	+++
E. coecicola	Duodenum, Caecum	1(+?)	Caecum, Wurmfortsatz	8-9	-
E. exigua	Ileum	5	Ileum	7	+
E. flavescens	Jejunum, Ileum, Caecum, Colon	?	Caecum, Colon	8-11	+++
E. intestinalis	Jejunum, Ileum, Caecum, Colon	3	hinterer Jejunumabschnitt, Ileum	9-10	+++
E. irresidua	Jejunum, Ileum	4	Jejunum, Ileum	8-10	++
E. magna	Jejunum, Ileum	3	Jejunum, Ileum	7-9	++
E. media	hinterer Jejunumabschnitt, Ileum	3	Jejunum	5-7	++
E. perforans	Duodenum, Jejunum	2	Duodenum	4-6	+
E. piriformis	Caecum, Colon	3	vorderer Colonabschnitt	9	++
E. vejdovskyi	Jejunum, Ileum	2	Ileum	10	+

[1]Merogoniezyklen: ungeschlechtliche Vermehrungszyklen im Wirtsinneren, bei denen Schizonten (Meronten) in Merozoiten zerfallen
[2]Präpatenzzeit: Zeitraum vom Parasitenbefall bis zur Nachweisbarkeit im Kot
[3]Pathogenität: Fähigkeit von Mikroorganismen, krankhafte Zustände herbeizuführen als Abgrenzung zum Begriff „Virulenz", der als Grad der Aggressivität von Mikroorganismen als quantitative Eigenschaft genutzt wird (Pschyrembel, 2002): - apathogen, + gering pathogen, ++ pathogen, +++ hochpathogen

Entwicklung der Erreger
Endogen
Nimmt das Kaninchen mit Nahrung oder Kot die Oozysten auf, werden Sporozoiten (Parasiten im infektiösen Stadium) freigesetzt, die durch Gallensalze und Verdauungsenzyme aktiv werden und in die Darmschleimhautzellen oder über die Blut- und Lymphbahnen in das Zielorgan eindringen. Dort erfolgt eine Teilung durch 2-6 ungeschlechtliche Vermehrungsvorgänge (Merogonie). Die Oozysten enthalten nach der Sporulation vier Sporozysten mit je zwei Sporozoiten, die schnell in die Darmwand eindringen. Nach der ungeschlechtlichen folgt die geschlechtliche Vermehrung der Sporozoiten, woraus wiederum neue Oozysten entstehen. In den Epithelzellen des Darms oder der Gallengänge wachsen und vermehren sie sich, so dass die Wirtszellen schließlich zerstört werden.

Die Entwicklungsdauer beträgt, abhängig von der Art, 6-17 Tage. Infiziert sich das Tier nicht neu, werden die letzten Oozysten von zum Beispiel E. magna und E. neoleporis nach 22-25 Tagen ausgeschieden, so dass eine einmalige Infektion nach 3-4 Wochen erlischt (Kötsche, et al., 1990).

Exogen
Bei Anwesenheit von Sauerstoff und Feuchtigkeit werden die ausgeschiedenen Oozysten im Freien (exogen) keimfähig. Dieser Vorgang wird „Sporulation" genannt und bedeutet, dass sie infektionsfähig werden. In Abhängigkeit von der Temperatur und der Eimeria-Art geschieht das in 24 bis 72 Stunden. Eine dreischichtige Kapsel schützt sie vor chemischen Einflüssen. Unter günstigen Umständen können Oozysten bis zu 6 Jahre virulent (ansteckungsfähig) bleiben. Relativ empfindlich sind sie dagegen für Hitze und Trockenheit. Insbesondere direkte Sonneneinstrahlung lässt sie in Stunden absterben. Aussagen über die Kälteempfindlichkeit sind widersprüchlich, aber offenbar bleiben Oozysten selbst nach mehrwöchigen Perioden von Minusgraden infektionsfähig (Kötsche, et al., 1990).

Aus einer Oozyste können sich für die meisten Eimeria-Arten 106 bzw. 1.000.000 Oozysten entwickeln. Ein Kaninchen ist in der Lage, beispielsweise von E. intestinalis, also einer hoch pathogenen Form, 10^9 bzw. 1 x 1.000.000.000 Oozysten zu produzieren.

Diagnose
Festgestellt wird die Krankheit durch die Untersuchung von Kotproben mittels „Flotationsverfahren" (McMaster-Verfahren, (Bürger, et al., 2006)). Da die Oozysten nicht regelmäßig ausgeschieden werden, muss der Kot über einen Zeitraum von 2 - 3 Tagen gesammelt und untersucht werden. Der Grad des Befalls wird mikroskopisch durch Zählen der Erreger bestimmt. Es handelt sich also um eine rein quantitative Bestimmung, bei der die Eimeria-Art unberücksichtigt bleibt. Aufgrund der unterschiedlichen Pathogenität der Arten ist somit der Rückschluss auf eine mögliche Erkrankung nicht zuverlässig. So wurde z. B. für E. intestinalis eine starke, immunisierende Wirkung bei geringgradigem Befall festgestellt, der bei einer späteren, starken Zunahme des Befalls keine Erkrankung auslöste. Deshalb stellt die Anzahl dieser Eimeria-Art allein kein Kriterium für eine Erkrankung an Kokzidiose dar. Die Immunität hielt für 8 Wochen an (Coudert, et al., 1993).

Symptome
Eine Erkennung der Erkrankung anhand von Symptomen ist schwer möglich, da sie in der Regel von Sekundärerkrankungen und deren Symptomen überlagert werden.

Neben Gewichtsverlust und Durchfall treten bei der Gallengangskokzidiose Symptome wie Aszites (Flüssigkeitsansammlung in der freien Bauchhöhle), Ikterus (gelbliche Verfärbung von Haut und Schleimhäuten sowie der meisten inneren Organe, Gewebe und Flüssigkeiten durch erhöhten Gehalt des Blutes an Gallenbestandteilen, v. a. Bilirubin und Gallensäure wie bei Gelbsucht und Hepatomegalie (Lebervergrößerung) auf.

Symptome der Darmkokzidiose sind weitgehend unspezifisch und reichen von Appetit- und Teilnahmslosigkeit bis hin zu wässrigen, blutigen Durchfällen und/oder Aufblähung (Tympanie). Diese Symptome sind aber eher den Sekundärerkrankungen zuzurechnen, als dem Befall mit Kokzidien.

Gallengangs- bzw. Leberkokzidiose
Die Oozysten von E. stiedai keimen im Dünndarm. Die Sporozoiten dringen in die Darmmukosa ein und gelangen über das Lymph- und Pfortadersystem zu den Epithelzellen der Gallengänge. Hier werden sechs Merontengenerationen durchlaufen und die Gamonten gebildet, die im Wesentlichen die Schädigungen und klinischen Symptome bedingen. Die Oozysten gelangen mit der Gallenflüssigkeit in den Darm und werden mit dem Kot ausgeschieden. Zusätzlich zu chemotherapeutischen Maßnahmen ist eine ausgewogene Diät wichtig, da bei der Leberkokzidiose der Vitaminmetabolismus gestört ist (Pantchev, et al., 2005).

Darmkokzidiose
Ein übermäßiger Befall mit Kokzidien kann durch die Zerstörung der Darmschleimhaut zu Störungen der Darmflora führen, was pathogenen Bakterien wie Clostridien und E. coli sowie Hefepilzen ein besseres Wachstum ermöglicht. Somit entstehen häufig Sekundärinfektionen. Die Erneuerung der Darmschleimhautzellen dauert ca. 5-6 Tage. Bei einem übermäßigen Befall mit Parasiten überwiegt jedoch die Zerstörung der Schleimhaut die Erneuerung.

Jungtiere sind bis zu einem Alter von 20 Tagen auf Grund der Muttermilch immun gegen Kokzidiose (Jugendresistenz). Eine Infektion im frühen Alter wird durch die Aufnahme von Trockenfutter wie z. B. Pellets in dem Maß begünstigt, wie das Trockenfutter die Aufnahme von Muttermilch verdrängt. Auch Wildkaninchen wechseln zwischen dem 19. und 22. Tag von Muttermilch auf Pflanzenmaterial, was eine Änderung der Bakterienzusammensetzung im Darm zur Folge hat und die Anfälligkeit für eine Infektion erhöht (Pakandl, 2009).

Ein geringer Befall mit Kokzidien im jugendlichen Alter bewirkt eine gewisse Immunität gegen eine spätere Infektion mit Eimeria-Arten wie zum Beispiel E. intestinalis oder E. flavescens (Coudert, et al., 1993), (Pakandl, et al., 2008). Bakterielle Infektionen oder Stress können diese Immunität jedoch schwächen oder gar aufheben (Licois, 2004).

Therapie

Behandelt wird Kokzidiose üblicherweise mit Antikokzidia wie Toltrazuril (Baycox®): 10 mg Wirkstoff/kg KM; 1 x tägl. p.o.; 3 Tage Behandlung - 3 Tage Pause - 3 Tage Behandlung (Ewringmann, 2010), (Zinke, 2004) gibt den Behandlungszeitraum mit 2 Tage Behandlung - 5 Tage Pause - 2 Tage Behandlung an. Zusätzlich gibt es eigene Erfahrungen, wonach bereits eine zweitägige Behandlung ohne Wiederholung ausreichend ist.

Die **2,5%ige** Lösung wurde speziell **für Geflügel** entwickelt. Sie ist sehr alkalisch und wirkt deshalb stark schleimhautreizend. Für Kaninchen wird daher die 5%ige Lösung eingesetzt. Dosierung für eine **5%ige Lösung: 0,2 ml/kg Körpergewicht**.

Verschiedene Medikamente zur Behandlung der Kokzidiose:
- Sulfadimethoxin (Kokzidiol SD®) 40 mg/kg KM / 1,33g/Tier; oral (Futter, in Trinkwasser gelöst); Behandlungszeit 5 - 10 Tage
- Sulfaquinoxalin (Nococcin®) 960 mg/l; oral; Behandlung bei Erkrankung: 6 ml/l Trinkwasser; Behandlungszeit 14 Tage
- Sulfamethoxypyrazin (Davosin®) 25 mg/kg KM; oral; Behandlungszeit 3 - 5 Tage
- Sulfathiazol (Eleudron®) 1 - 3 ml; oral; Behandlung: 2x tägl. 8 Tage lang
- Diclazuril (Vecoxan®) 1 - 2 mg/kg; oral (Futter); Behandlungszeit mind. 6 Wochen

Prophylaxe
Ernährung

Die Änderung der Infektionsempfindlichkeit des Kaninchens kann sich auf bestehende Infektionen sowie den Ausbruch neuer oder erneuter Infektionen auswirken: eine gute Ernährung lässt die Auswirkungen einer Infektion oft unerheblich erscheinen, während Mangelernährung besonders mit Proteinen, Mineralstoffen und Vitaminen die Auswirkungen der Krankheit verschlimmert.

Immunität behindert das Eindringen des Erregers in die Darmschleimhaut, das Erreichen eines Zielorgans sowie die Vermehrung und reduziert, verlangsamt oder verhindert Krankheitssymptome. Zudem können bestehende Infektionen nach Ausbildung einer Immunität verringert oder ausgeheilt werden (zum Beispiel E. intestinalis). Da die Kokzidiose die Versorgung des Kaninchens mit Vitaminen des B-Komplexes und Vitamin E beeinträchtigen kann, sollte mit einem Tierarzt über eine zusätzliche Gabe dieser Vitamine gesprochen werden. Durch den Durchfall und aufgrund einer ungewöhnlich geringen Aktivität von Aldosteron beim Kaninchen kann es zudem zu einer negativen Kalium-Bilanz im Körper kommen. Aldosteron ist ein Mineralokortikoid, welches Einfluss auf das Natrium-/Kalium-Gleichgewicht nimmt.

Als natürliches Mittel zur Vorsorge und zur Unterstützung der Heilung gilt z. B. Oregano (Wilder Majoran). Ebenso kann die Gabe von Schöllkraut den Heilprozess unterstützen (Zinke, 2004). In der Fütterung können u. a. frisch gequetschter Hafer/Haferflocken, Leinsamen, Eichenzweige mit Blättern, Brombeerzweige mit Blättern, Heidelbeerpflanzen, getrocknete Kamillenblüten, Petersilie (mit Wurzeln), Pfefferminze, Thymian, Wermut, Schafgarbe, Brennnessel, Weinrebenblätter, Löwenzahn eingesetzt werden.

Reinigung
Eine regelmäßige Reinigung der Flächen in Wohnräumen, auf denen sich Kaninchen aufhalten, sollte als selbstverständlich angesehen werden. Da die Hülle der Oozysten sehr widerstandsfähig gegen Chemikalien ist, scheint der Einsatz verschiedener Reinigungsmittel zur Unterstützung fraglich. Nach (Lebas, et al., 1997) ist eine chemische Desinfektion sinnlos, da Oozysten nur durch Erhitzen und Trocknen zerstört werden können.

Handelsübliche Dampfreiniger erzeugen am Austritt der Lanze eine Dampftemperatur von ca. 100°C. Diese Temperatur ist bei einem kurzzeitigen Bedampfen der Flächen zu niedrig, um wirksam Kokzidien abzutöten. Zudem müsste exakt jeder Quadratmillimeter der Fläche bedampft werden. In kommerziellen Kaninchenhaltungen werden kokzidienfreie Anlagen durch das Bedampfen mit 120-160°C und anschließender trockener Hitze von ca. 60°C über längere Zeit erreicht.

Auf Freilaufflächen, die der Sonne ausgesetzt sind, werden Oozysten durch die Einwirkung der UV-Strahlen und der trockenen Hitze abgetötet, an schattigen, feuchten Stellen können sie dagegen bis zu 6 Jahre infektionsfähig überleben.

Das Hauskaninchen
Domestikation

Wenn der chinesische Philosoph Konfuzius 500 v. Chr. über die Vermehrung von Kaninchen und der römische Gelehrte Varro im 1. Jahrhundert v. Chr. die Haltung von Kaninchen in Leporarien sowie die Mast in separaten Ställen beschrieb, kann man davon ausgehen, dass es bereits in sehr frühen Zeiten domestizierte Kaninchen gab. In (Nachtsheim, et al., 1977) wird der Zeitpunkt der Domestikation des Kaninchens mit ca. 750 Jahren vor Christi Geburt angegeben, nach (Benecke, 1994) liegt dieser Zeitpunkt für Westeuropa in der Mitte des 1. Jahrtausends n. Chr.

Tabelle 11: Zeit der Domestikation, nach (Meyers, 2012) und (Nachtsheim, et al., 1977)

Tier	Zeitraum	Region
Schaf, Ziege	8800 v. Chr.	Naher Osten
Haushund	8420 v. Chr.	Nord-Amerika
Hausschwein	8000 v. Chr.	Krim
Hausrind	6500 v. Chr.	Griechenland
Hauspferd	3000 v. Chr.	Ukraine
Kaninchen	750 v. Chr. - 500 n. Chr.	Südwesteuropa/Asien (?)

Nicht nur der Zeitpunkt ist relativ unbestimmt, auch der Grad der Domestikation von Kaninchen zur jeweiligen Zeit ist unklar. In allen Betrachtungen muss man sicher berücksichtigen, wie eng der Begriff „Haustier" gefasst wird. In früheren Zeiten wurden Kaninchen noch in Gehegen gehalten, was einer ursprünglichen Lebensweise recht nahe kam. Die gezielte Zucht der heute bekannten Rassen begann etwa ab 1800 in Frankreich, in Deutschland nach dem Deutsch-Französischen Krieg 1870/71. Hier hielt man Kaninchen noch freilaufend in den Großviehställen. Aus dieser Zeit stammt auch der Begriff „Stallhase" (Schiffmann, 1872).

Farbschläge, Fell- und Größenvariationen gab es aber bereits seit der Zeit des Mittelalters, was eine gezielte Zucht und somit auch eine getrennte Haltung von Kaninchen voraussetzte. Einen Streitpunkt in Diskussionen bildet oft die Frage, inwieweit das Hauskaninchen überhaupt noch mit Wildkaninchen vergleichbar wäre. In der Regel entzünden sich diese dann, wenn es um eine artgemäße Ernährung und Haltung geht. Dabei sollte nicht unbeachtet bleiben, dass wildlebende Kaninchen in Mitteleuropa heute wahrscheinlich mehr oder weniger alle von domestizierten Tieren abstammen.

Als äußerliche Unterscheidungsmerkmale im Vergleich zur Wildform können bei domestizierten Kaninchen die Fellfarbe und Körpergröße bzw. Größe von Körperteilen und -organen gesehen werden. Doch selbst dem größten Unterschied sind natürliche Grenzen gesetzt. Der größte, bekannte Vertreter der Hasenartigen, „Nuralagus rex", lebte vor ca. 3-5 Mio. Jahren auf der Baleareninsel Menorca. Diese Tiere wurden bis zu 12 kg schwer (Dell'Amore, 2011). Klima, Nahrungsangebot und fehlende Feinde waren der Grund für dieses Wachstum, weil sich die

Tiere unter optimalen Umgebungsbedingungen kaum noch bewegen mussten. Diese Masse erreichen auch „Deutsche Riesenkaninchen" als Vertreter der schwersten Zuchtform.

Das Kaninchen wird heute aus den verschiedensten Gründen vom Menschen „genutzt":
- ➢ als Versuchs- und Labortier für die Entwicklung von Medikamenten und Kosmetika,
- ➢ für die Ernährung des Menschen,
- ➢ als Zuchttier und
- ➢ als Liebhabertier bzw. Sozialpartner des Menschen.

Selbst ins Weltall flog es schon: am 19. August 1960 startete mit der Mission Korabl-Sputnik-2, den beiden Hunden Belka und Strelka, zwei Ratten, 42 Mäusen, einem Behälter voller Fliegen und einigen Pflanzen auch ein Vertreter von „Oryctolagus cuniculus" in den Orbit.

Eine Definition für „Haustiere" wurde von (Herre, et al., 1990) vorgeschlagen: *„Haustiere sind aus kleinen Individuengruppen von Wildarten hervorgegangene Bestände, die unter dem Einfluß von Menschen weitgehend in sexuelle Isolation von der Stammart gerieten, sich über Generationen den besonderen ökologischen Bedingungen eines Hausstandes anpaßten und zu zahlenmäßig großen Beständen entwickelten."*

Von einer weitgehend arttypischen Haltung in einem großen Freilauf mit entsprechender Nahrung abgesehen, sind Kaninchen in allen Haltungsformen vollständig vom Menschen, seinem Wissen und seinem Engagement abhängig. Sie müssen mit dem Platz, der ihnen zugewiesen, der Nahrung, die ihnen zur Verfügung gestellt wird und mit Artgenossen, die vom Menschen ausgesucht werden, zurechtkommen.

Wenn der Mensch zu seinem Nutzen Tiere über mehrere Generationen hinweg unter veränderten Lebensbedingungen hält, ergeben sich zwangsläufig Veränderungen, die durch Modifikation, aber auch genetisch durch Mutation bedingt sein können. Ein großer Einfluss ergibt sich aus der künstlichen Selektion, welche die natürliche Partnerwahl ersetzt. Der Mensch entscheidet über die Elterntiere des künftigen Nachwuchses aufgrund des Zieles, welches er erfolgt. Am Anfang war es das Fleisch, welches als Nahrung diente und somit auch die Größe. Im Mittelalter kam das Fell hinzu, sowohl in farblicher als auch qualitativer Hinsicht wie Dichte und Glanz. Um diese Ziele zu erreichen, musste man die Tiere kontrollieren können, was auf freien Flächen oder in Gehegen nicht oder nur schwer möglich war. Man musste ihnen außerdem die Möglichkeit nehmen, in unterirdischen Bauen zu siedeln, wo ein Zugriff auf die Tiere und eine Kontrolle des Nachwuchses nicht möglich war. Aus den genannten Gründen musste der Lebensraum der Kaninchen in menschlicher Obhut also verkleinert und kontrollierbar werden.

Kaninchen leben zwar in sozialen Gruppen, es gibt jedoch arttypische Eigenschaften, die eine Gruppenhaltung fortpflanzungsfähiger Tiere unterschiedlichen Geschlechts auf kleinem Raum fast unmöglich machen.

Aus diesem Grund müssen sie getrennt bzw. gar einzeln gehalten werden, um Verletzungen der Tiere oder Einbußen in der Fellqualität hinnehmen zu müssen. Die Kastration männlicher Tiere bietet eine weitere Möglichkeit, deren natürliches Aggressionspotenzial nach der Geschlechtsreife zu senken und somit ihre Haltung in Gruppen zu ermöglichen. Der Eingriff in die Integrität des Tieres erfolgte also aus rein menschlichen Interessen der Ökonomie und leichteren Haltung von ehemaligen Wildtieren.

Im Prinzip waren es in der Vergangenheit immer Herdentiere bzw. solche mit einem ausgeprägten Sozialleben, die domestiziert wurden. Am nahen Verwandten des Kaninchens, dem Feldhasen, verlor der Mensch frühzeitig das Interesse, weil seine Haltung und vor allem die Fortpflanzung nie den gewünschten Erfolg brachten. Der Hase lebt im Gegensatz zum Kaninchen überwiegend als Einzelgänger.

Bei der Auswahl der Elterntiere sind es oft die schwachen, unauffälligen Tiere, die bevorzugt genutzt werden, weil sie leichter zu halten sind. Starke, dominante bzw. souveräne Tiere werden aussortiert, obwohl sie in der Natur die bevorzugten Partnertiere wären. Sie sind vor allem für die Haltung in Gruppen auf engem Raum ein Problem, weil sie Unruhe in diese hinein bringen. Das ist natürlich vor allem für eine Haltung in Gehegen problematisch, denn welcher Halter/Züchter lässt sich schon gern von einem Rammler oder einer Häsin „in Schach halten"?

Durch diese Auswahl und die genetische Isolation der Tiere werden zwangsläufig auch jene negativen Erbinformationen von ihnen weitergegeben, die in der Natur keine Chance hätten. In erster Linie betreffen sie die Konstitution, also den Allgemeinzustand eines Tieres. Im Prinzip sind diese Tiere nur durch die Fürsorge des Menschen (über-)lebensfähig und können sich auch noch vermehren.

Es war nur eine Frage der Zeit, bis sich schließlich die Haltung von Kaninchen in Ställen durchsetzte. Die Entnahme der Kaninchen aus ihrer natürlichen Umwelt, die Hege mit dem Schutz vor Feinden, blieb nicht ohne Folgen. Neben den sichtbaren, äußeren Veränderungen des Phänotyps kam es auch zu Änderungen der Sinnesleistungen und der Organe, die die entsprechenden Reize verarbeiten.

Der fehlende Feinddruck machte sie weniger scheu, wenn auch nicht unbedingt so zutraulich, wie es mancher Halter gern hätte. Dies ergibt sich erst bei der Aufzucht von Jungtieren mit einem frühen Kontakt zum Menschen und seinen Haustieren. Trotz des Domestikationsprozesses ist das Kaninchen noch immer ein scheues Tier, das dem Menschen nicht unbedingt auf den Arm springt, wenn dieser es sich wünscht. Somit stellt sich die Frage nach dem Domestikationsgrad des heutigen Hauskaninchens: ist es zahm, halb-wild, oder noch wild, trotz verringerter Sinnesleistungen? Obwohl viele Tierarten schon seit Jahrhunderten als domestiziert gelten, gibt es vergleichsweise nur sehr wenige Menschen, die das Verhalten der Tiere auch verstehen.

Bild 37: Der frühzeitige Kontakt zum Menschen schafft Zutraulichkeit und Verbundenheit.

Bild 38: Hund, Katze und Kaninchen friedlich vereint – das kann, muss aber nicht funktionieren.

Verwilderung

Die Domestizierung von Kaninchen begann mit ihrer Haltung auf natürlichen Flächen, die man später mit Mauern oder Erdwällen umgab. Man wollte die Tiere, die vor allem im Mittelalter recht wertvoll waren, nicht verlieren. Außerdem ersparte es die mühsame Jagd. Immer wieder gelang es jedoch einigen Tieren, die befestigten Anlagen zu verlassen und sich in der wiedergewonnenen Freiheit zu vermehren. Auf diese Weise gelang ihnen zunächst die Ausbreitung überall dort, wo es solche Anlagen zur Haltung von Kaninchen gab. Oft wurden sie auch einfach nur ausgesetzt, nicht zuletzt deshalb, um Jagdwild zur Verfügung zu haben. So verwundert es nicht, dass es heute widersprüchliche Angaben zum Vorkommen von Wildkaninchen in früheren Zeiten in Deutschland gibt.

Bei der Weitergabe von Tieren wurde selten ihre Herkunft erwähnt. Selbst wenn man davon ausgeht, dass die ersten, urkundlich erwähnten Kaninchen in England und Deutschland aus Frankreich stammen, weiß man doch nicht genau, woher wiederum diese Tiere stammten. Waren es tatsächlich Wildkaninchen aus Südfrankreich oder bereits domestizierte Tiere aus den Gehegen der Klöster? Ebenso unsicher wäre die Sachlage bei Wildfängen, weil es sich bei ihnen schließlich auch um verwilderte Tiere handeln konnte. Im Prinzip geht man mittlerweile davon aus, dass alle Wildkaninchen auf dem europäischen Festland (ausgenommen Spanien, Portugal und Südfrankreich) tatsächlich von verwilderten Hauskaninchen abstammen.

Bei einer weitgehend natürlichen Haltung mit ausreichend Nahrung wird zumindest ein Großteil entwichener Tiere am Ort verbleiben. Steigt die Populationsdichte, wird es aber unweigerlich zu Abwanderungsversuchen kommen. Schon aus sehr frühen Zeiten wird immer wieder über Beobachtungen wilder Kaninchen mit eigentümlichen Fellfarben oder -zeichnungen berichtet. Nicht selten wurde in Folge dessen auch vermutet, dass es sich dabei um entwichene oder ausgesetzte, ehemals domestizierte Tiere oder deren Abkommen handelte.

Die Fähigkeit des domestizierten Kaninchens, sich wieder in der freien Natur zu etablieren ist unbestritten, vielmehr wurde in der Vergangenheit des Öfteren diskutiert, ob die verwilderten Hauskaninchen an isolierten Orten eine eigene, neue Art gebildet hätten. Charles Darwin war z. B. der Meinung, dass sich aus einer Häsin mit ihrem Nachwuchs auf der Insel Porto Santo eine neue Art herausgebildet hätte. Hans Nachtsheim konnte diese Annahme widerlegen, indem er Porto-Santo-Kaninchen (Oryctolagus cuniculus huxleyi) mit kleinen Hauskaninchen verpaarte, deren Nachwuchs uneingeschränkt lebensfähig war (Nachtsheim, 1949).

Bis zum Mittelalter gab es seit der letzten großen Eiszeit in Mittel- und Nordeuropa wahrscheinlich keine Wildkaninchen mehr, sondern nur eingeführte, domestizierte Tiere. Ihre natürliche Verbreitung erfolgte ausgehend von Portugal und Spanien nur bis Südfrankreich. Das heißt, dass den Ursprung sehr vieler Populationen wilder Kaninchen weltweit entwichene oder ausgesetzte Hauskaninchen bilden. Selbst die überbordende Population in Australien ist letztlich zu einem Teil auf Hauskaninchen zurückzuführen.

Bild 39: Wildkaninchen auf Porto Santo (© J. Moynagh)

Die Population auf der Insel Porto Santo gründet sich auf eine einzige Häsin mit ihrem Nachwuchs, die dort ausgesetzt wurden und sich so erfolgreich fortpflanzten, dass die Vegetation in große Mitleidenschaft gezogen wurde. Auf Grund des entstandenen Nahrungsmangels wurden die Tiere immer kleiner.

Auch die im Jahre 1920 ausgesetzten Hauskaninchen auf „Memmert", einer kleinen Nordseeinsel bei Juist, blieben ihrer Art treu, wie Rückkreuzungsversuche mit Hauskaninchen zeigten. Schnell glichen sie *„die Verlustmutationen wieder aus, die ihnen das Leben in der Freiheit erschwerten, so die Dummheit, Trägheit, Schwerfälligkeit, unpassende und unzweckmäßige Färbung"* (Nachtsheim, 1949). Die Wahrnehmung des Chirurgen A. Bier, den Hans Nachtsheim zitiert, geht offenbar auf Stallkaninchen zurück und erweist ihnen Unrecht, denn wie sollte auch ein eingesperrtes, gemästetes Tier seine Klugheit, Spontanität und Wendigkeit beweisen?

Eine kurze Geschichte der Fütterung

Bereits im 1. Jahrhundert v. Chr. berichtete der römische Gelehrte (Varro, 37 v. Chr.) in seinem Werk "De Re Rustica" über die Haltung der Kaninchen in einem „Leporarium" und der Form des Mästens in einem separaten Stall.

Neben dem nicht ganz ernst zu nehmenden *„gehörnten Hasen"* schrieb (Gesner, 1606) auch *„von dem Küniglein"* (*Künele, Künigle oder Künlein*). Er selbst kannte die Tiere wohl nicht und berichtete über die Tiere in *„Engelland"* (England), wo sie mit Kabis (Weißkohl), Brot, Apfel, Rübenschnitz sowie Gras und Klee ernährt werden würden.

Der Arzt und Naturforscher (Aldrovandi, et al., 1637) erwähnte im 16. Jahrhundert Kaninchen in Verona, die viermal größer waren als die Kaninchen jener Zeit in England.

(Coler, 1645) schrieb über die Haltung der Küniglein durch *„Große Herrn"* in Gärten, die von Mauern umgeben waren. Ihre Nahrung bestand aus Gras, Kohl, Brot, Heu oder Treber (Rückstand aus dem Pressen von Früchten), dem Laub von Weinreben und allem, was grün war. Im Winter wäre Heu die Nahrung des Kaninchens, *„es wird aber geringe davon"*.

Von (Thiemen, 1694) wurde *„von den wilden Killen, Kaninichen oder Küniglein"* und ihrer möglichen Haltung in einer „Garenne", wie ein natürliches Kaninchengehege in Frankreich bezeichnet wurde, berichtet. Dieses sollte ummauert und mit Krauselbeere (Stachelbeere), Wilden Pflaumen, Erdbeeren, Genist (Ginster), Dornhecken und Wacholder bepflanzt sein. Außerdem könnte man Erbsen, Linsen, Lattich und dergleichen als Futter säen. Für eine größere Zahl von Tieren wurde der zusätzliche Anbau von Gerste und Hafer im Gehege empfohlen.

Im Universallexikon von (Zedler, 1733) finden sich für das Kaninchen Bezeichnungen wie *Caninchen, Caninichen, Caninen, Carnickel, Königlein, Kaninchen, Küniglein* sowie das lateinische *cuniculus*. Die Weibchen wurden im Französischen *Lapine*, ältere hingegen *Haze* genannt. Unterschieden wurden drei Arten von Kaninchen: eine wilde und zwei verschiedene, zahme Arten. Die wilde würde in Wäldern und Hölzern (Unterholz) leben und sich mit Lavendel, Wacholder und anderen gewürzhaften Kräutern ernähren. Sie wären die gesündesten und besten. Die zahmen wären genügsam, denn: *"wo sie nur Platz und Weide haben, so nähren sie sich mit allen, was ihnen die Natur bescheret."* Sie nähmen auch willig Nahrung aus den Küchen-Gärten an: *„Gras, Heu, Rüben fressen sie, am liebsten aber den Klee, Braun-Kohl, Nessel, Brot."* Zu Kaninchengärten und der *Stubenhaltung* findet sich folgende Aussage: *"Je weiter der Umfang von dem Platz, darinnen die Caninchen aufbehalten werden, und je versicherter er seyn mag, desto mehr Nutzen ist davon gewarten; je enger aber der Garten, desto weniger Caninchen kann man darinnen verwahren, sie sind auch an Güte denen anderen nicht gleich, indem es ihnen an Bewegung fehlet. Die Caninchen, so in den Stuben verwahret werden, sind um vorher angeführter Ursachen willen nicht halb so gut."*.

Im 17. Jahrhundert ernährten sich frei oder in Gehegen lebende Kaninchen in Holland von frischem Grünfutter, nur im Winter wurden sie hauptsächlich mit Heu, Stroh, Weidenzweigen, Hafer, (Weizen-)Kleie, Kohl, Möhren und Rüben zugefüttert (van Dam, 2007).

(LeClerc de Buffon, 1775) schrieb, dass domestizierte Kaninchen zu seiner Zeit mit Weizen und Kleien gefüttert wurden, außerdem mit Heu, Wacholderbeeren, Blättern und Rinden. Weiterhin wurden die Tiere mit Hafer und Spreu, Kohl, Petersilie, Distelkraut, Pappeln und vielem „*mehr vom Felde*" ernährt.

Pfarrer (Mayer, 1789) schrieb über die Fütterung von Kaninchen in geradezu poetischer Weise: „*Von ihrer Nahrung also zuerst, welche sehr mäßig und wohlfeil ist! Im Sommer nähren sie sich blos von allen Arten Gras und Kräutern, wie sie auf unseren Wiesen wachsen; und wenn sie die eine Art lieber als die andere fressen – ist dies etwa so besonders? Verhält sich das nicht eben so mit allen andern Geschöpfen, selbst den Menschen nicht ausgenommen, der unter allen am meisten die guten Bissen liebt? Warum will man denn nun just gegen diese nützlichen Geschöpfe allzu sparsam seyn? Wenn man also Klee hat, der doch in unsern Tagen überall zu haben ist, warum will man ihnen nicht manchmal eine gute Mahlzeit davon geben, da er doch nur gleichen Werth mit dem übrigen Wiesengrase hat? Eben so verhält sichs mit den Blättern von allen Arten Kraut oder Kohl und Spinat, welche sie sehr gern fressen. Man überlege indessen, wie weise auch hierin die Vorsehung handelte, sie, die für jedes lebendige Wesen, den Tisch mit den ihm eigenen Gerichten besezte – daß sie den Instinkt unter allen Thieren so bewunderungswürdig, sogar in Rücksicht der Nahrungsmittel, einrichtete, daß keins dem andern zur Last wird, oder ihm, indem es sich hier befindet, einen merklichen Schaden und Nachtheil verursacht! Denn so gerne diese Thiere auch Klee, Kraut und Kohl fressen, so sind ihnen selbst die am wenigsten geschäzten Kräuter doch noch lieber. Unter diese Kräuter rechne ich die sogenannten Mußdisteln, oder Haasenkohl, den Wegerich, oder das Weggras (ein niedriges auf der Erde hinkriechendes Kräutich), den Erdrauch und alle Arten Unkraut, wovon wir unsere Felder gern reinigen lassen, wenn es gewisse Thiere nur wegfressen wollen. Die Kaninchen würden also zuverläßig, wenn sie auf dem Felde wären, vielmehr eine Wohltat, als eine Last für unsere Gärten und Felder sein.*".

Bild 40: (Mayer, 1789), Titelbild

(Fries, 1872) beschrieb für die Zucht und Haltung von Kaninchen auch sehr ausführlich deren Fütterung: „*Das der Natur des Kaninchens am besten zusagende Futter ist im Sommer das Grünfutter, welches in jeder Oekonomie und Gärtnerei nach Bedarf gewonnen werden kann. […] Wenn man den Kaninchen dagegen immer trockenen Klee, Gräser und Gartengewächse, gesunde Gewürzpflanzen vorlegt, wo werden sie sich dabei wohl befinden, freudig fortwachsen und fett werden und die Mutterthiere werden sehr fruchtbar sein und viele und schöne Junge liefern. […] Die Futterstoffe, womit die Kaninchen ernährt werden, sind in den Sommermonaten insbesondere Gras, Klee, Luzerne und sonstige Pflanzen, wobei sogar die Gewürzpflanzen nicht ausgeschlossen, sondern sehr als solche zu empfehlen sind.*". Aufgeführt wurden Gräser und Kräuter, „*welche den Kaninchen zur frühzeitigsten und gesundesten Nahrung gereichen und die besonders wegen ihres Wohlgeruches beachtet und angebaut zu werden verdienen*".

Dabei handelte es sich um französisches, englisches und italienisches Raygras, Goldhafer, Wiesenfuchsschwanz, Wiesenschwingel, Ruchgras, Honiggras, Wiesenkümmel, Löwenzahn, Schafgarbe, Tausendgüldenkraut, Waldmeister, Hirsegras, Baldrian, Engelwurz, Arnika, Wiesensalbei, Fenchel, Majoran, Schlüsselblume und Pimpinelle. Als Futterkräuter wurden empfohlen Rot- und Weißklee, Luzerne, Esparsette, Mais, Hirse, Mohrenhirse, Buchweizen, Futterwicke, Spargel und Gänsedistel. Weiterhin wurden noch als Gewürz- und Arzneipflanzen Bitterklee, Zitronenkraut, Wildes Stiefmütterchen, Edelwermuth, Ehrenpreis, Estragon, Krause Minze, Lavendel, Melisse, Petersilie, Feld- und Garten-Thymian, Salbei und Bohnenkraut genannt. Als „Gewürzhafte Samen" wurden Anis, Fenchel, Kümmel, Majoran und die Wacholderbeere empfohlen. Die Haltung der Kaninchen auf einer Weide wurde als *„der Natur dieser Thiere sehr gedeiliche, gesunde und in den meisten Fällen auch die entsprechendste"* bezeichnet. Als Begründung wurde angeführt: *„Die Weidepflanzen, wie sie die Kaninchen auf der Weide finden und genießen, sind zarter, als wenn sie bis zum Abmähen heranwachsen. Die mäßige Bewegung, die sich diese Thierchen auf der Weide machen, trägt zu ihrem guten Gedeihen und zu ihrer vollkommensten Ausbildung sehr viel bei. Solche Thiere werden in der Regel größer und ihr ganzer Körperbau gewinnt an Schönheit ..."*. Verwiesen wurde aber auch darauf, dass ein solche Weide nur dann ihren Zweck erfüllt, *„wenn sich auf derselben ein Gemisch der besten Gräser und Kleearten findet."* Für die Wintermonate wurden Heu, welches von nicht ausgereiften Pflanzen stammte, Wurzelfrüchte wie Rüben und Karotten sowie gedämpfte Kartoffeln und Körner empfohlen. Letztere wurden als Futtermittel beschrieben, mit denen Kaninchen *„am schnellsten fett zu machen sind"*.

Etwa zur gleichen Zeit beschrieb (Schiffmann, 1872) die Übernahme der Zucht von Kaninchen nach französischem Vorbild durch heimkehrende Soldaten nach dem Deutsch-Französischen Krieg (1870-1871). Als Varietäten führte er den *deutschen Stallhaasen*, den *normandiner Haasen*, die *englische Race*, den *Pariser* und das *wilde Kaninchen* auf. Für die Zucht empfohlen wurden „*Grün-Futter, als Gras, Klee, Rangersen* (Futter- bzw. Runkelrüben)*, weiße* (Herbstrübe) *und gelbe Rüben* (Karotten)*, Kohlrabi, Kartoffel, Garten- und Küchenabfälle, Unkraut, gut getrocknetes so auch Weinlaub"* und *„Trocken-Futter, als Heu, Klee, Haber* (Hafer)*, Gerste, Brod, Kleie, Wicken, Linsen"*.

Drei Krankheiten des Kaninchens wurden von Schiffmann aufgeführt: Kolik durch gefrorene Rüben, Durchfall auf Grund nassen Klees und Augenentzündungen wegen Ställen, die längere Zeit nicht gereinigt wurden. Seine Empfehlung: bei Fressunlust *„gebe man Klee und etwas Waldmeister"*.

In Meyers Konservationslexikon von 1885 wurde als Fütterungsempfehlung für Kaninchen folgendes angegeben: *„Gras, Heu, Körner, namentlich Hafer, Brot, Kleie, Klee, Esparsette, Luzerne, Wicken, Kleeheu, Erbs- und Bohnenstroh, Erbsen, Bohnen, Kartoffeln, Runkeln, Möhren, Topinambur, Laub von Bäumen etc. [...] zur Anregung des Appetits und Förderung der Verdauung dann und wann einige bittere und aromatische Pflanzen und etwas Salz."* (Meyers, 1885).

Neben der Haltung der Kaninchen in Großviehställen bildeten sich bereits Mitte des 18. Jahrhunderts erste Formen der Heimtierhaltung heraus, indem vor allem Kinder sich Jungtieren der „Stallhasen", auch „Kuhhasen" genannt, annahmen. Aus diesen entwickelte sich später unter anderem die „Deutsche Riesenschecke" mit einem Gewicht von über 6 kg. Die Zucht der Kaninchen stützte sich weiterhin vorrangig auf Futter von Grünflächen, Küchenresten, selbst angebauten Feldfrüchten, Sauerfutter (Silage) und eigenen Futtermischungen aus getrockneten Komponenten.

(Felden, 1910) beschrieb z. B. für seine Zucht von Belgischen Riesen (4-5 kg) drei Arten der Fütterung: die *„Trockenfütterung"* für den Winter, die *„Grünfütterung"* für den Sommer sowie die *„Körnerfütterung"*. Im Sommer bestand das Futter aus gutem Gras, Unkraut aus dem Garten sowie Klee. Salat sei zwar mit Vorsicht zu genießen, empfehlenswert aber wären Mais, Topinambur, Sonnenblume und Comfrey (Beinwell). Als *„gut und gesund"* wurden weiterhin Baumzweige von Linde, Haselnuss, Fichte, Birke, Tanne, Weide und Obst sowie Petersilie, Sellerie, Kerbel, Wacholder, Dill, Fenchel, Thymian und Pfefferminze zur Abwechslung und Anregung der Fresslust empfohlen.

Als Beweis für die Genügsamkeit des Kaninchens berichtete Felden über Versuche, die er *„ausschließlich mit Grünem, und zwar mit Gras, selten mit Klee oder anderem Grün"* durchgeführt hatte und in denen nur säugende Häsinnen zusätzlich täglich abwechselnd trockene Kleie und wenig Milch mit Brot bekamen. Mit dieser Fütterung erkrankten oder starben weder ausgewachsene, noch Jungtiere.

(Schneider, 1930) unterschied ebenfalls drei Fütterungsarten:
1. Die *„Trockenfütterung"*, die nur bei der Mast angewendet wurde (mit Hafer, Heu, Brot und gewerblichen Abfällen sowie Wasser)
2. Die gemischte Fütterung (bestand neben den obigen Komponenten weiterhin aus *„allerhand Grünzeug, Knollen und Rüben"*
3. Die *„Grünfütterung"*.

Der Übergang im Frühjahr von Heu auf Grünfutter sollte nach seiner Darstellung langsam erfolgen: ein Handvoll für den ersten Tag, den folgenden Tag zwei Hände voll, nach acht Tagen das doppelte, wobei entsprechend das Trockenfutter reduziert wird. Das Grünfutter sollte abwechslungsreich aus einer Mischung von Süßgräsern, Löwenzahn, Spitzwegerich, Weißklee, Gras und Wicken bestehen, da diese den Tieren sehr bekömmlich wären. Ab Mitte Juni könne der Rotklee ohne Schaden verfüttert werden. Für die Herbst- und Winterfütterung wurde die Anpflanzung von Kohl, Rüben, Kohlrabi, Runkeln (Futterrüben), Möhren und Topinambur empfohlen. Außerdem gab es Gartenabfälle (Laub von Erbsen und Bohnen) sowie Blätter von Wirsing und Butterkohl, weiterhin Un- und Gewürzkräuter wie Petersilie, Sellerie usw. zur Abwechslung.

Von Mai bis Oktober bestand das Hauptfutter in Wiesengras, Klee und Kohlblättern. Fast alle Erzeugnisse von Garten und Feld wurden verwendet, vor allem ein Gemisch aus Gerste, Roggen, Hafer, Wicken, Luzerne, Serradella und Kleearten lieferte ein sehr nahrhaftes Futter, welches auch selbst angebaut werden konnte.

(Wulf, 1921) gab das „*gute Zuchtgewicht*" des Belgischen oder Flandrischen Riesenkaninchens zu seiner Zeit mit 5,5-6,5 kg und für das Weiße Riesenkaninchen mit 5-6,5 kg an. Die Mittelrassen wie das Blaue Wienerkaninchen (3,5-4 kg), das Japanische Kaninchen (4-5 kg), das Thüringer Kaninchen (3-4 kg) und das Angora-Kaninchen (4 kg) waren schon zu jener Zeit zum Teil mehr als doppelt so schwer wie das Wildkaninchen. Für kräftige Zucht- und Schlachttiere wurde eine sorgfältige Fütterung empfohlen, die aus Trockenfutter wie Körnern und Heu, ferner Grünem und Weichfutter bestehen sollte. Als Grünfutter wurde Gras, Klee, Löwenzahn, Wegerich, Vogelmiere, Schafgarbe und junge Brennnesseln genannt, ferner Zweige von Weißdorn, Akazie und Obstbäumen. In Bezug auf Grünfutter schrieb er: *„frischgeschnittenes Gras oder Klee, Löwenzahn, Wegerich, Vogelmiere, Schafgarbe, junge Brennnesseln, ferner Zweige von Weißdorn, der Akazie und von Obstbäumen. Salat-, Kohl- und Rübenblätter gebe man nur mäßig, da sie leichte Koliken verursachen. Grünkohl (Braunkohl) ist ein besonders beliebtes, leicht anzuziehendes Wintergrünfutter. Hat man keinen solchen, so ist man auf Knollengemüse (Runkeln, Zuckerrüben, Kohlrüben, Mohrrüben) angewiesen, die sich im Keller im Sand oder im Garten eingelegt und mit Strohmatten bedeckt gut halten. [...] Küchenkräuter werden gern genommen und regen die Freßlust an, doch sei man mit Zwiebelgewächsen vorsichtig. Giftig wirken Schierling, Hahnenfuß und alle Nachtschattenarten, somit auch Kartoffelkraut. Ist reichlich Grünfutter da, so lassen die Tiere Giftpflanzen von selbst liegen."*

Weiterhin galt Grün- bzw. Braunkohl als gutes Winterfutter sowie Runkeln, Zucker-, Kohl- und Mohrrüben. Schließlich wurden noch Weichfutter aus Kartoffeln und Weizenkleie oder Gerstenschrot sowie für säugende Häsinnen und Jungtiere Leinsamenabkochungen oder Leinkuchenmehl empfohlen. Auf diese Weise waren Kaninchen bis zu ihrem fünften Lebensjahr zuchtfähig. Für die Mast wurden geschroteter Hafer, Gerste oder Mais, die man mit gekochten Kartoffeln zu einem Teig verarbeitet, als geeignet erachtet.

Von (Gadsch, 1944) wurden als Unkräuter für die Kaninchenfütterung Hasenkohl (Gemeiner Rainkohl), Hirtentäschelkraut, Klebkraut, Klette, Ochsenzunge, Schöllkraut, Spörgel (Spark), Hahnenfuß, Brennnessel, Rainfarn, Beifuß, Ackerdistel, Kälberkropf, Hundskamille, Bienensaug (Weiße Taubnessel), Frühlingskreuzkraut (Senecio vernalis), Gänsefingerkraut und Grindampfer (Stumpfblättriger Ampfer) aufgeführt.

(Joppich, 1946) gab folgende Futtermittel für die Kaninchenzucht an:
- pflanzliche Abfälle aus dem Haushalt (Gemüsereste, Kartoffelschalen)
- Unkräuter aller Art wie Brennnesseln, Wegerich, Quecke, Melde, Ackerdistel, Franzosenkraut usw.
- Gartenabfälle wie Möhrenkraut, Kohlrabi-, Kohl- und Rübenblätter, Erbsen- und Bohnenkraut sowie Strünke aller Art
- angebaute Futterpflanzen wie Gras, Klee, Zichorie, Malve, Markstammkohl, Grünmais, Sonnenblumen, Futtermöhren und Rüben
- als Raufutter Heu jeglicher Art
- als Winterfutter Silage, Rüben und Runkeln
- als Kraftfutter Hafer, Gerste und Kleie.

Zum Grundfutter für Kaninchen fasste (Schürch, 1949) betriebseigene Futterstoffe zusammen, die in größeren Mengen und billig zur Verfügung standen: Heu, Grünfutter, Silage, Haushaltsabfälle und Hackfrüchte. Ergänzt wurden diese aus wirtschaftlichen und Bedarfsgründen mit Kraftfutter. Aus seiner Sicht gestaltete sich die Aufstellung von Rationen im Sommer am einfachsten, weil als wichtigstes Grundfutter Grünfutter zur Verfügung stand, welches den Bedarf des Kaninchens weitgehend deckte. Einzig für säugende Häsinnen und für Jungtiere sollte das Grünfutter neben kleinen Mengen Heu auch mit Kraftfutter ergänzt werden. Im Winter wurde die Rationsgestaltung schwieriger, da z. B. mittelgutes Wiesenheu nicht einmal den Erhaltungsbedarf ausgewachsener Tiere decken kann. Deshalb musste es durch betriebseigene Futtermittel wie Silage, Rüben, Kartoffeln und Haushaltsabfälle, außerdem ggf. durch Kraftfutter ergänzt werden.

(Mangold, et al., 1950) gaben die tägliche Verzehrmenge von Heu je Kaninchen und Tag, nach Jahreszeit und nach dem übrigen Futter mit 0-150 g an: der durchschnittliche Verzehr lag im Sommer bei 10 g, im Frühjahr und Herbst bei 50 g und im Winter bei 100 g. Maximale Mengen von 150 g wurden aufgenommen, wenn Saft- und Kraftfutter rationiert angeboten wurden. Das Grünfutter wurde als das naturgemäßeste und in den Sommermonaten als das Hauptfutter bezeichnet. Für die Winterfütterung rückten Saft- und Raufutter in den Vordergrund. Als Saftfutter wurde Löwenzahn, zarteste Grasspitzen, das Gras- und Krautgemisch von Wegesrändern über Kohlblätter und -strünke bis hin zu Rüben und Sauerfutter verstanden, deshalb auch dafür die Bezeichnung „Grundfutter". Als tägliche, durchschnittliche Verzehrmengen wurden für kleine Rassen 300 g, mittlere Rassen 600 g und große Rassen 900 g angegeben. Die Höhe des Verzehrs richtete sich nach Art, Güte, Zustand und Geschmack des betreffenden Futters. Für mittlere Rassen und Angorakaninchen (3,5-5 kg KM) würden von nährstoffreichen Futterpflanzen, wie z. B. Klee, Luzerne, Erbsen und Kohl 500-700 g gefressen (ca. 14% der Körpermasse) und bei reiner Grasfütterung der Verzehr auf 1000 g steigen, also auf bis zu 30% der Körpermasse. Als ein beispielhafter Durchschnittswert für die tägliche Futteraufnahme eines Kaninchens mittlerer Rasse oder einem Angorakaninchen wurden 400 g Saftfutter, 50 g Heu und 40 g Kraftfutter (z. B. Getreide) angegeben.

Wenn man die vorstehenden Informationen in Bezug auf Größe und Fortpflanzung des Hauskaninchens in Bezug auf die Nahrung zusammenfasst, so lässt sich feststellen, dass sie sich immer eng am Wildkaninchen orientierten: frische Gräser und Kräuter, Gemüse, Getreide als Kraftfutter sowie Heu als zusätzliche Gabe. Diese Informationen betreffen alle Hauskaninchen, also auch die großen Rassen und das Angorakaninchen.

Ab den 1950er Jahren rückten verstärkt so genannte „Pressfutter" bzw. „Pellets" in den Mittelpunkt der Kaninchenernährung. Dieses Futter wurde nach englischem und amerikanischem Vorbild industriell hergestellt, indem Pflanzen und/oder deren Bestandteile gemahlen, gemischt und anschließend durch Extrusion in Stangen gepresst und anschließend auf einheitliche Längen geschnitten und getrocknet wurden. Damit lag ein Futter vor, das eine einheitliche Zusammensetzung und aufgrund des fehlenden Wassers eine hohe Nährstoffkonzentration aufwies. Diese Futtermittel hatten den Vorteil, dass der Halter bzw. Züchter sich nicht mehr um das Berechnen von Rationen kümmern musste. Die Zusammensetzung war stets gleich und die Tiere konnten keine Bestandteile selektieren. Außerdem war das Futter über Automaten genau zu dosieren und regelmäßig ohne größeren Aufwand zu verfüttern.

Letztlich waren die Pellets wegen der platzsparenden Verpackungen und dem niedrigeren Gewicht bei gleichem Nährstoffgehalt (fehlendes Wasser) auch ein Segen für Betriebswirtschaftler und Logistiker.

(Brandsch, 1968) stellte fest, dass die Kaninchenzucht und -mast auf Grundlage einer Abfallverwertung von Haus- und Gartenabfällen keine intensive Haltungsform sein könne, Fütterungsmethoden der Kriegs- und Nachkriegsjahre der Vergangenheit angehören und an ihre Stelle ein systematischer Garten-Futterbau treten sollte – effektiv ergänzt durch ein Kraftfutter. (Dorn, 1973) verwies auf die Schwierigkeit, Ratschläge für die Fütterung zu erteilen, da das Futter zu seiner Zeit noch vorwiegend aus Küchen- und Gartenabfällen bestand. Trotzdem stand für ihn das Grünfutter immer noch an erster Stelle, weil aufgrund des hohen Nährstoffgehaltes das Kaninchen in Zuchtruhe seinen Erhaltungsbedarf allein aus diesem zu decken vermag. Als weitere, zusätzliche Futtermittel wurden von ihm u. a. Raufutter (Heu aus Klee, Leguminosen und Laub), Wurzeln und Knollen (Kartoffeln, Rüben, Topinambur), Getreide (Hafer, Gerste, Weizen, Roggen und Mais) Hülsenfrüchte, Eicheln und Kastanien, ölhaltige Samen (Leinsamen, Sonnenblumenkerne), Kleien, Trockenfutter (gekörntes Pressfutter) und Sauerfutter (Silage) aufgeführt.

Daten für die Ernährung von Kaninchen resultieren anfangs aus Versuchen mit verschiedenen Futtermitteln und zusätzlichem Kraftfutter, später konzentrierten sie sich auf pelletierte Alleinfuttermittel. Diese sollten die natürliche Nahrung der Kaninchen möglichst ohne große Verluste ersetzen. Die Richtwerte veränderten sich im Laufe der Zeit, bis sich eine relativ einheitliche Empfehlung für Trockenfutter herauskristallisierte, die schließlich für jedes Futter übernommen wurde und bis heute gültig ist.

Die Empfehlungen für die Menge an Grundstoffen in pelletierten Alleinfuttermitteln, die für die intensive Kaninchenhaltung/-mast postuliert wurden, haben sich mittlerweile für jede Art der Fütterung von Kaninchen etabliert – so auch die 16% Rohfaser, die heute jedes Futter für Kaninchen haben soll. Warum das eigentlich unsinnig ist, wird später noch erläutert.

Mit dem Übergang von natürlicher auf industrielle Nahrung sowie den geänderten Haltungsformen füllten sich nun auch die Bücher über Kaninchen mit Krankheitsbildern, die es bis dahin sehr selten oder gar nicht gab.

Ernährung
Allgemeines und Hinweise
„Unsere Nahrungsmittel sollten Heil-, unsere Heilmittel Nahrungsmittel sein."
(Hippokrates von Kós (um 460 - 370 vor Christus))

Unter Ernährung versteht man die Aufnahme von organischen und anorganischen Stoffen, welche die Nährstoffe enthalten, mit denen Körpersubstanz aufgebaut oder erneuert wird und die den nötigen Energiebedarf decken. In der englischen Sprache wird dafür oft der Begriff „nutrition" benutzt, der sich aus dem lateinischen nutrire = nähren ableitet. Die Nahrung wird im Englischen als „diet" bezeichnet. Im deutschsprachigen Raum wurde und wird dieser Begriff gelegentlich falsch in Verbindung mit der Fütterung von Kaninchen mit „Diät" gleichgesetzt. Dieser Begriff wird heute normalerweise benutzt, wenn kurz- oder längerfristig mit einer speziellen Auswahl an Nahrung eine Zu- oder Abnahme des Körpergewichts erreicht werden soll oder im Fall einer Erkrankung eine gezielte Ernährung nötig ist.

Hauskaninchen wird heute oft die Fähigkeit abgesprochen, Nahrung entsprechend ihres Nutzens oder einer bestimmten Gefährlichkeit, wie sie von Giftpflanzen ausgehen könnte, selektieren zu können. Dabei wird nicht bedacht, dass viele Kenntnisse über die Selektionsfähigkeit der Tiere von Laborkaninchen stammen, die nie in ihrem Leben die Sonne, geschweige denn einen grünen Grashalm gesehen haben.

Dem Wildkaninchen steht Nahrung zur Verfügung, die es sich so zusammenstellt, dass sie durch ein ausgewogenes Verhältnis von Trockensubstanz, Wassergehalt und Nährstoffen wie Amino- und Fettsäuren, Kohlenhydraten, Vitaminen, Mineralstoffen, Spurenelementen und Sekundären Pflanzenstoffen bestimmt ist. Für das Hauskaninchen übernimmt der Mensch die Auswahl, oft zum Nachteil des Tieres. Falsche Informationen und Interpretationen aus Facharbeiten führten letztendlich zu Empfehlungen für die Kaninchenernährung, die eigentlich für Laborkaninchen unter ganz bestimmten, definierten Bedingungen und Trockenfutter postuliert wurden. Die moderne Gesellschaft mit ihrem Hang zur Bequemlichkeit und fehlenden Zeit führte zu einer Ernährungsweise der Heimkaninchen, die mittlerweile völlig abseits ihrer eigentlichen Bedürfnisse liegt.

Im Laufe der Domestikation wurden Rassen gezüchtet, deren Gewicht zum Teil deutlich über dem der Wildkaninchen liegt. Die Größe vieler Rassen ist kein Resultat einer natürlichen, sondern einer künstlichen Selektion über einen relativ kurzen Zeitraum bzw. über wenige Generationen hinweg. Oft waren Mutationen die Grundlage für Züchtungen, die in freier Wildbahn nie überleben könnten.

Durch die Domestikation verkümmerten zwar unter anderem auf Grund des fehlenden Überlebenskampfes und der Reizarmut in Buchten- und Wohnungshaltung die Sinne, aber grundlegende Verdauungsvorgänge funktionieren exakt wie beim Wildkaninchen. Futterpläne, wie sie in verschiedenen Büchern und auch im Internet zu finden sind, entsprechen oft nicht den tatsächlichen Bedürfnissen der Tiere. Zum Einen verhindern sie die selbstständige Auswahlmöglichkeit, zum anderen wechseln die Bestandteile oft zeitlich kurz aufeinander folgend, was mit einer ständigen Futterumstellung zu vergleichen ist. So wird zum Beispiel bei Wildkaninchen die Nahrung durch die vorhandenen Pflanzen in ihrem Lebensraum bestimmt, deren Zusammensetzung sich nicht ändert. Gras ist ganzjährig vorhanden, Kräuter wachsen im Laufe der Vegetationsphase, altern und sterben ab – aber die Zusammensetzung des „Futters" bleibt gleich. Die Tiere sind daran gewöhnt und der Organismus hat sich darauf eingestellt. Auch auf das Vorhandensein und Fressen „giftiger" Pflanzen.

Durch die ausschließliche Fütterung mit Heu und Gemüse, wie sie heute weit verbreitet ist, besteht die Gefahr der Unter- oder Überversorgung mit bestimmten Nährstoffen und sie erhöht das Risiko für zahlreiche Erkrankungen. Fehlen dem Körper z. B. essentielle Amino- oder Fettsäuren, können nicht in ausreichendem Maße Antikörper für die Abwehr pathogener Bakterien und Parasiten gebildet werden. Die Empfehlungen und Deklarationen von Futtermitteln geben in der Regel die Zusammensetzung des Futters in Bezug auf die **Haupt**nährstoffe wieder. Dazu gehören Protein (Eiweiß), Rohfett, Rohfaser sowie ausgewählte Vitamine und Mineralstoffe. Eine wichtige Gruppe, die Kohlenhydrate, fehlt bzw. wird nur zum Teil als „Rohfaser" und „Stickstofffreie Extraktstoffe" angegeben. Damit ist das Futter eigentlich nur äußerst oberflächlich charakterisiert, denn viel wichtiger wäre die **Zusammensetzung** der jeweiligen Nährstoffgruppen. Über Sekundäre Pflanzenstoffe oder Spurenelemente erfährt man nichts.

Industrielle Futtermittel bestehen in der Regel aus getrockneten Pflanzen, die mechanisch und thermisch behandelt wurden. Durch die Trocknung und Behandlung finden eine nicht unerhebliche Umwandlung und ein Verlust von Nährstoffen statt, der wieder ausgeglichen werden muss. Die Zuführung isolierter Nährstoffe kann eine ganz andere, oft sogar schädliche Wirkung auf den Organismus haben, als wenn sie im Verbund mit ihren natürlichen Begleitstoffen aufgenommen werden. Im Prinzip beginnt das schon mit dem „Transportmittel" Wasser, welches in industriellen Fertigfuttern fast völlig fehlt.

In der Kaninchenzucht gibt es verschiedene „Standards" für Kaninchen nach Größe, Fellfarbe, Fellzeichnung und auch für das Gewicht. Es zeigte sich im Laufe unserer Zucht und Haltung von Zwergkaninchen, dass diese „Standards" oft nicht erfüllt werden können, wenn man die Tiere arttypisch hält und ernährt. Das heißt zum Beispiel, dass ohne ein so genanntes „Zuchtfutter" bzw. der Rationierung von Futter aus einem Zwergkaninchen mit einem „Zucht-Standardgewicht" von 1,1 – 1,5 kg ganz schnell ein ganz „normales" Kaninchen von ca. 1,8 kg wird, ohne dick zu sein.

So stellte z. B. auch (Kraft, 1976) bei vergleichenden Verhaltensstudien zwischen Wild- und Hauskaninchen fest, dass bei einer weitgehend natürlichen Haltung und Ernährung Hermelinkaninchen bis zu 1,7 kg wogen (max. Zuchtgewicht 1,35 kg). Das ist ein Gewicht, mit dem sie auf einer Rassekaninchenschau aus der Bewertung ausgeschlossen worden wären. Im Laufe unserer Haltung erhielten wir immer wieder Tiere mit einem Gewicht, welches zwar die „Norm" erfüllte, aber offenbar nicht zu den Tieren passte. Manche nahmen auch erst einmal ab, bis sie das Gewicht erreichten, welches tatsächlich genetisch festgelegt war.

Es liegt absolut nicht im Sinn des Autors, Rationen für Kaninchen auf der Basis von Rohnährstoffen oder dem Energiegehalt von Futtermitteln zu errechnen. Die Erfahrung hat aber gelehrt, dass viele Halter wenigstens näherungsweise wissen wollen, ob sie ihre Tiere im Rahmen ihres Bedarfes ernähren. Zudem zeigen Berechnungen und Vergleiche, dass von bestimmten Gruppen Bedenken in Hinblick auf die Versorgung des Kaninchens geschürt werden, die unberechtigt sind. Letztlich dienen die Ergebnisse auch dazu, nachvollziehbar die Ursachen für bestimmte Erkrankungen zu erläutern. In diesem Sinne sollen die Rechenbeispiele in den folgenden Kapiteln verstanden werden.

Die Erfahrung hat auch gelehrt, dass viele Halter nicht gern mit Formeln und Zahlen jonglieren, um zu einem Ergebnis zu kommen – die Schulzeit liegt oft weit zurück. Deshalb werden, für manche sicher unnötigerweise, beispielhaft Formeln angegeben, damit die Ergebnisse nachvollzogen und für Berechnungen mit anderen Beispielen genutzt werden können.

In diesem Buch wird „das Kaninchen" behandelt, was allgemein zu verstehen ist. Wie beim Menschen gilt es zu berücksichtigen, dass **jedes Tier ein Individuum** mit eigenen Ansprüchen und Bedürfnissen ist. Feststellungen, Folgerungen, Empfehlungen etc. beziehen sich immer auf die Art und nicht auf Einzeltiere. Wenn z. B. ein Kaninchen gern Schnittlauch frisst (wie eine unserer Häsinnen), heißt das nicht, dass jedes Kaninchen gern Schnittlauch frisst. Wenn z. B. ein Kaninchen gern mit seinem Halter „kuschelt", heißt das nicht, dass jedes Kaninchen gern „kuschelt", im Gegenteil: viele Tiere bestehen auf einer Individualdistanz, die respektiert werden sollte. Es ist durchaus möglich, dass Tiere einer Gruppe mit einer schlechten Ernährung zurechtkommen, andere Tiere eben nicht. Es werden in diesem Buch aber nicht die Ausnahmen von der Regel betrachtet, sondern das, was für die Mehrzahl der Kaninchen von Nutzen sein kann.

Definitionen
Um „mit einer Sprache" über bestimmte Sachverhalte zu kommunizieren sind Definitionen, also die Abgrenzung bzw. genaue Bestimmung eines Begriffes durch die Erklärung seines Inhalts nötig. In diesem Buch wird versucht, weitgehend existierende sowie gesetzliche Definitionen zu nutzen. Wo nötig, werden sie durch zusätzliche Erklärungen ergänzt. Der Originaltext mit Quellenangabe wird im Folgenden *kursiv* wiedergegeben.

Alleinfutter
Mischfuttermittel, das wegen seiner Zusammensetzung für eine tägliche Ration ausreicht (EG Nr. 767/2009), die Form (Pellets, Strukturfutter) bleibt dabei unberücksichtigt.

angemessen (im Sinn einer „angemessenen" Ernährung nach dem TierSchG)
Deckung des physiologischen Bedarfs an Nahrungsstoffen wie Wasser, Kohlenhydraten, Proteinen, essentiellen Fettsäuren, Vitaminen, Mineralstoffen, Spurenelementen, Ballaststoffen sowie eine Darreichungsform, die das Beschäftigungsbedürfnis befriedigt, welches mit der Nahrungssuche und -aufnahme verbunden ist (nach (Hirt, et al., 2007)).

artgerecht
Einer „Art" gerecht zu werden, ist in der Tierhaltung nicht möglich. Dieser Begriff wird in diesem Buch nicht benutzt (siehe tiergerecht und arttypisch).

arttypisch
Lebensweise, Verhaltensweisen und Nahrung, die für eine Art typisch sind. Für Kaninchen sind das z. B. das Graben von Bauen, die Aufnahme von Blinddarmkot, Klopfen bei Gefahr, Bildung getrennter Hierarchien unter weiblichen und männlichen Artvertretern, Fortpflanzungsmerkmale, kurze, schnelle Sprints mit abrupten Richtungswechseln, Flucht in den Erdbau, das Fressen vorwiegend blättriger Bestandteile von Pflanzen und die wählerische (selektive) Auswahl der Nahrungspflanzen bzw. Teile von diesen.

Einzelfuttermittel
Erzeugnisse pflanzlichen oder tierischen Ursprungs, die vorrangig zur Deckung des Ernährungsbedarfs von Tieren dienen, im natürlichen Zustand, frisch oder haltbar gemacht, und Erzeugnisse ihrer industriellen Verarbeitung sowie organische oder anorganische Stoffe, mit Futtermittelzusatzstoffen oder ohne Futtermittelzusatzstoffe, die zur Tierernährung durch orale Fütterung bestimmt sind, sei es unmittelbar als solche oder in verarbeiteter Form, für die Herstellung von Mischfuttermitteln oder als Trägerstoff für Vormischungen (EG Nr. 767/2009).

Ergänzungsfuttermittel
Mischfuttermittel, das einen hohen Gehalt an bestimmten Stoffen aufweist, aber aufgrund seiner Zusammensetzung nur mit anderen Futtermitteln zusammen für die tägliche Ration ausreicht (EG Nr. 767/2009).

Fertigfutter
Begriff für eine Mischung aus verschiedenen Komponenten, der synonym für Misch- oder Alleinfuttermittel benutzt wird. Der Inhalt des Futters ist dabei unbestimmt.

Gemüse
Der Begriff wird in der Tierernährung eigentlich nicht genutzt. Synonyme sind „Saftfutter" oder „Frischfutter". In der menschlichen Ernährung wird unterschieden zwischen
- Blattgemüse,
- Kohlgemüse,
- Blütengemüse,
- Zwiebelgemüse,
- Fruchtgemüse,
- Wurzelgemüse.

Mit Gemüse wird in diesem Buch jener Teil von Feld- und Gartenfrüchten bezeichnet, der üblicherweise vom Menschen verzehrt wird, also Frucht- und Wurzelgemüse. In der Regel zählt das Grün verschiedener Gemüsesorten nicht dazu. Getrennt betrachtet werden Blattgemüse (Salat) und Kohlgemüse.

Gras, Gräser
Süßgräser, Gramineae, Gramineae, Poaceae), weltweit verbreitete Familie der Einkeimblättrigen mit rd. 8000 Arten (in Dtl. über 200 Arten) in rd. 700 Gattungen; krautige, einjährige oder ausdauernde Pflanzen (Meyers, 1999). Von den Süßgräsern abgegrenzt werden Sauergräser (z. B. Segge, Riedgras), die von Kaninchen oft nur ungern gefressen werden. Zu den Süßgräsern zählen auch die kultivierten Sorten (Getreide). In diesem Buch werden mit Gräsern jene bezeichnet, die auf weitgehend naturbelassenen, also nicht intensiv genutzten, Wiesen wachsen bzw. die nicht von Flächen stammen, die regelmäßig nachgesät werden, wie Weiden oder Koppeln.

Grünfutter, frisches
Oberirdische, vorwiegend blättrige Bestandteile von frischen Grünpflanzen, die auf Feldern und Wiesen wachsen. Dazu gehört auch das Grün von verschiedenen Gemüsesorten wie z. B. Kohlrabi, Staudensellerie und Möhrengrün.

Kraut, Kräuter
im Unterschied zu Bäumen und Sträuchern nicht oder nur wenig verholzende Pflanzen, die nach jeder Vegetationsperiode ganz (einjährige K.) oder bis auf ihre unterird. Teile (zweijährige K. oder mehrjährige Stauden) absterben (Meyers, 1999). In diesem Buch wird nicht zwischen Kräutern von Wiesen und Feldern, Küchen- und so genannten „Unkräutern" unterschieden.

Laub
Blätter von Bäumen und Sträuchern. Theoretisch ließe sich frisches Laub dem Grünfutter und getrocknetes dem Heu zurechnen. Aus Gründen des besseren Verständnisses wird es in diesem Buch getrennt betrachtet.

Mindesthaltbarkeitsdauer
Zeitraum, während dessen die für die Kennzeichnung verantwortliche Person garantiert, dass das Futtermittel unter ordnungsgemäßen Lagerungsbedingungen seine erklärten Eigenschaften behält; nur eine einzige Mindesthaltbarkeitsdauer darf in Bezug auf das Futtermittel in seiner Gesamtheit angegeben werden; diese Mindesthaltbarkeitsdauer ergibt sich aus der Mindesthaltbarkeitsdauer der einzelnen Bestandteile des betreffenden Futtermittels (EG Nr. 767/2009), der Begriff wird üblicherweise mit „MHD" abgekürzt.

Mischfuttermittel
eine Mischung aus mindestens zwei Einzelfuttermitteln, mit Futtermittelzusatzstoffen oder ohne Futtermittelzusatzstoffe, die zur oralen Fütterung in Form eines Alleinfuttermittels oder Ergänzungsfuttermittels bestimmt sind (EG Nr. 767/2009), die Form (Pellets, Strukturfutter) bleibt dabei unberücksichtigt.

Pellets
Trockenfutter, das aus getrockneten Pflanzen sowie zugemischten Substanzen (Vormischungen) besteht. Die pflanzlichen Grundstoffe werden gemahlen, extrudiert (gepresst) und in Stäbchenform geschnitten. Daraus und aus dem Wasserentzug folgt eine starke Verdichtung des Materials. Durch die mechanische, thermische und chemische Behandlung werden die Grundstoffe zum Teil stark verändert. Die Kennzeichnung, also Auflistung von Inhaltsstoffen

beschränkt sich auf Nährstoffgruppen und Zusatzstoffe. Eingesetzte Vormischungen müssen nicht deklariert werden.

Raufutter (Rauhfutter, Grobfutter)
Getrocknete Pflanzen in unverarbeiteter Form, auch Heu genannt. In älteren Veröffentlichungen wurden damit auch frische Pflanzen bezeichnet bzw. alles, was unverarbeitet vom Feld kam. In diesem Buch wird dieser Begriff ausschließlich für Heu benutzt. Als „Grummet" (Grumt, Öhmd, Emd) wird der zweite Schnitt einer Wiese bezeichnet. Er enthält in der Regel weniger Rohfaser bzw. Gerüstsubstanzen.

Salat
Blattgemüse – kultivierte Pflanzen, deren Blätter und Stängel für den menschlichen Verzehr geeignet sind.

Saftfutter
Umfasst, je nach Veröffentlichung, Obst, Gemüse und Grünfutter in frischer Form. Der Begriff wird in diesem Buch nicht benutzt bzw. wenn, nur zitiert.

Strukturfutter
Als Strukturfutter werden seit einigen Jahren solche Mischfutter bezeichnet, denen zwar wie Pellets bestimmte Stoffe zugemischt werden können, deren Grundstoffe aber nicht gemahlen, sondern nur bis zu einem gewissen Grad zerkleinert (geschnitten, gehäckselt) wurden. Dadurch wird der Kauaufwand für die Tiere größer, was sich positiv auf das Einspeicheln der Nahrung und den Zahnabrieb auswirken kann. Gelegentlich wird der Begriff in der Tierernährung auch für frisches Grünfutter und Heu benutzt. In diesem Buch wird er nur für getrocknete Mischfuttermittel verwendet, unabhängig davon, ob industriell oder manuell (ohne Zusatzstoffe) hergestellt.

tiergerecht
„Haltungsbedingungen sind dann tiergerecht, wenn sie den spezifischen Eigenschaften der in ihnen lebenden Tiere Rechnung tragen, indem die körperlichen Funktionen nicht beeinträchtigt, die Anpassungsfähigkeit der Tiere nicht überfordert und essentielle Verhaltensmuster der Tiere nicht so eingeschränkt und verändert werden, dass dadurch Schmerzen, Leiden oder Schäden am Tier entstehen" (Sundrum, 1998).

Entgegen dem Begriff „artgerecht" zielt diese Definition nicht nur auf die Art, sondern auch auf das Individuum ab und ist somit in Hinblick auf das Wohlbefinden der Tiere präziser als der Begriff „artgerecht".

Trockenfutter
Jedes Futtermittel, welches aus getrockneten Substanzen besteht, wobei Heu getrennt als Raufutter bezeichnet wird. In diesem Buch wird zwischen verarbeiteten Trockenfuttern wie „Pellets" und sogenanntem „Strukturfutter" unterschieden, das relativ unverarbeitet belassen, aber mit Substanzen ergänzt wird.

Wiese
gehölzfreie oder -arme, v. a. aus Süßgräsern und Stauden gebildete Pflanzengesellschaft. (Brockhaus, 2005).

Als Stauden werden mehrjährige, krautige Pflanzen bezeichnet, so dass die Definition eigentlich um ein- und zweijährige, krautige Pflanzen erweitert werden müsste. Auf Wiesen stellen Gräser sowohl an Masse als auch Individuenzahl die umfangreichste Gruppe dar. Krautige Pflanzen dominieren optisch in der Vegetationszeit von Frühjahr bis Herbst, sterben aber am Jahresende ab, mehrjährige, krautige Pflanzen (Stauden) überwintern mit Hilfe ihrer Speicherorgane wie Knollen oder Rhizomen. Früher wurde zwischen Wiesen und landwirtschaftlichen Nutzwiesen sowie Weiden unterschieden. Die Übergänge sind mittlerweile fließend, sowohl auf Grund der Pflanzenbestände als auch ihrer Nutzung.

In diesem Buch wird mit „Wiese" eine natürliche Fläche beschrieben, deren Pflanzenbewuchs aus wilden Gräsern, Kräutern und wenigen Stauden besteht. In Europa bestehen solche Flächen üblicherweise aus Vertretern wie Weidel-, Schwingel-, Strauß- und Lieschgräsern sowie Klee, Luzerne, Löwenzahn, Schafgarbe, Wegerichen, Labkräutern, Wicken und vielen anderen Kräutern. Die Zusammensetzung von Wiesen unterscheidet sich nach Standort und Bodenverhältnissen und natürlich findet man nicht jede Pflanzenart an jedem Standort. Für das Sammeln von Pflanzen sollten sonnige und trockene Standorte mit hellen Böden bevorzugt werden, die nicht in unmittelbarer Nähe zu Fluss- und Bachläufen liegen.

Bild 41: Beispiel für die Pflanzenzusammensetzung einer Wiese

Die Trockenmasse bzw. Trockensubstanz (TM, TS)

Die Nahrung des Kaninchens in der Heimtierhaltung besteht heute in der Regel aus verschiedenen Komponenten wie frischen und getrockneten Gräsern und Kräutern, Trockenfutter, Samen und Wurzeln sowie Obst und Gemüse. Um die gefressenen Gesamtmengen und Inhaltsstoffe der unterschiedlichen Futtermittel miteinander vergleichen zu können, benötigt man ihren Trockenmassegehalt. Damit ist der Teil gemeint, der nach der Trocknung des Futters übrig bleibt. In diesem Teil der Nahrung befinden sich alle Nährstoffe in vergleichbarer Konzentration, weil das Wasser fehlt. Erst jetzt kann man direkt den Gehalt der Inhaltsstoffe von Futtermitteln vergleichen.

Dazu ein Beispiel als Erklärung: Wenn man 10 Gramm Salz in 0,1 Liter (=100 Milliliter, ml) Wasser löst, ist die Gesamtmenge, die man trinken müsste, relativ gering, aber die Konzentration des Salzes sehr hoch. Wenn man 10 Gramm Salz in 1 Liter Wasser löst, ist die Konzentration des Salzes deutlich niedriger, man müsste aber wesentlich mehr trinken. In beiden Fällen wäre jedoch die aufgenommene Menge Salz gleich, nämlich 10 Gramm. Wenn man das Wasser entfernen würde, blieben in jedem Glas 10 Gramm Salz zurück - diese Menge wird als die Trockensubstanz bezeichnet und dient als Basis für die Berechnungen von Mengen in Futtermitteln mit unterschiedlichem Wassergehalt wie z. B. Heu und frischem Grün.

Bild 42: 10g Salz in verschiedenen Volumina

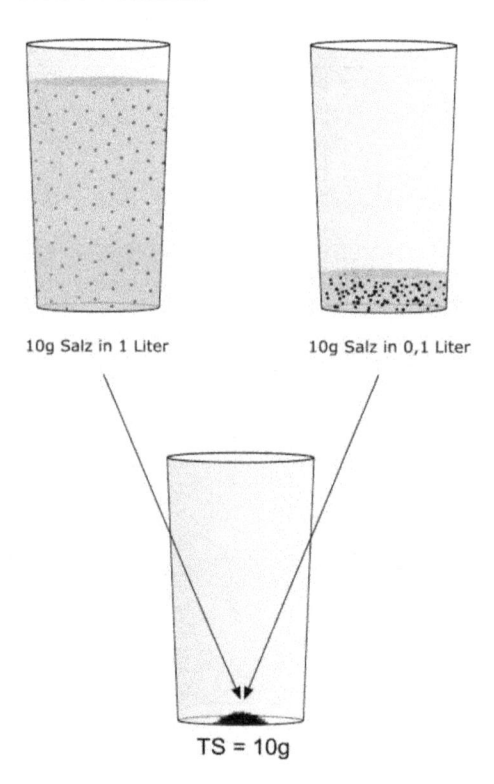

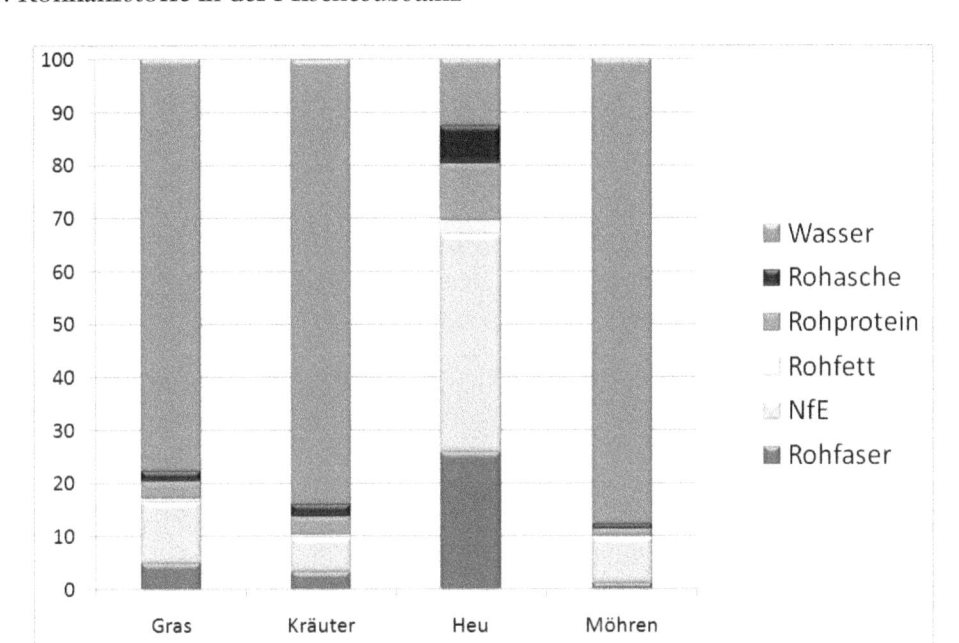

Bild 43: Rohnährstoffe in der Frischesubstanz

Bild 44: Rohnährstoffe in der Trockensubstanz (TS)

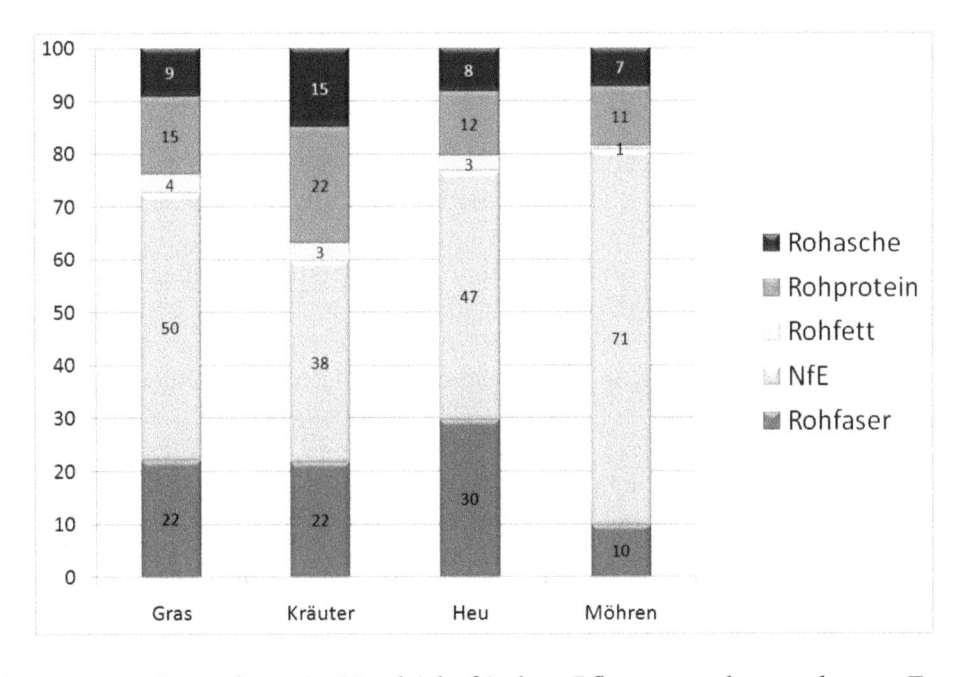

Die Diagramme zeigen, dass ein Vergleich frischer Pflanzen und getrockneter Futtermittel (Heu) erst möglich ist, wenn man den Gehalt der Inhaltsstoffe auf eine gleiche Basis stellt, nämlich die Trockensubstanz.

Die Angabe von Inhaltsstoffen in Trockenfuttern erfolgt in der Regel in Prozent und wird auf die Trockenmasse bezogen. Die Inhaltsstoffe von frischen Pflanzen werden aber oft in Gramm oder Prozent, bezogen auf die Frischemasse angegeben (uS = ursprüngliche Substanz, engl.: „as fed" = wie angeboten). In diesem Fall muss der Gehalt des Inhaltsstoffes auf die Trockensubstanz umgerechnet werden, damit man ihn mit dem in Trockenfuttern vergleichen kann.

> Beispiel: Es soll der Calciumgehalt eines typischen, kommerziellen Trockenfutters mit dem von frischem Löwenzahn verglichen werden. Die Empfehlung für den Calciumgehalt in einem Trockenfutter mit 90% Trockensubstanzgehalt beträgt für den Erhaltungsbedarf 0,4% (Fekete, 1993).
>
> Laut einem renommierten Hersteller beträgt der Calciumgehalt in seinem pelletierten Basis-Alleinfutter 1,2%. Nach (Kamphues, et al., 2009) beträgt der Calciumgehalt in 1kg Löwenzahn 2,5 g und der Trockenmassegehalt 178 g. Für einen Vergleich müssen die Werte in Prozent umgerechnet werden. Das bedeutet, dass der Calciumgehalt im Löwenzahn
>
> $$\frac{2{,}5 = x}{178\,g = 100\%} = \frac{2{,}5 \times 100\%}{178\,g} = \mathbf{1{,}4\%} \text{ beträgt.}$$
>
> Das heißt, dass sich der Calciumgehalt in der Trockensubstanz von Pellets mit 1,2% und Löwenzahn mit 1,4% nur wenig unterscheiden.

Aber!

Um den gleichen Calciumanteil wie in Pellets aufzunehmen, muss ein Kaninchen fünf Mal mehr frischen Löwenzahn fressen, weil dieser entsprechend mehr Wasser enthält.

Das Verdauungssystem des Kaninchens hat sich im Laufe von Jahrmillionen an deren Nahrung angepasst, die in der Regel ca. 75-90% Wasser enthält. Der Körper des Kaninchens selbst enthält 70-75% Wasser. Mit dem hohen Wassergehalt der Nahrung ist ein entsprechend hohes Nahrungsvolumen verbunden, das in einer bestimmten Zeit den gesamten Verdauungstrakt passieren muss. An diese Geschwindigkeit sind alle Verdauungsvorgänge angepasst, denn für die Verwertung der einzelnen Nährstoffe wird eine bestimmte Zeit und vor allem Wasser benötigt - so z. B. für den Transport von Nährstoffen und Sauerstoff, der Regulierung des Säure-/Base-Gleichgewichtes bzw. des pH-Wertes, der Ausscheidung von Mineralien und vieles mehr.

Das Volumen der Nahrung

Fütterungsempfehlungen lauten heute oft sinngemäß, dass man ein Kaninchen mit Gras und/oder Heu ernähren solle. Damit wird der Eindruck erweckt, es wäre eigentlich egal, für welche der beiden Varianten man sich entscheidet. Dieser scheinbar kleine und unbedeutende Unterschied kann aber tatsächlich über „gesund" und „krank" entscheiden.

Bild 45: Volumina verschiedener Futtermittel
bei gleicher Trockenmasse

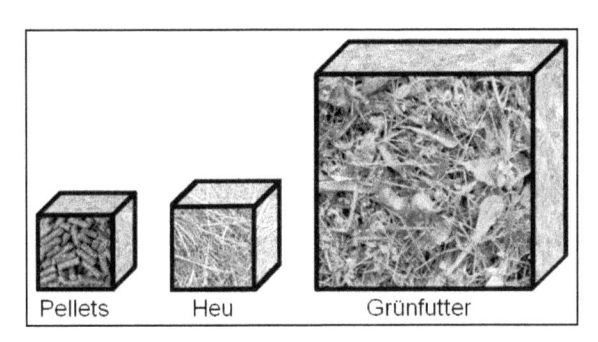

Die Wassermenge, die in der natürlichen Nahrung des Kaninchens enthalten ist, hat u. a. einen direkten Einfluss auf die Futtermenge, denn sie vergrößert das Volumen der Nahrung. Das Volumen der Nahrung wiederum beeinflusst u. a. die Verdauungsgeschwindigkeit bzw. die Verweildauer der Nahrung im Verdauungstrakt.

Viele Beschreibungen in der Literatur führen verschiedene Erkrankungen auf diese Verweilzeit zurück. Wenn die Nahrung zu lange im Verdauungstrakt, vor allem im Blinddarm verbleibt, steigt die Gefahr, dass dort Gärprozesse stattfinden, die pathogenen Keimen den Nährboden für eine übermäßige Vermehrung liefern. Die Ausscheidungsprodukte einiger dieser Bakterien sind Toxine (giftige Stoffe). Ein weiterer, wichtiger Punkt ist die Bildung von „Bezoaren", wie Haarballen genannt werden, die durch das Abschlucken von Fellhaaren beim Putzen entstehen können. Diese verklumpen zu einem Ballen und verstopfen den Magenausgang oder den Darm. Das hohe Volumen frischer Nahrung mit einem entsprechenden Anteil unverdaulicher Fasern fördert die regelmäßige Erneuerung des Magen- und Darminhalts und somit auch den Abtransport von Fellhaaren, die beim Putzen geschluckt werden.

Die Bakterien im Darm produzieren unablässig Gase, die abgeführt werden müssen. Ist der Ausgang verstopft, blähen die Gase das Kaninchen förmlich auf – bekannt ist dieser Fakt als „Trommelsucht". Die Schmerzen bringen das Tier dazu, mit den Läufen auf den Boden zu schlagen bzw. zu trommeln. Für die Verstopfung wird auch der Begriff „Koprostase" benutzt. So wie durch Haarballen, kann eine Verstopfung auch durch zu viel trockene und rohfaserhaltige Nahrung wie Heu verursacht werden.

Nach (Mangold, et al., 1950) hat der Magen eine Aufnahmekapazität von ca. 50 cm^3, die sich auf bis zu 200 cm^3 erhöhen kann. Das entspricht dem Volumen einer Kugel mit einem Durchmesser d=4,6-7,3 cm (Tennisball d=7 cm).

Kaninchen nehmen am Tag eine Trockensubstanzmenge von 100-150 g auf. Heu und Pellets verfügen über einen Wassergehalt von ca. 10%. Das würde bedeuten, ein Kaninchen frisst mit diesem trockenen Futter max. 166 g Futter. Damit würde sich mit der Futteraufnahme der Magen-/Darminhalt noch nicht einmal täglich erneuern. Frische Nahrung verfügt dagegen über einen Wassergehalt von ca. 85%. Bei der gleichen Aufnahme von Trockensubstanz würde also die Gesamtmenge an Futter 1000 g betragen. Das ist die sechsfache Menge gegenüber Heu bzw. Pellets und bedeutet schlicht, dass der Mageninhalt rund sechsmal am Tag erneuert und die Nahrung im Darm ständig weitergeschoben wird. Dieser simple Fakt wurde z. B. von (Panalis, et al., 1985) in Zusammenhang mit Haarballen festgestellt. Die häufige Erneuerung des Inhalts des Verdauungstraktes hat natürlich auch Auswirkungen auf eine mögliche Besiedelung von Krankheitskeimen, denn diese können sich somit nur schwer festsetzen und vermehren.

Bild 46: Vereinfachte Darstellung der Darmfüllung mit Heu und frischem Grünfutter bei gleichem Trockensubstanzgehalt

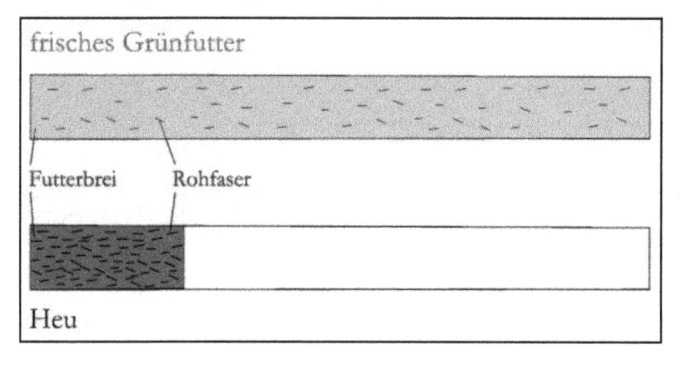

Wenn man sich, wie in Bild 46, den Darmtrakt als einfache Röhre vorstellt, wäre diese mit einem trockenen Futter im Vergleich zu frischem Grünfutter nur zu einem Sechstel gefüllt und die Rohfasermenge konzentriert sich in dieser Menge. Es ist leicht nachvollziehbar, dass der Nahrungsvorschub mit viel Wasser und wenig Fasern leichter vonstatten geht als mit einer trockenen, faserreichen Masse. Wenn sich jetzt noch ein Haarballen in der Röhre befände, kann es leicht zu einer Stauung kommen. Die Darstellung zeigt den Vergleich mit der Aufnahme von Futter, in beiden Fällen käme noch der Blinddarmkot mit einem Anteil von ca. 15% der gefressenen Futtermenge hinzu.

Allgemein wird für die zügige Darmpassage der Nahrung ein hoher Rohfaseranteil empfohlen, denn je höher der Ballastanteil in der Nahrung ist, umso schneller wandert diese durch den Darm. Der Körper kann mit diesem Teil der Nahrung relativ wenig anfangen, das heißt, mit steigendem Rohfasergehalt steigt die Unverdaulichkeit eines Futters. Ein höherer Rohfasergehalt verändert aber nicht das Volumen der Nahrung. Ob in Pellets 10% oder 25% Rohfasern enthalten sind, ist für die Futtermenge unerheblich und somit für den nötigen Weiterschub der Nahrung und z. B. den Abtransport von Fellhaaren, die das Risiko der Verstopfung und somit für Blähungen erhöhen.

Ein hoher Rohfasergehalt in trockener Nahrung birgt aber bereits an sich ein hohes Risiko für Darmverschlüsse und entzündliche Darmerkrankungen, wie (Patton, et al., 1981) feststellten. Sie berichteten über die Häufung von Todesfällen unter Kaninchen, die mit Futter versorgt wurden, welches mehr als 22% Faseranteile aufwies, als auch mit Futter mit moderaten Anteilen von 15-20%, aber zusätzlicher Gabe von faserreichem Material wie Heu und Stroh. Die Krankheitsbezeichnung lautete „*mucoid enteritis*", deutsch: „schleimige Darmentzündung". Diese Erkrankung machte Jahre später wieder große Schlagzeilen. Andere Bezeichnungen waren nun „Mukoide Enteropathie" (ME) oder Darmlähmung.

Das Bild 47 zeigt den Hartkot eines Kaninchens. Zwei Dinge sind deutlich zu erkennen:
1. der Hartkot ist „schrumpelig", was auf eine zu trockene Ernährung hinweist,
2. die Kotballen sind durch Fellhaare und/oder Pflanzenfasern miteinander verkettet.

Bild 47: Hartkot mit Fellhaaren/Fasern

Zusammenhängende Kotballen können darauf hinweisen, dass das Futter sehr viel unverdauliche Rohfaser enthält. Die Länge der Fasern zeigt, dass die Nahrung eventuell zu wenig gekaut wird. Feine Fellhaare können ebenfalls ein Grund für diese Kotballen-Kette sein. In diesem Fall wurden die Fasern/Haare abtransportiert, es kann jedoch auch vorkommen, dass die Masse verklumpt und somit zu einer Verstopfung des Darmtraktes führt. Würde man dem Tier jetzt noch mehr Rohfaser zuführen, wie es oft empfohlen wird, nimmt die Gefahr einer Verstopfung stark zu. Durch einen hohen Flüssigkeitsgehalt in der Nahrung und dem damit verbundenen, höheren Volumen aber würden diese Haare und Fasern regelmäßig mit dem Kot abgeführt.

Die Struktur des Futters
Der Begriff „Struktur" wird, je nach Zusammenhang, verschieden gebraucht. In diesem Buch werden zwei Strukturen unterschieden:

Physikalische Eigenschaften des Futters: Größe, Steifheit und Härte der Futterbestandteile. Diese haben einen wichtigen Einfluss auf die Aufnahmedauer, Zerkleinerung und das Einspeicheln des Futters sowie auf die Darmmotorik (Peristaltik).

Chemische Struktur der Kohlenhydrate: unterschieden wird zwischen Struktur-Kohlenhydraten (Cellulose, Hemicellulose, Pektin) und Nichtstruktur-Kohlenhydraten (Zucker, Stärke). Struktur-Kohlenhydrate beeinflussen die Futteraufnahme und -verdaulichkeit sowie die Peristaltik. Nichtstruktur-Kohlenhydrate dienen in erster Linie der Energieversorgung sowie als Reservestoffe, die gespeichert und zu einem späteren Zeitpunkt dem Organismus zur Verfügung gestellt werden (können).

Die physikalische Struktur ist in der natürlichen, frischen Nahrung gegeben und entspricht den Bedürfnissen der Tiere. Im Idealfall kann ein Tier in seinem natürlichen Lebensraum oder aus einer entsprechenden Fütterung aus Pflanzen so auswählen, dass der Bedarf sowie Vorlieben erfüllt sind. Wird diese natürliche Nahrung für Futtermittel verarbeitet, ändert sich durch mechanische und chemische Einflüsse diese Struktur. Die Verarbeitung frischer Grünpflanzen kann auch zu einer Änderung der chemischen Struktur der Kohlenhydrate führen. Davon sind insbesondere die leichter verdaulichen, wasserlöslichen Bestandteile betroffen.

Als die erste Auflage des Buches „Kaninchen würden Wiese kaufen" von (Rühle, 2009) erschien, gab es von einem einzigen Hersteller in Deutschland ein Futter zu kaufen, dass sich von herkömmlichen Pellets dadurch unterschied, das seine Bestandteile zwar getrocknet, aber nicht zermahlen wurden. Heute hat mittlerweile jeder namhafte Futterhersteller ein solches im Sortiment. Diese Futter sind sicher nicht optimal für Kaninchen, aber immer noch besser als das, was vielen Tieren in der Heimtierhaltung sonst angeboten wird. Das ist auch der Grund, warum es vom Autor in Beratungen oft empfohlen wurde, obwohl der Schwerpunkt eigentlich auf „Wiese" liegt.

Bild 48: Veränderung der physikalischen Struktur eines Futtermittels durch Verarbeitung

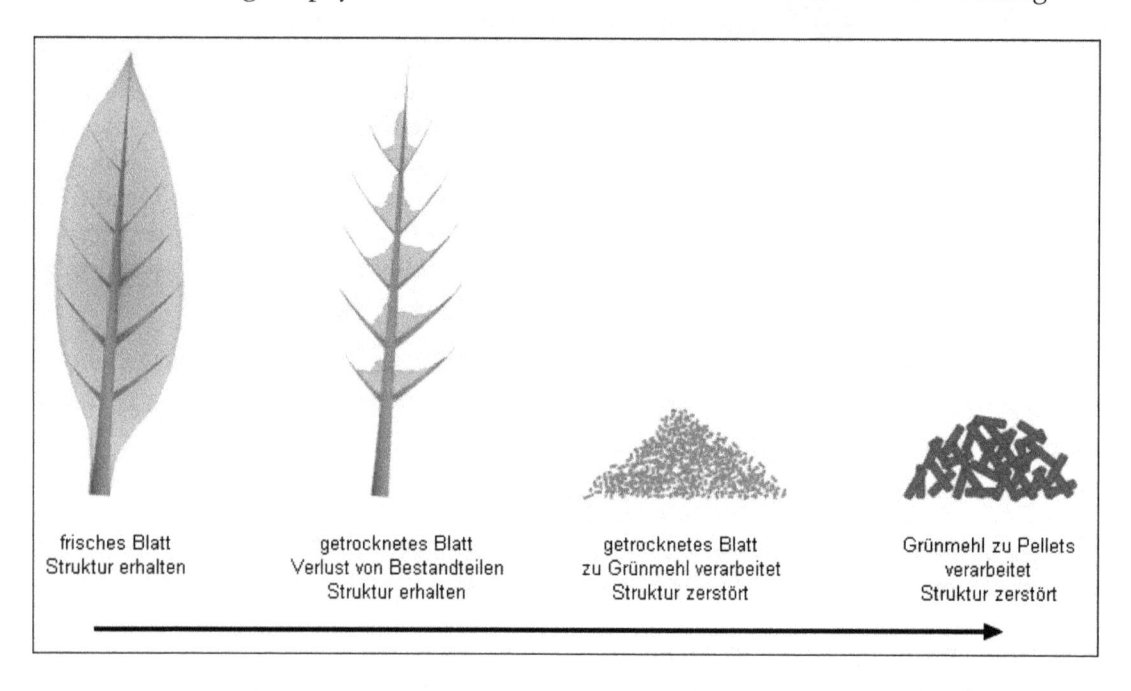

Eigentlich sind Alternativen in der Ernährung von Tieren immer mit Nachteilen verbunden, so auch bei Kaninchen. Leider haben sich im Laufe der Zeit Positionen zu Fütterungsweisen etabliert, die nachteilig für die Tiere sind. Ein strukturiertes Trockenfutter mit Zusätzen kann oft gewissermaßen das kleinere Übel sein als eine Fütterung, die einen permanenten Mangel oder Verdauungsstörungen verursacht. Heu und Gemüse sind solche etablierten Futtermittel, die bei alleiniger wie auch kombinierter Fütterung problematisch sein können.

Auch wenn die Zusätze in kommerziellen Futtermitteln zum Teil synthetisch sind und in zu hohen Gehalten vorliegen, kann eine dosierte Verabreichung eher Schaden verhindern, als verursachen. Eine Eigenschaft, die dabei eine wichtige Rolle spielt, ist die dargestellte Struktur des Futters.

Normalerweise sind Pflanzen feste Gebilde, die aus verschiedenen Stoffen bestehen und durch diese zusammengehalten werden. Cellulose und Lignin dienen als Festigkeitsträger und Stützkomponente, ohne die eine Pflanze nicht in die Höhe wachsen könnte. Wenn ein Kaninchen eine Pflanze frisst, muss es diese erst gründlich kauen, um sie zu zerkleinern und dann schlucken zu können. Durch dieses intensive Kauen nutzen sich die Zähne ab und die Nahrung wird eingespeichelt. Durch das Zerkleinern und Einspeicheln wird im Prinzip bereits die Verdauung der Nahrung in Gang gesetzt, weil z. B. Amylase (ein Enzym) im Speichel bereits im Maul anfängt, die Stärke abzubauen. Außerdem regelt der Speichel das Säure-Base-Gleichgewicht im Maul.

Die feste Stäbchenform der Pellets dagegen suggeriert eine Struktur, die tatsächlich nicht vorhanden ist. Sie müssen nur noch wenig gekaut werden, sondern zerfallen in ihre ursprünglichen, kleinen Bestandteile. Als Nahrungskonzentrate wird der erforderliche Trockenmasseteil für die Sättigung durch wenig Volumen erreicht. Damit fehlt der Teil der den Magen- und Darminhalt ständig erneuern könnte. Tatsächlich nimmt das Kaninchen mit frischer Nahrung bis zu sechsmal mehr Masse auf als mit Pellets.

Die Energie im Futter
Es gibt verschiedene Energieformen, in diesem Kapitel wird nur jene betrachtet, die der Körper zum Leben benötigt und die über das Futter zugeführt wird.

Die veraltete Einheit für diese physikalische Größe ist die Kalorie (Abkürzung: cal, bzw. kal), die heutige das Joule (Abkürzung: J). Nur bei Lebensmitteln darf noch zusätzlich zu Joule die alte Einheit Kilokalorie (Abkürzung: kcal) verwendet werden. Der Vorsatz k steht für Kilo = 1.000, während M für Mega = 1.000.000 steht. Mit diesen Vorsätzen werden sehr große/lange Zahlen mit vielen Stellen vermieden. 1 Kilokalorie bedeutet demnach 1.000 Kalorien.

Umrechnung verschiedener Einheiten:
1cal   = 4,1868 J
1Kcal   = 4186,8 J = 4,1868k J = 0,0042M J
1J   = 0,2390 cal
1kJ   = 239,0057 cal = 239,0057 kcal
1MJ   = 239 005,7361 cal = 239,0057 kcal

Die Energie eines Futters resultiert vorrangig aus den darin enthaltenen Kohlenhydraten, Fetten und zum Teil aus Proteinen. Grundsätzlich werden die Bruttoenergie GE (gross energy), die verdauliche Energie DE (digestible energy) und die umsetzbare Energie ME (metabolizable energy) in der Tierernährung betrachtet. Die Verdauliche Energie wird für das Pferd und das Kaninchen bzw. Heimtiere benutzt, die umsetzbare Energie für Wiederkäuer, Schweine und Geflügel, denn bei diesen Tierarten spielen noch Energieverluste wie Gase durch die Gärtätigkeit im Pansen des Rindes oder das Legen von Eiern bei Hühnern eine größere Rolle, während bei Pferd und Kaninchen lediglich der Kot zu nennenswerten Energieverlusten führt. Zusätzlich treten Energieverluste durch Leistungen wie z. B. in der Säugephase auf, die entsprechend berücksichtigt werden müssen.

Bild 49: Energieverluste

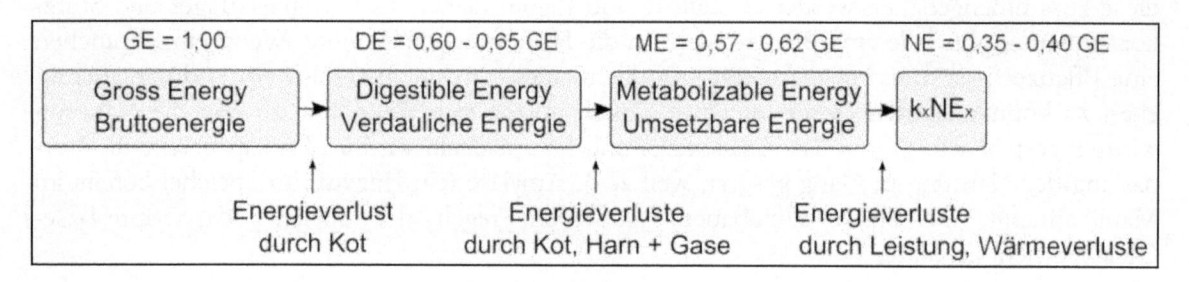

GE = 1,00	DE = 0,60 - 0,65 GE	ME = 0,57 - 0,62 GE	NE = 0,35 - 0,40 GE
Gross Energy Bruttoenergie	Digestible Energy Verdauliche Energie	Metabolizable Energy Umsetzbare Energie	$k_x NE_x$
	↑ Energieverlust durch Kot	↑ Energieverluste durch Kot, Harn + Gase	↑ Energieverluste durch Leistung, Wärmeverluste

Der Energiebedarf ist von der Körperoberfläche eines Tieres abhängig, da die Wärmeabgabe eines Körpers einen wesentlichen Einfluss auf den Energieverbrauch hat. Speziell für Mäuse, Meerschweinchen und Kaninchen wurde von (Smuts, 1933) eine Formel zur Berechnung der jeweiligen Körperoberflächen vorgeschlagen.

Berechnung der Körperoberfläche nach (Smuts, 1933):

$$O = k \cdot G^{\frac{2}{3}}$$

O = Körperoberfläche in cm²
K = Konstante = 9,18; nach (Smuts, 1933), für Kaninchen
G = Körpergewicht in g

(Kleiber, 1947) schlug eine allgemeine Formel für Säugetiere vor, die heute als *Kleibers Gesetz* (auch *Skalengesetz*) bekannt ist.

Berechnung der Körperoberfläche nach (Kleiber, 1947):
$$O = G^{\frac{3}{4}}$$

Das folgende Diagramm zeigt einen Vergleich zwischen den theoretischen Werten der beiden Formeln von Smuts und Kleiber sowie tatsächlich gemessenen Werten der Körperoberfläche von Kaninchen nach (Smuts, 1933). Die tatsächlichen Werte der Körperoberflächen liegen näher an der Kurve von (Smuts, 1933), was der speziellen Berechnung mittels der empirisch ermittelten Konstante von 9,18 geschuldet sein könnte. Für den Menschen beträgt diese Konstante 12,3.

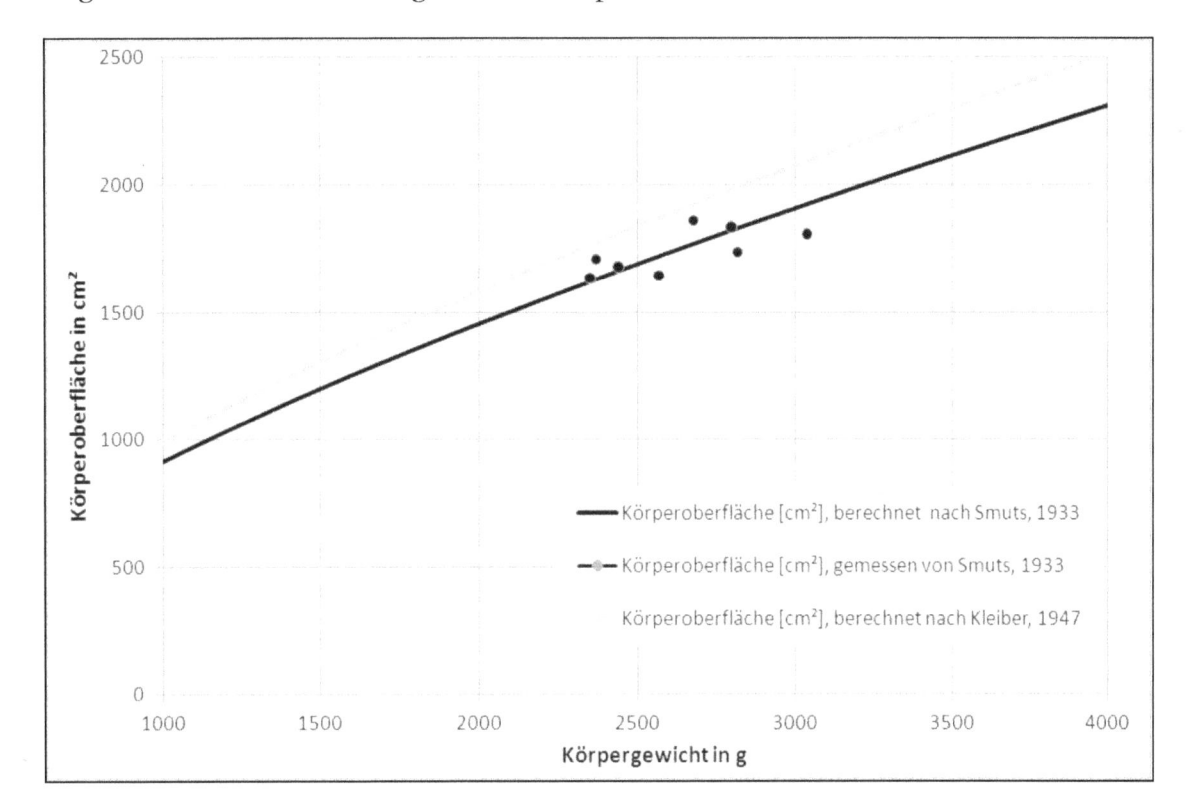

Diagramm 4: Theoretische und gemessene Körperoberflächen von Kaninchen

Legende:
— Körperoberfläche [cm²], berechnet nach Smuts, 1933
— Körperoberfläche [cm²], gemessen von Smuts, 1933
— Körperoberfläche [cm²], berechnet nach Kleiber, 1947

(West, et al., 1999) fanden die wirkliche, tieferliegende Erklärung für das Skalengesetz: demnach hängt die Stoffwechselrate direkt mit der Größe des Streckennetzes zusammen, mit dem das Herz die Nährstoffe in die einzelnen Zellen transportiert. Sie berechneten die effektive Oberfläche dieses Streckennetzes in verschiedenen Lebewesen, welches sich wie ein Volumen verhält und bestätigten damit auf mathematische Weise das Gesetz von Kleiber.

> Beispiel: benötigt z. B. ein Tier mit einer Körpermasse von 1 kg 0,44 MJ verdauliche Energie pro Tag, so braucht ein Tier mit doppelter Körpermasse nicht die doppelte Energiemenge von 0,88 MJ, sondern 0,44 MJ x $2^{0,75}$ kg = 0,74 MJ.

Kaum ein Halter wird die tägliche Futterration anhand solcher Werte berechnen, aber manchmal ist es nicht verkehrt, über Schätzwerte zu verfügen, um mit der Fütterung nicht gänzlich neben dem Bedarf zu liegen. Außerdem muss natürlich bedacht werden, dass nicht nur der Energiegehalt des Futters wichtig ist.

Die Tatsache, dass kleinere Tiere einen höheren Energieumsatz als größere aufweisen, wurde von Kleiber am Beispiel eines Ochsen verdeutlicht, der so viel wie 300 Kaninchen wiegt. Obwohl alle Kaninchen zusammen so viel wie ein Ochse wiegen, fressen sie ca. 4mal mehr als dieser. Eine Tonne Heu haben die 300 Kaninchen nach 33 Tagen, der Ochse nach 130 Tagen aufgefressen. Durch den höheren Energieumsatz verloren die Kaninchen in dieser Zeit mehr Wärme und hatten ein Gewicht erreicht, auf das der Ochse erst nach 130 Tagen kam. Das heißt, die Kaninchen haben viermal schneller als der Ochse die gleiche Gewichtszunahme erzielt.

Tabelle 12: Ochse und Kaninchen als Futterwerter von jeweils 1 Tonne Heu, nach (von Engelhardt, 2010)

	1 Tonne Heu	1 Tonne Heu
Tier	1 Ochse	300 Kaninchen
Gesamtgewicht	**600 kg**	**600 kg**
Heuverzehr pro Tag	7,5 kg	30 kg
1 Tonne Heu reicht	130 Tage	33 Tage
Tägl. Wärmeverluste pro kg Körpergewicht	60 kJ	250 kJ
Tägliche Gewichtszunahme	0,9 kg	3,6 kg
Gewichtszunahme pro Tonne Heu	**120 kg**	**120 kg**

Jede Tierart hat ihren speziellen, situationsbedingten Energiebedarf. Für Kaninchen sind das die folgenden (aus (Kamphues, et al., 2004) und (Fekete, 1993)):

Energiebedarf für die Erhaltung:
≈ 440 – 550 kJ DE/kg KM^{0,75}

Energiebedarf während der Laktation:
≈ 3 x Erhaltungsbedarf

Tabelle 13: Täglicher Energiebedarf für die Erhaltung, Verdauliche Energie DE und Umsetzbare Energie ME, aus (Schley, 1985)

Körpermasse kg	Verdauliche Energie DE MJ/Tag	Umsetzbare Energie ME MJ/Tag
2,0	1,05	0,96
2,5	1,16	1,09
3,0	1,30	1,21
3,5	1,42	1,34
4,0	1,55	1,46
4,5	1,67	1,59

Diagramm 5: Die graue Fläche gibt den Bereich für den Bedarf an verdaulicher Energie DE für die Erhaltung in Abhängigkeit von der Körpermasse an

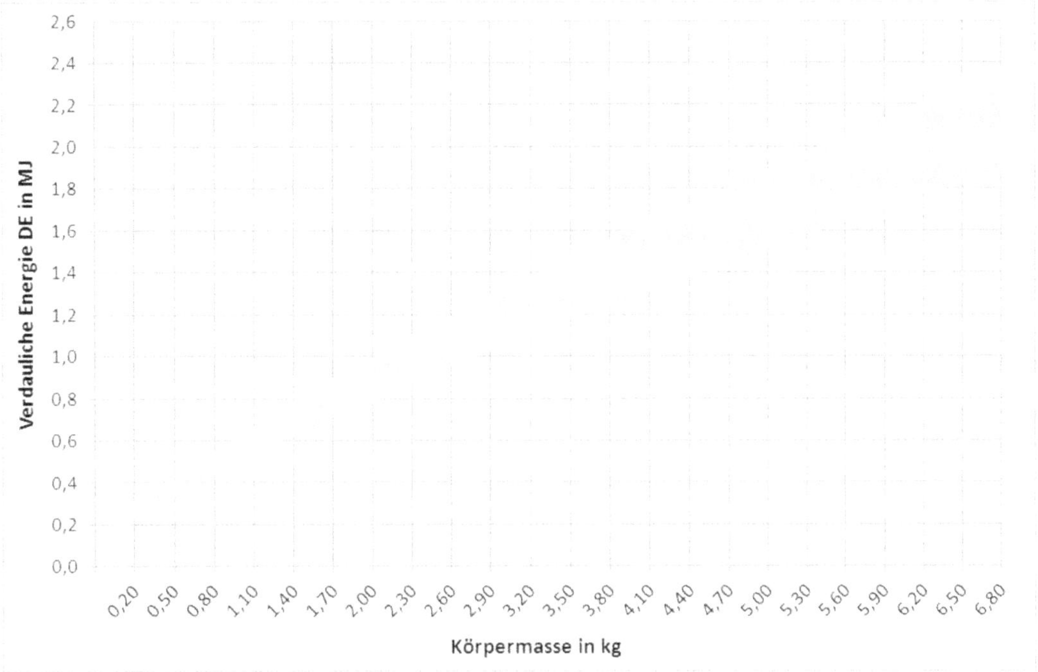

In der Tierhaltung wird mit dem „Erhaltungsbedarf" jener Bedarf bezeichnet, der für die Produktion von Körperwärme und die Verdauungsvorgänge benötigt wird. Dieser ist natürlich in der Laktationsphase der Häsin, also der Zeit des Säugens von Jungtieren, wesentlich höher und wird häufig unterschätzt. Die Folge sind unterernährte Jungtiere mit einem schlechten Start ins Leben und eine Häsin, die von ihrer Substanz zehren muss. Ein weiterer, wesentlicher Abschnitt im Leben eines Kaninchens mit besonderen Nährstoff- und Energieanforderungen ist die Phase des Wachstums.

In der Heimtierhaltung wird oft mit sehr viel Vorsicht bei der Fütterung von Jungtieren vorgegangen. Das ist zwar grundsätzlich richtig, kann aber bei einem falschen Verständnis bzw. übertriebener Vorsicht zu einer Mangelernährung in einer Phase des Lebens führen, in der der Bedarf der Jungtiere sehr hoch ist. Natürlicherweise wird sich ein Jungtier an der Nahrung orientieren, die auch seine Eltern fressen. Auch der Bedarf einer säugenden Häsin wird nicht selten unterschätzt – er beträgt das ca. Dreifache des Erhaltungsbedarfes!

Werden alle Tiere mit arttypischer Nahrung, also frischen Gräsern, Kräutern, Laub und Samen ernährt, wird es in aller Regel damit keine Probleme geben. Diese können erst dann auftreten, wenn die Nahrung zum Beispiel überwiegend aus Fertigfuttern wie Pellets besteht. Vor allem in der Zeit der Umstellung von flüssiger (Milch) auf feste Nahrung kann es auf Grund der fehlenden Struktur und spezieller Fasern dieser Futtermittel zu massiven Störungen in der Verdauung kommen. Erklärbar ist das durch die hohen Mengen, die Jungtiere normalerweise fressen und die Umstellung der Darmflora in dieser Zeit. Neben der Ernährung bilden aber noch weitere Faktoren wie Stress z. B. durch Absetzen von der Mutter zwischen der 4. und 10. Lebenswoche ein Risiko, was zu Krankheiten führen kann. Normalerweise fressen Kaninchen „auf Energie". Das heißt, sie nehmen von einem Futter mit allen benötigten Nährstoffen so viel auf, wie sie für die Deckung ihres Bedarfes brauchen. Diese natürliche Regulierung kann aber durch eine Reihe von Faktoren außer Kraft gesetzt werden. So funktioniert sie z. B. nur, wenn das Futter 9,0-9,5 MJ/kg TS oder mehr enthält. Ist der Energiegehalt geringer, wird die Aufnahme durch den physikalischen Faktor der Füllung des Magen/Darm-Traktes reguliert und begrenzt (Gidenne, et al., 2010). Der Bedarf kann sich erhöhen, wenn besondere Bedingungen herrschen wie z. B. ein Winter mit sehr niedrigen Temperaturen. In diesem Fall muss schon allein für die Aufrechterhaltung der Körpertemperatur mehr Energie aufgenommen werden.

Bei den Angaben in Diagramm 6 muss bedacht werden, dass es sich um Werte für die Trockensubstanz handelt. Um den Bedarf an verdaulicher Energie zu decken, sind die zu fressenden Mengen auf Grund des entsprechenden Wassergehaltes des Futters natürlich sehr unterschiedlich.

> Beispiel: ein Kaninchen mit einem Gewicht von 2,5 kg hat einen Energiebedarf von ca. 0,98 MJ DE/Tag. Um diesen Bedarf zu decken, müsste es von dem jeweils frischen Futter jeweils entweder 127 g Pellets, 257 g Heu, 628 g Löwenzahn, 864 g Möhren oder 1138 g Gras fressen.

Ein Beispiel aus der Praxis: (Wolf, et al., 1999) untersuchten die Futteraufnahme von Zwergkaninchen. Geprüft wurden die Aufnahmemengen von jeweils Pellets, Mischfutter aus nativen Komponenten sowie „Grünfutter", dessen Zusammensetzung aus Weiß-/Grün- und Blumenkohlblättern aber eher als „suboptimal" bezeichnet werden kann. Es diente laut Aussage der Autoren entsprechend auch nur der *„Simulation"* der Grünfutteraufnahme. Die Grünfutterration wurde mit Ergänzungspellets verfüttert, von denen ca. 15 g/Tier/Tag gefressen wurden. Die Tiere wogen zu Beginn der Versuche 800-900 g. Bei vielen Tieren, die Pellets und Mischfutter fraßen, waren deutliche Verfettungserscheinungen festzustellen, die u. a. auf die ad libitum-Fütterung zurückzuführen waren. Bei den Tieren, die mit Grünfutter und Ergänzungspellets ernährt wurden, fehlten diese nahezu vollständig.

Diagramm 6: Verdauliche Energie DE MJ/kg TM verschiedener Futtermittel* für die Erhaltung, berechnet und aus (Kamphues, et al., 2004); grüne Linie = Empfehlung nach (Lebas, et al., 1997)

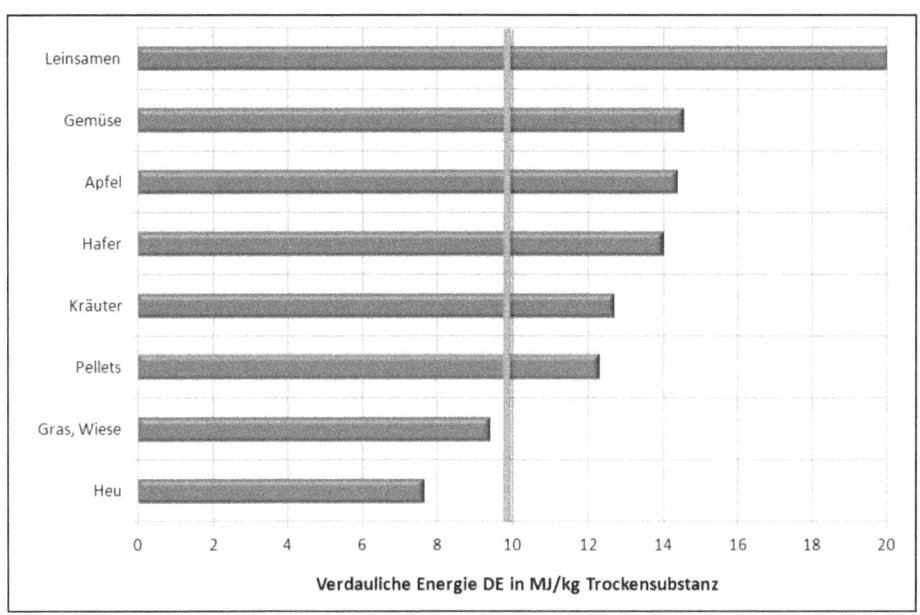

*In diesem Diagramm bedeuten:
Gemüse = Mittelwert aus Futterrüben, Salatgurke, Möhren, Sellerie, Kohlrabi
Kräuter = Mittelwert aus Ackersaudistel, Süßlupine, Bärenklau, Schafgarbe, Luzerne v. d. Blüte, Löwenzahn, Giersch, Rotklee, Petersilie
Gras, Wiese = Mittelwert aus Gras, Wiese
Heu = Mittelwert aus Obstgartengras (spärlich und üppig), Wiesenheu (gering, mittelgut; sehr gut), Timothy-Heu

Eine weitere, interessante Quelle in diesem Zusammenhang bildet die 12. Auflage des erstmals im Jahr 1899 erschienenen Buches der „Praktischen Kaninchenzucht" von (Starke, 1939). Dort wurde u.a. die Fütterung einer Häsin beschrieben, die bis zur 8. Woche 7 Jungtiere säugte. Sie erhielt in den ersten vier Wochen der Säugezeit 100 g Heu, 150 g Grünfutter, 50 g einer „speziellen Mischung" sowie 25 g Sojaschrot (= 325 g Futter). Ab der fünften bis zur 8. Säugewoche erhielt sie 150 g Heu, 100 g Grünfutter, 200 g Kartoffeln, 100 g der speziellen Mischung sowie 50 g Sojaschrot (= 600 g Futter). Die „spezielle Mischung" setzte sich zusammen aus *„44 Teilen Haferschrot, 44 Teilen Zuckerschnitzeln, 10 Teilen Soja-Vitaschrot und 2 Teilen Kalksteinmehl und Viehsalz"*. Zu Beginn der Säugezeit wog die Häsin 3 kg und am Tag des Absetzens der Jungtiere nach 8 Wochen Säugezeit 3,35 kg. Das heißt, dass die Häsin trotz des nährstoffraubenden Säugens ihrer 7 Jungtiere in dieser Zeit sogar zugenommen hatte. Eine andere Häsin mit drei Jungtieren, gleicher Fütterung und Säugezeit wog zu Beginn 3,94 kg und nach dem Säugen 4,14 kg. Die Aufzucht der Jungtiere erfolgte also ohne industriell hergestellte Pellets, obwohl die Muttertiere deutlich schwerer als Wildkaninchen waren.

Tabelle 14: Verdauliche Energie und nötige Verzehrmenge verschiedener Futtermittel

	TS [%]	DE MJ/kg TS	Futtermenge in g für KM = 2,5 kg	Futtermenge in g für KM = 6,8 kg
Leinsamen*	90,6	20,1	64	126
Weißkohlblatt*	13,5	16,0	537	1065
Salatgurke**	6,6	15,9	1105	2190
Möhren**	11,0	14,7	716	1420
Äpfel**	15,5	14,4	520	1031
Hafer**	88,4	14,0	94	185
Sellerie*	5,6	13,6	1526	3026
Bärenklau*	14,0	13,4	617	1223
Schafgarbe**	15,4	13,3	566	1122
Luzerne v. d. Blüte*	21,5	13,0	414	821
Löwenzahn**	17,8	12,5	520	1031
Kohlrabi**	8,0	12,4	1172	2323
Giersch*	10,6	12,4	885	1756
Rotklee*	19,7	12,2	481	954
pellet. Alleinfutter (Mittelwert)**	89,5	11,3	115	228
Brennnesselheu*	88,3	11,2	117	233
Petersilie**	18,1	10,4	617	1223
Gras, Wiese (Mittelwert)*	20,0	10,1	577	1144
Wiesenheu (Mittelwert)*	87,6	7,8	171	339
Timothy, Heu*	89,8	6,9	187	372
Gras, Heu**	86,0	6,3	214	424
Luzerne, Heu**	86,0	5,6	242	480

* Werte aus (Schlolaut, 2003); ** Werte aus (Kamphues, et al., 2004); KM=Körpermasse

In der vorstehenden Tabelle sind die Werte für die Trockensubstanz und verdauliche Energie DE für verschiedene Futtermittel aufgeführt. In den zwei Spalten daneben werden Verzehrmengen in Gramm (g) angegeben, die nötig wären, um **nur mit diesem** Futtermittel den täglichen Energiebedarf von Tieren zu decken, die entweder 2,5 kg oder 6,8 kg wiegen.

> Beispiel: Ein Tier mit einem Gewicht von 2,5 kg hat einen Bedarf an verdaulicher Energie DE von 1,16 MJ/Tag. Um diesen komplett zu decken, müsste es z. B. 115 g Pellets oder 520 g Löwenzahn fressen. Der Löwenzahn hat zwar einen höheren Energiegehalt in der Trockenmasse, enthält aber eben sehr viel Wasser. Deshalb ist die zu verzehrende Menge von Löwenzahn ca. 4,5mal höher.

Die verdauliche Energie DE wird für Pferde und Heimtiere wie Kaninchen benutzt. Man kann sie aus den Rohnährstoffgehalten eines Futtermittels rechnerisch schätzen, die in der Deklaration angegeben werden. Die Formel für die Berechnung nach (GfE, 2014) lautet:

DE MJ/kg TS = - 3,54 + (0,0209 x g Rp + 0,0420 x g Rfe + 0,0001 x g Rfa + 0,0185 x g NfE)

Da die Stickstofffreien Extraktstoffe nicht deklariert werden, muss dieser Wert erst rechnerisch ermittelt werden:

NfE = Trockensubstanz - (Rp + Rfe + Rfa + Ra)

> Beispiel: ein Mischfutter wird vom Hersteller folgendermaßen deklariert:
> Rohprotein Rp = 13,2%
> Rohfett Rfe = 4,2%
> Rohfaser = 11,0%
> Rohasche = 5,5%
> NfE = TS - (Rp + Rfe + Rfa + Ra)
>   = 90% - (13,2% + 4,2% + 11,0% + 5,5%) = 56,1%.

Da der Wert in MJ pro kg Futtertrockensubstanz (also 1000 g) errechnet werden soll, müssen die Prozentangaben der Rohnährstoffe, die sich auf 100% beziehen, jeweils mit 10 multipliziert werden. Die Formel lautet dann also:

DE = -3,54 + (0,0209 x 132 g) + (0,0420 x 42 g) + (0,0001 x 110 g) + (0,0185 x 561 g)
   = -3,54 + 2,7588 + 1,764 + 0,11 + 10,3785
   = 11,47 MJ/kg TS

Bei dem Wert „-3,54" handelt es sich um eine Konstante, also einen festen Wert. Möchte man die Energie die für Frischesubstanz wissen, muss er noch umgerechnet werden. Trockenfutter enthalten ungefähr 10% Feuchtigkeit (Wasser) bzw. 90% Trockensubstanz.

DE = 11,4713 x 90%/100% = <u>10,32 MJ/kg uS</u>

Der Hersteller dieses Futters gibt den Energiegehalt des Beispiels in 10 MJ/kg an. Das heißt, er wurde entweder berechnet oder es liegt eine gute Übereinstimmung vor, wenn er in einer Analyse ermittelt wurde.

Futtermengen
(Hörnicke, 1978) fasste aus der Literatur interessante Fakten zu aufgenommenen Futtermengen zusammen: so wurden bei Jungtieren der Rasse „Fauve de Bourgogne" (Burgunderkaninchen) durchschnittlich, täglich aufgenommene Mengen in den ersten drei Lebenswochen von 160, 153 und 115 g/kg Körpermasse (KM) registriert, was 42, 40 und 30 g Trockensubstanz pro Tier und Tag entsprach (TS-Gehalt der Kaninchenmilch = 26%). Mit der zunehmenden Aufnahme von festem Futter ab der 4. Lebenswoche stieg der Trockensubstanzverzehr auf 39, 59 und 62 g/kg KM bis zur sechsten Woche an. Ab der achten Lebenswoche nahm die Trockensubstanzaufnahme bis zur 26. Lebenswoche nahezu linear von 64 bis 39 g/kg KM ab. Abweichend zu den Mittelwerten wurden bei einzelnen Tieren an verschiedenen Tagen sehr hohe Aufnahmen registriert. Bei erwachsenen Tieren wurde nicht selten eine Aufnahme von 300 g Trockensubstanz (60 g/kg KM) am Tag registriert, was dem Doppelten des Erhaltungsbedarfes entspricht. Von einzelnen Tieren wurde der Verzehr von bis zu 600 g pelletiertem Trockenfutter (200 g/kg KM) berichtet, was zu gelegentlichen Verdauungsstörungen führte. Diese Unterschiede zeigen, wie individuell Kaninchen in Bezug auf die Futteraufnahme sein können und dass Durchschnittswerte oder Prozentangaben dem Einzeltier relativ wenig nutzen. Die Zahlen in der folgenden Tabelle gelten für ein Futter, welches alle Nährstoffe in ausreichender Menge enthält. Bei höherem Rohfasergehalt nimmt die Menge etwas zu. Mit Gravidität wird in der Tiermedizin die Trächtigkeit einer Häsin bezeichnet.

Tabelle 15: Tägliche Aufnahme von Trockensubstanz TS in % der KM, nach (NRC, 1966), (Kamphues, et al., 2004)

Körpermasse [kg]	Erhaltung	Gravidität	Laktation	Wachstum
≈ 1,0	3,5	4,0 - 6,0	6,0 - 8,0	6,5
2,3	4,0	5,0	7,0	6,0
4,5	3,3	4,1	6,0	5,0
6,8	3,0	3,7	5,0	4,5

Beispiel: Ein Tier mit einem Gewicht von 2,3 kg frisst 4% seiner Körpermasse an Trockensubstanz, was einer Menge von 92 g entspricht (2300 g x 0,04 = 92 g). Da Futtermittel unterschiedliche Wassergehalte aufweisen, ergeben sich bei gleichem Trockensubstanzgehalt unterschiedliche Mengen, die insgesamt gefressen werden müssen.

Tabelle 16: Futtermengen von Löwenzahn und Trockenfutter, die gefressen werden, wenn von jedem Futter 92 g Trockensubstanz aufgenommen werden soll

		Trockenfutter/Heu	Löwenzahn
Trockensubstanz	[%]	90	17
Wasser	[%]	10	83
Futtermenge	**[g]**	**102**	**532**

Die Beträge entsprechen ungefähr jenen, die über den Weg der Berechnung der Energie errechnet wurden. Die so ermittelten Werte betrugen 115 g Pellets und 520 g Löwenzahn.

Die folgende Tabelle gibt noch einmal einen ähnlichen Sachverhalt für den angenommenen Verzehr von 150 g Trockenmasse wieder. Diese Menge stellt den Grenzbereich der möglichen Futteraufnahme für ein Tier mit 2,3 kg KM dar.

Tabelle 17: Zu fressende Mengen verschiedener Futtermittel, wenn 150 g Trockensubstanz aufgenommen werden soll

		Frische Gräser + Kräuter	Heu + Gemüse	Trockenfutter/Heu
Trockensubstanz	%	25	90 + 10	90
gefressene Trockensubstanz	g	150	150	150
gefressene Futtermenge	% KM	30	12,7	8,3
gefressene Gesamtfuttermenge	**g**	**600**	**433**	**167**
darin enthaltenes Wasser	g	450	283	17

> Beispiel: Ein Jungtier, welches ausgewachsen 2 kg wiegt, frisst ca. 135 g Trockensubstanz. Das bedeutet, es frisst von frischen Gräsern und Kräutern eine Menge von ca. 675 g und von einem Trockenfutter bzw. Heu ca. 150 g.

Oft wird behauptet, dass Kaninchen die fehlende Wassermenge in getrockneten Futtermitteln durch eine zusätzliche Aufnahme ausgleichen würden. Diese Mengen erreichen aber nicht annähernd das Niveau der Wassermenge, wie sie mit frischen Pflanzen aufgenommen wird.

(Wolf, et al., 1999) ermittelte in Versuchen mit verschiedenen Futtermitteln wie Mischfutter mit nativen Komponenten sowie Grünfutter und Ergänzungspellets relativ gleiche Aufnahmemengen an Trockensubstanz von ca. 40 g/Tier/Tag. Für Pellets hingegen betrug die Menge 56 g/Tier/Tag. Die insgesamt gefressene Menge an Pellets betrug somit 63 g Frischesubstanz/Tier/Tag, mit Grünfutter und Ergänzungspellets dagegen 233 g, also die vierfache Menge. Bezogen auf das Körpergewicht nahmen die Tiere mit Pellets 4,8% an Trockensubstanz auf, mit Grünfutter und Ergänzungspellets, 3,7% und mit Mischfutter 2,5-3,2%. Als Ursache für die hohe Aufnahmemenge von Pellets wurde die fehlende, nötige Beschäftigung mit dem Futter vermutet. So fehlt z. B. in Pellets die Struktur der Rohfaser, was sich in sehr kurzen Kauzeiten wiederfindet. In Verbindung mit mangelnder Bewegung sind Tiere, die vorwiegend mit Pellets ernährt werden, durch Adipositas (Fettleibigkeit) gefährdet, außerdem können kurze Kauzeiten zu Zahnfehlern führen.

Von (Ewringmann, 2010) liegt eine Rationsempfehlung vor, die auf einer Frischfuttermenge von 100 g/kg Körpergewicht (KGW) beruht.

Tabelle 18: Empfohlene Rationszusammensetzung für Kaninchen, nach (Ewringmann, 2010)

Heu	**ad libitum**
Frischfutter	**2x täglich, insgesamt ca. 100 g/kg KGW**
Strukturiertes Grünfutter	1/2 bis 2/3 der Frischfutterration; z.B. Gras, Kräuter, Löwenzahn, Möhrengrün, Blumenkohlblätter, Kohlrabiblätter, Salate (z. B. Endivie, Feldsalat, Rucola)
Gemüse	etwa 1/3 der Frischfutterration; z.B. Möhre, Kohlrabi, Brokkoli, Sellerie
Obst	max. 1/4 der Frischfutterration (Apfel, Birne, Banane)
pelletiertes Alleinfutter	**max. 1 EL/kg KGW/d**

EL = Esslöffel; d = Tag

Beispiel: Für ein Kaninchen, das 2 kg wiegt, würden sich nach dieser Empfehlung folgende, tägliche Futtermengen ergeben: 200 g Frischfutter, 2 EL Pellets (ca. 25 g) und Heu (ad libitum).

Legt man bei einem vollständigen Verzehr des Frischfutters die gefressene Trockensubstanz zugrunde, hätte es mit dem Frischfutter und den Pellets ca. 2,6% seiner Körpermasse an TS gefressen. Für die restlichen 1,4% muss Heu aufgenommen werden. Damit besteht die Gesamtration aus ca. 236 g Futter. Würde man das Tier dagegen nur mit arttypischer Nahrung (frischen Gräsern und Kräutern) ernähren, würde die gesamte Ration 533 g, also mehr als das Doppelte betragen.

Wenn das Grünfutter (im besten Fall) eine verdauliche Energie DE von 2,9 MJ/kg Frischesubstanz enthielte und die Pellets 11,1 MJ/kg Frischesubstanz, hätte das Tier damit 0,86 MJ verdauliche Energie aufgenommen. Den Rest müsste es mit 25 g Heu bestreiten, um auf den Bedarf von ca. 1 MJ/Tag zu kommen.

Diese Rechnung ist rein theoretisch und auf einen „Durchschnitt" bezogen, das heißt, sie gilt zwar für einen großen Teil von Kaninchen, nimmt aber keine Rücksicht auf das Individuum. Sowohl in der Futterwahl, Aufnahme wie auch Verdauung kann es große Unterschiede geben. Diese sind selbst bei Tieren der gleichen Rasse, die unter gleichen Bedingungen leben gegeben und resultieren aus einem individuell unterschiedlichen und überdies zeitlich variierenden Erhaltungsbedarf. (Hörnicke, 1978) beziffert diesen auf 260 - 560 kJ verdauliche Energie/kg x 24 h. Demnach unterscheiden sich die von *"kleinen"* und *"großen Essern"* aufgenommenen Mengen im Verhältnis von 1 : 2 (22 - 45 g/kg Trockenfutter). Die individuellen Unterschiede im Futterverzehr wären viel größer als die Unterschiede in der Wasseraufnahme. Dieser Auffassung widersprechen spätere Ergebnisse wie z. B. die der Dissertation von (Carstensen, 1984), nach denen auch sehr große, individuelle Unterschiede in der Aufnahme von Wasser in

Zusammenhang mit der Fütterung von Pellets festgestellt wurden. Eine jüngere Empfehlung für Futterrationen für Kaninchen stammt von (Wolf, 2016). Demnach sollte Heu ad libitum bereit gestellt werden, „*Frischfutter*" mit einer Menge von mindestens 200 g/kg Körpermasse sowie 1 Esslöffel Mischfutter/kg Körpermasse. Das „*Frischfutter*" sollte dabei zu 70% aus „*frischem Grünfutter*" in Form von „*Gras/ Kräuter/ Salate*" sowie zu 20% aus Gemüse und zu 10% aus Obst bestehen. Wenn man diese Mengen grob zusammenrechnet, enthält diese Ration ca. 108 g Trockensubstanz. Das entspricht bei einem Tier mit einem Körpergewicht von 2,3 kg ca. 4,7% des Gewichts. Da ist noch nicht das Heu eingerechnet, welches auch noch gefressen werden soll. Kritisch ist die Gleichsetzung von Gräsern, Kräutern und Salaten zu sehen. Salate unterscheiden sich, bis auf den Wassergehalt, in vielerlei Hinsicht zu Wiesenpflanzen. Prinzipiell sind solche „Rationsempfehlungen" auch deshalb kritisch zu sehen, weil sie von der Annahme ausgehen, dass die zur Verfügung gestellten, frischen Futtermittel restlos gefressen werden. Bei einer möglichen Nahrungsselektion aus einer großen Menge von frischem Wiesenfutter, welches für Heimkaninchen gesammelt wird, bleibt immer ein Teil liegen. Entweder, weil das Futter nicht schmackhaft (Fremd- bzw. Schadstoffe, falsche Pflanzenauswahl, Alter der Pflanzen etc.), zu Teilen unverdaulich (hoher Anteil an Pflanzenstängeln, vertrocknete Pflanzen) oder gar gesundheitsschädlich ist (Mykotoxine, zu hoher Gehalt an Sekundären Pflanzenstoffen etc.). Das Gleiche gilt für Obst und Gemüse. Gemüse mag für ernährungsbewusste Menschen interessant sein, aber für Kaninchen mit einer Wahlmöglichkeit zwischen Wiese und Gemüse eher nicht. Ebenso sind 10-25% Obst als Empfehlung für Kaninchen bedenklich, vor allem dann, wenn noch Wurzelgemüse zur Ration gehört.

Kaninchen ernähren sich zwar herbivor (pflanzlich), aber nicht jede Pflanze ist auch als Kaninchenfutter geeignet. Kaninchen sind sogenannte „Folivore" (Blattfresser).

Nährstoffempfehlungen
In Tabelle 19 werden zwei Empfehlungen für Nährstoff- und Energiegehalte für Trockenfutter aufgeführt. Die Werte von (Fekete, 1993) wurden in verschiedenen Versuchen ermittelt und gelten eigentlich für intensive Haltungsbedingungen. Der Autor verweist in seiner Empfehlung explizit darauf, dass die relativ hohe Rohfaserempfehlung in erster Linie eine diätetische Rolle spiele und der Durchfallprophylaxe dient. Diese physiologische Aufgabe könne sie aber nur dann erfüllen, wenn der unverdauliche Anteil in den Faser groß genug ist und nicht zu fein (< 0,1-0,2 mm) gemahlen wurden. Die Werte von (Lowe, 2010) wurden zwar für Heimkaninchen (engl.: pet rabbits) postuliert, folgen aber weitgehend denen des Erhaltungsbedarfes von Kaninchen unter intensiven Haltungsbedingungen von (Fekete, 1993). Sie gelten für Alleinfuttermittel, wie sie in der Mast und Zucht für Tiere eingesetzt werden, die keine besonderen „Leistungen" wie z. B. das Säugen von Jungtieren erbringen müssen. Die Grundstoffe für diese Futter werden getrocknet und verarbeitet, deshalb müssen dabei verlorengegangene Nährstoffe später wieder zugemischt werden. In der Tabelle sind die Werte „**Fett**" markiert, die vom Autoren präferiert werden. Diese Werte können aber von denen eines frischen Grünfutters (Wiese) abweichen.

Tabelle 19: Empfohlene Nährstoffgehalte für Alleinfutter mit einem Trockensubstanzgehalt von 90%, Erhaltungsbedarf nach (Fekete, 1993) und für ein Hauskaninchenfutter (Lowe, 2010)

		Fekete (1993)	**Lowe (2010)**
Verdauliche Energie	[MJ/kg]	**8,8**	9 - 10,5
Rohprotein	[%]	**12**	**12** - 16
Verdauliches Rohprotein	[%]	**8 – 9**	k. A.
Rohfaser	[%]	14 – 15	**14** - 20
Stärke	[%]	k. A.	0 - 14
Rohfett	[%]	2 – 3	**2 – 5**
Calcium	[%]	0,4	0,5 - **1,0**
Phosphor	[%]	0,2	**0,5** - 0,8
Magnesium	[%]	?	0,3
Zink	[%]	k. A.	**0,5** - 1,0
Natrium	[%]	**0,2**	0,5 - 1,0
Kalium	[%]	?	**0,6** - 0,7
Kupfer	[mg/kg]	k. A.	**5** - 10
Lysin	[%]	?	**0,5**
Methionin + Cystin	[%]	?	**0,5**
Vitamin A	[IE/kg]	-	**5.000** - 10.000
Vitamin D	[IE/kg]	-	**800** - 1.200
Vitamin E	[mg/kg]	50	40 - 70
Vitamin K	[mg/kg]	-	k. A.
Vitamin B1	[mg/kg]	k. A.	1 - 10
Vitamin B2	[mg/kg]	k. A.	3 - 10
Vitamin B6	[mg/kg]	k. A.	2 - 15
Vitamin B12	[mg/kg]	k. A.	0,01 - 0,02
Folsäure (Vitamin B9)	[mg/kg]	k. A.	0,2 - 1,0
Pantothensäure (Vitamin B5)	[mg/kg]	k. A.	3 - 20
Niacin (Vitamin B3)	[mg/kg]	k. A.	30 - 60
Biotin (Vitamin B7)	[mg/kg]	k. A.	0,05 - 0,20
Cholin	[mg/kg]	k. A.	300 - 1.500

k. A. = keine Angabe
? = ungeklärter Bedarf

Zusammensetzung der Nahrung
Weende Futtermittelanalyse

In den vorangegangenen Kapiteln war bereits die Rede von verschiedenen Futterinhaltsstoffen bzw. Nährstoffgruppen. Heute wird in Deutschland noch überwiegend auf Analysewerte der „Weende Futtermittelanalyse" aus dem 19. Jahrhundert zurückgegriffen, die von Henneberg & Stohmann 1860 - 1864 an der landwirtschaftlichen Versuchsstation in Weende, einem Stadtteil von Göttingen, für die Analyse von Futterpflanzen entwickelt wurde (Henneberg, et al., 1860), (Henneberg, et al., 1864). Die Vorteile der Weende Futtermittelanalyse bestehen in einer relativ unkomplizierten, schnellen Überprüfung von Futtermitteln, wenigen Analysewerten für einen Vergleich und einer enormen Datenmenge, die über viele Jahrzehnte gesammelt wurde. Datenbanken und Futterwerttabellen liefern Angaben über Rohnährstoffe in verschiedenen Futtermitteln. Auch heute noch wird überwiegend auf Werte von Nährstoffgruppen zurückgegriffen, die mit dieser Methode ermittelt wurden.

Nach dem klassischen Verständnis handelt es sich bei den Rohnährstoffen um die folgenden Gruppen:
- Protein
- Rohfaser
- Rohfett
- Rohasche

Das Wasser wird in der Weende Analyse nicht mit angegeben. Die Werte für die Rohnährstoffe in einer Futtermitteldeklaration beziehen sich immer auf die Trockensubstanz des Futters, es sei denn, es wird explizit etwas anderes angegeben. Die Werte der Weende-Analyse werden in der Futtermittelkunde üblicherweise mit „Rohnährstoffe" bezeichnet. Das „Roh" steht dabei für die Angabe von Stoffgruppen. Mit dieser Analyse werden die folgenden Werte von Nährstoffgruppen ermittelt:

Wasser/Trockensubstanz (TS): Ermittlung durch vierstündige Trocknung des Futters bei 103°C. Bei diesem Vorgang entweichen auch flüchtige Substanzen wie Fettsäuren, Ammoniak oder ätherische Öle. Abweichend werden Getreide, Mehl, Grütze und Grieß zwei Stunden lang bei 130°C getrocknet, zucker- und fettreiche Futtermittel sowie bestimmte Getreideerzeugnisse im Vakuumtrockenschrank 4 Stunden bei 80-85°C. Der verbleibende Rest ist die Trockenmasse bzw. -substanz. Die Trockensubstanz von Trockenfuttern wie Pellets wird in der Deklaration in der Regel mit 90% angenommen, manche Empfehlungen beziehen sich auch auf einen TS-Gehalt von 89%.

Rohprotein (Rp): Bestimmung des Stickstoffgehaltes durch Aufschluss der Probe mit Schwefelsäure sowie der Destillation und Titration des freigesetzten Ammoniaks. Eiweiß enthält durchschnittlich 16% Stickstoff, deshalb wird der ermittelte Stickstoffwert mit 6,25 multipliziert, um den Rohproteingehalt der Trockensubstanz zu erhalten. Der Stickstoffgehalt einzelner Futtermittel kann von dem angenommenen Mittel der 16% stärker abweichen, wie z. B. das Eiweiß des Weizens mit 17,5% Stickstoff. Das würde einem Faktor von 5,71 entsprechen.

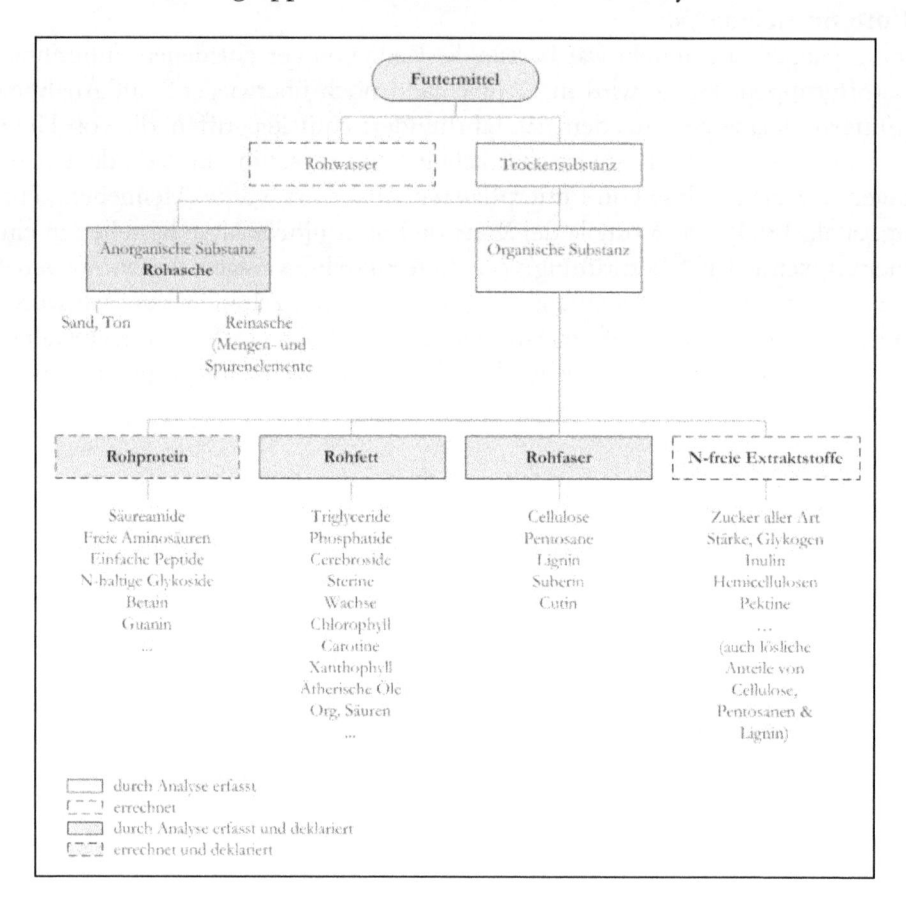

Bild 50: Ermittelte Nährstoffgruppen der Weende Futtermittelanalyse

```
                              Futtermittel
                           /              \
                    Rohwasser          Trockensubstanz
                                       /            \
                    Anorganische Substanz          Organische Substanz
                        Rohasche
                       /        \
                  Sand, Ton    Reinasche
                              (Mengen- und
                              Spurenelemente)

         Rohprotein        Rohfett         Rohfaser       N-freie Extraktstoffe

         Säureamide        Triglyceride    Cellulose      Zucker aller Art
         Freie Aminosäuren Phosphatide     Pentosane      Stärke, Glykogen
         Einfache Peptide  Cerebroside     Lignin         Inulin
         N-haltige Glykoside Sterine       Suberin        Hemicellulosen
         Betain            Wachse          Cutin          Pektine
         Guanin            Chlorophyll                    ...
         ...               Carotine                       (auch lösliche
                           Xanthophyll                    Anteile von
                           Ätherische Öle                 Cellulose,
                           Org. Säuren                    Pentosanen &
                           ...                            Lignin)

         [ ] durch Analyse erfasst
         [--] errechnet
         [▓] durch Analyse erfasst und deklariert
         [▓▓] errechnet und deklariert
```

Rohfett (Rfe): Ermittlung durch Extraktion der Trockenmasse mit Petrolether in der Soxhlet-Apparatur. Damit wird eine Gruppe verschiedenster Substanzen erfasst, die nur ihre Löslichkeit in Ether gemeinsam haben. Den größten Anteil bilden Triglyceride, daneben Phospholipide wie z.B. Lecithin, Glycolipide, Wachse sowie Polyisoprenoide wie Cholesterin, fettlösliche Vitamine, Carotinoide und Terpene (ätherische Öle). Weitere Stoffe wie z. B. Harze, Wachse und Farbstoffe kann der Körper nicht zur Energiegewinnung nutzen. Besonders bei Futtermitteln wie Gras und Heu muss deshalb damit gerechnet werden, dass 20-40% des Rohfettes nicht aus Triglyceriden bestehen.

Rohfaser (Rfa): der in Säuren und Laugen unlösliche fett-, stickstoff- und aschefreie Rückstand der Trockenmasse. Die „Rohfaser" ist eine Stoffgruppe, welche Cellulose, Lignin, Pentosane usw. enthält. Da ein Teil dieser Stoffe aber in Lösung geht, werden diese auch mit der Gruppe der Stickstofffreien Extraktstoffe erfasst. Die Rohfaser ist also kein definierter Wert für einen Nährstoff oder eine Nährstoffgruppe und enthält in der Regel immer nur einen Teil der Gerüstsubstanzen/Zellwand. Es gibt Ausnahmen wie Gemüse, wie später noch gezeigt wird.

Stickstofffreie Extraktstoffe (NfE): rechnerischer Wert = organische Masse - Rohprotein - Rohfett - Rohfaser. Diese Gruppe enthält somit alle Stoffe, die bei den anderen Bestimmungen nicht erfasst wurden. Dieser Wert wird üblicherweise nicht deklariert.

Rohasche (Ra): Ermittlung durch sechsstündige Verbrennung der Trockenmasse in einem Muffelofen bei 550°C. Organische Stoffe, die hauptsächlich aus Kohlenstoff bestehen, verbrennen und zurück bleibt ein anorganischer Rest (Rohasche), der überwiegend aus Mineralien besteht. Die Differenz aus Trockenmasse und Rohasche ergibt die organische Masse der Trockensubstanz.

In der Tabelle 20 sind verschiedene Analysewerte für Futtermittel aufgeführt, die aus folgenden Quellen stammen: [1] (DLG, 1995); [2] (Lang-Deuerling, 2008); [3] (Jeroch, et al., 1993); [4] (Nehring, et al., 1953); (Gruber, et al., 1994); [6] (NRC, 1982); [7] (Lowe, 2010), Empfehlung für Trockenfuttermittel. Die Werte für die Verdauliche Energie DE wurden nach der Schätzformel von (GfE, 2014) berechnet.

Tabelle 20: Werte der Weende-Analyse für einige Futtermittel in g/kg TS, DE in MJ/kg TS

	Futtermittel	TS	Rfa	NfE	Rp	Rfe	Ra	DE
1	Apfel[1]	150	58	886	21	15	20	13,9
2	Banane[2]	255	12	901	47	2	38	14,2
3	Birne[2]	173	86	856	32	5	21	13,2
4	Möhre, Wurzel[3]	110	92	676	93	16	123	11,6
5	Futterrübe[1]	150	66	744	85	8	97	12,3
6	Salat[2]	39	130	536	202	10	122	11,0
7	Futterrübe, Blatt[1]	160	124	511	164	23	178	10,3
8	Weißkohl, Blatt[4]	120	114	503	164	25	194	10,3
9	Rotkohl, Blatt[4]	120	125	515	173	30	157	10,9
10	Blumenkohl, Blatt[4]	120	148	556	223	28	45	12,6
11	Wirsingkohl, Blatt[4]	120	117	472	175	22	214	9,8
12	Rosenkohl, Blatt[4]	140	116	457	231	39	157	11,4
13	Grünkohl, Blatt[4]	150	118	497	244	46	95	12,7
14	Kohlrabi, Blatt[4]	137	74	495	243	40	148	12,4
15	Speisemöhre, Kraut[4]	150	158	454	158	22	208	9,1
16	Futtermöhre, Kraut (Mittelwert)[4]	230	133	462	156	38	212	9,9
17	Luzerne, Grün, 1. Aufwuchs[5]	159	310	353	209	29	99	8,6
18	Luzerne, Grün, 2. Aufwuchs[5]	211	252	380	229	25	114	9,4
19	Luzerne 1. Schnitt i. d. Knospe[6]	170	257	389	213	30	111	9,4
20	Wiese, grasreich, Grün, 1. Aufwuchs[5]	260	275	477	136	25	87	9,2
21	Wiese, grasreich, Grün, 2. Aufwuchs[5]	220	277	458	133	23	109	8,7
22	Rotklee, 1. Schnitt in der Knospe[3]	160	206	475	186	35	98	10,6
23	Weide, extensiv, 1. Aufwuchs[3]	170	209	506	151	31	103	10,3
24	Luzerne, Heu, 1. Aufwuchs[5]	883	337	377	185	13	88	7,9
22	Luzerne, Heu, 2. Aufwuchs[5]	903	344	381	164	15	96	7,6
26	Wiese, grasreich, Heu, 1. Aufwuchs[5]	898	303	490	103	23	81	8,7
27	Wiese, grasreich, Heu, 2. Aufwuchs[5]	898	269	477	132	25	97	9,1
28	Luzerne Heu 1. Schnitt i. d. Knospe[6]	860	287	409	183	21	100	8,8
29	Luzerneblätter, Heu, sonnengetrocknet[6]	890	160	511	206	27	96	11,4
30	Hafer, Korn[3]	880	113	679	123	52	33	13,8
31	Erbsenflocken[1]	880	35	666	254	12	29	14,6
32	Empfehlung[7]	900	170	563	140	35	92	11,3

Um die Zahlen aus der Tabelle 20 etwas besser darzustellen, wurden die Futtermittel der Tabelle 20 in Gruppen eingeteilt: Obst (Zeile 1-3); Gemüse (Zeile 4-5); Salat (Zeile 6); Gemüsegrün (Zeile 7-16); Grünfutter (Zeile 17-23); Heu (Zeile 24-28); Heu, Blätter (Zeile 29); Hafer, Korn (Zeile 30); Erbsenflocken (Zeile 31) und in Zeile 32 die Empfehlung von (Lowe, 2010).

Diagramm 7: Werte der Weende Futtermittelanalyse in g/kg TS, Verdauliche Energie DE in MJ/kg TS

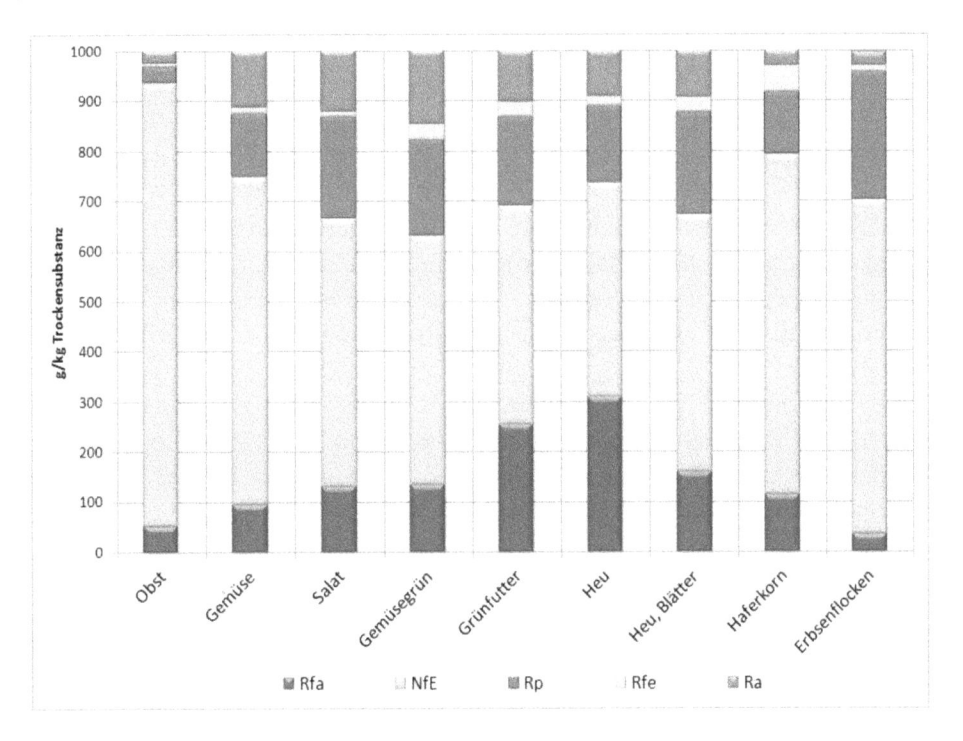

Betrachtet werden die Trockensubstanzgehalte der Nährstoffe, um einen direkten Vergleich zu ermöglichen. Es muss also bedacht werden, dass die aufgenommenen Mengen durch den jeweiligen Wassergehalt sich zum Teil stark unterscheiden können. Interessant sind auch weniger die absoluten Werte für die Nährstoffe als vielmehr die grundsätzliche Zusammensetzung der Rohnährstoffe in den Gruppen:

Rfa (Rohfaser): die höchsten Werte weist Heu, gefolgt von frischem Grünfutter auf. Interessant ist insbesondere der Gehalt in „Heu, Blätter", weil dieser eigentlich, wenn auch in frischer Form, am ehesten der Hauptnahrung von Wildkaninchen entspricht. Im Vergleich dazu beträgt der Gehalt im Gemüse nur 60%, der von Salat und Gemüsegrün rund 80%. An dieser Stelle sei darauf hingewiesen, dass Werte für „Grünfutter" und „Heu" ganz allgemein Pflanzenbestände erfassen, als die Pflanzen mit Stängel und Blättern. Deshalb können sich die Werte wie im Beispiel für „Heu" und „Heu, Blätter" auch so stark unterscheiden. Kaninchen fressen vorwiegend die blättrigen Bestandteile von Pflanzen, weshalb dieser Wert für die Rohfaser als besser für eine Beurteilung angesehen werden sollte.

NfE (Stickstofffreie Extraktstoffe): dieser Wert wird nicht deklariert und findet deshalb in der Regel auch wenig Beachtung. Er enthält einen Teil der Rohfaser und den kompletten Teil der leichter verdaulichen Nährstoffe. Der Mittelwert aus Gemüsegrün, Grünfutter, Heu und Heublättern beträgt 467 g/kg TS. Der Wert für Obst beträgt mit einem Plus von 89% fast das Doppelte, Gemüse, Hafer und Erbsenflocken enthalten rund 40% mehr NfE.

Rp (Rohprotein): Obst enthält im Vergleich zu frischem und getrocknetem Wiesenfutter wie auch Gemüsegrün und Salat weniger als ein Viertel Protein, Gemüse 30% weniger. Den höchsten Wert weisen die Erbsenflocken auf.

Rfe (Rohfett): Obst, Gemüse, Salat enthalten deutlich weniger Fett (ca. 70% weniger) als Gemüsegrün oder Wiesenpflanzen.

Von (Ewringmann, 2010) werden auch Salate zu „strukturierten Grünfuttern" wie Gras, Kräuter und Löwenzahn gezählt. Die Gehalte der Rohnährstoffe zeigen, dass es doch besser ist, hier Unterschiede zu machen. Salate mögen zwar strukturierte Fasern enthalten, deren Gehalte sind aber viel zu gering und auch in Bezug auf weitere Rohnährstoffe sind Salate mit Wiesenpflanzen nicht vergleichbar.

Diagramm 8: Abweichung des Rohfasergehaltes zur Empfehlung von (Lowe, 2010): im Diagramm entspricht die Empfehlung dem Gehalt von 0, die grünen Balken zeigen den Gehalt, der darüber liegt, die roten den Mangel in % an

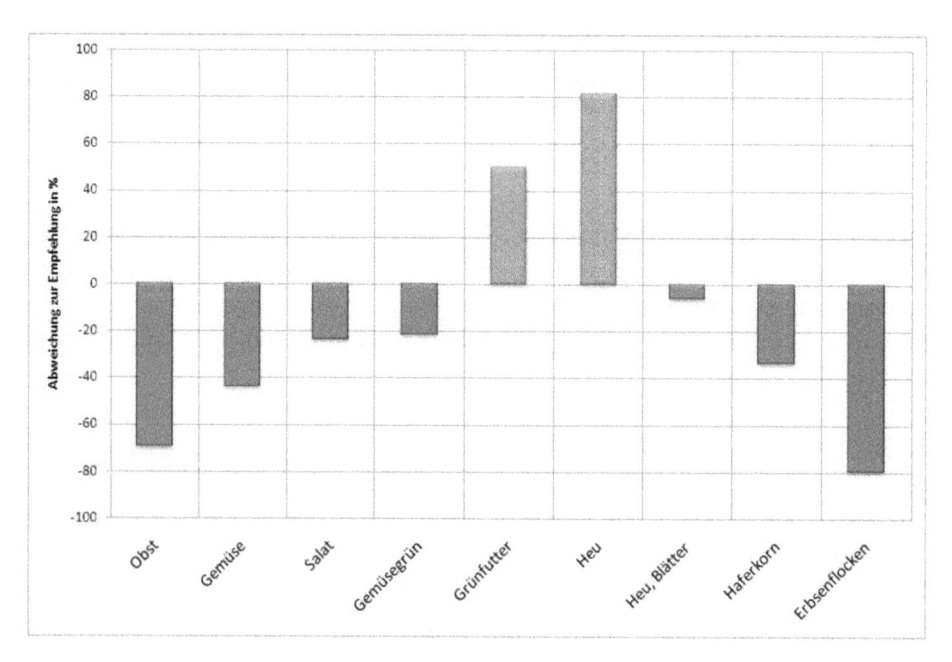

In der Theorie sollen geringe Rohfasergehalte in Futtermitteln möglichst durch das Verfüttern von Heu ausgeglichen werden. Rechnerisch ist das möglich. Das setzt voraus, dass das Heu eine gute Qualität aufweist und schmackhaft ist. Prinzipiell steht zum Beispiel die Energie diesem Vorhaben entgegen, weil das Kaninchen „auf Energie frisst". Das heißt, es versucht, seinen Energiebedarf zu decken und reguliert entsprechend die Futteraufnahme. Da Gemüse wie auch Obst deutlich höhere Energiewerte aufweisen als Heu und dieses zudem ein trockenes Futter ist, werden Kaninchen wohl erst größere Mengen von Obst und Gemüse fressen, ehe sie sich dem Heu zuwenden. Schließlich spielt auch noch die Qualität der „Rohfaser" eine Rolle, wie später noch gezeigt wird.

Die Verdaulichkeit der Rohnährstoffe
Von einem Futter ist nur ein bestimmter Teil für das Tier nutzbar. Insbesondere die Rohfaser beeinflusst stark die Verdaulichkeit eines Futtermittels.

Diagramm 9: Verdauliche Energie DE MJ/kg TS in verschiedenen Futtermitteln

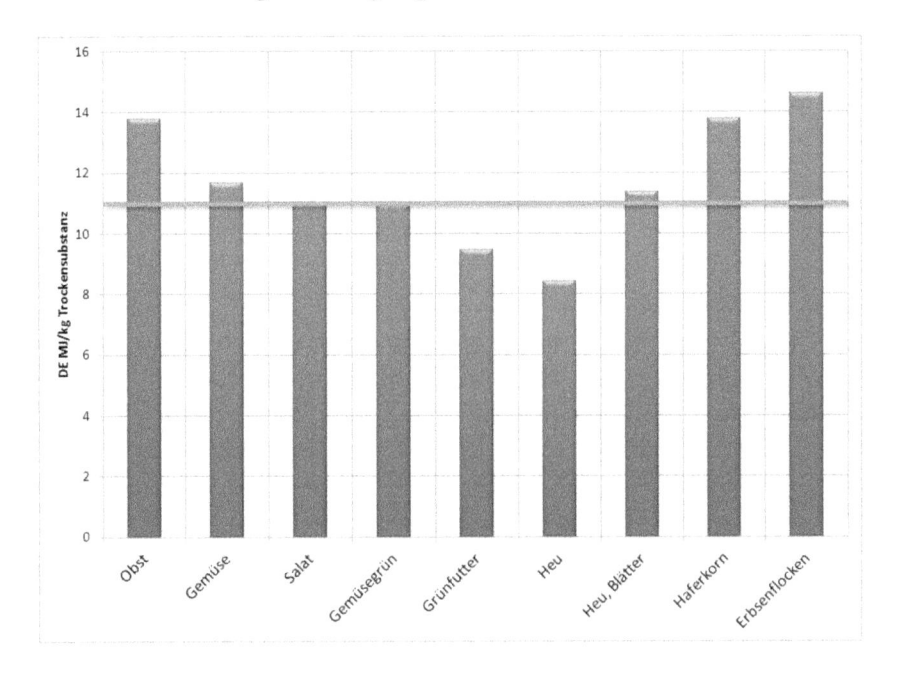

Die Verdaulichkeit eines Futters wird in sogenannten „Ausnutzungsversuchen" ermittelt und als „Verdauungskoeffizient" angegeben. Er drückt im Prinzip aus, wie viel von einem Nährstoff oder Futter von einem Tier tatsächlich genutzt werden kann. In diesen Versuchen wird Tieren unter gleichen Bedingungen ein Futtermittel, dessen Inhaltsstoffe (Rohnährstoffe) bekannt sind, gefüttert. Während des Versuches wird der Kot gewogen, um den Verlust (also das, was nicht verwertet werden konnte) zu ermitteln. Wird z. B. in einer täglich aufgenommenen Menge von 1 kg Grünfutter, welches 275 g Rohfaser enthält, in der täglichen Kotmenge 193 g Rohfaser gefunden, beträgt der Verdauungskoeffizient für die Rohfaser 30%.

$$\frac{275-193}{275} \times 100 = 30\%.$$

Diagramm 10: Einfluss des Rohfasergehalts in g/kg TS auf den Energiegehalt DE MJ/kg TS

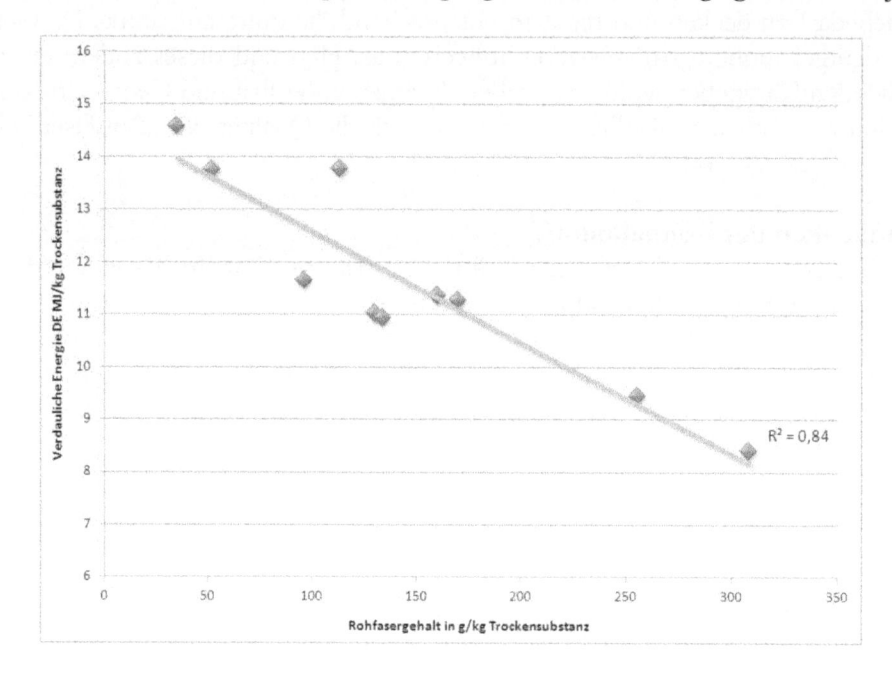

Im Diagramm ist ein Wert von „$R^2 = 0,84$" angegeben. Dabei handelt es sich um das „Bestimmtheitsmaß". Er gibt an, wie Werte miteinander korrelieren. In dem Diagramm wird dargestellt, wie die Verdauliche Energie DE vom Rohfasergehalt abhängt. Wäre das überhaupt nicht der Fall, würde die Gerade parallel zur x-Achse verlaufen und $R^2=0,0$ (0%) betragen. Wäre es 100%ig übereinstimmend, würde $R^2=1,0$ betragen und die Gerade exakt im 45°-Winkel verlaufen. Im vorliegenden Fall beträgt $R^2=0,84$, das heißt, 84% der Daten zeigen eine Abhängigkeit der Verdaulichen Energie vom Rohfasergehalt. Für die übrigen 16% der Daten sind noch andere Faktoren als die Rohfaser für die Änderung der Verdaulichen Energie möglich. Das könnte z. B. auch der Gehalt an Rohasche sein. Wie auch immer: die Rohfaser ist qualitativ ein recht unbestimmter Wert, der die Abweichung auch allein erklären könnte.

Theodor von Gohren stellte z. B. 1872 zur Weende-Analyse folgendes fest: *„Ein Blick auf die Tabellen belehrt uns, dass sich die Analysen der Futtermittel in der Regel auf die Bestimmung des Gehaltes an Trockensubstanz, Wasser, Proteinstoffen, Fetten, Kohlehydraten, Rohfaser und Asche beschränken. Damit ist wohl schon etwas, aber bei weitem noch nicht genug geschehen, um so manche praktische Vorkommnisse zu erklären. Die meisten Landwirthe werden wohl die Erfahrung gemacht haben, dass, wenn auch die Futterpassirungen den analytischen Angaben gemäß, noch so äquivalent zusammengesetzt wurden, der wirkliche Erfolg bei Anwendungen verschiedenen Futtermaterials doch wesentlich differirte. Es kann das Jene nicht überraschen, die die chemischen Untersuchungsmethoden einigermaßen kennen. So wird z. B. die Menge der Proteinstoffe in der Regel durch Bestimmung des Stickstoffgehaltes mittelst Verbrennung mit Natronkalk erhalten, der Fettgehalt durch Extraction mit Aether bestimmt, bei den Kohlehydraten ist man wegen der Trennung in noch größerer Verlegenheit und so kommt es denn, dass diese Rubriken in den Futtermittel-Analysetabellen mehr oder weniger ideelle Zahlen repräsentiren, denn der stickstoffhaltigen Pflanzenbestandtheile giebt es gar man-*

cherlei, ebenso wie der stickstofffreien, und es wäre eine arge Täuschung, wollte man annehmen, dass alle in ihrer Wirksamkeit gleich stehen. Bekannt ist, dass es keineswegs gleichgültig ist, selbst wenn der Berechnung nach die Summe der einzelnen Nährstoffgruppen ganz gleich ist, ob man Körner oder Kleie oder Oelkuchen zu der Zusammensetzung der Passirung wählt…" (von Gohren, 1872).

Geheimrat Max Rubner äußerte sich 1928 zu den Hauptnährstoffen in ähnlicher Weise und fügte hinzu: *„In der Natur kommen zahlreiche Eiweißstoffe, Fettarten, Kohlehydrate und Aschebestandteile vor, von denen die Organismen nur bestimmte verwenden können. Manche sind gar nicht, andere nur teilweise verwendbar, also minderwertig. Die Menschen wie die Tiere haben instinktmäßig eine passende Auswahl getroffen, und wirklich Unverdauliches und Unbrauchbares stellt, wenn es überhaupt genommen wird, nur einen kleinsten Teil der Kost dar."* (Rubner, 1928).

Nehring & Hoffmann stellten 1971 fest, dass eine Charakterisierung von Futtermitteln anhand der chemischen Analyse erst dann möglich sei, wenn eine direkte Bestimmung der verschiedenen Kohlenhydrate erfolge. Deshalb bilden diese einen der Hauptschwachpunkte der Weende Analyse. Vor allem bei Grün- und Raufutter werden Unterschiede in der Zusammensetzung von Stickstofffreien Extraktstoffen (NfE) und Restkohlenhydraten durch die rechnerische Ermittlung verschleiert, da in diesen Gruppen auch andere Inhaltsstoffe mit teilweise stark abweichenden Eigenschaften erfasst werden. So kann z. B. vor allem bei Süßgräsern die Verdaulichkeit der Rohfaser besser als die der stickstofffreien Extraktstoffe NfE sein (Nehring, et al., 1971).

Wichtige Nährstoffe wie z. B. Zucker und Stärke werden durch diese Analyse nicht erfasst. Sie „verschwinden" in der Gruppe der Stickstofffreien Extraktstoffe (NfE) ebenso wie manche Anteile, die eigentlich den Pflanzenfasern zuzurechnen sind. So werden durch die Art der Analyse des Rohfasergehaltes lösliche Ballaststoffe nicht erfasst. Aus diesem Grund ist der Wert für die Rohfaser auch keine eigentliche Gehaltsangabe, sondern nur ein Vergleichswert (Ternes, et al., 2005). Ähnliches gilt für Fette, die aus verschiedenen Fettsäuren bestehen wie auch für Proteine und deren Bausteine, die Aminosäuren.

Da die Rohfaser für Kaninchen als äußerst wichtig erachtet wird, scheint die Aussage von (Nehring, et al., 1971) in Bezug auf die Kohlenhydrate, aus denen sich ja die Rohfaser größtenteils zusammensetzt, doch beachtenswert. Was sind denn nun aber diese „Kohlenhydrate" und warum sind sie so wichtig?

Kohlenhydrate

Gemeinsam mit den Fetten und Proteinen stellen Kohlenhydrate mengenmäßig den größten Anteil an der Nahrung dar. Obwohl das so ist, werden dem Käufer kommerzieller Futtermittel keine Informationen über deren Zusammensetzung und Gehalte geliefert. Das heißt, als „Rohnährstoff" werden sie in der Weende-Analyse weder erfasst noch wird ein Futtermittel damit deklariert. Auch in Futterwerttabellen finden sich keine Angaben zu Kohlenhydraten, lediglich Werte für die Rohfaser und NfE, die jeweils Kohlenhydrate enthalten. Kohlenhydrate bilden eine Stoffklasse, die auch als „Saccharide" bezeichnet werden und nur aus Kohlenstoff- (C), Wasserstoff- (H) und Sauerstoffatomen (O) bestehen. Obwohl die Kohlenhydrate wertemäßig kein Bestandteil der Weende-Analyse sind, folgt an dieser Stelle eine kurze Aufstellung, weil sie wichtig für die folgenden, weiteren Zusammenhänge sind.

Nichtstruktur-Kohlenhydrate (wasserlöslich)
Einfachzucker (Monosaccharide, wasserlöslich, süß)
- Glucose
- Fruktose

Zweifachzucker (Disaccharide, wasserlöslich, süß)
- Saccharose (Rübenzucker bzw. Rohrzucker → Glukose + Fruktose)
- Laktose (Milchzucker → Glukose + Galaktose)
- Maltose (Malzzucker → Glukose + Glukose)

Zucker

In der Ernährung wird oft für alles, was süß schmeckt, einfach nur der Begriff „Zucker" benutzt. Eigentlich handelt es sich dabei um einen Stoff, der hauptsächlich aus Saccharose besteht. In der Weende Analyse werden Zucker und Stärke nicht einzeln, sondern innerhalb der Gruppe der „Stickstofffreien Extraktstoffe" (NfE) erfasst. In der Analyse nach van Soest gehören sie zum Organischen Rest und werden erst durch weitere Analysen getrennt ermittelt. Abgebaute, lösliche Kohlenhydrate werden als Monosaccharide im Dünndarm absorbiert. Bei einer Störung des Aminosäuren-Stoffwechsels können aber leicht verdauliche Kohlenhydrate auch in den Dickdarm gelangen, weil deren Absorption im Dünndarm gestört ist. Das kann wiederum zu einer starken Vermehrung von Bakterien führen, die im Dickdarm bzw. Blinddarm siedeln. In Zusammenhang mit der Herstellung von Silage werden unter Zucker jene wasserlöslichen Kohlenhydrate verstanden, die von Milchsäurebakterien genutzt werden können (Weißbach, 1993). In (Souci, et al., 2000) werden energetisch verwertbare Mono-, Oligo- und Polysaccharide wie Glucose, Fructose, Saccharose, Laktose, Maltose, Dextrin und Stärke sowie Zuckeralkohole wie Sorbit, Xylit und Glycerin als „verfügbare Kohlenhydrate" in einem Wert zusammengefasst. Gelegentlich werden in verschiedenen Literaturquellen unter dem Begriff „Zucker" all jene Kohlenhydrate zusammengefasst, die von körpereigenen Enzymen und Darmbakterien bis hin zu Einfachzuckern abgebaut werden können. Prinzipiell verfügen in absteigender Reihenfolge Obst, Gemüse und Kohl sowie Salate über die höchsten Zuckerwerte, gefolgt von Kräutern und Gräsern.

Stärke
In Pflanzen liegt Stärke entweder in Knollen oder Samen vor. Sie dient den Pflanzen als Speicher überschüssiger Energie. Stärke ist ein Polysaccharid, das durch Verdauungsenzyme wie Speichel- und Pankreasamylase zu Zweifachzuckern aufgespalten wird. Diese werden dann durch das Enzym Maltase zu Einfachzuckern abgebaut, die durch die Darmwände in den Blutkreislauf gelangen. Stärke liefert neben Zucker und Fett den höchsten Beitrag zur Energieversorgung des Organismus. Die Wirkung der Amylase kann man selbst einfach ausprobieren, indem man ein Stück Brot lange kaut. Mit der Zeit wird die Masse im Mund süß – ein leicht nachvollziehbares „Experiment" zum Nachweis des enzymatischen Abbaus der Stärke zu Zucker durch die Amylase im Speichel.

Stärke ist vor allem in Getreide, Brot, Kartoffeln und Wurzelgemüse, aber auch in den Samen von Süßgräsern, die einen Teil der Nahrung der Kaninchen bilden, enthalten. Für Jungtiere bis zu einem Alter von 8 Wochen kann Stärke ein Problem darstellen, weil sich die Enzymtätigkeit mit dem Wachstum entwickelt. Muss die Nahrung auch noch wenig gekaut werden (z. B. Pellets), kann unverdaute Stärke in den Blind- und Dickdarm gelangen und dort für Bakterien und Parasiten den Nährboden bilden, auf dem sie sich übermäßig vermehren können. Für kleine Kaninchen, die in Wohnungen gehalten werden, sind stärkehaltige Futtermittel in größeren Mengen nicht zu empfehlen, da sich die Tiere nicht wie in ihrer natürlichen Umgebung ausreichend bewegen. Sie neigen deshalb sehr schnell zu Fettansatz. In einigen Pflanzen wird die Funktion der Stärke durch „Fruktan" übernommen.

Kaninchen sind, ähnlich wie manche Nagetiere, offensichtlich in der Lage, die Qualität von Stärke in Bezug auf die Zusammensetzung geschmacklich zu unterscheiden. Diese Fähigkeit unterscheidet sie von menschlichen und nichtmenschlichen Primaten. Vermutet wird eine evolutionäre Anpassung an ihre Ernährungsgewohnheiten. Stärke ist das häufigste Kohlenhydrat in den vegetativen Pflanzenteilen und stellt somit eine Hauptquelle für die Stoffwechselenergie für generalistische Pflanzenfresser wie Kaninchen dar (Laska, 2002).

Im Schnitt verfügen Gemüse und Salate gegenüber Wiese bzw. Wiesenpflanzen über den 4fachen Gehalt an Zucker. Wählt man nur bestimmte, beliebte Gemüsesorten aus, läge dieses Ungleichgewicht noch sehr viel höher. Möhre hat z. B. einen fast 8mal höheren Zuckergehalt als Wiesenpflanzen.

Tabelle 21: Zucker- und Stärkegehalte in verschiedenen Futtermitteln, in g/kg TS, aus (Jeroch, et al., 1993) und (Ternes, et al., 2005)

Futter	Zucker	Stärke
Banane	772	
Apfel	640	
Birne	594	
Weißkohl	578	
Kürbis	529	
Möhre	447	29
Zucchini	429	
Kohlrabi	414	
Gemüsepaprika	311	
Fenchel	293	
Blumenkohl	286	
Chinakohl	257	
Knollensellerie	223	35
Kopfsalat	196	
Grünkohl	177	
Endivie	175	
Brokkoli	146	
Feldsalat	129	
Chicorée	125	36
Heu, Wiese grasreich, 1. Schnitt, im Ähren-/Rispenschieben	84	
Heu, Wiese grasreich, 1. Schnitt, in der Blüte	70	
Knaulgras, im Rispenschieben	83	
Weide, 1. Aufwuchs, Ende der Blüte	83	
Wiese, grasreich, 1. Schnitt, in der Blüte	79	
Weide, 1. Aufwuchs, i. d. Blüte	72	
Wiese, grasreich, 1. Schnitt, Ende der Blüte	68	
Luzerne, 1. Schnitt, Ende der Blüte	54	
Luzerne, 1. Schnitt, i. d. Knospe	46	
Wiese, klee- und grasreich, 1. Schnitt, Ende der Blüte	46	
Rotklee, 1. Schnitt, i. d. Blüte	36	
Wiese, klee- und kräuterreich, 1.Schnitt, Ende der Blüte	20	

Vielfachzucker (Oligo- und Polysaccharide, schwer bis unlöslich in Wasser, süß bis geschmacksneutral)
- Amylose (Bestandteil der Stärke)
- Amylopektin (Bestandteil der Stärke)
- Glycogen (u. a. in Pilzen)
- Fruktan (z. B. Inulin), Galactooligosaccharide (Speicherkohlenhydrate in Pflanzen)

Die Moleküle einfacher Kohlenhydrate können rasch aufgespalten und verwertet werden, wodurch sie als Energieträger schnell verfügbar sind. Je komplexer ein Kohlenhydrat, umso länger dauert die Aufspaltung und umso länger hält ein Sättigungsgefühl an. Sie sind fast vollständig verdaulich.

Struktur-Kohlenhydrate (schwer bis unlöslich in Wasser)
- Pektin
- Hemicellulose
- Cellulose

Struktur-Kohlenhydrate sind für Kaninchen schlecht bis unverdaulich. Einige verfügen jedoch über eine physiologische Bedeutung in der Form, dass sie eine Schutzschicht für die Darmwand bilden, die das Anhaften pathogener Keime verhindert.

Erweiterte Analyse nach Van Soest
Eine Unterscheidung der Kohlenhydrate in der Futtermittelanalytik findet erst durch die Methode nach van Soest statt. Sie trennt diese in „Neutrale Detergenzfaser" (neutral detergent fibre = NDF) und „Nichtfaser-Kohlenhydrate" (non fibre carbohydrats = NFC). NDF liefern somit den schwer- und unverdaulichen, NFC den gut bis komplett verdaulichen Anteil an Kohlenhydraten. Lösliche Kohlenhydrate können bis zu Einfachzuckern abgebaut werden, die über die Darmwand und das Blut den jeweiligen Organen zugeführt werden. Das Lignin, welches in der „Rohfaser" enthalten ist, gehört nicht zu den Kohlenhydraten.

Seit den 1960er Jahren arbeitete der amerikanische Professor Peter J. Van Soest mit verschiedenen Mitarbeitern an einer besseren Beurteilung und Analysemethode für Futtermittel, mit der die einzelnen Fraktionen von Pflanzenfasern, also die Gerüstsubstanzen von Pflanzen, exakter zu bestimmen waren. Heute ist die „Detergenzienanalyse" nach (Van Soest, 1967), welche um weitere Analysen erweitert werden kann, weltweit eine etablierte Methode. Auch sie ermittelt zwar nur Gruppen verschiedener Kohlenhydrate und Lignin. Diese haben sich aber als wesentlich für die Beurteilung der Verdauung und Ausnutzung der Nahrung und somit der Gesunderhaltung von Tieren erwiesen.

Diagramm 11: Vergleich Weende-Futtermittelanalyse (links) mit der Detergenzienmethode nach van Soest (rechts) am Beispiel von frischer Luzerne, frühe Blüte, Werte aus (NRC, 1982) und (Jeroch, et al., 1993)

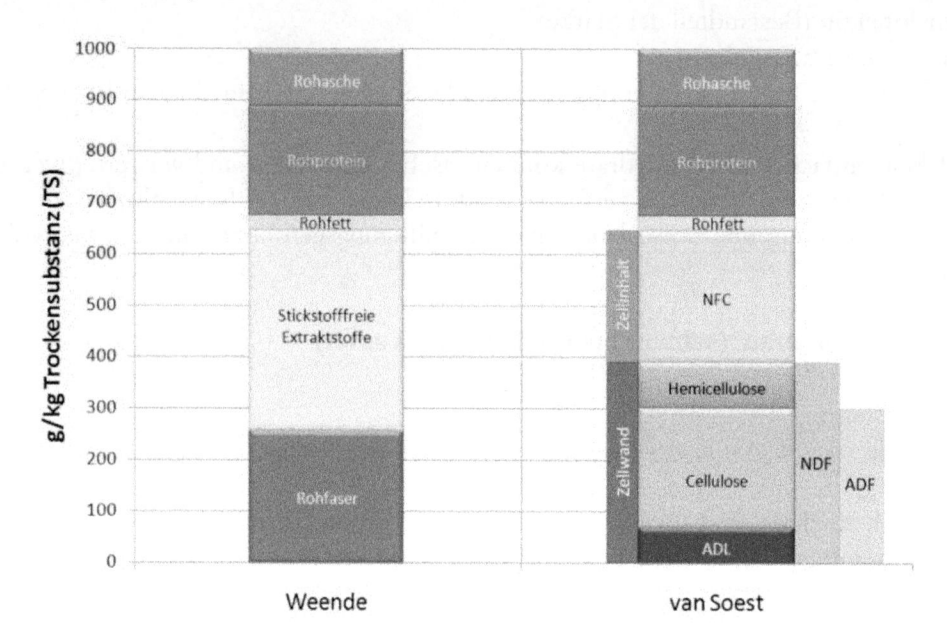

Im Diagramm 11 werden am Beispiel von Heu links die Werte der Weende Analyse dargestellt, rechts die Werte der Analyse nach van Soest. In dieser werden die Anteile der Zellwand in ADL (Lignin), Cellulose und Hemicellulose getrennt. Teile der Cellulose und Hemicellulose gehen in der Weende Analyse in die Stickstofffreien Extraktstoffe ein, ebenso wie die der löslichen Kohlenhydrate (NFC) des Zellinhaltes. In der erweiterten Weende-Analyse nach van Soest, (1967), mit der die Gerüstsubstanzen von Pflanzen genauer erfasst werden, bedeuten die Abkürzungen folgendes:

NFC, Non-Fiber Carbohydrates / gesamte, lösliche Kohlenhydrate: umfassen im Wesentlichen Zucker, Stärke sowie Pektine und dienen der Energiegewinnung oder Darmbakterien als Nahrung; diese Fraktion wird oft auch als „organischer Rest" bezeichnet.

NDF, Neutral Detergent Fibre / gesamter, unlöslicher Fasergehalt: gibt den gesamten Zellwandgehalt wieder (Cellulose, Hemicellulose und Lignin). Der Gehalt limitiert die Futteraufnahme.

ADF, Acid Detergent Fibre: enthält Cellulose und Lignin. Sie ist ein Maßstab für den schlecht bis unverdaulichen Zellwandanteil. Die Differenz aus NDF und ADF ergibt den Gehalt an Hemicellulosen.

ADL, Acid Detergent Lignin: bildet eine Gruppe phenolischer Makromoleküle, gehört also nicht zu den Kohlenhydraten. Es ist selbst unverdaulich. Im Raufutter nimmt der Anteil mit zunehmendem Alter der Pflanze zu. Die Differenz aus ADF und ADL ergibt den Gehalt an Cellulose. Lignin ist ein begrenzender Faktor für die Verdaulichkeit pflanzlicher Zellwandbestandteile für Pflanzenfresser.

Bild 51: Luzerne vor der Blüte

Bild 52: Luzerne in der Blüte

Die beiden Bilder der Luzerne (Bild 51 und Bild 52) in verschiedenen Wachstumsstadien sollen verdeutlichen, was man bei den Analysewerten von Pflanzen mit Blick auf das Kaninchen beachten sollte: der Blattanteil der jungen Pflanze (Bild 51) ist sehr hoch und der Lignifizierungsgrad, also der Grad der Verholzung der Stängel relativ gering. Der Blattanteil in der älteren Luzerne (Bild 52) in der Blüte dagegen ist verhältnismäßig gering, er beträgt nur noch ca. 20%. Die Stängel sind mittlerweile verholzt und werden von Kaninchen nur noch dann gefressen, wenn nichts anderes mehr zur Verfügung steht. Das heißt, mit dem Älterwerden von Pflanzen erhöht sich die Diskrepanz zwischen Analyse und tatsächlich gefressenen Pflanzenteilen. Das Kaninchen meidet lignifizierte Bestandteile von Pflanzen und der Ligninanteil ist nun einmal in älteren Pflanzen höher als in jungen, frisch nachwachsenden. Das heißt, dass viele Analysewerte in Datenbanken dem Kaninchenhalter wenig nützen, weil sie Werte von Futterpflanzen bzw. deren Teilen wiedergeben, die das Kaninchen bei freier Nahrungswahl nicht aufnimmt.

Bild 53: Luzerne in verschiedenen Wachstumsstadien. Mit zunehmendem Alter (von links nach rechts) verholzen Stängel und Blätter bzw. Blattrippen. Durch die Größe nimmt der prozentuale Blattanteil an der ganzen Pflanze ab.

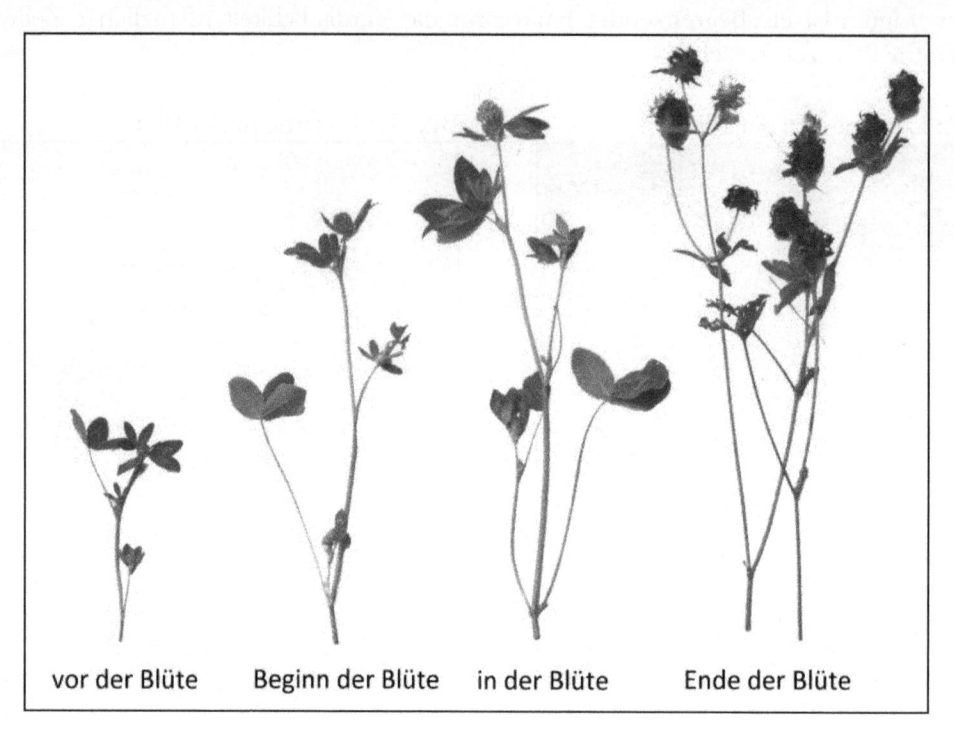

vor der Blüte — Beginn der Blüte — in der Blüte — Ende der Blüte

Rohfaser (Rfa)
Bild 54: Löwenzahnblatt

- Spreitenspitze
- Seitenrippe
- Mittelrippe
- Spreitengrund

Wenn man ein Blatt etwas näher betrachtet, sind Strukturen zu erkennen, die es durchziehen. Manche dieser Strukturen sind sehr fein, andere gröber. Die gesamte Blattspreite vom Spreitengrund bis zur Spreitenspitze enthält Fasern, aber manche Bereiche sind besonders faserreich und werden als „Blattrippen" bezeichnet. Man unterscheidet „Mittelrippe" und „Seitenrippen". Während die hellgrünen Bereiche fast nur aus Hemicellulose und Cellulose bestehen, enthalten die dunklere Mittelrippe wie auch der Blattstiel zum Teil das unverdauliche Lignin. Das meiste Lignin findet sich im Pflanzenstängel. Schon optisch und ohne Analyse wird deutlich, warum Kaninchen in der Regel das obere Blattdrittel bevorzugen: es enthält die wenigsten Fasern.

Außer Lignin bestehen die Fasern aus Polysacchariden. Sie werden auch als „Struktur-Kohlenhydrate" bezeichnet. Lignin dagegen ist ein holzartiger Stoff mit hoher Druckfestigkeit. Er ermöglicht der Pflanze, in die Höhe zu wachsen. Außerdem wirkt es als natürlicher Fraßschutz und schützt die Pflanze vor chemischen Einflüssen. Cellulose weist eine relativ hohe Zugfestigkeit auf und ermöglicht der Pflanze physikalische Kräfte, wie sie z. B. bei Sturm oder Starkregen auftreten, aufzunehmen und abzuleiten.

Die Übergänge zwischen den verschiedenen „Faserfraktionen" sind nicht scharf, sondern fließend, wobei sich die Fraktionen auch gegenseitig durchdringen. Die verschiedenen Fasern bilden also ein Gerüst, welches für die Stabilität der Pflanze sorgt. Aus diesem Grund ist in Bezug auf die Ernährung von Kaninchen in Zusammenhang mit der Gesundheit und Verdaulichkeit auch oft von „Gerüstsubstanzen" die Rede. Auf Grund ihrer Stabilität bleiben vor allem die Mittel- und Seitenrippen bei der Heuwerbung erhalten, während die dünnen, feinen Teile der Blattspreite zu Staub zerbröckeln und somit verloren gehen.

Ein Teil der Gerüstsubstanzen wird in der Weende-Analyse als „Rohfaser" ermittelt. Dabei handelt es sich eigentlich um einen künstlichen Begriff. Er existiert nur und ausschließlich in Zusammenhang mit der „Weende-Futtermittelanalyse" und ist mit nichts anderem vergleichbar. Rohfaser hat auch nichts mit „Ballaststoffen" zu tun. Sie ist lediglich ein Teil davon. Sie hat auch nichts mit „unlöslichen Kohlenhydraten" zu tun, sondern ist nur ein Teil von diesen. Die Rohfaser stellt auch keinen speziellen Teil einer Pflanze dar, sondern nur das, was sich in verdünnten Laugen und Säuren lösen lässt.

Bei der „Rohfaser" handelt es sich nicht um eine biochemisch einheitliche Gruppe von Nährstoffen, sondern um den unlöslichen Rest von Pflanzen. Dessen Zusammensetzung wird durch Extraktion mit verdünnten Laugen und Säuren ermittelt. Hauptbestandteile des Rückstandes sind Pektine, Hemicellulosen, Cellulose, Lignin sowie Wachse, Cutin und Suberin.

Wie der Mensch verfügt das Kaninchen über keine Enzyme, die Cellulose spalten können (Cellulasen). Lignin ist grundsätzlich für Kaninchen unverdaulich und auch nicht für Darmbakterien nutzbar. Einen Teil der Verwertung von Cellulose und Hemicellulosen übernehmen Bakterien im Blinddarm. Dorthin gelangen aber nur kleine und besser verdauliche Bestandteile der (Roh-)Fasern. Größere, schwer- bzw. unverdauliche Teile der Fasern hingegen werden schnell ausgeschieden.

Daraus ergeben sich zwei wesentliche Funktionen von Bestandteilen der Rohfaser:
➢ Teilchen, die überwiegend kleiner als 0,1 mm und gut verdaulich (löslich) sind, dienen den Bakterien im Blinddarm als Nahrung. Das Protein dieser Bakterien sowie Fette, Vitamine und Wasser leisten einen gewissen Beitrag in der Nahrung des Kaninchens, der in Form des Blinddarmkots wieder aufgenommen wird.
➢ größere, schwer- bzw. unverdauliche Faserbestandteile erhalten die „Motilität", also die „Peristaltik" des Darms.

Mit „Peristaltik" werden Eigenbewegungen der Darmmuskulatur bezeichnet, die u. a. durch den Druck des Nahrungsbreis auf die Darmwand und unverdauliche Bestandteile der Nahrung ausgelöst wird. Letztere werden relativ schnell ausgeschieden. Cellulose und Pentosane nehmen Flüssigkeit auf und vergrößern somit das Volumen des Chymus. Dadurch wird Druck auf die Darmmuskulatur ausgeübt, der zu den Eigenbewegungen und somit die Peristaltik beiträgt.

Seit Jahrzehnten wird versucht, einen idealen Rohfasergehalt für die Nahrung von Kaninchen in Futtermitteln zu bestimmen und herzustellen. Unzählige Versuche mit Sägemehl, verschiedenen Pflanzen und Variationen des Stärke- und Rohfaserverhältnisses brachten bis heute kein eindeutiges Ergebnis. Es scheint ein Rätsel. Obwohl Millionen von Wildkaninchen die Welt bevölkern, deren Nahrung analysiert werden kann, müssen tausende Kaninchen in Stoffwechselkäfigen dafür herhalten, um etwas herauszufinden, was eigentlich bekannt ist.

Aus diesen Versuchen werden immer wieder Ergebnisse lanciert, die als Empfehlung gelten sollen. Heute hat sich ein mittlerer Rohfasergehalt von 16% etabliert, der für jedes Futter empfohlen wird. Die folgenden Kapitel sollen dabei helfen, die verwirrenden Aussagen der Futtermittelhersteller bzw. deren Lobbyisten etwas durchschaubarer zu machen.
Bereits von (Abgarowicz, 1948) wurde beispielsweise festgestellt, dass die Menge des Verzehrs von Trockensubstanz bei sonst gleichen oder ähnlichen Eigenschaften des Futters wie Geruch, Geschmack, Zuträglichkeit und Struktur in erster Linie durch die Menge der aufgenommenen, verdaulichen Nährstoffe bestimmt bzw. begrenzt wird. Das heißt, dass die Sättigung und das damit verbundene Sättigungsgefühl primär eine Funktion der Nährstoff- und nur sekundär eine Funktion der mechanischen Sättigung ist. Die mechanische Sättigung wird erst bei einem Futter mit hohem Fasergehalt ein entscheidender Faktor für die Gesamtfutteraufnahme.

Laut verschiedenen Empfehlungen aus der Fachliteratur sollte der Rohfasergehalt für die gesamte, tägliche Ration zwischen 14 - 16% liegen. Fast nie wird bei dieser Empfehlung erwähnt, dass sie eigentlich für Trockenfutter mit einem Trockensubstanzgehalt von 90% gilt.

(Fekete, 1993) hat verschiedene Ergebnisse namhafter Autoren wie Cheeke, Partridge, Kamphues, Sanchez, Gippert und Lebas sowie von Organisationen wie NRC und INRA in einer Rohfaserempfehlung für Trockenfutter mit einem Feuchtegehalt von 90% zusammengefasst. Je nach Einsatzzweck sollte er 10-15% betragen. Was man bei der späteren Übernahme bzw. dem Zitieren dieser Daten wegließ, waren die folgenden, wichtigen Hinweise dazu:
- die Werte wurden für Kaninchen erstellt, die unter „intensiven" Haltungsbedingungen ein Alleinfutter in pelletierter Form „ad libitum" (zur freien Verfügung) erhalten.
- der Rohfasergehalt spielt eine Rolle zur Durchfallprophylaxe und erfüllt diese nur dann, wenn die Fasern nicht zu fein (< 0,1-0,2 mm) zermahlen werden.
- der Rohfasergehalt in dieser Form und in solchen Futtermitteln sollte 22% nicht übersteigen, weil sonst die Gefahr von „Koprostase" besteht. Dieser Begriff beschreibt eine Kotstauung bzw. Verstopfung.

Im Fall der Kaninchen nahm die Mahnung zur Vorsicht Bezug auf Erkenntnisse, die bereits vor 35 Jahren von (Patton, et al., 1981) gewonnen wurden: sie beobachteten Fälle von „*mucoid enteritis*" (schleimige Darmentzündung) bei Kaninchen, die ein Futter mit 22% Rohfasergehalt und mehr erhielten bzw. eine Kombination aus Futter, welches zwar einen moderaten Gehalt von 15-20% Rohfaser enthielt, das aber mit faserreichen Futtermitteln wie Heu und/oder Stroh ergänzt wurde. Als Todesursache wurde bei den meisten Tieren eine Verstopfung im Verdauungstrakt festgestellt. Typische Symptome der Erkrankung waren Futterverweigerung, schleimiger Kot, eine hohe Wasseraufnahme und Zähneknirschen, was in diesem Zusammenhang auf starke Schmerzen hinweist. Die Autoren des Artikels mahnten deshalb, bei solchen Symptomen den Rohfasergehalt im Futter zu überprüfen. In Frankreich wurde ab 1997 das Problem des Rohfasergehaltes als besonders dringlich erkannt, als die „*mucoid enteritis*" seuchenhafte Züge annahm. Die Ergebnisse der Ursachenforschung rückten das Analyseverfahren von Peter J. Van Soest in den Vordergrund. Ergänzt um weitere Analysen ist die Methode mittlerweile weltweit anerkannt, weil sie die Ergebnisse der Weende Analyse verfeinert und eine bessere Aussagekraft über die Qualität eines Futters in Bezug auf die Gerüstsubstanzen liefert (Van Soest, 1967), (Van Soest, et al., 1991).

Bild 55: Verteilung der Gerüstsubstanzen in einer Pflanzenzelle, nach (Gidenne, et al., 2010)

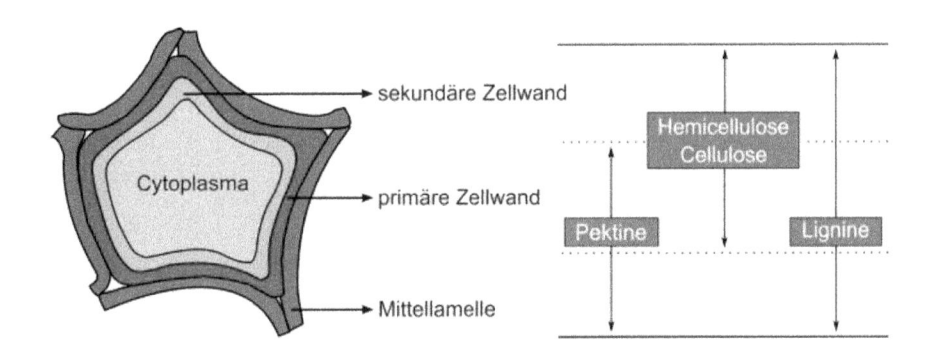

Tabelle 22: Charakterisierung von Nährstoffen nach ihrer Verwertbarkeit (Verdaulichkeit), verändert nach (Van Soest, 1967)

	Fraktion	Verwertbarkeit (Verdaulichkeit)
Zellinhalt	Zucker, lösliche Kohlenhydrate, Stärke	Komplett
	Pektin	Komplett
	Reststickstoff (Rest-N, NPN)	Hoch
	Protein	Hoch
	Fette	Hoch
	andere, lösliche Stoffe	Hoch
Zellwand	Hemicellulose	Teilweise
	Cellulose	Teilweise
	durch Hitze zerstörtes Protein	Unverdaulich
	Lignin	Unverdaulich

In dem folgenden Diagramm sind die Werte der Detergenzienanalyse nach van Soest für verschiedene Futtermittel dargestellt. Sie beziehen sich auf g/kg Trockensubstanz, weshalb sich die Summe der Balken jeweils zu 1000g ergibt. Als „Gemüse" wurde ein Gemisch aus Knollensellerie, Kohlrabi und Möhre in jeweils gleichen Teilen gewählt. Links wurden neben diesen Werten noch einmal zum Vergleich die Werte der „Rohfaser" aus der Weende-Analyse als dunkelbraune Balken eingefügt.

Diagramm 12: Werte der Detergenzienanalyse nach Van Soest und Rohfaser nach Weende für verschiedene Futtermittel*

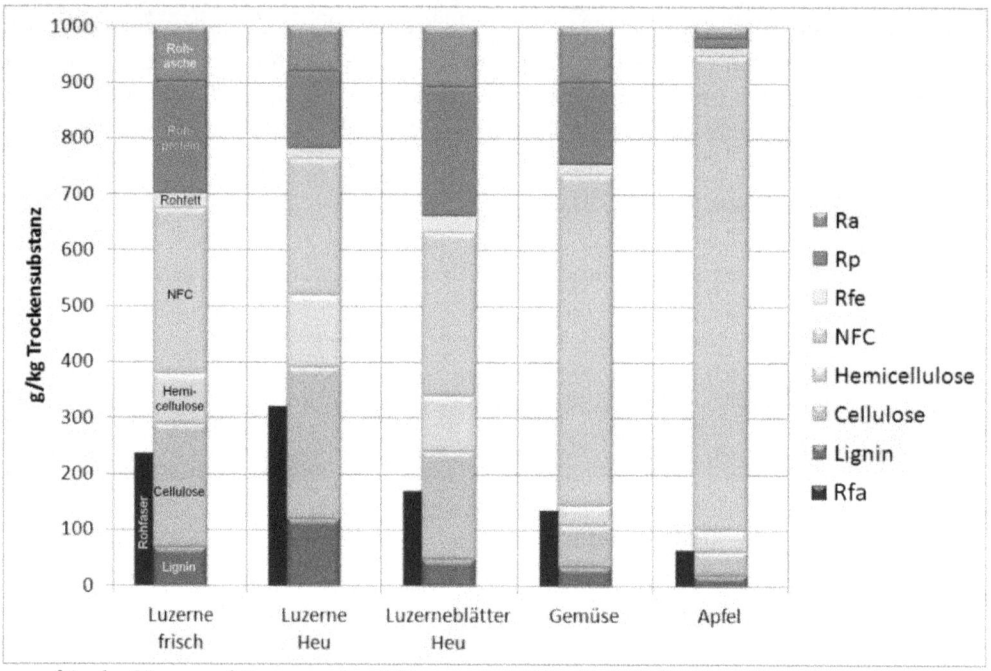

*Luzerne frisch, Heu und Luzerneheublätter, aus (NRC, 1982); Gemüse=Mittelwert aus Kohlrabi, Möhre und Knollensellerie sowie Apfel aus (Polowinsky, 2008)

Gemeinsam mit der Tabelle 22 lassen sich aus dem Diagramm 12 folgende Feststellungen treffen, wobei noch einmal daran erinnert sei, dass die Summe aus Lignin, Cellulose und Hemicellulose den gesamten Zellwandgehalt „NDF" darstellt:
- der NDF-Gehalt, der speziellen Darmbakterien als Nahrung dient, ist in frischer Luzerne und Heu im Vergleich zu Gemüse und Heu deutlich höher. In Luzerne ist er etwa gleich dem der komplett verdaulichen Kohlenhydrate (NFC).
- der NFC-Gehalt, der komplett verdaut werden kann, ist in Gemüse und Obst (Apfel) deutlich höher als in frischen Pflanzen und Heu und prinzipiell deutlich höher als der Gehalt an NDF.
- Die „Rohfaser" umfasst im Fall der Luzerne nur Lignin und einen Teil der Cellulose, während sie für Gemüse den kompletten Zellwandgehalt enthält. Ein Teil der Cellulose und Hemicellulose als Bestandteil der NDF wird für die Luzerneblätter in den

„NfE" der Weende-Analyse erfasst, für Gemüse so gut wie kein Bestandteil der NDF. Das zeigt, dass sie für einen Vergleich verschiedener Futtermittel ungeeignet ist. Anders formuliert bedeutet es, dass man im Fall der „Rohfaser" nur Futtermittel miteinander vergleichen kann, die ähnlich sind, also z. B. Wiesenpflanzen mit Wiesenpflanzen und Gemüse mit Gemüse.

- Der niedrigere Gehalt an NDF in frischer Luzerne gegenüber Heu lässt sich durch den Verlust an leicht verdaulichen Bestandteilen der Pflanzen durch die Trocknung und Lagerung erklären.

In Futterwerttabellen werden, neben Analysewerten für einzelne Pflanzen, auch solche für sogenannte „Bestände" wie „Wiese", „Weide", „Weide, grasbetont", „Weide, kräuterbetont" sowie deren Vegetationsstadium wie „vor der Blüte", „in der Blüte" und so weiter angegeben. Viele dieser Werte werden auch in diesem Buch benutzt. Analysiert werden also in der Regel ganze Pflanzen mit Stängeln, Blättern und, wenn vorhanden, mit Blüten und Samen. Somit sind Analysewerte für Bestände (Wiese, Weide) im Hinblick auf die Ernährung von Kaninchen nur von bedingter Aussagekraft, weil Kaninchen vorrangig Blätter fressen. In der Regel enthalten diese mehr Protein, Fett und lösliche Kohlenhydrate als die Stängel, die dafür mehr unverdauliche Stoffe wie Lignin und Cellulose aufweisen. In einem Versuch mit Luzerne vor der Blüte wurde ein Blattanteil von 435 g/kg TS und ein Stängelanteil von 565 g/kg TS ermittelt. Das heißt, der Stängelanteil überwog.

Diagramm 13: Analysewerte für Luzerne: ganze Pflanzen, Blätter und Stängel, in g/kg TS, nach Werten aus (Waghorn, et al., 1989)

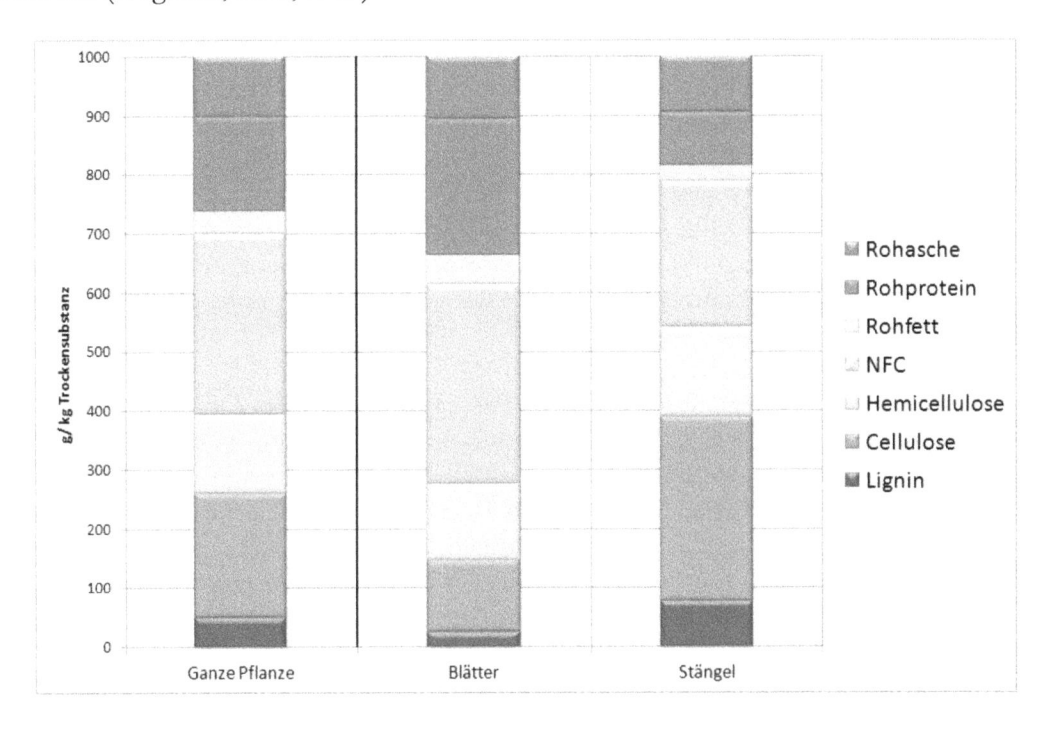

Aus dem Diagramm 13 wird deutlich, dass sich die Werte für Lignin, Cellulose und Hemicellulose und somit in Summe die NDF zwischen „Ganzen Pflanzen" und „Blättern" insofern stark unterscheiden, dass die Gehalte in „Blättern" deutlich niedriger sind. Dagegen sind Protein- und Fettgehalt in „Blättern" deutlich höher, während im Rohaschegehalt kein wesentlicher Unterschied festzustellen ist.

Das heißt, dass neben dem Nachteil der Erfassung von Nährstoffgruppen mit der Weende Analyse ein weiterer Nachteil entsteht, der aus dem Gegenstand der Analyse resultiert.

Im Laufe des Vegetationsstadiums nimmt in Pflanzen vor allem der Ligninanteil zu. Während der Trocknung finden zudem noch Umlagerungen von Cellulose und Hemicellulose statt, die sich gemeinsam mit Lignin durchdringen und somit eine feste Matrix bilden, die als „Lignocellulose" bezeichnet wird. Für Blätter trifft das eher im geringen Maß zu, da ihr Gehalt an Gerüstsubstanzen geringer ist. Die Werte für die Rohnährstoffe der Weende-Analyse aus solchen Futterwerttabellen, insbesondere die der „Rohfaser", sind also für das Kaninchen nur bedingt anwendbar.

(Carabaño, et al., 2008) folgerten aus einer Auswertung verschiedener Arbeiten zum Thema „Gerüstsubstanzen", dass ein NDF-Gehalt von 30-32% die Mortalität wachsender Kaninchen reduziert und zu einer verbesserten Futtereffizienz in Verbindung mit einer Verbesserung der Schleimhautstruktur führt. Die unlöslichen Fasern verringerten die Verweilzeit der Nahrung im Darm, verdünnten den Futter- und Stärkegehalt und verringerten den Gesamtbakteriengehalt, während die Aufnahme verholzter Fasern zu einer Atrophie der Darmzotten (Gewebeschwund, Rückbildung) sowie eine geringere Aktivität von Darmzellen und zu einer Vermehrung des Bakteriums „Clostridium perfringens" führt. Ein Gehalt an löslichen Fasern von 11-12% in Futtermitteln dagegen begünstigte das Wachstum der Darmzotten und die Aktivität der Enterozyten. Bei Enterozyten handelt es sich um Zellen des Dünn- und Dickdarmgewebes, die für die Resorption unterschiedlicher Stoffe aus der Nahrung zuständig sind. Die Aufnahme größerer Mengen lignifizierter Fasern hingegen förderte eine Verkümmerung und geringere Aktivität der Darmzellen und kann somit z. B. die Vermehrung von „Clostridium perfringens" begünstigen (Carabaño, et al., 2008). Dabei handelt es sich um ein Bakterium, dessen Toxine u. a. für das Entstehen von Durchfallerkrankungen wie „Mukoide Enteritis" verantwortlich gemacht werden.

Interessanterweise wird mittlerweile von einigen Tierärzten empfohlen, Durchfallerkrankungen mit der Fütterung von frischen Gräsern und Kräutern zu begegnen. Die natürliche Nahrung als Medizin? Die klassische „Behandlung" von Durchfallerkrankungen im Heimtierbereich sieht, neben der medikamentösen Behandlung, oft den Ersatz von Gemüse durch Heu vor. Damit wird augenscheinlich der Durchfall gestoppt und alles scheint in Ordnung. Sehr häufig wird damit aber ein Kreislauf in Gang gesetzt, der vielen Tieren am Ende das Genick bricht. Der Gedankengang bei dieser „Behandlung" folgt dem Argument, dass es bei Durchfall am nötigen Ballast im Futter fehle. Dieser Mangel soll nun durch eine „Heudiät" behoben werden. Dass es bei einer übermäßigen Fütterung mit Gemüse an Ballast fehlt, ist korrekt, aber mit der Heudiät wird versucht, den „Teufel mit dem Beelzebub" auszutreiben. Mangelte es mit der übermäßigen Gemüseernährung vorher an der nötigen Darmmotilität, wird nun mit einem übermäßigen unverdaulichen Faseranteil im Futter die Darmschleimhaut zerstört. Das heißt, dem kurzfristigen „Erfolg" des Eindämmens des Durchfalls kann eine weitere Entwicklung folgen, die in einer schwerwiegenden Darmerkrankung endet.

Dem hohen Wasserverlust bei Durchfall wird zudem noch ein trockenes Futter hinzugefügt, was zu einer Konzentrierung harnpflichtiger Substanzen wie Calcium im Organismus führen kann. Das heißt, das Risiko für Blasenschlamm (engl.: „sludge") und Steinbildung in den harnableitenden Gefäßen nimmt zu. Durch die trockene Nahrung fehlt zudem das nötige Nahrungsvolumen für eine schnelle Erneuerung des Darminhalts, wodurch „falsche" Bakterien „ausgespült" werden können. Im Gegenteil: durch den trockenen Ballast erhöht sich die Gefahr einer Verstopfung.

Im Zusammenhang mit bakteriellen Darmerkrankungen und hohem Wasserverlust sind Erkenntnisse von Dr. Ernst Moro im Zusammenhang mit der menschlichen Ernährung erwähnenswert, der an der Königlichen Universitäts-Kinderklinik in München tätig war und sich dort mit einer hohen Säuglingssterblichkeit konfrontiert sah. 1908 veröffentlichte er einen Beitrag, der sich mit dem Einsatz einer „Karottensuppe" bei Säuglingen beschäftigte, die an schweren Darmerkrankungen litten. Die Symptome waren ähnlich denen bei Vergiftungen („akute Nährstoffvergiftung") wie starke Durchfälle und Abmagerung, die zum Teil auf den Einsatz von Kuhmilch in der Ernährung zurückgeführt wurden. Die bis dahin übliche „Wasserdiät" mit verdünnter Kuhmilch führte selten zum Erfolg. Nach Einführung der Karottensuppe und deren Verfütterung „*à discretion*" (Menge nach Belieben bis zur Sattheit) sank die Sterblichkeit dramatisch. Säuglinge, die „*äußerst schlaff, blass, mit verzerrten Zügen, geöffneten Mund eingebracht wurden, trafen wir am nächsten oder zweiten Tag voller, mit frischem Blick, mit recht gutem Teint, mit geschlossenem Mund und der für gesunde Kinder charakteristischen Haltung, den grössten Teil des Tages in ruhigem Schlafe liegen*" (Moro, 1908). Als auffällig wurde eine hohe Kotmenge bei gleichzeitiger Wasserretention beschrieben. Ebenfalls auffallend war der geringe Bakteriengehalt im Kot: während gramnegative Bakterien überwogen, fanden sich nur wenige grampositive wie z. B. „Escherichia coli": „*Die Karottendiät führt demnach zu einer radikalen Umstimmung der Darmflora und arbeitet so zweifellos auch den Gefahren der endogenen Infektion wirksam entgegen.*". Eine weitere Feststellung war die Steigerung der „Nährstofftoleranz", das heißt, nach einer längeren Gabe der Karottensuppe konnte relativ problemlos wieder auf andere Nahrung gewechselt werden, selbst Kuhmilch wurde wieder vertragen.

Bei „Escherichia coli" bzw. „E. coli" handelt es sich um Bakterien, die ein Krankheitsgeschehen durch ihre Adhärenz (Anhaften) an Epithelzellen des Darms sowie ihre Fähigkeit zur Bildung von Enterotoxinen (Gifte, die den Darm angreifen) mit bestimmen. Besonders aufbereitete Karotten setzen aus den Pektinen Oligosaccharide frei, die in vitro bei verschiedenen E.-coli-Stämmen ausgezeichnet das Anhaften der Bakterien an Epithelzellen des Darms verhindern. Bevor größere Mengen Toxine produziert werden können, werden diese Bakterien mit dem Kot ausgeschieden. Zusätzlich üben Hydrokolloide eine Schutzfunktion für den Darm aus, binden Gärungsprodukte und dicken den Kot ein (Jugl, et al., 2001).

Da das Prinzip der Wirkungsweise von Pektinen dem Menschen helfen kann, sei an dieser Stelle das Originalrezept der Karottensuppe von (Moro, 1908) aufgeführt: 500 g Karotten schälen, den Rückstand (375 g) zerkleinern und mit Wasser so lange einkochen, bis die Gesamtmasse etwa 200 cm³ (ca. 200 g) beträgt. Der Kochvorgang dauert ca. 1/2 - 3/4 Stunde. Die eingekochte Masse wird dann durch ein feines Drahtsieb, auf dem fast kein Rückstand bleibt, in 1 Liter Fleischbrühe gedrückt und 6g Kochsalz zugefügt. Die Fleischbrühe wird aus 50 g Rindfleisch (und Knochen) hergestellt (kalt ansetzen!). Diese Diät ist für Kaninchen natürlich nicht geeignet und dient nur als Beispiel für eine positive Beeinflussung der Darmflora durch natürliche Nahrung.

Rohprotein (Rp) und Aminosäuren

Protein bzw. Eiweiß besteht aus den Elementen Kohlenstoff (C), Wasserstoff (H), Sauerstoff (O), Stickstoff (N) sowie Schwefel (S) und etwas Phosphor (P). In der Analyse wird der Stickstoffgehalt ermittelt. Da er im Eiweiß etwa 16% beträgt, wird in der Futtermittelanalyse auf den Gesamteiweißgehalt geschlossen, indem man den N-Gehalt mit 6,25 multipliziert (100:16 = 6,25). Proteine stellen die wichtigste Körpersubstanz des tierischen (und auch des menschlichen) Körpers dar. Da es nicht gespeichert werden kann, muss es ständig über die Nahrung zugeführt werden. Hormone, Enzyme und Antikörper bestehen z. B. aus Proteinen.

Funktionen und Aufgaben von Protein:

➤ Als **Kollagen** (Baustoff, Gerüsteiweiß) ist es Bestandteil von Knochen, Zähnen, Knorpeln, Sehnen, Bändern und Haut.
➤ Als **Katalysator** – Enzyme, die den Stoffwechsel im Organismus steuern (z. B. die Verdauung). Als **Transporteur** ist Hämoglobin (eisenhaltiger roter Blutfarbstoff in den roten Blutkörperchen) ein wichtiger Sauerstoff-Transporter.
➤ Als **Motoren** dienen Muskelproteine (Aktin).
➤ Als **Botenstoff** sind Hormone (biochemische Botenstoffe) unverzichtbar.
➤ Als **Energiereserve** für Notzeiten.
➤ Als Bestandteil des Immunsystems – **Antikörper** (Immunglobuline) bestehen u. a. aus Aminosäuren wie Cystin, welches aus L-Cystein gebildet wird.

Der Bedarf des Kaninchens an verdaulichem Protein ist gedeckt, wenn es am Tag ca. 12%, bezogen auf die Trockenmasse des Futters, erhält. Höher als 20% sollte jedoch der Gehalt an hochwertigem Protein in der Futterration nicht sein, da sonst das Gesundheitsrisiko steigt und die Verdauung der Tiere auf so hohe Mengen mit Störungen reagiert. (Lackenbauer, 2001) gibt als Faustregel einen Gehalt von 16% Rohprotein in einem Futtermittel an, was ca. 12% verdaulichem Protein entspricht. Erhitzung erhöht die Verwertbarkeit der Eiweiße durch den Organismus, weil infolge struktureller Veränderung der Biomoleküle die Angriffsmöglichkeiten für Verdauungsenzyme verbessert werden (durch Entknäuelung der Peptidketten = Denaturierung). Deshalb werden z.B. gekochte Kartoffeln besser verdaut und verwertet als rohe.

(Brüggemann, 1937) fand in einem Versuch im Februar als Ergebnis der Fütterung mit Wiesenheu negative Stickstoffbilanzen. Das heißt, die Tiere zehrten in dieser Zeit von ihrem eigenen Körperprotein, weil die zugeführte Energie- und Proteinmenge nicht ausreiche. Dieser Substanzverlust war nicht sichtbar! Normalerweise dienen Fett und Kohlenhydrate der Energiegewinnung. Sind diese im Futter nur unzureichend vorhanden, wird auch Protein genutzt. Dabei wird im Hungerzustand als erstes vor allem den Muskeln Protein entzogen und erst später körpereigenes Fett zur Energiegewinnung abgebaut. Das Gleiche gilt übrigens für den Menschen, weshalb mancher bei einer Diät anfangs enttäuscht ist, weil der Fettabbau so langsam voranschreitet.

Das körperfremde Protein aus der Nahrung wird bei der Verdauung mit Hilfe von Enzymen in seine Bausteine, die Aminosäuren, zerlegt. Diese werden von der Darmwand resorbiert und mit dem Blut weitertransportiert. In den Körperzellen werden dann zum Aufbau der eigenen, artspezifischen Eiweiße die benötigten Aminosäuren in der richtigen Reihenfolge verknüpft. Dieser Vorgang wird als „Stoffwechsel" bezeichnet. Das Protein, das durch den Organismus verbraucht wurde, muss über die Aufnahme neuer Eiweiße mit der Nahrung wieder aufgefüllt werden. Die verschiedenen Proteine verfügen über einen unterschiedlichen Gehalt an essentiellen Aminosäuren und damit über eine unterschiedliche biologische Wertigkeit. Essentielle Aminosäuren für das Kaninchen sind Arginin, Histidin, Isoleucin, Leucin, Lysin, Phenylalanin, Tyrosin, Methionin und Cystin, Threonin, Tryptophan und Valin (Lebas, et al., 1997). Fehlt eine der essentiellen Aminosäuren, wird die Neukombination von körpereigenem Protein verhindert. Liegt eine dieser Aminosäuren nur mit einem unzureichenden Gehalt vor, schränkt das die Verwertung der anderen Aminosäuren ein. Das heißt also, dass die Vollständigkeit der essentiellen Aminosäuren die biologische Wertigkeit des Gesamtproteins bestimmt. Die fehlende bzw. nur unzureichend vorliegende essentielle Aminosäure begrenzt den Wert des gesamten Proteins in der Futterration, weshalb diese limitierend (begrenzend) genannt wird. Unter diesen limitierenden Aminosäuren gibt es wiederum jene, die besonders wichtig sind und als „erstlimitierend" bezeichnet werden. Zu diesen gehören Lysin, Methionin, Cystin, Tryptophan und Threonin.

Bild 56: Liebigsches Fass

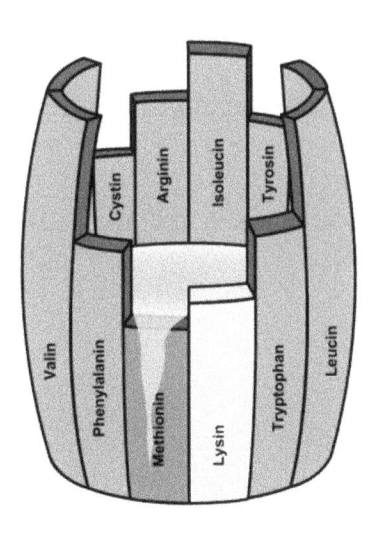

Das Prinzip der limitierenden Aminosäuren beschreibt das „Minimumgesetz" von Carl Sprengel, der es 1828 ursprünglich für das Pflanzenwachstum postulierte. Es wurde 1855 von Justus Liebig popularisiert und besagt, dass das Wachstum durch die knappste Ressource (den Minimumfaktor) eingeschränkt wird. Wird ein Nährstoff hinzugegeben, der bereits im Überfluss vorhanden ist, hat das keinen Einfluss auf das Wachstum. Veranschaulicht wird dies durch das „Liebigsche Fass", welches nur so hoch gefüllt werden kann, wie die niedrigste Daube hoch ist. Dieses Gesetz wurde von G. Liebscher 1895 zum „Optimumgesetz" ergänzt, welches besagt, dass der Minimumfaktor umso wirksamer für das Wachstum ist, je mehr sich die anderen Faktoren im Optimum befinden.

Am Beispiel des Liebigschen Fasses wird der Einfluss der erstlimitierenden Aminosäure Methionin auf die Qualität des Gesamtproteins dargestellt: die Höhe der Dauben symbolisiert den jeweiligen Gehalt der Aminosäuren im Futter. Das Fass kann in diesem Fall nur so hoch gefüllt werden, wie Methionin im Futter vorhanden ist. Selbst wenn man den Gehalt einer anderen Aminosäure erhöhen würde, wäre das zwecklos, weil das fehlende Methionin die Verwertung aller Aminosäuren verhindert.

Bei Methionin handelt es sich um eine schwefelhaltige, essentielle Aminosäure, die für den Körper sehr wichtig ist. In kommerziellen Futtermitteln (Pellets) wird sie häufig zugesetzt. Wenn sie in ausreichender Menge vorliegt, können aus ihr die Aminosäuren Cystin und Tyrosin synthetisiert werden. Durch die Übertragung von Methylgruppen trägt es zu Entgiftungsvorgängen in der Leber bei. Da Methionin Wasserstoffionen zur Verfügung stellt, ist es wichtig für die Regulierung des Säure-Basen-Gleichgewichtes. Letztlich wird es für die Aufnahme und den Transport von Selen im Körper benötigt.

Cystin findet sich unter anderem in den Zellen des Immunsystems. Dessen Vorstufe L-Cystein wird aus Methionin synthetisiert. Cystein unterstützt das Reifen von Lymphozyten und aktiviert Zellen, die für die Immunabwehr wichtig sind. Deshalb spielt Methionin nicht nur an sich eine wichtige Rolle, sondern stellt auch einen limitierenden Faktor für die Synthese von Cystein dar. Die beiden Aminosäuren werden oft in Summe als „Met + Cys" angegeben. Das folgende Beispiel soll verdeutlichen, wie gering die Aussage über den Gehalt an Gesamtprotein (Rohprotein) im Futter ist, wenn die Wertigkeit, also der Gehalt dieser erstlimitierenden Aminosäuren nicht bekannt ist. In den Diagrammen bedeuten:

Gemüse = Gemisch aus jeweils gleichen Teilen: Mohrrübe, Brokkoli, Chicorée, Feldsalat und Kopfsalat, Werte aus (Souci, et al., 2000).
Kräuter = Gemisch aus jeweils gleichen Teilen: Löwenzahn, Petersilie, Breitwegerich, Brennnessel, Spitzwegerich, Giersch; Werte aus (Souci, et al., 2000).
Weide, frisch = Weide allgemein Grünfutter, frisch, 1. Aufwuchs vor bis nach dem Schossen; aus (DLG, 1976).
Wiese, künstl. getr. = Mittelwert aus Wiese, allgemein Grünfutter künstlich getrocknet, Rohprotein 11-19%; aus (DLG, 1976).
Wiese, nat. getr. = Wiese, allgemein Heu, natürlich getrocknet, 1. Schnitt Beginn bis Mitte der Blüte; aus (DLG, 1976).

Die grüne Linie in den Diagrammen zeigt den jeweiligen Bedarf an Rohprotein und Aminosäuren nach (Lowe, 2010) in g/kg Trockensubstanz eines Futtermittels.

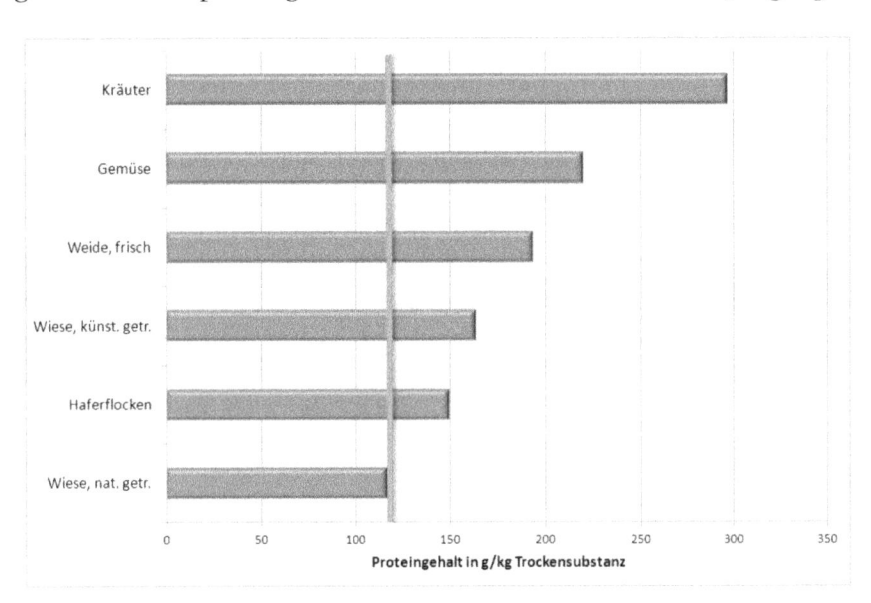

Diagramm 14: Rohproteingehalt in verschiedenen Futtermitteln, in g/kg TS

Der Vergleich zeigt, dass der Proteingehalt in frischer Wiese, Gemüse sowie frischen Kräutern offenbar geeignet ist, den Bedarf des Kaninchens zu erfüllen. Diese Einschätzung ändert sich aber, wenn man sich die Qualität des Proteins genauer anschaut, also den Gehalt und die Zusammensetzung der essentiellen Aminosäuren Methionin und Cystin.

Diagramm 15: Gehalt an Methionin + Cystin in verschiedenen Futtermitteln, in g/kg TS

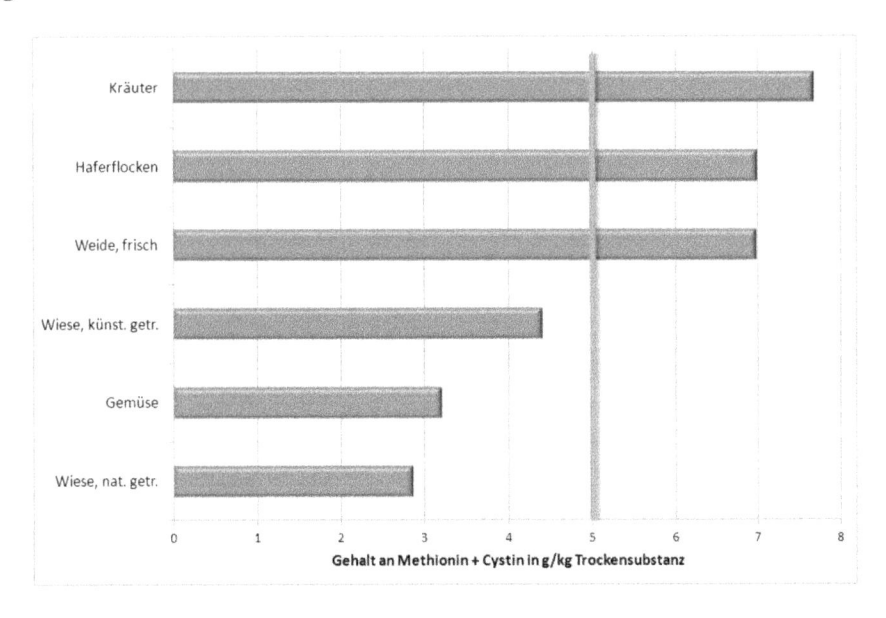

Aus dem Vergleich der beiden Diagramme wird ersichtlich, dass ein bedarfsdeckender Rohproteingehalt nicht zwangsläufig auch den Bedarf an essentiellen Aminosäuren erfüllt. Gemüse sowie Heu sind in der Regel arm an schwefelhaltigen Aminosäuren.

Als ein weiteres Beispiel für die Versorgung des Kaninchens mit Methionin und Cystin soll die Rationsempfehlung von (Ewringmann, 2010) aus dem Kapitel „Futtermengen" dienen. Dafür wurden die empfohlenen Futtermittel gemäß ihrer Anteile berechnet. Für die Pellets wurde ein idealer Gehalt von Aminosäuren angenommen. Als Vergleich dient frisches Grünfutter (Weide) als grasbetontes Futter. Die grüne Linie stellt den empfohlenen Gehalt für die Menge von Methionin und Cystin nach (Lebas, et al., 1997) dar.

Diagramm 16: Methionin- und Cystingehalt in Grünfutter (Weide), aus (DLG, 1976) und einer empfohlenen, täglichen Futterration nach (Ewringmann, 2010)

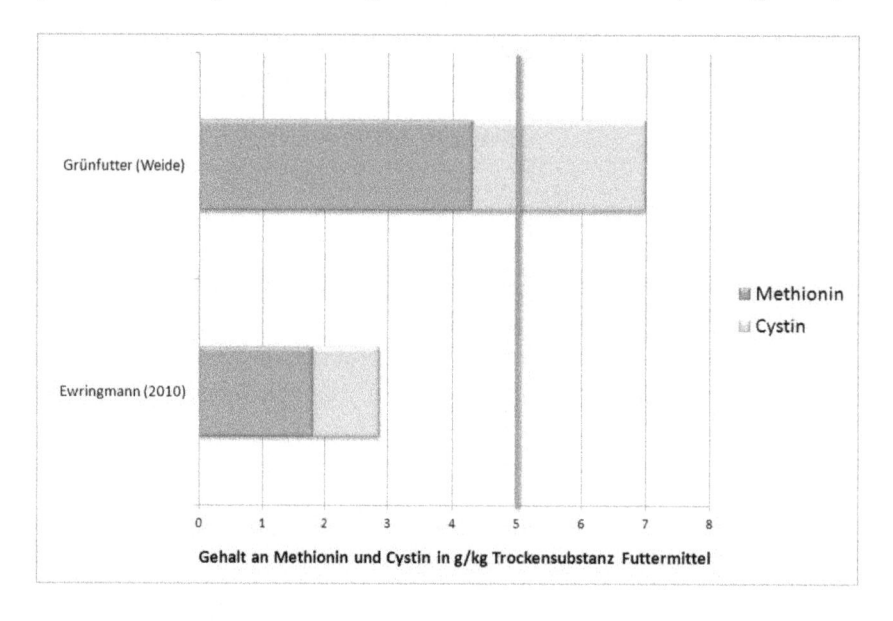

Der Rohproteingehalt im Grünfutter (Weide) beträgt 194 g/kg TS und in der empfohlenen, täglichen Ration von (Ewringmann, 2010) 212 g/kg TS. Empfohlen wird ein Gehalt von 175 g/kg TS (Lebas, et al., 1997). Sowohl das Grünfutter als auch die empfohlene Ration würden also mengenmäßig dem Rohproteinbedarf des Kaninchens voll entsprechen. Aber: sieht man sich die Qualität des Rohproteins am Beispiel der limitierenden, schwefelhaltigen Aminosäuren Methionin und Cystin im Diagramm 16 genauer an, erkennt man das Problem. Der Betrag des Minimumfaktors in Form dieser Aminosäuren liegt nicht nur deutlich unter dem des Grünfutters, er beträgt auch nur die Hälfte(!) der Empfehlung für eine ausreichende Bedarfsdeckung.

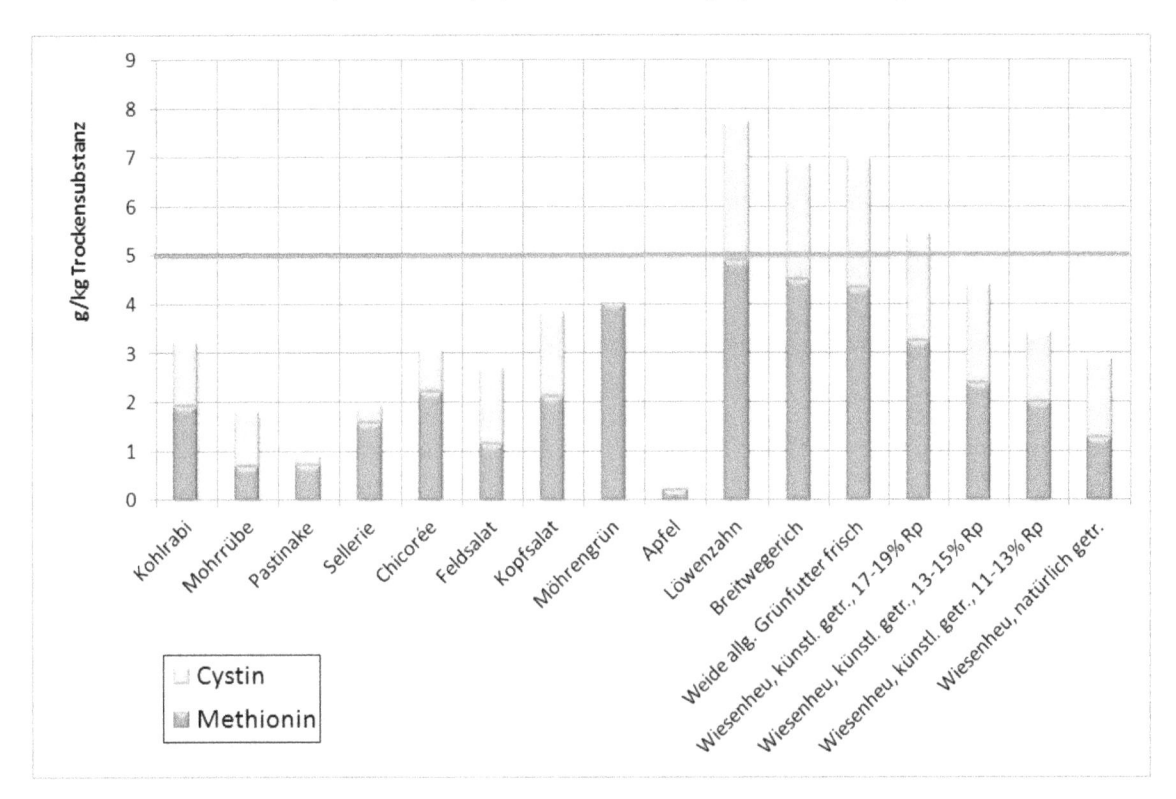

Diagramm 17: Gehalte an Methionin und Cystin in g/kg Trockensubstanz in verschiedenen Futtermitteln; Werte aus (DLG, 1976), (Souci, et al., 2008), (Cheeke, 1987)

Die einzige Heusorte, die den Bedarf an den essentiellen Aminosäuren Methionin und Cystin decken könnte, wäre gemäß Diagramm 17 ein künstlich getrocknetes mit einem Rohproteingehalt von ≥17%. Empfohlen wird ein Gehalt von 12-16%. Das heißt, ein Halter muss „nur" ein Heu finden, welches einen Rohproteingehalt von mindestens 17% aufweist. Heu wird allerdings in der Regel nicht deklariert und auf Anfrage erhält man, wenn überhaupt, nur beispielhafte Werte. In Tabelle 23 sind zusätzlich zu den Rohproteingehalten in der Frischesubstanz (FS) und Trockensubstanz die gesamte Futtermenge und der damit aufgenommene Wassergehalt dargestellt. Viele Nährstoffe werden vom Körper besser aufgenommen und verwertet, wenn sie mit Wasser aufgenommen werden. Mit Heu müssen Kaninchen ungefähr die 40fache Menge des Wassers zusätzlich aufnehmen, um auf den gleichen Betrag wie mit natürlichem Grünfutter (Weide allg.) zu kommen. Im konkreten Fall bedeutet das 0,64 Liter. Mit dem Wasser fehlt auch das Volumen, um den 10 Meter langen Darm zu füllen und somit für eine funktionierende Peristaltik zu sorgen. Selbst dann, wenn also Heu die Anforderungen an einen Aminosäurebedarf decken kann (Rp ≥ 17%), sprechen immer noch einige Fakten gegen eine Alleinversorgung mit Heu, wie später noch gezeigt wird.

Tabelle 23: Rohproteingehalte in frischem Grünfutter und verschiedenen Heusorten, Werte in g/kg Trockensubstanz

Heusorte	TS	Rp in FS	Rp in TS	Menge*	Wasser**
Weide all., Grünfutter frisch	186	36	194	807	657
Heu künstl. getr., 17-19% Rp	899	183	204	167	17
Heu, nat. getrocknet	870	102	117	173	22

* gefressene Futtermenge, wenn ein Tier mit 2,3 kg Körpergewicht 150g Trockensubstanz frisst
** Wassermenge, die mit dem Futter aufgenommen wird (wie im Futter enthalten)

Eine Unterversorgung mit limitierenden, essentiellen Aminosäuren kann ein Organismus nur über eine gewisse Zeit tolerieren. Selten bis gar nicht wird dann bei Erkrankungen nach Ursachen wie z. B. einem Mangel an essentiellen Nährstoffen geschaut. Da die schwefelhaltigen Aminosäuren auch das Säure-Basen-Gleichgewicht beeinflussen, sollte aber auch vor allem bei Harnwegeerkrankungen die Fütterung mit Blick auf diese hinterfragt werden.

„Kwashiorkor" wird eine Erkrankung des Menschen genannt, die früher in Mitteleuropa noch häufig vorkam, heute aber auf Entwicklungsländer beschränkt ist. Erstmals beschrieben wurde sie von (Williams, 1933) & (Williams, et al., 1935) in Verbindung mit einer Maisernährung, die arm an den essentiellen Aminosäuren Lysin und Tryptophan war. Verantwortlich für diese Erkrankung ist also nicht unbedingt nur ein mangelnder Gesamtproteingehalt, sondern auch ein Mangel an essentiellen Aminosäuren. (Arroyave, et al., 1962) fanden Hinweise dafür, dass die verschiedenen Aminosäuren um Mechanismen miteinander konkurrieren, die sie intrazellulär konzentrieren. Ungleichgewichte im Aminosäurenverhältnis beeinträchtigten deren aktive Übertragung in die Zellen. Vom Ungleichgewicht am stärksten betroffen waren die essentiellen Aminosäuren, mit Ausnahme von Lysin und Phenylalanin. Ein typisches Symptom dieser Erkrankung ist eine „Gärungsdiarrhö". Die Ursache ist u. a. eine Atrophie (Geweberückbildung) der Schleimhautzellen im Dünndarm mit einem Aktivitätsverlust der dort lokalisierten „Disaccharidasen". Dabei handelt es sich um Enzyme, die im Dünndarm Disaccharide zu Monosacchariden hydrolysieren (unter Wasseraufnahme spalten). Die Einfachzucker werden dann normalerweise dort sofort resorbiert. Da dies nicht mehr oder nur eingeschränkt funktioniert, werden sie durch Darmbakterien vergoren. Mit anderen Worten: weil die leicht verdaulichen Kohlenhydrate nicht mehr oder nur teilweise im Dünndarm verstoffwechselt werden und in das Blut wandern, dienen sie nun Bakterien im Dünn- und Dickdarm als Nahrung. Die Folgen sind eine übermäßige Vermehrung von Bakterien, sowohl im Dünn- als auch im Dickdarm mit Gasansammlungen und Durchfall. Begleitet werden diese Symptome von Geräuschen wie „Gluckern" oder „Glucksen" sowie einem aufgeblähten Bauch.

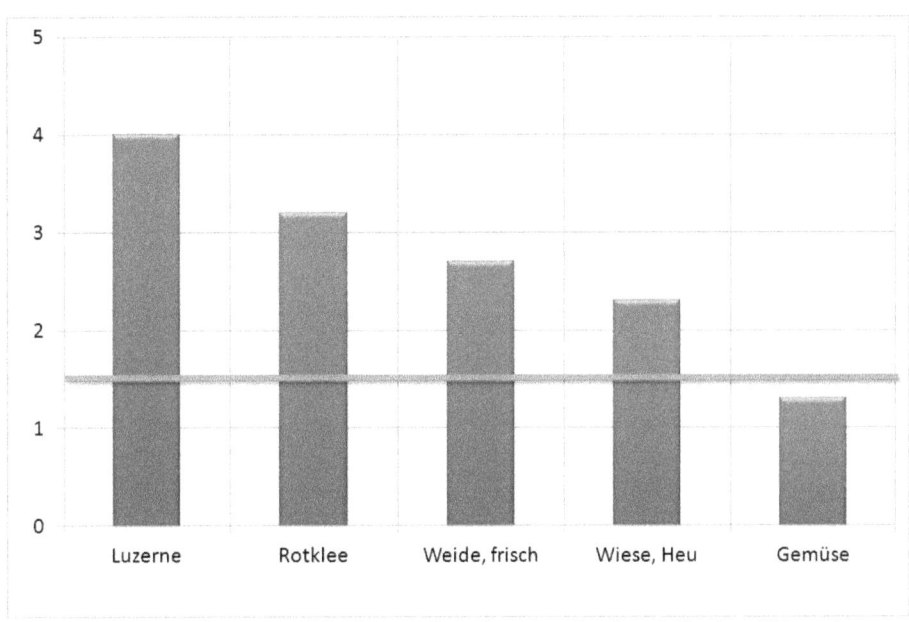

Diagramm 18: Tryptophangehalte in Futtermitteln, in g/kg TS;
grüne Linie = Bedarf aus (Lebas, et al., 1997)

Gemüse: Gemisch aus Kohlrabi, Mohrrübe, Pastinake, Sellerie, Chicorée, Feldsalat und Kopfsalat, aus (Souci, et al., 2000), Kräuter: Löwenzahn, Spitz- und Breitwegerich aus (Souci, et al., 2000), Weide und Wiese aus (DLG, 1976)

In der Rationsempfehlung von (Ewringmann, 2010) würde der Tryptophangehalt ca. 1,3 g/kg TS betragen, die empfohlene Menge beträgt 1,5 g/kg TS (Lebas, et al., 1997). Eine gemüselastige Fütterung würde den Nachteil von -13% weniger Tryptophan weiter verstärken, da es nicht nur an dieser essentiellen Aminosäure relativ arm ist. Wenn die Pellets in der Ration weggelassen würden, reduziert sich der Tryptophangehalt auf 1,1 g/kg TS. Das bedeutet, er wäre dauerhaft um knapp ein Drittel (27%) niedriger als der empfohlene Gehalt für Kaninchen. Die Wirkungen von Tryptophan werden oft als stimmungsaufhellend, beruhigend und gewichtsreduzierend beschrieben, weil es im Körper zu Serotonin umgewandelt wird. Serotonin wiederum ist ein Hormon, welches auf das Herz-Kreislauf-System, den Magen-Darm-Trakt und das Nervensystem wirkt. Die vorherrschende Stelle der Serotoninsynthese, -speicherung und -freisetzung ist die Darmschleimhaut. Innerhalb der Darmschleimhaut aktiviert Serotonin neuronale Reflexe, die mit der Darmsekretion (Sekretion der Verdauungssäfte sowie Hormone und Neurotransmitter zur Steuerung der Verdauung), Motilität (Peristaltik) und Empfindungen (z. B. „Nausea" - Gefühl von Übelkeit) assoziiert sind (Costedio, et al., 2007).

Kaninchen sind in der Lage, das Aminosäuremuster in der Nahrung zu erkennen und die Aufnahme entsprechend anzupassen. In einem Versuch wurde Kaninchen ein pelletiertes Futter angeboten, in dem schwefelhaltige Aminosäuren oder Lysin fehlten. Diese Aminosäuren wurden aber im Wasser zusätzlich bereitgestellt. Die jungen Kaninchen wählten das Wasser in dem

Maß, wie die Aminosäuren im Futter fehlten und glichen auf diese Weise ein Wachstumsdefizit im Vergleich zur Kontrollgruppe aus, die ein Futter mit einem ausgeglichenen Aminosäuregehalt erhielt (Colin, et al., 1975).

Fett (Rfe) und Fettsäuren

Fette werden als „Triacylglycerole" (auch „Triglyceride" bzw. „Triacylglycerine") bezeichnet. Sie gehören zu den einfachen „Lipiden", die ganz oder nur teilweise in Wasser unlöslich, aber in Lösungsmitteln wie z. B. Petrolether, Ether und Benzol gut löslich sind. Neben den Fetten gehören u. a. noch Wachse, Steranabkömmlinge (z.B. tierische und pflanzliche Sterine), Terpene (z.B. Carotinoide), Abkömmlinge der Phosphatidsäure wie Lecithin, Glyceroglykolipide, Sphingolipide und fettlösliche Vitamine zu den einfachen Lipiden. Zu den zusammengesetzten Lipiden gehören z. B. Glykolipide, Lipopolysaccharide, Lipoproteine und Phospholipide.

Der Wert für das „Rohfett" liefert somit lediglich eine Aussage über eine Gruppe von verschiedenen Substanzen, denen nur ihre Löslichkeit in bestimmten Lösungsmitteln gemeinsam ist. Einige sind Bestandteile der Membran, die die lebende Zelle umgibt (Phospholipide), andere dienen als Energielieferanten für Tätigkeiten wie z.B. Bewegung, funktionelle Aktivitäten der Organe und Erhaltung der Körpertemperatur. In der natürlichen Nahrung liegen die Fettgehalte unter 1%. Getreidekörner und Heu verfügen über Fettgehalte von ca. 2 - 3%.

Fette setzen im Vergleich zu Stärke den 2,3fachen Betrag an umsetzbarer Energie frei. Durch Fett kann also der Energiegehalt in der Nahrung deutlich erhöht werden, ohne dass sich ihre Menge nennenswert erhöht. Hauptverdauungsort der Fette ist der Dünndarm. Mit Hilfe von Copilase spalten Pankreaslipasen das Fett, welches durch Gallensäuren zuvor emulgiert wurde. Weitere Wege der Spaltung von Fett ohne Hilfe der Gallensäuren sind die passive Diffusion oder ein proteinvermittelter Weg. Auf diese Weise werden mittelkettige Fettsäuren über die Lymphbahn sofort in das Blutgefäßsystem transportiert. Die abgespaltenen Fettsäuren dienen den Zellen als Energiequelle (Kirchgeßner, et al., 2008).

Üblicherweise wird Fett nur als ein Energielieferant gesehen. Es liefert jedoch zusätzlich einen nicht unwesentlichen Beitrag zur Gesundheit eines Säugetieres. Der Grund liegt in der Art bzw. Zusammensetzung des Fetts. Fette bestehen aus Glycerin (Glycerol) und drei mit dem Glycerin veresterten Fettsäuren. Diese Fettsäuren sind verschieden gesättigt. Gesättigte Fettsäuren besitzen keine Doppelbindung zwischen den C-Atomen, ungesättigte verfügen über mindestens eine. Sind mehrere Doppelbindungen vorhanden, spricht man von „mehrfach ungesättigten Fettsäuren" (engl.: polyunsaturated fatty acids, PUFA). Von diesen sind für das Kaninchen zwei essenziell: die Linolsäure (C18:2, Omega-6-Fettsäure: übliche Schreibweise 18:2n-6) und die α-Linolensäure (C18:3, Omega-3-Fettsäure: übliche Schreibweise 18:3n-3), (Fortun-Lamothe, et al., 2010). Die Zahl 18 gibt die Anzahl der Kohlenstoffatome an, die zweite Zahl die Anzahl der Doppelbindungen. Mit dem griechischen Buchstaben „Omega" (ω) wird die Position und Zählweise der ersten Doppelbindung beschrieben.

Bild 4: Struktur und Namen am Beispiel der Linolsäure (C18:2n-6), Omega-6-Fettsäure (von rechts gezählt, blaues „ω") oder 9,12-Octadecadiensäure (von links gezählt, rote Zahlen). Die doppelten Linien geben die jeweilige Position der Doppelbindung an.

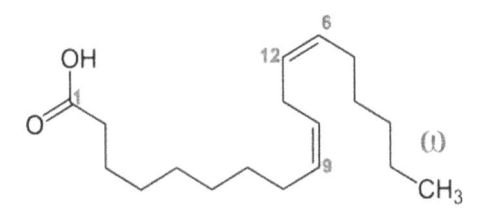

Bild 57: Einteilung der Fettsäuren, verändert nach (Gonder, 2004)

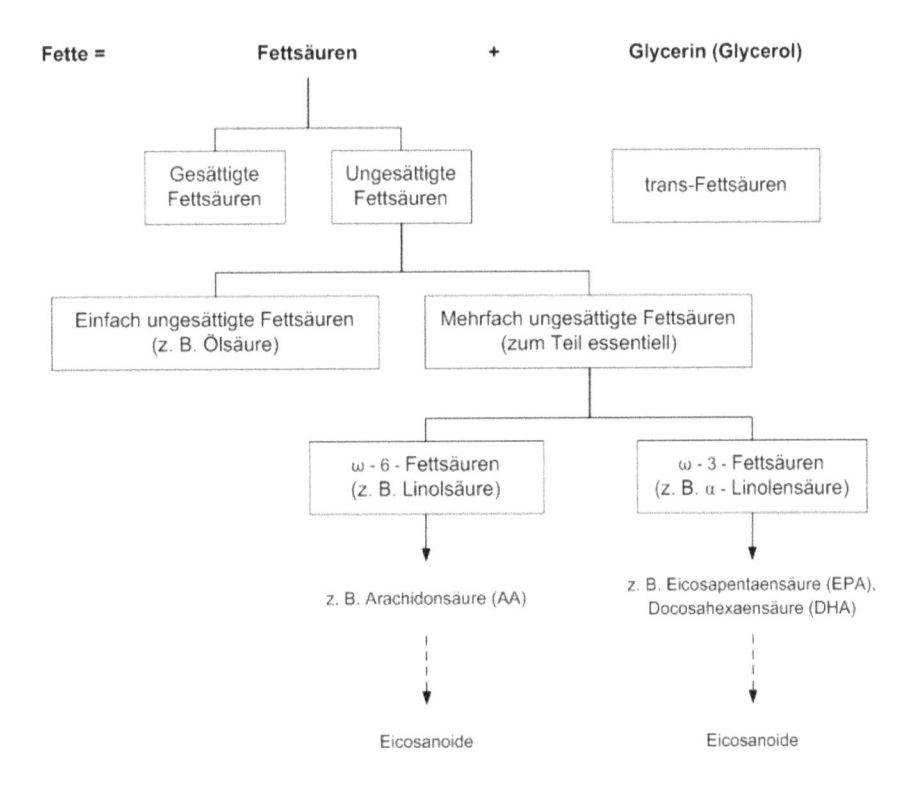

Trans-Fettsäuren kommen vor allem in verarbeiteten Lebensmitteln vor. Sie entstehen auf Grund der Verarbeitung durch die Umlagerung von Doppelbindungen.

Aufgrund der enthaltenen Doppelbindungen reagieren ungesättigte Fettsäuren mit Sauerstoff, das heißt, sie neigen leichter zum oxidativen Verderb – insbesondere durch die Einwirkung von Wärme, Licht, Enzymen und Mikroorganismen bei der Lagerung und Verarbeitung wie zum Beispiel der Heugewinnung.

Tabelle 24: Haltbarkeit verschiedener Pflanzenöle in Monaten, entsprechend der empfohlenen Lagerbedingungen (Krist, et al., 2008)

Distelöl (Raumtemperatur ca. 20°C)	9 Monate
Leinöl (Kühlschrank)	1-2 Monate
Rapsöl (kühler Raum)	12 Monate
Sonnenblumenöl (Raumtemperatur)	9 Monate

In der natürlichen Nahrung werden Fette, insbesondere ungesättigte Fettsäuren, durch das in ihr enthaltene Vitamin E vor dem Verderb geschützt. Dieses Vitamin ist aber selbst empfindlich gegen Licht. Aus diesem Grund folgt auch die Empfehlung, verarbeitete Futtermittel möglichst dunkel und kühl zu lagern. So wird der Verlust von Vitamin E und Fettsäuren gering gehalten. Weitere, natürliche Antioxidantien der Fettsäuren sind Zink und Selen.

Tiere wie auch der Mensch haben die Fähigkeit verloren, aus der einfach ungesättigten „Ölsäure" die mehrfach ungesättigten Fettsäuren „Linolsäure" und „α-Linolensäure" zu synthetisieren. Sie müssen also zwingend mit der Nahrung zugeführt werden. Aus diesen können dann langkettige, mehrfach ungesättigte Fettsäuren wie **AA** und **EPA** durch eine Reihe von Desaturierungs- und Elongationsreaktionen synthetisiert werden (Venegas-Calerón, et al., 2010). „Desaturasen" sind Enzyme, die in Fettsäuren Doppelbindungen einfügen (Desaturierung = Entsättigung). Das heißt, dass die enzymatische Aktivität der Desaturase eine Fettsäure in die nächst höhere, ungesättigte Fettsäure überführt. Der Einbau von Doppelbindungen durch Desaturase erfolgt bei Fettsäuren mit 14, 16 und 18 C-Atomen. Die Kettenverlängerung erfolgt mit Hilfe von Enzymen, die „Elongasen" genannt werden (Elongation = Verlängerung).

Mit Hilfe dieser speziellen Enzyme werden ungesättigte Fettsäuren aus der Nahrung also im Stoffwechsel verlängert und mit weiteren Doppelbindungen versehen. Diese daraus entstehenden, hoch ungesättigten Fettsäuren steuern u. a. den Fettstoffwechsel, die Blutgerinnung, Reaktionen des Immunsystems und Entzündungsvorgänge.

Aus der Linolsäure kann der Körper die vierfach ungesättigte Omega-6-Fettsäure „Arachidonsäure" (**AA**, 20:4n-6) herstellen, die wiederum zu entzündungsfördernden Icosanoiden (auch Eicosanoide genannt) umgebaut wird. Auch die α-Linolensäure wird im Körper schrittweise verlängert und mit zusätzlichen Doppelbindungen versehen. Auf diese Weise entstehen „Eicosapentaensäuren" (**EPA**, 20:5n-3) und „Docosahexaensäuren" (**DHA**, 22:6n-3). Diese finden sich in den Membranen der Nerven- und Hirnzellen. Aus **EPA** werden ebenfalls längerkettige Fettsäuren synthetisiert, die aber entzündungshemmend wirken. Über den Nutzen der essentiellen Fettsäuren entscheidet aus diesem Grund nicht allein ihr Gesamtgehalt, sondern auch ihr Verhältnis zueinander.

Eine weitere Omega-3-Fettsäure mit entzündungshemmender Wirkung ist die „Calendulasäure" der Ringelblume (Calendula officinalis). Sie unterscheidet sich von der α-Linolensäure durch die Stellung der Doppelbindungen. Anwendung findet das Öl der Ringelblume z. B. bei entzündlichen Veränderungen der Mund- und Rachenschleimhaut. Bekannter ist sie aber als Inhaltsstoff für Salben gegen Hauterkrankungen und -wunden (Kommission E, 1986).

Entzündungen begleiten eine Reihe akuter und chronischer Krankheiten. Sie sind durch die Produktion inflammatorischer (entzündlicher) Zytokine, von der Arachidonsäure abgeleiteter Icosanoide sowie von Adhäsionsmolekülen gekennzeichnet. Langkettige n-3 PUFAs verringern die Produktion von Entzündungsmediatoren. Sie wirken sowohl direkt z. B. durch die Hemmung des Arachidonsäuremetabolismus oder indirekt durch die Veränderung der Expression von Entzündungsgenen. Langkettige n-3 PUFA bewirken auch ein Ansteigen entzündungshemmender Mediatoren, sogenannter „resolvins", die aus EPA und DHA bestehen. Aktuelle Daten zeigen, dass das „Resolvin RvE1" neben entzündungshemmenden Wirkungen auch direkt auf Knochenzellen wirkt und die Knochen- bzw. Zahnerhaltung fördert. RvE1 verhindert einen alveolären (Alveole = Zahnfach) Knochenverlust bei Parodontalerkrankungen und fördert die parodontale Knochenregeneration (Gyurko, et al., 2014). Als „Parodontium" wird der Zahnhalteapparat bzw. das Zahnbett bezeichnet. Die n-3-PUFA sind somit potentiell wirksame, entzündungshemmende Substanzen. Als solche können sie von therapeutischem Nutzen in einer Vielzahl von akuten und chronischen entzündlichen Einstellungen sein. Die entzündungshemmende Wirkung von n-3 PUFAs kann verbessert werden, wenn die Zufuhr von n-6-PUFAs, insbesondere die der Arachidonsäure, vermindert wird (Calder, 2006). Da die Fettsäuren in biochemischen Vorgängen miteinander konkurrieren, wird bei einem hohen Anteil der n-6-Fettsäuren die Verwertung der n-3-Fettsäuren behindert, wie bei Kindern nachgewiesen werden konnte (Hoyos, et al., 2008). In den letzten Jahren wurde mehr und mehr die Bedeutung der Fettsäuren erkannt und untersucht – in Hinsicht auf die Ernährung des Menschen. Weitgehend unberücksichtigt blieb dabei die Bedeutung für das Tier selbst. Der Gehalt und die Zusammensetzung der Fettsäuren spielen nicht nur für den Menschen, sondern auch für das Tier eine wichtige Rolle für den Stoffwechsel, das Immunsystem und die Gesundheit. Die Werte für die Fettsäuren werden in keiner Deklaration von kommerziellen Futtermitteln angegeben.

Tabelle 25: Gesamtfettsäuremuster von Feldhase, Rehwild sowie Wild- und Hauskaninchen im Oberschenkelmuskelfleisch, Anteil an Gesamtfettsäure in %, aus *(Valencak, et al., 2005) und **(Hernández, et al., 2008)

Tierart	SFA	MUFA	PUFA 18:2n-6	PUFA 18:3n-3	Verhältnis n-6 : n-3
Feldhase*	30,8	13,5	36,0	19,8	**2 : 1**
Rehwild*	38,2	22,5	28,1	11,2	**3 : 1**
Wildkaninchen*	37,1	19,6	32,6	10,7	**3 : 1**
Hauskaninchen**	34,9	28,7	30,9	2,2	**14 : 1**

FA – Fettsäure; SFA – Gesättigte FA; MUFA – Einfach ungesättigte FA; PUFA – Mehrfach ungesättigte FA

Der große Unterschied zwischen Wild- und Hauskaninchen in Bezug auf das Verhältnis der mehrfach ungesättigten Fettsäuren beruht allein auf der unterschiedlichen Nahrung bzw. Ernährung. Während sich Wildkaninchen ausschließlich von natürlichen Pflanzen ernähren, werden Hauskaninchen mit verschiedenen Alternativen wie Gemüse, Heu und Trockenfuttern ernährt.

Für die menschliche Ernährung wird heute ein Verhältnis der Fettsäuren n-6 : n-3 ≤ 4 : 1 empfohlen (Eaton, et al., 1998), von der (DGE, 2015) 5 : 1. Vor der Neolithischen Revolution vor ca. 20.000 bis 10.000 Jahren, also dem Wandel des Menschen vom Jäger und Sammler hin zum Ackerbauern und Viehzüchter lag dieses Verhältnis bei ca. 1 : 1. Maßgeblich dafür verantwortlich gemacht wird der Getreideanbau und eine einseitigere Ernährung, welche das Verhältnis zu Ungunsten der 18:3n-3-Fettsäuren hin zu den 18:2n-6-Fettsäuren verschob (Eaton, et al., 1998).

Da Wildkaninchen in der Vegetationszeit größere Mengen an Samen und Blüten aufnehmen, ist das Verhältnis von n-6 : n-3 = 3 : 1 nachvollziehbar. (Valencak, et al., 2005) stellten fest, dass grüne Pflanzenteile (Blätter, Stängel) bis zu 70-80% der beiden essentiellen Fettsäuren Linolsäure (C18:2n-6) und α-Linolensäure (C18:3n-3) enthalten, während in Blüten, Früchten und Samen mehr als 50% Linolsäure nachweisbar sind.

In einem Fütterungsversuch von (Capra, et al., 2013) wurden wachsenden Kaninchen einmal kommerzielle Pellets und zum Vergleich kommerzielle Pellets sowie frische Luzerne jeweils ad libitum, also ständig zur freien Verfügung, angeboten. Mit dem zusätzlichen Angebot von frischer Luzerne sank die Aufnahme von Pellets um 12,6%. Die Zugabe der frischen Luzerne zeigte eine signifikante Zunahme der Linolensäure 18:3n-3. Das Verhältnis der Fettsäuren im intramuskulären Fett sank von n-6 : n-3 = 8,6 : 1 für die alleinige Fütterung von Pellets und auf 5,8 : 1 bei Zugabe frischer Luzerne. Diese Änderung um 36% ist gewaltig, wenn man bedenkt, dass die Luzerne nur einen Teil der Nahrung bildete und der Versuch über einen kurzen Zeitraum des Wachstums stattfand.

Kaninchen können durch die mikrobielle Verdauung im Blinddarm bestimmte Stoffe herstellen, aber eben nicht die mehrfach ungesättigten Fettsäuren. Gerade die Versorgung mit diesen wird durch die Mikrofauna des Blinddarms sogar verschlechtert, weil sie von den Bakterien in gesättigte Fettsäuren umgewandelt werden. Somit bilden Pflanzen für Kaninchen ebenso wie für Hasen die einzig verwertbare Quelle für diese wichtigen Nahrungsbestandteile. Der Rückgang der Hasenbestände wird z. B. auch auf die mangelnde Vielfalt an Äsungspflanzen in der heutigen Kulturlandschaft zurückgeführt. Aktuelle Forschungsarbeiten weisen zudem darauf hin, dass der hohe Bedarf des Hasen an essentiellen Fettsäuren für beide Geschlechter und zu allen Jahreszeiten gilt (Ruf, 2003). Vor allem für Jungtiere dient das Fett in der Milch der Mutter nicht nur als Energiequelle für die Wärmeproduktion bei kalter Witterung, sondern auch als „Wasserspeicher" im Hochsommer. Da beim Abbau von 1 g Fett im Tierkörper 1,1 g Wasser entsteht, verfügen Jungtiere auch in trockenen Gebieten und Jahreszeiten über Wasser (Hackländer, et al., 2005).

In Fütterungsversuchen von Kelly und Mitarbeitern wurde die Wirkung verschiedener Quellen von Fetten auf das Immunsystem des Kaninchens untersucht. Zusammenfassend wurde u. a. festgestellt, dass das Immunsystem von Kaninchen, deren Futter Leinöl enthielt, stärker war als das von Tieren, denen Fettsäuren aus anderen Quellen zugeführt wurden (Kelley, et al., 1988).

Diagramm 19: Gehalte von n-6 : n-3 Fettsäuren in verschiedenen Futtermitteln, Werte in g/kg TS aus (Clapham, et al., 2005), (Souci, et al., 2008), (Wyss, et al., 2007)

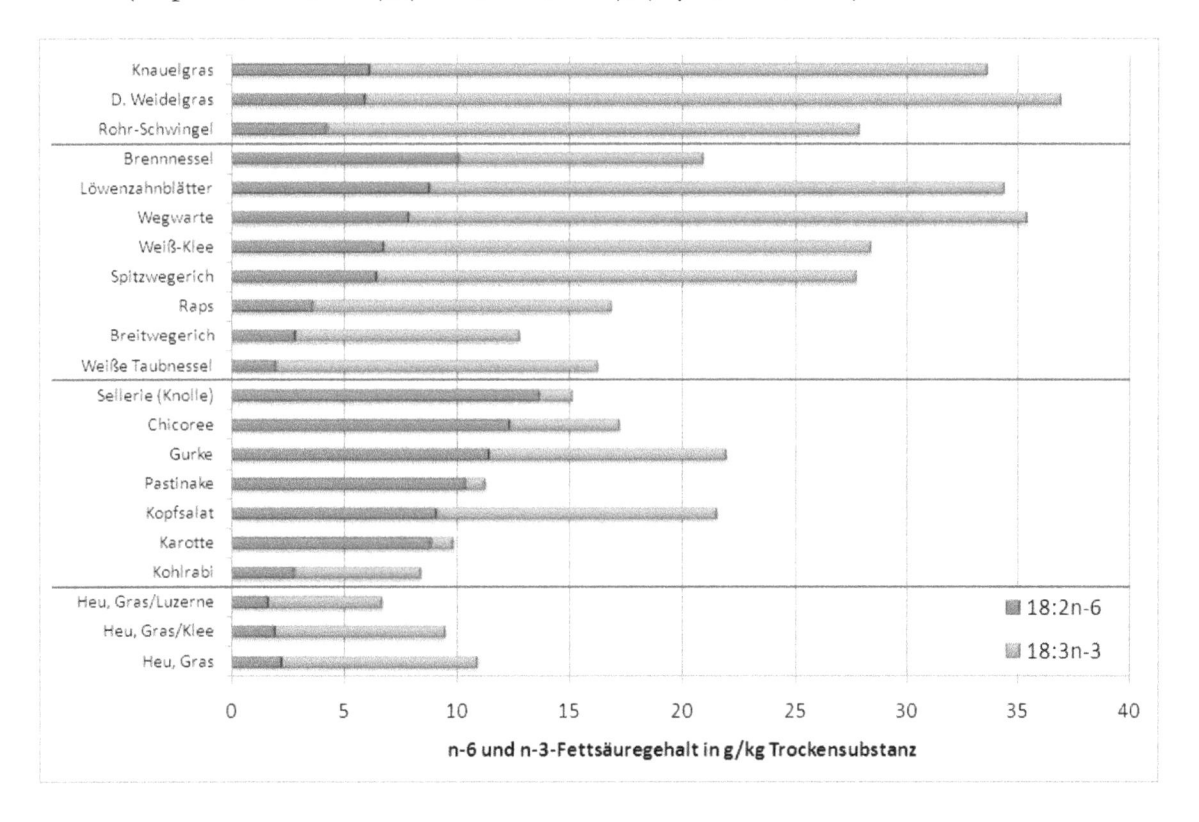

In Diagramm 19 sind verschiedene, mögliche Futtermittel für Kaninchen aufgeführt, die in 4 Kategorien eingeteilt sind: Gemüse, Gräser, Kräuter und Heu. Aus den Daten werden folgende Fakten deutlich:
➢ Die Fettsäuregehalte sind in Gräsern und Kräutern im Vergleich zu Gemüse und Heu am höchsten
➢ In Gräsern, Kräutern und Heu überwiegen die n-3-Fettsäuren
➢ Gemüse enthält zwar etwas mehr essentielle Fettsäuren als Heu, aber die n-6-Fettsäuren überwiegen in diesen Futtermitteln.
➢ Sowohl von der Menge als auch dem Verhältnis der n-6 : n-3-Fettsäuren schneiden Gräser und Kräuter im Vergleich am besten ab, Gemüse ist auf Grund des Verhältnisses und Heu wegen der Menge der Fettsäuren nachteilig.

Eine Empfehlung für die Fütterung von Heimkaninchen bildet eine Zusammensetzung der täglichen Ration aus Gemüse und Heu im Verhältnis von 80% Gemüse und 20% Heu. Um zu verdeutlichen, was diese Empfehlung in Bezug auf die essentiellen Fettsäuren wert ist, werden die Werte im folgenden Diagramm dargestellt.

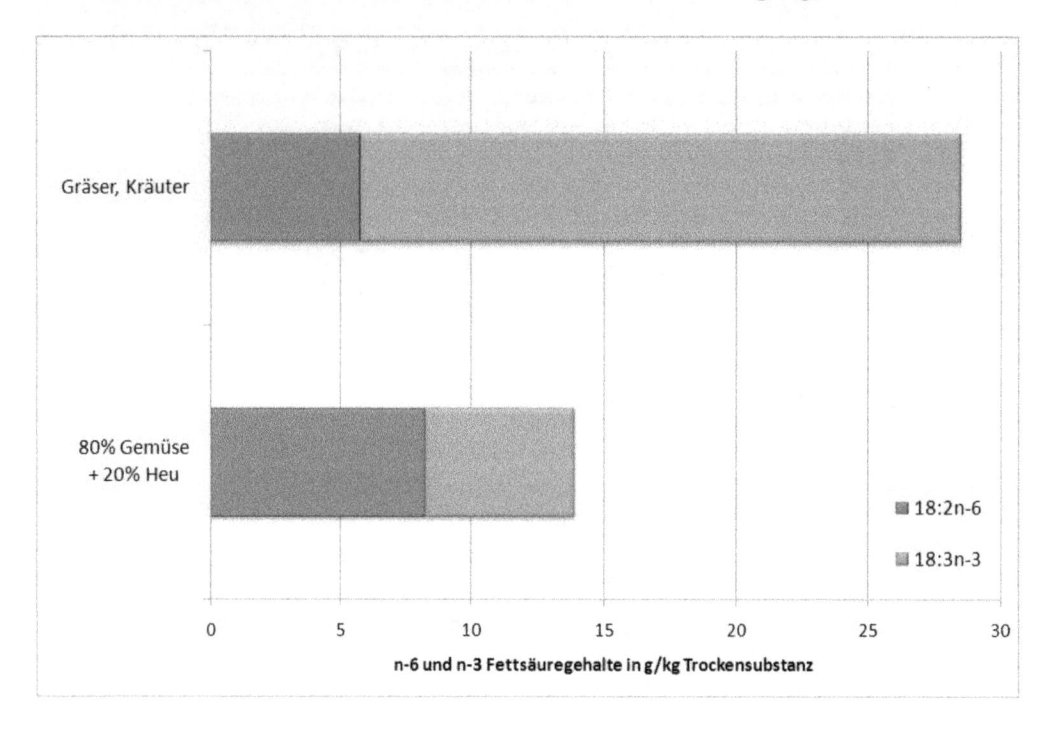

Diagramm 20: n-6 und n-3 Fettsäuregehalte in Gräsern und Kräutern sowie einem Gemisch aus 80% Gemüse und 20% Heu, Werte in g/kg TS

Gräser und Kräuter bilden die Hauptnahrung von Wildkaninchen. Das Diagramm 20 zeigt, wie sich Alternativen zu diesen wie Gemüse und Heu auf die Aufnahme essentieller Fettsäuren auswirkt. Der Gehalt von Heu und Gemüse beträgt nur die Hälfte und zudem überwiegt die n-6-Fettsäure.

Die absoluten Zahlenwerte können in verschiedenen Quellenangaben von den hier genutzten abweichen. Sie dienen deshalb nur als Beispiel, zeigen aber prinzipielle Zusammenhänge. Gräser und Kräuter sind relativ fettreich und die Fettsäuren liegen immer in dem dargestellten Verhältnis vor, selbst wenn absolute Werte etwas abweichen sollten.

Der Beitrag der essentiellen Fettsäuren zur Gesundheit ist mittlerweile nicht mehr nur theoretisch, sondern nachgewiesen, wenn auch nicht im Detail geklärt. Der Grund dafür sind indirekte Zusammenhänge, wie z. B. die regulatorische Wirkung von Zytokinen als Botenstoffe in der Darmschleimhaut, die der Steuerung der Immunantwort dienen. Sie werden von Makrophagen, B-Lymphozyten, T-Lymphozyten, natürlichen Killerzellen und Fibroblasten gebildet. Ist das Gleichgewicht und damit das Zusammenwirken entzündungsfördernder und entzündungshemmender Zytokine gestört, kann es zu schwerwiegenden Erkrankungen kommen, da das Immunsystem den Krankheitserreger nicht beseitigen kann oder eine Immunreaktion nicht zum Stillstand kommt, obwohl der Erreger gar nicht mehr vorhanden ist (überschießende Reaktion). Liegen entzündungsfördernde Zytokine im Überschuss vor oder sind zu wenig entzündungshemmende Zytokine vorhanden, entsteht eine chronische Entzündung (Fortun-Lamothe, et al., 2004).

Rohasche (Ra)
In der Ernährung wird zwischen Grund-, Mengen- und Spurenelementen unterschieden. Wasserstoff (H), Kohlenstoff (C), Stickstoff (N) und Sauerstoff (O) sind die Grundelemente, die wichtigsten Mengen- und Spurenelemente werden gemäß der folgenden Tabelle eingeteilt:

Tabelle 26: Mengen- und Spurenelemente

Mengenelemente	**Spurenelemente**
Calcium (Ca)	Mangan (Mn)
Phosphor (P)	Zink (Zn)
Magnesium (Mg)	Eisen (Fe)
Kalium (K)	Kupfer (Cu)
Natrium (Na)	Molybdän (Mo)
Chlor (Cl)	Selen (Se)
Schwefel (S)	Iod (I)
	Cobalt (Co)
	Chrom (Cr)

Spurenelemente kommen im Organismus mit einem Anteil von < 50 mg/kg Körpergewicht vor. Eine Ausnahme hierbei bildet Eisen (Fe), da dessen Körpergehalte etwas höher als 50 mg/kg liegen, aber funktionell ist es eher den Spuren- als den Mengenelementen zuzuordnen ((Kirchgeßner, et al., 2008). In diesem Buch soll nur auf jene Elemente eingegangen werden, für die gesicherte Erkenntnisse vorliegen.

Mit „Rohasche" werden in der Weende-Analyse alle anorganischen Stoffe erfasst. Dabei handelt es sich, bis auf wenige Ausnahmen um jene Stoffe und Verbindungen die keinen Kohlenstoff (C) enthalten. Dazu zählen Mineralien und Spurenelemente. Sie müssen mit der Nahrung aufgenommen werden, weil sie vom Körper nicht selbst hergestellt werden können. Ein Beispiel für ein Mineralsalz ist das „Speisesalz" bzw. Natriumchlorid. Natriumionen werden von den Nervenzellen benötigt und Chloridionen spielen für den Aufbau der Magensäure eine wichtige Rolle. Keines der Mineralien kann für sich allein seine korrekte Körperfunktion erfüllen, sondern immer nur im Zusammenhang mit Enzymen, Hormonen, Kohlenhydraten, Proteinen oder mit anderen Mineralien.

Mineralstoffe
Calcium (Ca) und Phosphor (P)

Ein wichtiges Mineral in der Ernährung des Kaninchens ist Calcium. In elementarer Form handelt es sich dabei um ein Metall, in der Umwelt kommt es dagegen nur in chemisch gebundener Form wie z. B. Kreide, Kalkstein oder Gips vor. Im Körper existiert es u. a. als „Hydroxylapatit" in Knochen und Zähnen. 95% des Calciums liegt im Körper in Kombination mit Phosphor in gebundener Form in Knochen und Zähnen vor, 1% im Zytoplasma und 4% in gelöster Form als Calciumionen (Ca^{++} bzw. Ca^{2+}) im Blutplasma. Nur das ionisierte Calcium ist biologisch wirksam. Phosphat- und Calciumionen bilden z. B. die Grundlage für „Osteoblasten", die für den Zahn- und Knochenaufbau wichtig sind. Calcium ist zudem ein sogenannter „second Messenger", weil es Informationen von der Zellmembran in die Zelle weiterleitet.

Knochen bestehen aus einem hochgradig strukturierten Verbund, welcher sich aus einer anorganischen sowie einer organischen Phase zusammensetzt. Es ist bisher noch nicht gelungen, ein Knochenersatzmaterial mit den gleichen physikalischen, chemischen und biologischen Eigenschaften zu synthetisieren, wie sie der natürliche Knochen aufweist.

Die Aufnahme von Calcium (und Phosphor) erfolgt beim Kaninchen nicht bedarfsorientiert, sondern entspricht der Menge, die in den jeweiligen Futtermitteln enthalten ist. Anders als im Fall der Aminosäuren, deren Zufuhr das Kaninchen gezielt über die Nahrungsaufnahme reguliert, spielt der Calciumgehalt in der Nahrungsauswahl für das Kaninchen offenbar keine Rolle. Damit ist es an seine natürliche Nahrung bestens angepasst, denn sie enthält zum Teil recht hohe Mengen an Calcium, sie ist aber auch sehr wasserreich.

Obwohl (Cheeke, 1987) eine Arbeit von (Mathieu, et al., 1961) zitierte, laut der ein Phosphorbedarf von 2,2 g/kg Futter bestehen würde, wurden eigene Untersuchungen mit einem P-Gehalt von 3,7-3,9 g/kg Futter durchgeführt. Die Versuche erfolgten über einen Zeitraum von 7-10 Wochen mit Tieren, die bei Beginn 4-7 Wochen alt waren. Als Resultat wurde für ein optimales Wachstum ein Ca-Gehalt von 2,2 g/kg und für die maximale Knochenmineralisierung ein solcher von 3,5-4,0 g/kg Futter ermittelt. Alle Untersuchungen wurden mit pelletierten Trockenfuttern durchgeführt.

Als Ergebnis typischer Versuche mit Trockenfuttern, die verschiedene Gehalte von Calcium und Cholecalciferol (Vitamin D_3) enthielten, wurde von (Kamphues, 1991) für die Erhaltung ein Calciumgehalt von 5 g/kg und für das Wachstum und laktierende Häsinnen ein solcher von 8 g/kg Futter sowie ein Gehalt für Vitamin D_3 von weniger als 1.000 IU empfohlen.

Kommerzielle Futtermittel (Pellets) enthalten in der Regel 10-12 g/kg TS Calcium und 4,5-5,5 g/kg TS Phosphor. Magnesium wird normalerweise nicht deklariert.

In der folgenden Tabelle sind Werte für Calcium, Phosphor und Magnesium für einige potentielle, arttypische Futtermittel aufgeführt.

Tabelle 27: Ca-, P- und Mg-Gehalte für verschiedene, arttypische Futtermittel, absteigend nach dem Calciumgehalt in g/kg TS, aus (DLG, 1973)

Futter	Calcium	Phosphor	Magnesium
Breitwegerich	22,2	3,1	2,7
Möhrengrün	21,5	2,8	3,9
Wiesenbärenklau	19,6	3,7	5,0
Luzerne, 1. Schn. vor Knospe bis vor Blüte	18,9	3,0	3,2
Luzerne, 2. Schn. vor Knospe bis vor Blüte	18,6	3,1	2,8
Haselnuss, Blätter	17,1	2,3	3,3
Spitzwegerich	16,4	3,2	3,1
Rotklee, 1. Schn. vor Knospe bis vor Blüte	16,2	2,9	3,6
Weidenrinde	16,1	0,7	0,9
Wicke	15,5	3,5	3,3
Apfel, Blätter	15,1	3,0	2,0
Labkraut, Echtes	14,4	2,6	2,0
Löwenzahn, 2.-4. Schn.	14,0	3,5	3,9
Löwenzahn, 1. Schn.	11,4	4,0	3,5
Sal-Weide, Blätter	13,7	2,6	3,2
Extensivweide	11,1	2,0	2,1
Schafgarbe	9,3	3,1	2,9
Wiese allg., 4.-6. Schn.	9,2	4,7	2,9
Wiese allg., 2. Schn. vor bis nach dem Schossen	9,1	3,9	2,7
Wiese allg., 3. Schn.	9,1	4,1	2,9
Wiese allg., 1. Schn. vor bis nach dem Schossen	6,8	3,7	2,2
Knaulgras, 1. Schn. vor bis nach dem Schossen	6,3	2,7	1,6
Dt. Weidelgras, 2. Schn.	6,0	3,7	2,1
Dt. Weidelgras, 1. Schn. vor bis nach dem Schossen	5,9	3,3	1,6
Knaulgras, 2. Schn.	4,7	3,3	2,4

Allg. = allgemein; Schn. = Schnitt; Beg. = Beginn, Aufw. = Aufwuchs; Schossen = Ausbildung von Blütenständen

In Wiesenbeständen liegen die Werte für Calcium prinzipiell höher als der für die Erhaltung angegebene von 5 g/kg TS, nämlich bei ca. 9 g/kg TS. In Gräsern beträgt er rund 6, in Kräutern etwa 17 g/kg TS. Der Mittelwert aus Gräsern und Kräutern würde ca. 12 g/kg TS betragen, also dem entsprechen, was kommerzielle Trockenfutter enthalten.

Etwas anders sieht es mit alternativen Futtermitteln wie Gemüse und Obst aus. Deren Ca-Gehalt liegt deutlich unter den Werten für die arttypischen Futtermittel, obwohl der Wassergehalt meist etwas höher ist.

Tabelle 28: Ca-, P- und Mg-Gehalte für einige alternative Futtermittel (Gemüse, Samen, Apfel), absteigend nach dem Calciumgehalt in g/kg TS, aus (Souci, et al., 2000), (Souci, et al., 2008), (DLG, 1973)

	Calcium	**Phosphor**	**Magnesium**
Fenchel	7,8	3,6	3,5
Kohlrabi	7,6	6,0	5,1
Brokkoli	5,0	5,5	1,6
Chicorée	4,4	4,4	2,2
Knollensellerie	4,4	6,1	1,2
Salatgurke	4,0	4,3	2,1
Kopfsalat	3,7	4,0	1,5
Karotte	3,0	3,1	1,1
Pastinake	2,1	3,6	1,2
Paprika (Grün)	1,3	2,9	1,4
Sonnenblumenkerne	1,0	6,6	4,5
Haferflocken	0,5	4,6	1,5
Apfel	0,4	0,7	0,4

Würde man aus den Gemüsesorten den Mittelwert bilden, käme man für Calcium und Phosphor auf einen Gehalt von ca. 4,5 bzw. 4,4 g/kg TS und für Magnesium auf 2 g/kg TS. Im Vergleich zur arttypischen Nahrung mit 12 g/kg TS müsste also ein Kaninchen mehr als die doppelte Menge Gemüse fressen, um die gleiche Menge Calcium aufzunehmen.

Die Ausscheidung von überschüssigem Calcium nimmt mit dem Betrag im Futter zu. Der Anteil des Calciums, das aus dem Blut gefiltert werden kann, ist höher als bei anderen Säugetieren. Die Ausscheidung von Calcium für die meisten Säugetiere beträgt weniger als 2%, bei Kaninchen 45% - 60%. Wenn die reabsorptive Kapazität der Niere erreicht wird, fällt Calcium z. B. als Calciumcarbonat im alkalischen Urin des Kaninchens aus, was trüben oder schlammigen Urin verursacht. Wenn der metabolische Bedarf an Calcium durch Wachstum, Trächtigkeit, Milchabgabe in der Säugephase oder Stoffwechselstörungen erhöht ist, wird weniger Calcium ausgeschieden und der Urin kann klar sein (Harcourt-Brown, 2006). Die sehr geringe Löslichkeit von Calciumphosphatsalzen bei hohen pH-Werten unterstützt zwar den Mineralisierungsprozess von Knochen und Zähnen, führt aber bei Überschreitung des Löslichkeitsproduktes zum Ausfällen von Calciumverbindungen im Urin. Der Harn des Kaninchens verfügt über einen pH-Wert von ≥ 8, was das Ausfällen von Calcium also begünstigt.

Der Calcium-Serumwert des Kaninchens von 5,6 - 13,5 mg/dl liegt im Schnitt höher als bei anderen Säugetieren wie z. B. dem Menschen mit 8,8 - 10,4 mg/dl. Deshalb wird allgemein davon ausgegangen, dass zusätzliches Calcium im Futter schädlich sei. Dabei wird übersehen, dass es gerade die Nahrung des Kaninchens ist, die den hohen Serumwert verursacht. Auch (Hand et al. 2003) gehen davon aus, dass die Annahme einer Schädlichkeit für gesunde Kaninchen vermutlich nicht zutreffend ist. Besonders reich an Calcium und Phosphor ist die Milch des Kaninchens. Mit ca. 0,61% Calcium und 0,38% Phosphor ist ihr Gehalt an Ca und P etwa fünfmal höher als der von Kuhmilch. Auf dem Höhepunkt der Säugephase gibt die Häsin rund 1,3 g Ca/Tag mit der Milch ab (Kötsche, et al., 1990).

Tabelle 29: Calcium- und Phosphorgehalte in der Muttermilch verschiedener Tierarten, in g/kg TS, aus (Kienzle, et al., 1995)

	Hund	**Kaninchen**	**Hase**	**Reh**
Calcium	11	20	15	12
Phosphor	8	12	12	10
Quotient C/P	1,4	1,7	1,3	1,2

Eine deutliche Verringerung des Calciumspiegels im Blut wird „Hypokalzämie" genannt und führt zu einem verringerten Einbau von Calcium in Knochen und Zähne. Außerdem kann der Zustand zu einer Übererregbarkeit des Nervensystems führen, was sich in Krämpfen in der Skelettmuskulatur äußert. In einigen Fällen wird auch ein Spasmus der glatten Muskulatur ausgelöst. Parathormon wirkt einer Hypokalzämie kurzfristig entgegen, Calcitriol dient der längerfristigen Anpassung des Calciumspiegels.

Ein weiteres, wichtiges Mineral ist Phosphor bzw. dessen Ionen ($H_2PO_4^-$, HPO_4^{2-}). Sie wirken im Blut als Puffer zur Aufrechterhaltung des pH-Wertes von 7, außerdem ist Phosphat in Form der Verbindung „Hydroxylapatit" wie Calcium am Aufbau von Zähnen und Knochen beteiligt. Phosphorverbindungen sind Bestandteile der Nukleinsäuren wie der DNS (Desoxyribonukleinsäure) und ATP (Adenosintriphosphat). ATP spielt für die Energieübertragung z. B. in Herz- und Muskelzellen eine wichtige Rolle und ist an Prozessen der Durchblutungsregulierung wie auch der Vermittlung von Entzündungsreaktionen beteiligt. Der Serumwert für Phosphor liegt für das Kaninchen zwischen 4,0-6,9 mg/dl (Graham, et al., 2012). Eine Hypophosphatämie, also ein Absinken des Phosphatspiegels im Blut unter den Normwert kann zu Störungen des Mineralstoffwechsels und der Versorgung der Zellen mit Energie und Sauerstoff führen.

Im Zusammenhang mit dem Gehalt von Calcium im Plasma bekommt ein Fakt Bedeutung, der als „Konzentration" bezeichnet wird. Damit ist die Menge eines Stoffes gemeint, die in gelöster Form in einer Flüssigkeit vorliegt. Im Fall des Calciums in Verbindung mit der Nahrung des Kaninchens bedeutet das, wie viel Calcium mit wie viel Wasser aufgenommen wird. Wasser spielt eine wichtige Rolle für den Transport bzw. Abtransport überflüssiger Bestandteile im Körper, weil es auch die Konzentration verringert.

Beispielhaft seien Ergebnisse einer Dissertation von Bucher (1994) aufgeführt, in der unter anderem auch die aufgenommenen Flüssigkeitsmengen und Harnkonzentrationen bei der Verfütterung verschiedener Futtermittel untersucht wurden.

Diagramm 21: Wasseraufnahme und Calciumkonzentration bei Verfütterung verschiedener Futtermittel, nach Daten von (Bucher, 1994)

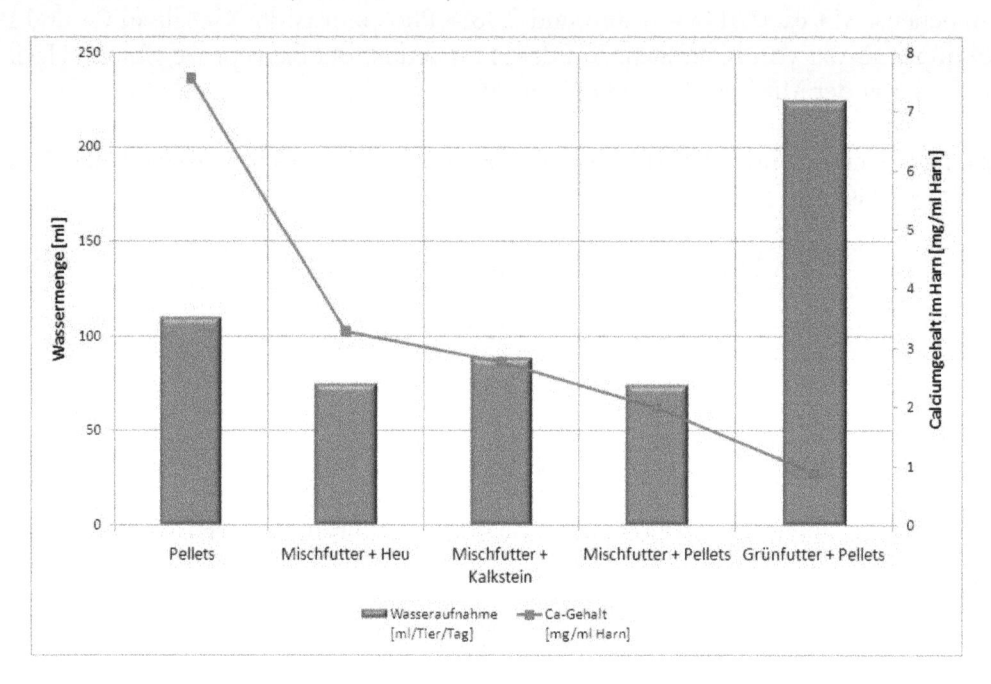

In dem Diagramm sieht man zwei Fakten:
1. Die aufgenommene Flüssigkeitsmenge (blaue Balken, Mengenangabe auf der linken Achse) ist mit Grünfutter und zusätzlicher Wasseraufnahme am höchsten – mindestens doppelt so hoch wie bei jeder anderen Fütterungsart, obwohl die Tiere jeweils zusätzlich Wasser aufgenommen haben.
2. Die Harnkonzentration von Calcium (braune Linie, Konzentrationsangabe auf der rechten Achse), also die Menge Calcium im Harn, ist mit Grünfutter am niedrigsten. Mit Mischfutter ist die Konzentration ca. doppelt so hoch, kommt Heu dazu, steigt sie auf das dreifache und mit Pellets liegt sie siebenmal höher.

Das heißt, dass durch die Aufnahme von Calcium mit viel Flüssigkeit die Konzentration im Harn des Kaninchens niedriger ist, als wenn es viel Calcium mit wenig Flüssigkeit aufnimmt, denn dann steigt die Konzentration.

Im Unterschied zu vielen Säugern scheiden Kaninchen überflüssiges Calcium zu 45-60% über die Niere mit dem Urin aus. Aus diesem Grund ist bei einem gesunden, erwachsenen Tier mit natürlicher Ernährung der Urin trüb eingefärbt, klarer Urin kann auf einen Calciummangel oder eine Fehlfunktion des Calcium- und Phosphathaushaltes hindeuten. Milchiger Urin kann aber auch ein Zeichen für einen zu hohen Phosphorgehalt in der Nahrung sein. Bei Jungtieren besteht die Möglichkeit, dass das aufgenommene Calcium komplett für das Knochen- und Zahnwachstum verwendet wird und deshalb der Urin klar ist. Das ausgeschiedene, überschüssige Calcium zeigt sich oft in deutlichen, weißen Flecken, wenn der Urin getrocknet ist. Eine Rotfärbung des Urins ist meist ein Zeichen für Pigmente or Carotine, die in Futtermitteln enthalten sind. Blut im Urin wäre ein Anzeichen für eine ernsthafte Erkrankung und ist durch klare, rote Blutströpfchen deutlich zu erkennen.

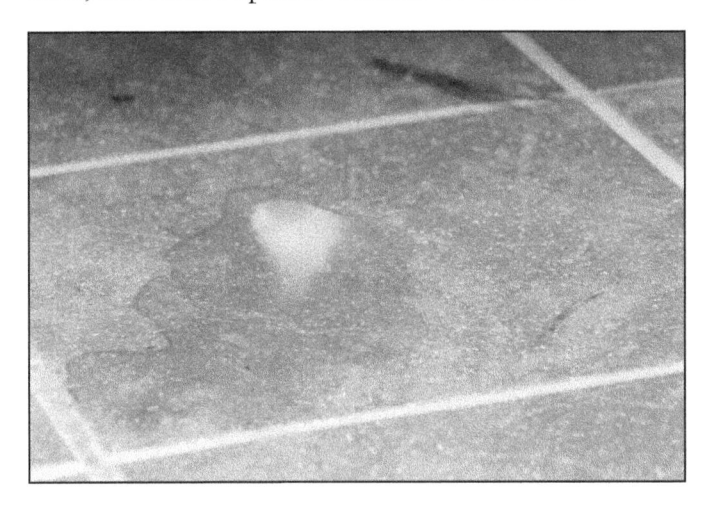

Bild 58: Wenn der Urin von Kaninchen trocknet, bleibt oft ein weißer Rückstand. Dabei handelt es sich um überschüssige Calciumverbindungen.

Calcium- und Phosphathaushalt
Als „Calcium- und Phosphathaushalt" werden Mechanismen beschrieben, die die Konzentrationen frei gelöster Calcium- und Phosphationen im Organismus regeln und damit konstant halten. Ein weiterer Begriff für die Regulierung des Calcium- und Phosphatgehaltes bzw. des Aufrechterhaltens eines Gleichgewichtszustandes dieser Mineralien im Organismus wird auch als „Homöostase" bezeichnet.

Der Calciumbestand des Körpers wird bei den meisten Säugetieren hauptsächlich durch das Zusammenwirken der Hormone „Parathormon", „Calcitriol" und „Calcitonin" gesteuert. Einen weiteren Einfluss nehmen die Sexualhormone „Testosteron" und „Östrogen", indem sie die für den Knochenstoffwechsel notwendigen Hormone beeinflussen und selbst aufbauend und erhaltend am Knochen wirken. Ohne sie ist ein kontinuierlicher Aufbau der Knochendichte nicht möglich. Organische Säuren, Aminosäuren und Vitamin D erhöhen die intestinale Verfügbarkeit von Calcium. Phytinsäure, Oxalsäure, Lignin, Phosphat und Tannine verringern die Absorption.

Bild 59: Hormonelle Regulation des Ca- und Phosphathaushaltes bei sinkendem Calciumgehalt, verändert nach (Kirchgeßner, et al., 2008)

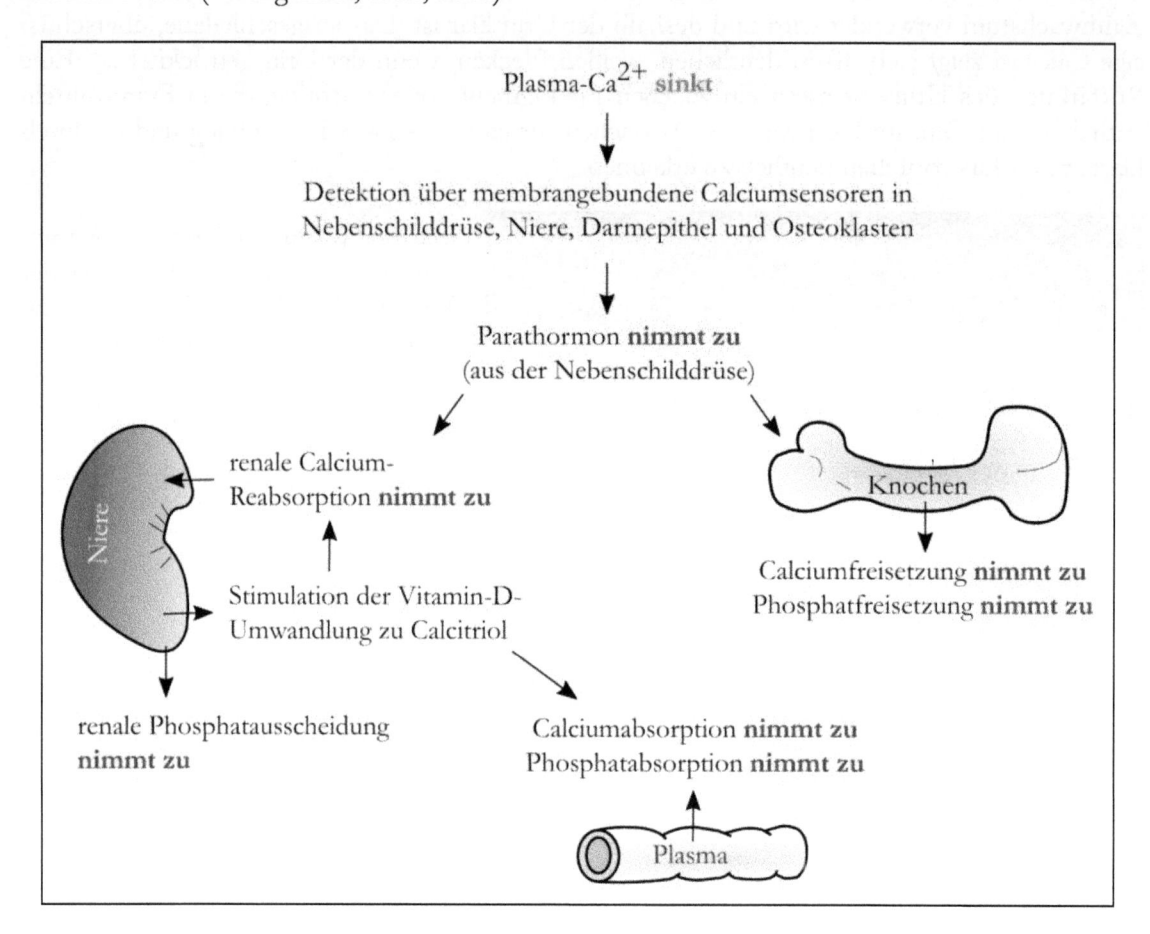

Plasma-Ca^{2+} sinkt

↓

Detektion über membrangebundene Calciumsensoren in Nebenschilddrüse, Niere, Darmepithel und Osteoklasten

↓

Parathormon **nimmt zu**
(aus der Nebenschilddrüse)

Niere:
- renale Calcium-Reabsorption **nimmt zu**
- Stimulation der Vitamin-D-Umwandlung zu Calcitriol
- renale Phosphatausscheidung **nimmt zu**

Knochen:
- Calciumfreisetzung **nimmt zu**
- Phosphatfreisetzung **nimmt zu**

Plasma:
- Calciumabsorption **nimmt zu**
- Phosphatabsorption **nimmt zu**

Parathormon (PTH) ist ein Hormon der Nebenschilddrüse, dessen Freisetzung über den Calciumspiegel im Blut reguliert wird. Sinkt er, wird vermehrt PTH freigesetzt, bei steigendem Calciumgehalt wird die PTH-Sekretion gehemmt. Dies wird auch als „negative Rückkopplung" bezeichnet. Das PTH sorgt bei Calciummangel dafür, dass dieses aus den Knochen gelöst wird, so dass dessen Konzentration im Blut wieder ansteigt. Die Knochen wirken also wie ein großer Calciumspeicher, aus dem bei einem Mangel geschöpft werden kann. Ein dauerhaft erhöhter PTH-Wert kann zu einem erhöhten Abbau von Knochensubstanz aufgrund einer vermehrten Calcium-Freisetzung aus dem Knochen führen. Weitere, mögliche Folgen sind die Bildung von Nierensteinen aufgrund einer vermehrten Calcium-Ausscheidung über den Urin und Verkalkungen der Blutgefäße durch Ablagerung von Calcium und Phosphat. Durch das PTH wird die Phosphatausscheidung über die Niere gesteigert, was die Bildung unlöslicher Calcium-Phosphat-Komplexe im Blut verhindern soll (Kirchgeßner, et al., 2008). Wie zu wenig Calcium im Blut, regt ein Zuviel an Phosphor die Bildung von PTH in den Nebenschilddrüsen an und steigert dessen Freisetzung. Dadurch wird den Knochen Calcium entzogen, was den Calciumspiegel im Blut ansteigen lässt und zu Ablagerungen in Geweben führen kann.

Calcitriol (Vitamin D3-Hormon, 1α25(OH)$_2$-Cholecalciferol, (1α25(OH)$_2$Vitamin D3, 1,25(OH)$_2$D$_3$) wird aus Cholecalciferol synthetisiert und reguliert gemeinsam mit PTH und Calcitonin die Calciumresorption im Darm (intestinaler Calciumtransport). Außerdem begünstigt es die renale Reabsorption in der Niere. Ein chronischer Mangel an Vitamin D im Futter bewirkt „Osteomalazie" (Brommage, et al., 1988). Mit diesem Begriff wird die „Knochenweiche" beschrieben, eine Erkrankung, die aus einer mangelnden Skelettmineralisierung entsteht. Der Vitamin D-Mangel führte zu erhöhten Serum-PTH-Werten, ergab jedoch keine signifikanten Veränderungen der Serum-Ca-Werte.

Calcitonin ist ein Hormon der Schilddrüse, welches bei einer erhöhten Calciumkonzentration vermehrt freigesetzt wird und somit eine schnelle und kurz dauernde Senkung des Calciumspiegels im Blut bewirkt. Es ist somit ein „Gegenspieler" (Antagonist) des PTH. Durch die Freisetzung von Calcitonin wird die Aktivität der Osteoklasten gehemmt, wodurch weniger Calcium aus der Knochensubstanz gelöst bzw. Calcium wieder in die Knochen eingelagert wird. Außerdem erhöht es die Ausscheidung von Calcium-, Phosphat- und Natrium-, Chlorid- und Kaliumionen (Simonnet, et al., 1978).

Östrogene sind weibliche Sexualhormone, die hauptsächlich in den Eierstöcken produziert werden. Sie hemmen die Aktivität der Osteoklasten, die Knochengewebe abbauen und tragen somit zum Erhalt der Knochensubstanz bei (Mano, et al., 1996). Nach einer Kastration (Ovariektomie, Entfernung der Eierstöcke) ist diese Funktion nicht mehr gegeben.

Testosteron ist ein männliches Sexualhormon, welches die Calciumausscheidung mit dem Urin erhöht und somit zum Calcium-Haushalt im Organismus beiträgt. Eine Kastration (Orchiektomie, Entfernung der Hoden) verringert die Calciumausscheidung (Hsu, et al., 2010).

Tabelle 30: Hormone und ihr Einfluss auf den Calciumgehalt im Blut, aus (Varga, 2014)

Hormone, die den Calciumgehalt im Blut steigern	Hormone, die den Calciumgehalt im Blut senken
Parathormon (PTH)	Calcitonin
Prolactin	Glucocorticoide
Vitamin D	Glucagon
Wachstumshormone	Gastrin
Östrogen	Cholecystokinin (CCK)
Progesteron	Sekretin
Testosteron	

Nach (Cheeke, 1987) funktioniert die hormonelle Regulierung des Calciumhaushalts bei Kaninchen nicht sehr effektiv. Begründet wurde das mit Untersuchungsergebnissen von (Chapin, et al., 1967), die mit einem steigenden Calciumgehalt im Futter einen Anstieg des Calciumspiegels im Blut konstatierten. Dies ist ungewöhnlich, da bei den meisten Säugetieren der Serumcalciumspiegel durch die Wechselwirkungen von Vitamin D und den Hormonen PTH sowie

Calcitonin nahezu konstant gehalten wird. Spätere Untersuchungen wiesen jedoch sehr wohl den Einfluss von Hormonen auf den Calciumstoffwechsel nach. So wurde z. B. von (Wei-Guang, et al., 1995) die Wirkung von Parathormon auf Osteoklasten und Osteoblasten bei Kaninchen untersucht. Mit PTH wurde durch das Zusammenwirken der Zellen eine merkliche Knochenresorption (Knochenabbau) durch die Osteoklasten konstatiert.

(Hirano, et al., 1999) ermittelten bei einer Gabe von PTH an Kaninchen eine Erhöhung der Knochenfestigkeit und -bruchkraft. Das heißt, dass hormonelle Einflüsse auch beim Kaninchen gegeben sind.

Von Lee und Mitarbeitern wurde ein direkt proportionaler Zusammenhang zwischen Calcium- und Calcitonin-Konzentrationen bei Kaninchen festgestellt (Lee, et al., 1969)

(Berndt, et al., 1980) fanden durch die Gabe von PTH in Ratten und Kaninchen die gleiche Reaktion auf den Phosphat- und Calciumhaushalt. Die Verabreichung von PTH an Ratten erhöhte signifikant das Phosphat und verringerte die Calciumausscheidungen. Unter den gleichen Bedingungen führte die PTH-Verabreichung in Kaninchen zu qualitativ ähnlichen Veränderungen, aber das Ausmaß der Reaktion variierte zwischen den Spezies. PTH in niedrigen Dosen ergab eine signifikante Phosphaturie (erhöhte Phosphatausscheidung) bei Ratten, während eine signifikante Phosphaturie bei Kaninchen nur mit der höchsten Dosis auftrat. Diese Veränderungen in der Phosphatbehandlung wurden mit gleichzeitiger Abnahme der Calciumausscheidung beobachtet. PTH in niedrigen Dosen zeigte signifikante Veränderungen bei der Calciumreabsorption bei Ratten, Kaninchen zeigten eine größere Änderung in der NaCl-Ausscheidung.

In einer Arbeit von (Gilsanz, et al., 1991) wurden verschiedene Parameter verglichen, die sich bei der Gabe unterschiedlicher Calciumgehalte ergaben. In drei Gruppen wurde der Einfluss verschiedener Calciumgehalte untersucht, wobei der Phosphorgehalt in jeder dieser Gruppen 0,4 g/100 g Futter betrug. Die Gruppe „Niedrig-Ca" erhielt 0,15%/100 g Futter, die Gruppe „Normal-Ca" 0,45%/100 g Futter und die Gruppe „Hoch-Ca" 1,35%/100 g Futter. Der Phosphorgehalt betrug 0,4 g/100g Futter und der von Vitamin D_3 2.200 IE/kg Futter in jeder Gruppe. In der folgenden Tabelle sind die Gehalte von Calcium und Phosphor in g/kg TS Futter aufgeführt.

Tabelle 31: Ca-, P- und Vitamin D_3-Gehalte in der Untersuchung von (Gilsanz, et al., 1991)

	Niedrig-Ca	**Normal-Ca**	**Hoch-Ca**
Calcium, g/kg TS	1,7	5,0	15,0
Phosphor, g/kg TS	4,4	4,4	4,4
Vitamin D_3, IE/kg TS	2444	2444	2444

Diagramm 22: Calcium- und Phosphatausscheidung bei unterschiedlichem Ca-Gehalt im Futter; nach (Gilsanz, et al., 1991)

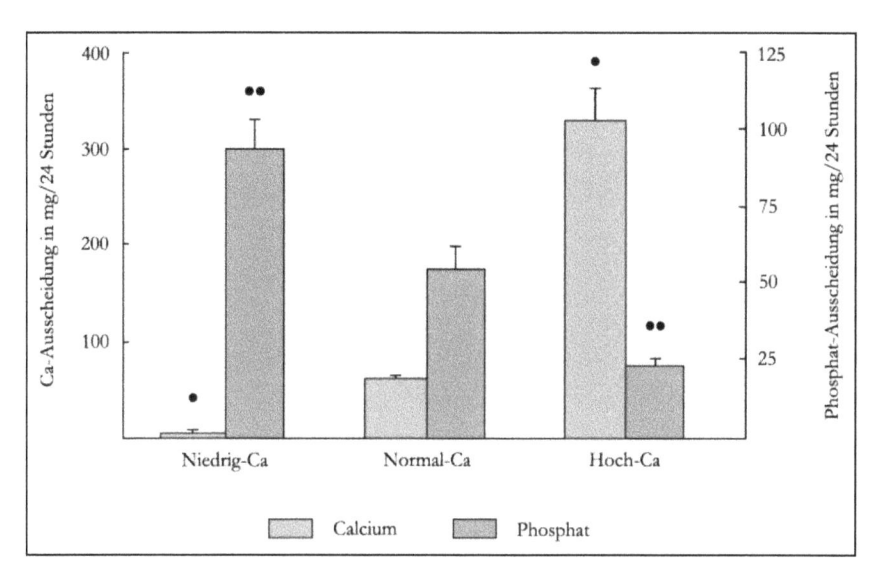

Aus dem Diagramm wird deutlich, dass die Calcium- und Phosphatausscheidung über den Urin ganz offensichtlich vom Organismus reguliert wird, indem bei sehr niedriger Calciumzufuhr die Phosphatausscheidung sehr hoch ist und im umgekehrten Fall bei sehr hoher Ca-Zufuhr dessen Ausscheidung zu-, aber die Phosphatausscheidung deutlich abnimmt. Es wird also versucht, im Körper ein Gleichgewicht zwischen Calcium und Phosphor zu erhalten.

Diagramm 23: Serumwerte von immunreaktivem PTH und Calcitriol bei unterschiedlichem Ca-Gehalt im Futter; nach (Gilsanz, et al., 1991)

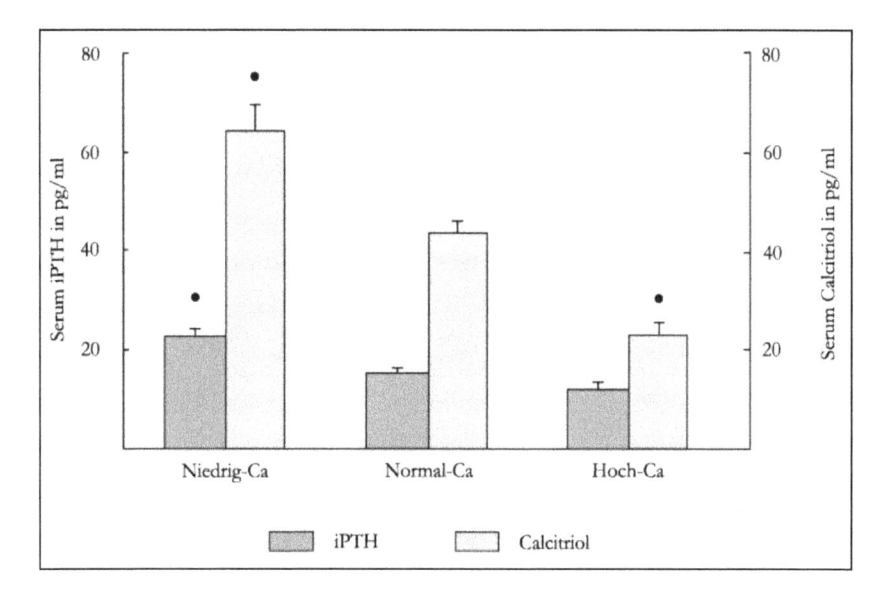

Als weitere Aspekte wurden die PTH- und Calcitriolwerte im Serum erfasst (Diagramm 23). Die Bestimmung des serumimmunreaktiven Nebenschilddrüsenhormons (iPTH) erfolgte dabei unter Verwendung eines Antikörpers, der mit dem aminoterminalen Teil des Peptids reagiert. Nimmt der Calciumgehalt ab, steigt der PTH-Gehalt und die Stimulierung der Vitamin-D-Umwandlung nimmt zu, was sich in zunehmenden Vitamin-D_3-Serumwerten äußert.

In der Arbeit von (Gilsanz, et al., 1991) wurde auch die Knochendichte im dritten Lendenwirbel sowie der Zeitpunkt des Schließens der Wachstumsfugen am Oberschenkel und Schienbein bestimmt.

Diagramm 24: Knochendichten bei unterschiedlichem Ca-Gehalt im Futter; nach (Gilsanz, et al., 1991)

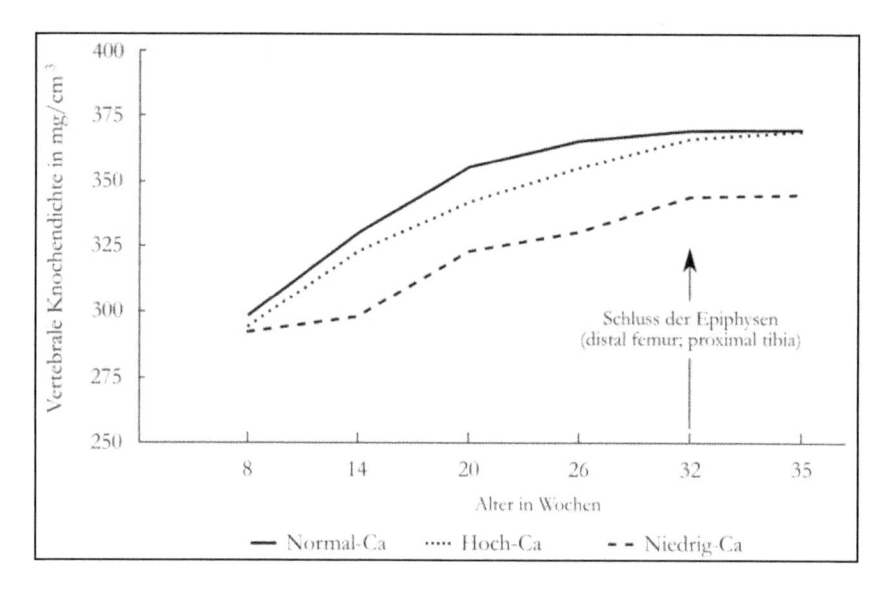

Aus den Werten in Diagramm 24 wird deutlich, dass mit einem als „normal" und einem als „hoch" bezeichneten Calciumgehalt bei gleichem Phosphorgehalt die gleiche Knochendichte erreicht wird, während diese für einen „niedrigen" Ca-Gehalt im Futter um ca. ein Viertel niedriger ist. Der Schluss der Wachstumsfugen (Epiphysen) in Oberschenkel und Schienbein erfolgt mit einem Alter von 32 Wochen. Das heißt, dass das Längenwachstum des Körpers bei einer Versorgung mit zu wenig Calcium mit einer geringeren Knochendichte einhergeht.

Weil es ebenfalls zum Calcium-/Phosphatstoffwechsel gehört, seien der Vollständigkeit halber noch beispielhaft Ergebnisse von (Gilsanz, et al., 1988) in Bezug auf den Einfluss der Geschlechtshormone auf die Knochendichte angeführt. Nach der Kastration im Alter von 6 Wochen wurden männlichen Weißen Neuseeländer-Kaninchen jeweils Testosteron und Östrogen verabreicht, also die Geschlechtshormone, die nach einer Kastration nicht mehr produziert werden. Die Knochendichte wurde mit Hilfe quantitativer Computertomographie (QCT) ermittelt und die Werte auf der Ordinate (y-Achse) als K_2HPO_4 (Dikaliumhydrogenphosphat) in mg/cm^3 angegeben.

Aus den folgenden Diagrammen wird ersichtlich, dass die Knochendichte der Kontrollgruppe, also die der kastrierten Tiere ohne Testosteronzugabe zum Zeitpunkt des Schlusses der Wachstumsfugen signifikant geringer war als die Knochendichte der Tiere, die zusätzlich Testosteron erhielten. Ein ähnliches Ergebnis erbrachte die Zufuhr von Östrogenen.

Diagramm 25: Knochendichte kastrierter Kaninchen mit und ohne zusätzlicher Testosterongabe, nach (Gilsanz, et al., 1988)

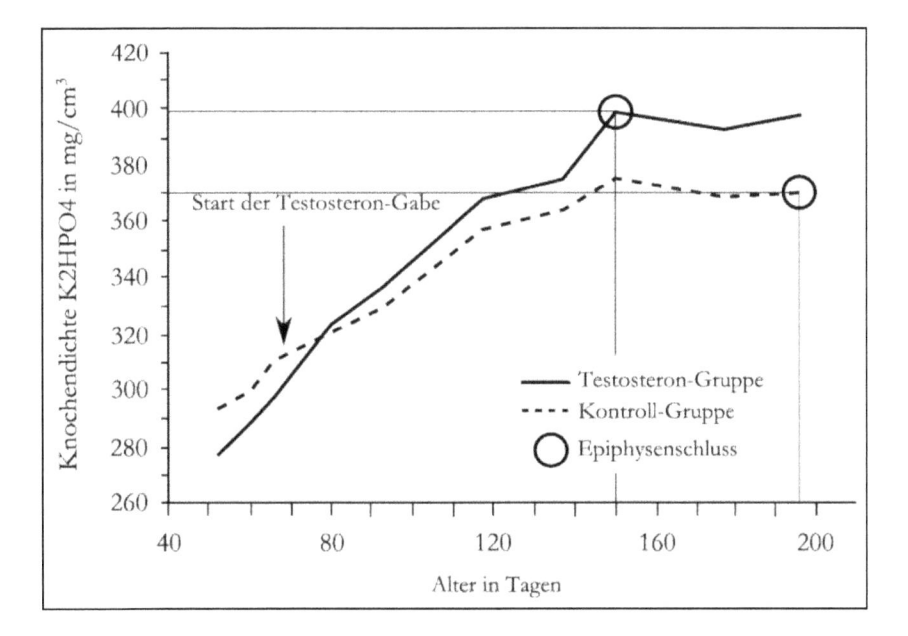

Diagramm 26: Knochendichte kastrierter Kaninchen mit und ohne zusätzlicher Östrogengabe, nach (Gilsanz, et al., 1988)

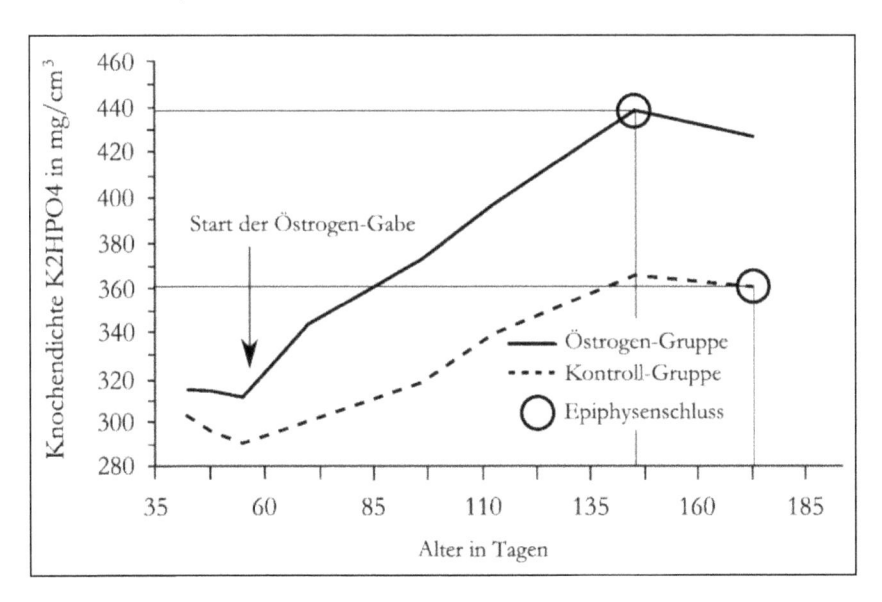

Zu einem ähnlichen Ergebnis kamen (Mano, et al., 1996) mit Versuchen „in vitro" an Kaninchenknochen. Sie stellten fest, dass Östrogen direkt die knochenabbauende Aktivität von reifen Osteoklasten hemmt.

Von (Cao, et al., 2001) wurde die Kieferknochendichte erwachsener weiblicher Tiere untersucht, die kastriert wurden. Die Ergebnisse zeigten, dass der Verlust von mineralisierter Knochenmasse nach 4 Wochen auftrat und 12 Wochen nach der Ovariektomie in den Mandibeln (Unterkieferknochen) der Kaninchen signifikant war. Insbesondere betroffen war die trabekuläre Knochendichte. Dabei handelt es sich um den schwammartigen Innenraum der Knochen (Spongiosa), der aus kleinen Bälkchen, die aus Knochengewebe bestehen, aufgebaut ist. Die Knochendichte in diesem Bereich betrug bei den kastrierten Tieren nur noch 57-59% der Knochendichte der Kontrollgruppe. Die Spongiosa ist wichtig für die Knochenneubildung und Blutbildung. Außerdem leitet sie auftretende Kräfte, die während des Kauens auftreten, in den festen Bereich (Kompakta), der den Knochen umgibt, ab.

Magnesium (Mg)

Magnesium ist ein wichtiger Bestandteil grüner Pflanzen wie auch des tierischen Organismus. Als Gegenspieler von Calcium kann es dessen Verwertung beeinträchtigen, weil es über dieselben Transporter vom Darm in das Blut befördert wird. Bei einem chronischen und massiven Magnesium-Mangel verringert sich die Parathormon-Sekretion aus den Nebenschilddrüsen. Für den Stoffwechsel ist Magnesium unersetzlich, weil sehr viele Enzyme darauf angewiesen sind. Es dient der Energiegewinnung und dem Wachstum von Zellen, beeinflusst die Knochenbildung, den Kohlenhydratstoffwechsel und die Proteinsynthese. Außerdem beeinflusst Magnesium die Erregbarkeit des Herzens und den Blutdruck, reguliert die Muskelspannung und ist an der Reizübertragung im Nervensystem beteiligt.

Während frühere Empfehlungen wie z. B. vom (NRC, 1977) Magnesium eher als unbedeutend ansahen und Werte von 0,3 g/kg TS in Futtermitteln empfahlen, wurde von (Lebas, 2004) ein Gehalt von 3 g/kg TS vorgeschlagen.

Das Verhältnis von Ca, P und Mg

In der Literatur wird häufig nur auf die Verbindungen von Phosphor und Calcium und ihr Verhältnis zueinander eingegangen, obwohl Magnesium ebenso wichtig ist. Der Grund liegt darin, dass kommerzielle Futtermittel in der Regel aus getrockneten Grünpflanzen bestehen und der Gehalt deshalb in ihnen als ausreichend angesehen wird. Das Verhältnis von Ca : P : Mg sollte verschiedenen Quellenangaben zu Folge 1,5-2 : 1 : 1 betragen, was einem Quotienten für Ca/P bzw. Ca/Mg von 1,3-2 entspricht. Phosphor wird auch als „Calciumräuber" bezeichnet, Magnesium beeinflusst ebenfalls die Verwertung von Calcium.

Von (Lowe, 2010) wird ein Calcium- und Phosphorgehalt im Futter für „Heimkaninchen" (pet rabbits) für Ca von 5-10 g/kg TS und für P von 5-8 g/kg TS empfohlen. In demselben Werk wurde von (Mateos, et al., 2010) festgestellt, dass sich die Calciumretention sowohl bei nichtträchtigen als auch bei trächtigen Tieren mit dem höheren Calciumspiegel erhöhte. Darüber hinaus wurde die beste Reproduktionsleistung erzielt, wenn das Verhältnis von Calcium zu Phosphor 2 : 1 betrug.

Empfehlungen für die Calcium- und Phosphorversorgung variieren in einem weiten Bereich. In nahezu allen Empfehlungen liegt aber der Calciumgehalt immer deutlich über dem des Phosphors. Mit Blick auf das Ca/P-Verhältnis in der natürlichen Nahrung lässt sich also feststellen, dass das Verhältnis Ca : P = 2,5-2,0 : 1 betragen sollte. Das heißt, unabhängig von der Calciummenge im Futter sollte der Phosphorgehalt höchstens die Hälfte betragen.

(Grünberg, 1971) stellte fest, dass außer dem pH-Wert auch der Magnesiumgehalt und das Ca/Mg-Verhältnis entscheidend für das Ausfällen von Mineralien im Urin sei und dieses in der natürlichen Nahrung herbivorer Säugetiere in einem Verhältnis von 2 : 0,4 (Quotient 5) vorliegt. Nach (Jeroch, et al., 1993) entspricht das Ca/P-Verhältnis in der natürlichen Nahrung (Grünfutter) annähernd dem Bedarf der Tiere, wobei der Gehalt von Calcium in Gräsern generell niedriger als in Leguminosen ist.

In Diagramm 27-Diagramm 29 sind noch einmal die Ca-, P- und Mg-Gehalte in verschiedenen Futtermitteln dargestellt. Die Werte für die Diagramme stammen aus Tabelle 27 und Tabelle 28. Es handelt sich dabei jeweils um Gräser und Kräuter sowie Gemüse, die jeweils als eine Gruppe zusammengefasst wurden. Auffällig ist die große Streuung der Calciumgehalte in Gräsern und Kräutern. Sie ergibt sich schlicht aus der Tatsache, dass Gräser grundsätzlich weniger Calcium enthalten als Kräuter und beide in einer Box zusammengefasst dargestellt werden. Im Vergleich der Mediane eines Gemisches aus Gräsern/Kräutern und Gemüse wird deutlich, dass der Calciumgehalt in Wiesenpflanzen durchschnittlich dreimal höher als in Gemüse ist. Im Gegensatz dazu ist der Phosphorgehalt in Gemüse deutlich höher als in Wiesenpflanzen. Der Magnesiumgehalt wiederum ist in Gemüse gegenüber Gräsern und Kräutern deutlich niedriger. Prinzipiell lässt sich feststellen, dass sich natürliche Wiesenpflanzen im Vergleich zu Gemüse hinsichtlich der Mineraliengehalte deutlich unterscheiden. Vergleicht man nun die Medianwerte von Calcium, Phosphor und Magnesium der verschiedenen Futtermittelgruppen, so ergibt sich ein Zusammenhang, der in der folgenden Tabelle dargestellt wird.

Tabelle 32: Median (Klammerwerte = arithmetischer Mittelwert) in g/kg TS von Calcium, Phosphor und Magnesium in verschiedenen Futtermitteln sowie ihr Verhältnis zueinander (Basis: Calcium = 2,0)

	Median (arithmetischer Mittelwert)			Median-Verhältnis
	Calcium	Phosphor	Magnesium	Ca : P : Mg
Gräser/Kräuter	15,0 (13,8)	3,2 (3,2)	3,0 (3,0)	2,0 : 0,4 : 0,4
Gemüse	4,2 (4,3)	4,1 (4,3)	1,6 (2,1)	2,0 : 2,0 : 0,8

Diagramm 27: Calciumgehalte in Futtermitteln

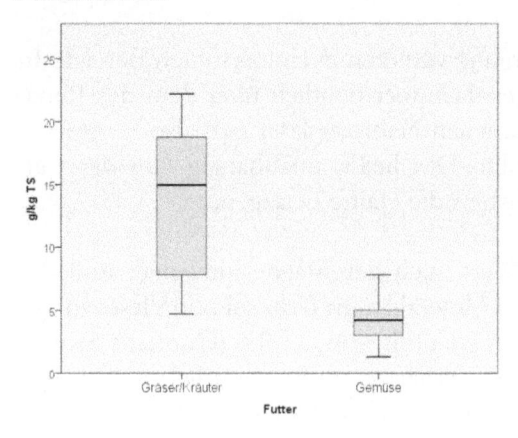

Diagramm 28: Phosphorgehalte in Futtermitteln

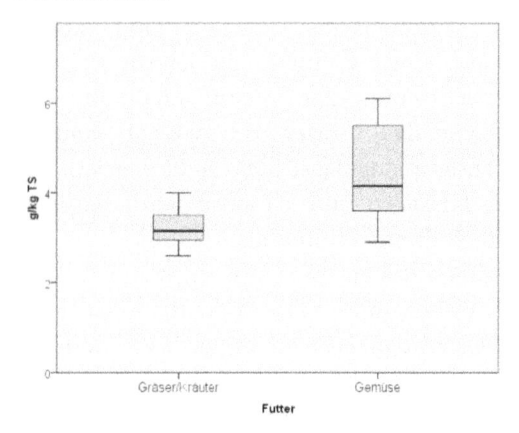

Diagramm 29: Magnesiumgehalte in Futtermitteln

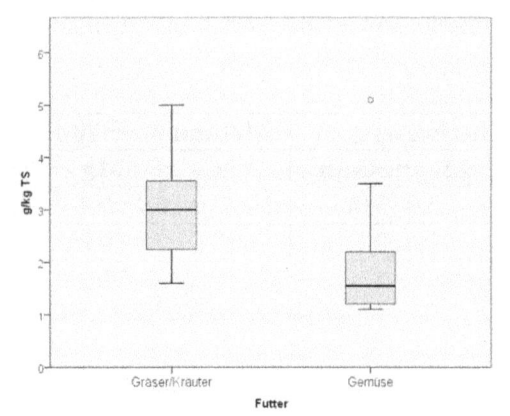

Wie bereits beschrieben, ergibt sich der hohe Gehalt von Calcium in Gräsern/Kräutern aus der Tatsache, dass dessen Gehalt in Kräutern sehr hoch ist. Der Median für diese allein beträgt 16,3 g/kg TS, der für Gräser 6,2 g/kg TS (für die Einzelwerte siehe Tabelle 27 und Tabelle 28). Für den Phosphorgehalt von Gemüse muss man feststellen, dass der Median nicht nur höher als der in Wiesenpflanzen ist, sondern auch nahezu dem des Calciumgehaltes entspricht (4,2 : 4,1). Das arithmetische Mittel ist übereinstimmend. Gemüse hat also in Bezug auf Phosphor gleich zwei Nachteile: der Gehalt ist zu hoch und entspricht dem des Calciums. Magnesium dagegen ist in Gemüse deutlich weniger (zur Hälfte) im Vergleich zu Wiesenpflanzen enthalten.

Warum an dieser Stelle der Median anstatt des Mittelwertes benutzt wird: der Median ist ein Mittelwert in der Statistik und ein Lageparameter. Bei einer größeren Anzahl von Werten, die der Größe nach sortiert werden, bildet er den zentralen bzw. mittleren Wert dieser Reihe. Da er somit weit außerhalb liegende Werte (Ausreißer) nicht mit erfasst, gilt er als „robust", also unempfindlich gegen extrem abweichende Werte. Die Boxplots benutzen statt des arithmetischen Mittelwertes den Median, um die Lage des mittleren Wertes einer Menge darzustellen. In Diagramm 29 für die Magnesiumgehalte ist zum Beispiel ein Wert als Punkt dargestellt. Bei diesem Wert handelt es sich um einen Ausreißer. Er wird durch einen hohen Magnesiumgehalt im Kohlrabi verursacht, der bei 5,1 g/kg TS liegt. Ein weiterer, sehr hoher Calciumwert ist der in Fenchel mit 3,5 g/kg TS (siehe auch Tabelle 28).

Der arithmetische Mittelwert für alle Magnesiumgehalte im Gemüse würde 2,1 g/kg TS betragen, ohne Kohlrabi 1,8 g/kg TS und ohne Kohlrabi und Fenchel 1,5 g/kg TS. Der Median aber liegt für jede dieser Betrachtungen unverändert bei 1,6 g/kg TS. Dadurch wird deutlich, dass der arithmetische Mittelwert näher beim Median liegt, wenn stark abweichende Werte oder Ausreißer vom „Mittel" bzw. „Durchschnitt" unberücksichtigt bleiben. Es ist natürlich trotzdem wichtig, die Einzelwerte zu kennen, denn der Magnesiumgehalt von Kohlrabi ist sehr hoch und somit als Futter nur in kleinen Mengen 20-30 g/Tag und im Gemisch mit anderen Futtermitteln geeignet, deren Mg-Gehalte niedriger sind. Natürlich müssen dann die anderen Nährstoffe mitberücksichtigt werden, was bei Wiesenpflanzen aber kein Problem darstellt.

Die aktuellste Empfehlung für den minimalen Gehalt an Ca, P und Mg, die ein (aus Sicht des Autors) kritisches Verhältnis der Mineralien empfiehlt, ist jene von (Lowe, 2010) für Heimkaninchen (Pet rabbits). Sie widerspricht nicht nur den Empfehlungen für Zuchtkaninchen, sondern auch der natürlichen Nahrung von Wildkaninchen. Sowohl die Menge als auch das Verhältnis der Mineralien zueinander..

In einer Arbeit von (Ritskes-Hoitinga, et al., 2004) über den Einfluss der Gehalte von Ca, P und Mg wurde festgestellt, dass die Empfehlung des (NRC, 1977) für den Phosphorgehalt von 0,22% (= 2,4 g/kg TS) kritisch und als oberste Grenze gesehen werden sollte. Demnach führte eine Erhöhung des Phosphorgehaltes von 4 auf 8 g/kg bei konstanter Calciumkonzentration von 5 g/kg ebenfalls zu einer Bildung unlöslicher Komplexe von Dicalciumphosphat. Folglich war die Darmabsorption beider Mineralien reduziert. Fragwürdig dagegen erscheint die Empfehlung von mehr als dem Doppelten des Phosphorgehaltes von (Lowe, 2010) bei gleichem Calciumgehalt.

Tabelle 33: Ausgewählte, **minimale** Empfehlungen für Ca, P und Mg in kommerziellen Futtermitteln für Kaninchen und das Verhältnis von Ca:P:Mg (Basis = Calcium mit 2,0)

	Calcium in g/kg TS	Phosphor in g/kg TS	Magnesium in g/kg TS	Ca : P : Mg
(Fekete, 1993)				
Wachstum	4,4	3,3	2,8	2,0 : 1,5 : 1,3
Erhaltung	4,4	2,2		2,0 : 1,0 : _ _
Trächtigkeit	6,7	5,6	2,8	2,0 : 1,7 : 0,8
(Lebas, et al., 1997)				
Wachstum	4,5	3,4	2,8	2,0 : 1,5 : 1,3
Laktation	13,5	5,6	2,8	2,0 : 0,8 : 0,4
(Lebas, 2004)				
Single Feed	12	5,6	3,3	2,0 : 0,9 : 0,6
(Lowe, 2010)				
Pet rabbit	5,6	5,6	3,3	2,0 : 2,0 : 1,2

Aus verschiedenen Untersuchungen wie auch der Auswertung von Gehalten in Nahrungspflanzen wird deutlich, dass:
- a) die Calciummenge immer im Zusammenhang mit der Phosphor- und Magnesiummenge gesehen werden muss,
- b) das Verhältnis von Calcium zu Phosphor eine wichtigere Rolle spielt als der Gehalt von Calcium allein (bis zu einem gewissen Grad),
- c) der Calciumgehalt in der natürlichen Nahrung (Wiese mit Gräsern und Kräutern) im Vergleich zu Phosphor und Magnesium immer überwiegt,
- d) die natürliche Nahrung gleich viel oder mehr Calcium enthält, als für Trockenfutter empfohlen wird,
- e) der Magnesiumgehalt in frischen Grünpflanzen als ausreichend angesehen werden kann, während er in bestimmten Gemüsesorten sehr niedrig ist
- f) die natürliche Nahrung prinzipiell mehr Wasser enthält als Trockenfutter.

Seit etwa 40 Jahren gewinnt im Zusammenhang mit Calcium, Phosphor und Magnesium eine Erkrankung immer mehr an Bedeutung, die als **Urolithiasis** bezeichnet wird. Diese äußert sich in Ablagerungen von Calciumsalzen in der Haut oder Körperorganen. Neben Ablagerungen in Geweben und Organen kann es zur Ausbildung von Kristallen kommen, welche zu Steinen wachsen und sich bei Kaninchen vor allem in den harnableitenden Organen und Gefäßen finden.

In der älteren Literatur wie z. B. von (Felden, 1910), (Saunders, 1920), (Schneider, 1930), (Joppich, 1946), (Weißenberger, 1960) und (Dorn, 1973) finden sich kaum Hinweise auf das Vorkommen von Harnsteinen. Lediglich in dem Werk „Pathologie der Laboratoriumstiere" von (Cohrs, et al., 1958) wurde über das Vorkommen von Kalkablagerungen in den Kaninchennieren berichtet. Diese seien besonders in den Epithelien der Niere nachweisbar. Dabei würde es sich jedoch mehr um eine nachträgliche Loslösung verkalkter Epithelzellen handeln, die besonders umfangreich in zwei Fällen spontaner „Glomerulonephritis" auftraten. Damit wird eine spontane, nicht-bakterielle Entzündung von Nierengewebe beschrieben, speziell der kapillaren Gefäßknäuel. Für Harnblasensteine lag zu diesem Zeitpunkt nur eine Beobachtung bei einem einzigen Kaninchen vor. Erst in den letzten 40 Jahren kam es in Verbindung mit der verstärkten Heimtierhaltung zu einem immer häufigeren Auftreten von Harnkonkrementen.

(Kötsche, et al., 1990) gingen auf Gefäß- und Organverkalkungen ein, die infolge einer Überdosierung und einem gestörten Ca/P-Verhältnis in Futtermischungen auftreten können und unter dem Begriff „Kalzinose" zusammengefasst wurden. Vitamin-D3-Gehalte von über 1.500 IE/kg Futter wurden dabei als Überdosierung angesehen, auf die Kaninchen empfindlich reagieren. Desweiteren stellt ein gestörter Calciumstoffwechsel bei gleichzeitig erhöhtem Phosphorgehalt im Futter ein Risiko dar. Von „pathogenetischer Bedeutung" wurde das Verhältnis von Calcium : Phosphor erklärt. So konnten bei einem Gehalt von 1,5 g P/kg Futter und einem Ca/P-Verhältnis von 1 : 1,5 bei 40% der Kaninchen eines Bestandes eine Kalzinose beobachtet werden, obwohl nur 300 IE Vitamin D/kg Futter enthalten waren. Andererseits blieben 6.000 IE Vitamin D3/kg Futter ohne schädliche Wirkung, wenn das Ca/P-Verhältnis bei

0,5 g Phosphor/kg Futter = 2 : 1 betrug. Prophylaktisch wichtig sei deshalb die Einhaltung eines Ca/P-Verhältnisses von 2 : 1 im Futter bei einem konstanten P-Anteil von 0,5 % (Kötsche, et al., 1990). In letzter Zeit gehen in Deutschland Darstellungen zu Harnsteinen fast nur noch auf einen möglichen, zu hohen Calciumgehalt in der Nahrung ein, wobei sogar vor der Gabe von frischen Kräutern gewarnt wird.

Tabelle 34: Zusammensetzung von Harnsteinen des Kaninchens

Chemische Bezeichnung	**Mineral**
Calciumcarbonat	Calcit, Aragonit, Vaterit
Carbonatapatit	Dahllit
Calciumphosphat	Apatit, Brushit
Calciumoxalat-Monohydrat	Whewellit
Calciumoxalat-Dihydrat	Weddellit
Ammoniummagnesiumphosphat	Struvit

Nach (Dulce, et al., 1963) wird die Löslichkeit von Calciumphosphaten hauptsächlich durch den pH-Wert des Harnes bestimmt, außerdem durch die Calcium- und Phosphatausscheidung. Bei einem pH-Wert < 6,5 ist Calciumphosphat löslich, ab einem pH-Wert > 6,5 nimmt die Unlöslichkeit der Calciumphosphate zu.

Nach (Pump, 1993) ist für die Bildung der 3 wichtigsten Harnsteinarten beim Kaninchen, nämlich Calcit, Calciumphosphate und Calciumoxalate, eine Hypercalciurie entscheidend, also die vermehrte Ausscheidung von Kalzium über den Urin.

Carbonate sind schwer löslich. Da es sich um basische Salze handelt, werden die Carbonate von Säuren unter Bildung von CO_2 zersetzt. Aus diesem Grund wird z. B. die Aminosäure „Methionin" medizinisch zur Vorbeugung und Erhöhung der Löslichkeit von Phosphat-Nierensteinen genutzt. Sie säuert den Harn an, weil sie in der Niere zu Sulfaten (SO_4^{2-}, HSO_4^{-}) und Protonen metabolisiert wird (Hesse, et al., 1997). (Paulus, 2010) wies in ihrer Dissertation für eine Konstellation eine Ansäuerung des Harns durch Methionin nach: das Angebot eines Mischfutters mit höherem Proteingehalt und einer Methionin-Zulage hatte einen leichten Effekt auf den Harn-pH-Wert (Ø pH 8,61). Dieser unterschied sich signifikant von den Werten, die nach ausschließlicher Kraftfuttergabe gemessen wurden. Bei der Fütterung der proteinreduzierten Variante des Mischfutters blieb dieser Effekt jedoch aus (Ø pH 8,90). Bei ausschließlicher Fütterung von Heu in zwei Versuchsdurchgängen betrug der pH-Wert des Harns 8,31 bzw. 8,40. Die Futteraufnahme bei ausschließlichem Angebot von Heu blieb allerdings stets unter der maximal möglichen TS-Aufnahmekapazität (Ø 18,4 g uS/kg KM). Eine dauerhafte Fütterung ausschließlich mit Heu wurde jedoch wegen der geringen Verdaulichkeit und dem niedrigen Gehalt einiger Mineralstoffe und Spurenelemente als „*nicht ratsam*" empfohlen.

Tabelle 35: pH-Wert des Harns mit und ohne Methionin-Zulage im Futter, aus (Paulus, 2010)

	Rp in g/kg TS	pH-Wert
Konventionelles Alleinfutter	182	9,14
Mischfutter, hoch Protein + Methionin-Zulage	162	8,61
Mischfutter, niedrig Protein + Methionin-Zulage	110	8,90

Diagramm 30: Sättigungsgrenzen steinbildender Salze bei unterschiedlichem pH-Wert, nach (Brühl, 1989)

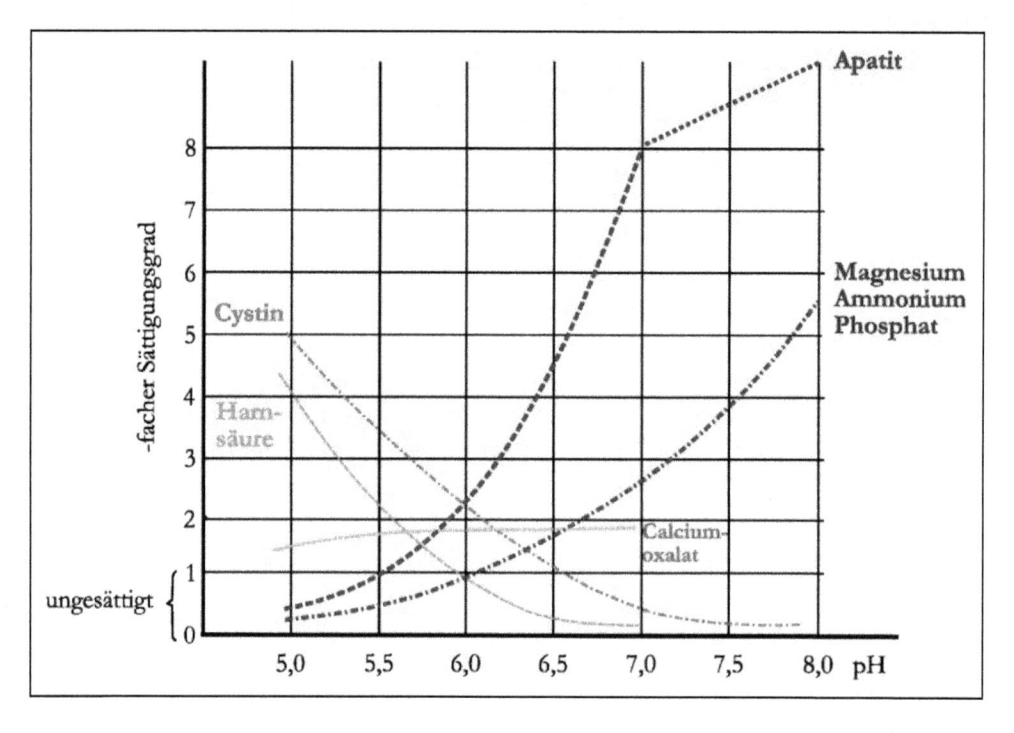

Diagramm 30 zeigt die Sättigungsgrenzen steinbildender Substanzen. Für Magnesium und Phosphat liegt die Sättigungsgrenze bei einem pH-Wert von 6, bei einem pH-Wert von 7,5 ist die Grenze der Löslichkeit bereits um das Vierfache überschritten. Der hohe, basische Wert des Urins von Kaninchen resultiert auf natürliche Weise durch die Aufnahme alkalisch wirkender Mineralien wie Calcium-, Magnesium- und Kaliumionen, die in der Nahrung gelöst vorliegen.

Zahnfehler zählen in neuester Zeit mit zu den häufigsten Erkrankungen des Heimkaninchens. Selbst wenn sie in Statistiken separat aufgeführt werden, sind daraus resultierende Krankheitsgründe häufig ursächlich durch Zahnfehler bedingt. Der Einfachheit halber und nicht selten aus ideologischen Gründen wird die Genetik für Zahnprobleme verantwortlich gemacht. Das heißt, der Halter akzeptiert nur allzu leicht eine Kiefer- oder Zahnerkrankung mit der Begründung, es sei halt genetisch bedingt und er könne es nicht beeinflussen. Das ist falsch. Umgekehrt ist richtig, dass ein genetischer Zahnfehler eher selten vorliegt und die Ursache in einer falschen Ernährung liegt. Genetisch bedingte Zahnfehler zeigen sich bereits im Wachstum im Alter von 6-8 Wochen.

Einen Einfluss auf das Knochenwachstum und die Knochengewebserneuerung haben z. B. die Sexualhormone. Hypogonadismus, also eine Unterfunktion der Gonaden (Keimdrüsen: Hoden des männlichen, Eierstock des weiblichen Kaninchens) führt zwangsläufig zu „Osteoporose". Damit wird eine Störung der Remodellierung von Knochengewebe beschrieben, die zu einer verringerten Knochendichte führt. Als weitere Einflussfaktoren sind Magnesium, Kalium, Zink, Vitamin C, K, B6, B12 zu sehen. Sekundäre Pflanzenstoffe wie Isoflavone oder Carotinoide, aber auch Präbiotika und bioaktive Peptide sind ebenfalls positiv mit dem Knochenmineralgehalt oder der Knochendichte assoziiert. Fettsäuren nehmen Einfluss auf Parodontalerkrankungen, Vitamin D und Vitamin K leisten ebenso ihren Beitrag für ein gesundes Knochen- und Zahnwachstum bzw. zu deren Erhaltung

Als **Abszess** wird eine abgegrenzte Eiteransammlung in einem durch Gewebseinschmelzung entstandenen, nicht vorgebildeten Gewebshohlraum bezeichnet, die im fortgeschrittenen Stadium von einer Membran oder Kapsel aus entzündlichem Granulationsgewebe umgeben ist. Granulationsgewebe entsteht vorläufig im Wundheilungsprozess. Von (Jaffé, 1931) wird die Vermutung geäußert, dass: „*Harte, stechende, ätzende Futterstoffe, wie Getreidegrannen, Fichtennadeln, Disteln, hartes Heu*" das Zustandekommen entzündlicher Veränderungen im Bereich der Maulhöhle unterstützen können. Auch (Kötsche, et al., 1990) bringen das Krankheitsbild des „*eitrigen Kieferkatarrh*", das durch abszedierende Auftreibungen des Kiefers (vorwiegend des Unterkiefers) gekennzeichnet ist, mit dem Einspießen von Fremdkörpern in das Zahnfleisch und die Zahnalveolen (Zahnfächer) in Verbindung. Als Erreger der Entzündung wurden meist Staphylokokken isoliert. Es liegt auf der Hand, dass das Einspießen von Fremdkörpern in ein weiches Gewebe leichter fällt, als in ein hartes. Wenn also im Kiefer das Gewebe auf Grund eines gestörten Calciumstoffwechsels weicher wird, steigt das Risiko einer Verletzung des Gewebes. Dort können bakterielle Keime eindringen und somit das Risiko für eine Entzündung erhöhen. Durch eine Verkapselung im Heilungsprozess können Abszesse entstehen. Ein weiteres Risiko sind Zähne, die in einem weicheren Kiefer keinen festen Halt mehr finden und sich lockern. Dadurch entstehen Räume, in welchen sich ebenfalls Bakterien ansammeln können.

Kalium (K)
Kalium verbessert die Verdaulichkeit von Pflanzenfasern und steht in enger Verbindung mit Natrium. Beide Elemente sind wichtig für Funktionen in Körperflüssigkeiten, bei der Wirkung von Enzymen und haben eine Bedeutung für das Nervensystem, indem sie der Signalleitung bzw. -ausbreitung sowie in Sinneszellen und dem Zentralnervensystem der Informationsverarbeitung dient. Der tägliche Kaliumbedarf beträgt 0,5-0,8% und wird normalerweise über die pflanzliche Nahrung gedeckt. Nach (Kötsche, et al., 1990) wurden in Kaninchenbeständen vermehrt Fälle von „Schiefhalskrankheit" (Sternguckerkrankheit, Head tilt) festgestellt, die auf einen Natriummangel bzw. ein ungünstiges Natrium/Kalium-Verhältnis in energiereichen und rohfaserarmen, pelletierten Futtermitteln zurückgeführt wurden. Die Krankheit war dabei klar von klinisch ähnlichen, zerebralen Verlaufsbildern als Folgeerscheinung einer infektiösen oder

parasitären „Otitis media" bzw. „Otitis interna" oder die durch den parasitären Erreger „Encephalitozoon cuniculi" hervorgerufene Infektion abzugrenzen. Gestützt wurde die These durch die orale oder parenterale Gabe von physiologischer NaCl-Lösung bzw. von Elektrolytlösungen, die das Krankheitsgeschehen günstig beeinflussten.

Natrium (Natriumchlorid, NaCl)
Natrium ist als Bestandteil von Natriumchlorid (NaCl) ein wichtiger Bestandteil in der Nahrung von Menschen und Tieren. NaCl ist das Natriumsalz der Salzsäure und wird üblicherweise als „Salz" bezeichnet. Im Körper reguliert Natrium unter anderem:
- den Wasserhaushalt des Körpers,
- den Säure-Basen-Haushalt,
- die normale Erregbarkeit von Muskeln und Nerven
- die Aktivierung verschiedener Enzyme.

Ein Überschuss an Natrium fördert dagegen die Entstehung von Nierensteinen. Salz wird in Futterwerttabellen selten aufgeführt, stattdessen die Menge an „Natrium" als ein Bestandteil des Salzes. Multipliziert man diese Menge mit dem Faktor 2,54, erhält man die Salzmenge (393 mg Natrium = 1 g Salz). Natrium ist in frischen Grünpflanzen in geringen Mengen enthalten, weshalb viele Kaninchen wie alle Pflanzenfresser bei Möglichkeit zusätzlich Salz aufnehmen. Im Sommer fressen wilde Herbivoren wie z. B. Rehe gern an Straßenrändern, weil die Pflanzen dort würziger schmecken. Grund ist das Streusalz im Winter, was auch in dieser Jahreszeit zu häufigeren Unfällen an Straßen führt, die mit Salz gestreut wurden (Focus, 2012). Dass es eine Bedeutung für den Organismus hat, wird schon allein wegen der Tatsache deutlich, dass der Geschmackssinn des Kaninchens „salzig" erkennt. „Natriumchlorid", wie der Name der chemischen Verbindung „Salz" korrekt heißt, fördert die Eiweißverdauung und dient einer besseren körperlichen Entwicklung. In kommerziellen Trockenfuttern (Pellets) wird Salz in Größenordnungen von 0,2-1,0% zugemischt, empfohlen wird ein Gehalt von 5-10 g/kg TS NaCl (Lowe, 2010), was einer Natriummenge von 2-4 g/kg entsprechen würde. Der Nachteil hierbei ist, dass die Tiere mit einem Trockenfutter diesen Gehalt immer aufnehmen müssen, unabhängig vom körperlichen Zustand, geschmacklichen Vorlieben und tatsächlichem Bedarf. Bei einem Natriumüberschuss hält die Niere Wasser zurück, um das Natrium im Körper zu verdünnen und das Natrium selbst auszuscheiden. Bei einem Natriummangel wird vermehrt Wasser ausgeschieden und Natrium zurückgehalten. Das heißt, der Natriumgehalt hat auch einen direkten Einfluss auf den Wasserhaushalt des Körpers. Über hohe NaCl-Gehalte von ca. 10 g/kg TS verfügt vor allem Gemüse, weil es in der Regel gedüngt wird. Der Gehalt in frischem Grünfutter liegt dagegen bei ca. 1 g/kg TS. In ihrer Dissertation wies (Rückert, 2016) nach, dass durch die Zulage von NaCl im Futter die Harnmenge signifikant gesteigert und das spezifische Gewicht des Harns gesenkt wurde, weshalb eine NaCl-Gabe einen möglichen, therapeutischen Ansatz zum vermehrten Ausscheiden von Kristallen darstelle. Empfohlen wurde eine NaCl-Dosierung von 10 g NaCl/kg Alleinfutter mit einer Trockensubstanz von 93%.

Diagramm 31: Gehalte von Kalium und Natriumchlorid (NaCl bzw. Salz) in verschiedenen Futtermitteln, von Natrium umgerechnet nach Werten aus (Souci, et al., 2008) und (Jeroch, et al., 1993)

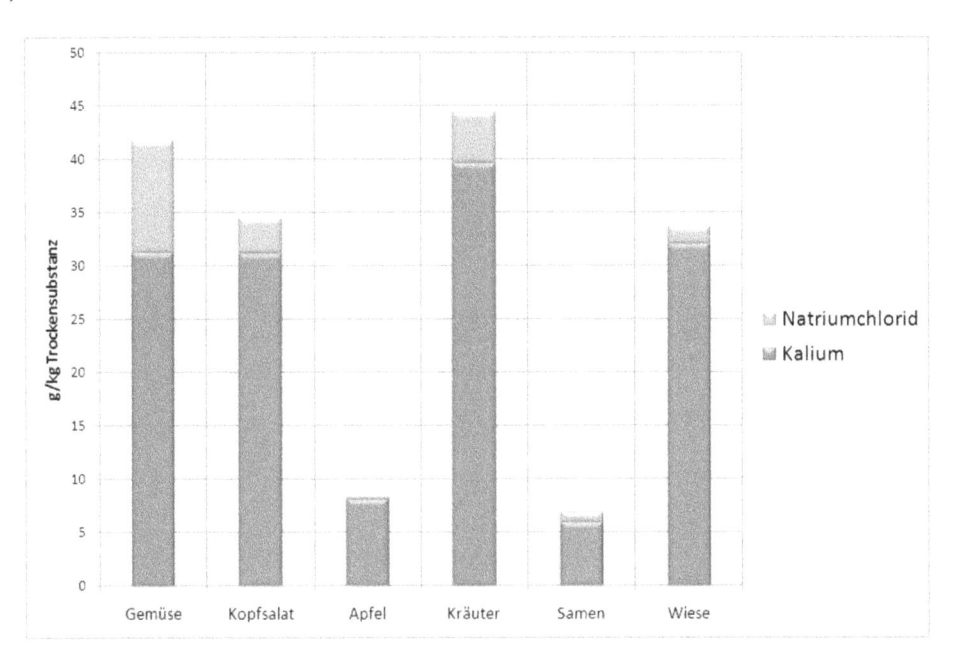

Während Kaliumgehalte in Gemüse, Salat, Kräutern und Wiese weitgehend den gleichen Betrag aufweisen, überwiegt der von NaCl in Gemüse und Salat deutlich gegenüber Wiese. Aus diesem Grund kann es durchaus von Nutzen sein, Tieren, die vorwiegend mit arttypischer Nahrung (Wiese) ernährt werden, zusätzlich Salz in Form eines „Salzlecksteins" anzubieten, um eventuelle Defizite auszugleichen. In der Natur werden Herbivoren beim Fressen von Erde beobachtet, was auch dem Ausgleich eines Mangels an Natrium zugeschrieben wird. Von (Engel, 2004) werden zahlreiche Fälle von Herbivoren beschrieben, die abseits der „normalen" Nahrung versuchen, an Salz zu gelangen. Ein „Salzleckstein" sollte aber nur das enthalten, was sein Name sagt: Salz. So genannte „Nagersteine" oder solche, die ein Sammelsurium an verschiedensten Mineralen und sonstige Beimengungen enthalten, sollten gemieden werden. Bei der Auswahl spielt es keine Rolle, ob es sich um „hochwertige" und stark überteuerte Produkte mit dem Namen des höchsten Gebirges der Welt, oder um einfache, natürliche bzw. naturreine Salzsteine handelt.

Eisen
Eisen ist ein Hauptbestandteil von Enzymen, die am Sauerstofftransport und -metabolismus beteiligt sind. Daher kann ein Mangel zu einer beeinträchtigten Hämoglobinbildung und somit Anämie („Blutarmut") führen. Hämoglobin ist der eisenhaltige Proteinkomplex, der in den roten Blutkörperchen Sauerstoff bindet und ihnen ihre rote Farbe verleiht. Ein Eisenmangel schwächt das Immunsystem und erhöht die Anfälligkeit für Infekte (Kirchgeßner, et al., 2008). Zudem kann ein Mangel zu Entzündungen der Mundschleimhaut führen. In kommerziellen Futtermitteln wird Eisen, wie auch andere Spurenelemente, häufig in Form eines „Premix" (Vormischung) beigefügt, unabhängig von den Mengen, die das Futter bereits auf Grund der

enthaltenen Pflanzen(-reste) enthält. Der empfohlene Gehalt für die Zugabe in Trockenfuttern liegt zwischen 30-50 mg/kg Trockensubstanz. Mit den bereits enthaltenen Mengen kann man also mit einem Gehalt von ca. 120-150 g/kg TS rechnen.

Diagramm 32: Eisengehalte in einem Gemüsemix und Salat, Werte aus (Souci, et al., 2008) sowie in einem Gemisch aus Gras und Kräutern, Werte aus (NRC, 1982)

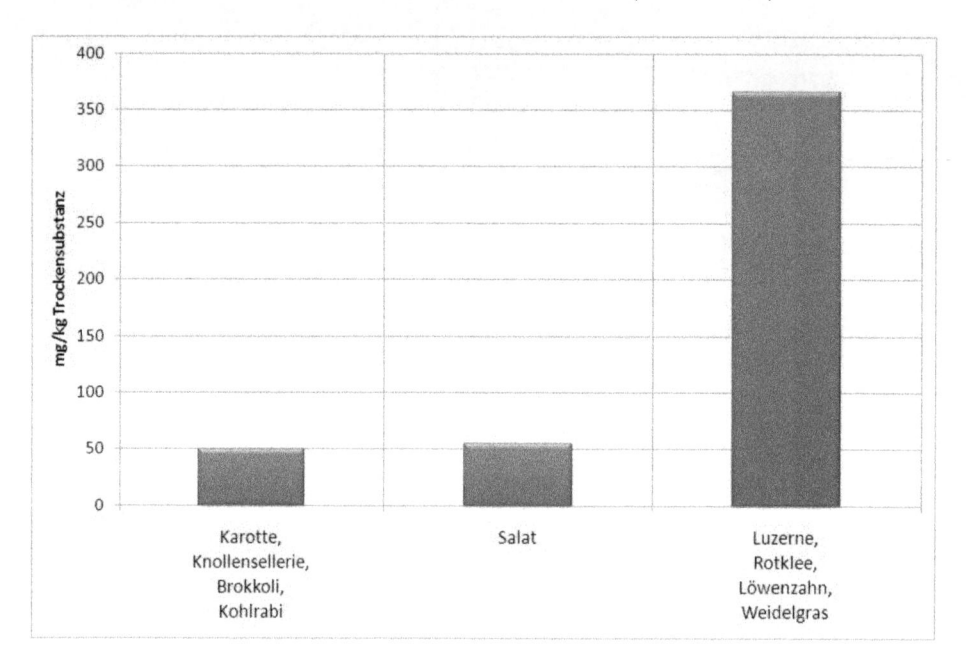

Die Werte für frische Grünpflanzen betragen etwa das Siebenfache von Gemüse und Salat. Unabhängig von Empfehlungen ist dieser Unterschied schon beachtlich, wenn man an den Einfluss dieses Elements auf das Immunsystem denkt.

Vitamine

Von (Joppich, 1967) wurde ein Versuch des schwedischen Wissenschaftlers S. Nordfeldt mit weißen Landkaninchen beschrieben. Den Tieren wurde ein Mischfutter, bestehend aus Heu-, Soja- und Hafermehl, Weizenkleie, Mineralien sowie in den Wintermonaten zusätzlich Lebertran verabreicht. Festgestellt wurde ein erheblicher Rückgang der Fruchtbarkeit, mehrmaliges Verwerfen und Kannibalismus (Fressen der Jungtiere). Die Sterblichkeit in den Würfen erreichte 70 bis 80%. Die Wirkungen wurden weder durch Infektionen noch durch Parasiten hervorgerufen, sondern waren auf Vitaminmangel zurückzuführen. Lebten die Jungen länger, traten Lähmungen des Vorder- und Hinterkörpers oder schiefe Kopfhaltungen auf. Im zweiten Versuch wurde lediglich die große Menge des Heumehles (65,9%) durch frisches Grün (Löwenzahn, Timothy und Quecke) ersetzt, die anderen Bestandteile wurden weiterhin gefüttert. Die Tiere erlangten daraufhin ihre normale Fruchtbarkeit zurück und die Sterblichkeit unter den Jungtieren betrug noch 4%. Diese Einleitung soll grundsätzlich zeigen, wie sich die Fütterung getrockneter Komponenten im Vergleich zu frischen allein nur in Bezug auf die Vitamine auswirken kann.

Vitamine werden vom Körper nicht für die Energiegewinnung genutzt, haben aber wichtige, lebensnotwendige Funktionen im Organismus. Da sie nicht bedarfsdeckend vom Körper selbst hergestellt werden können, gelten sie als essentiell. Einige Vitamine werden als Vorstufe aufgenommen und erst vom Körper in die entsprechende Wirkform umgewandelt. Prinzipiell wird in fettlösliche und wasserlösliche Vitamine unterschieden.

Fettlösliche Vitamine können im Körper gespeichert werden, dazu zählen die Vitamine A, D, E und K. Auf Grund ihrer Fettlöslichkeit wird für ihren Transport und die Verwertung gleichzeitig Fett benötigt. Wasserlösliche Vitamine können nicht im Körper gespeichert werden, das heißt, ein Überschuss wird ausgeschieden. Deshalb müssen sie ständig mit der Nahrung aufgenommen werden. Dazu zählen die Vitamine der B-Gruppe sowie Folsäure, Nikotinsäure, Pantothensäure, Vitamin C und H. Als einziges Vitamin der wasserlöslichen Vitamine kann Vitamin B12 in der Leber gespeichert werden.

Die Wirkungsweise der Vitamine ist in Säugetieren wie auch Kaninchen weitgehend gleich, es gibt aber einige Ausnahmen. So kann zum Beispiel Vitamin C normalerweise vom Körper synthetisiert werden, Meerschweinchen fehlt aber wie einigen anderen Tierarten das entsprechende Enzym für die Synthese. Sie müssen dieses Vitamin also mit der Nahrung aufnehmen (Chatterjee, 1998). Katzen können kein Vitamin A aus der Vorstufe ß-Carotin bilden, müssen also Vitamin A mit der Nahrung aufnehmen (Morris, 2002).

Die Vitamine A, E, C und ß-Carotin gelten als wirkungsvolle Antioxidantien für den Organismus, die das Abwehrsystem gegen gesundheitsschädigende Angriffe von Radikalen effizient unterstützen.

Viele Vitamine sind licht- und temperaturempfindlich. Lichtempfindlich sind vor allem die Vitamine A, E, K sowie B2 und B12. Äpfel sollten nicht gemeinsam mit anderen Obst- und Gemüsesorten gelagert werden, da sie mit zunehmender Reife Ethylen ausscheiden, welches den Vitaminverlust beschleunigt.

Beim Säubern von Gemüse entsteht ein Vitaminverlust von ca. 20 - 60%, bei Salat und Karotten von 60 - 70%. Durch das Zerkleinern von Obst und Gemüse gehen ca. 20 - 30% Vitamine verloren, durch die Lagerung von Salat in einem Zeitraum von 3-4 Tagen bis zu 90%.

Vitamin A, ß-Carotin
Vitamin A umfasst natürliche und synthetische Verbindungen mit einer ähnlichen Struktur, aber unterschiedlichen Wirkungsweisen. Der Begriff „Vitamin A" wird für alle Retinoide verwendet, die qualitativ die biologische Aktivität von Retinol aufweisen (IUPAC-IUB, 1983).

Ergebnisse einer Studie mit Mäusen zeigten z. B. eine molekulare Verbindung zwischen den Nährstoffen, die die Mutter erhielt und der Bildung von Vitamin A für die Resistenz gegenüber Infektionen ihrer Nachkommen (van de Pavert, et al., 2014).

Frisches Grünfutter ist prinzipiell reich an Vitaminen und Provitaminen, aber Vitamin A ist in Grünpflanzen nicht enthalten, sondern nur dessen Vorstufen, aus denen im Körper Vitamin A gebildet wird. Von den mehr als 80 natürlich vorkommenden Carotinen und Carotinoiden verfügen nur 15 über eine Vitamin-A-Aktivität (Ullrey, 1972). Vor allem das ß-Carotin dominiert im Gemisch der Vitamin-A-Vorstufen. Der Carotingehalt nimmt mit fortschreitender Vegetation ab. Junge, blattreiche Pflanzen wie z. B. Luzerne, Rotklee und Gräser sind reich an Carotin. Es wird für den Aufbau, den Schutz und die Regeneration der Haut und Schleimhaut benötigt, erhöht die Widerstandskraft gegen Infektionen, steigert die Antikörperbildung und ist am Stoffwechsel von Kohlenhydraten, Eiweißen und Fetten beteiligt. Ein höherer Bedarf kann z.B. bei Krankheiten wie Kokzidiose vorhanden sein. Im Heu werden ß-Carotine, wie auch andere wichtige Vitamine, auf Grund der Trocknung teilweise zerstört und bauen durch die Lagerung immer weiter ab.

Berechnung der unterschiedlichen Vitamin-A-Aktivität von Retinol und Provitaminen:
1 mg Retinoläquivalent
= 1 mg Retinol
= 6 mg ß-Carotin
= 12 mg sonstiger Provitamin-A-Carotinoide
= 3.333 IE Retinol

Kaninchen nehmen also kein Vitamin A, sondern Carotine aus Grünpflanzen auf, aus denen sie das benötigte Vitamin A bei Bedarf im Körper selbst bilden. Kommerzielle Futtermittel enthalten Vitamin A, obwohl eigentlich Carotine besser wären, denn ein Überschuss von Vitamin A wird in der Leber eingelagert, während eine überschüssige Menge Carotin ohne Nebenwirkungen im Körpergewebe gespeichert wird. Mit anderen Worten: eine Körperschädigung durch zu hohe Mengen Carotin ist nicht möglich, durch zu hohe Mengen Vitamin A aber schon.

Von (Lang, 1981) wurden Empfehlungen anderer Autoren mit mindestens 23 IU/kg Körpermasse (KM) Vitamin A für die normale, gesunde Entwicklung junger Kaninchen angegeben; für säugende Häsinnen 58 IU/kg KM. Dabei wurde darauf verwiesen, dass die Dosierungen in kommerziellen Futtermitteln höher als die Minimalempfehlungen liegen, es jedoch einer sehr hohen Überdosierung für toxische Symptome bedarf, die mit herkömmlichen Zusätzen sehr unwahrscheinlich wären.

Vom (NRC, 1977) wurden 580 IE/kg Futter an Vitamin A als ausreichend angegeben. (Drepper, 1980) verwies zwar auf diese Angabe, empfahl aber dennoch eine Menge von 5.000 IE/kg Futter, wegen „bewährter Rationen". Das ist die neunfache Menge der ursprünglichen Empfehlung. Es wurde jedoch darauf verwiesen, dass für die normale Haltung die Hälfte, also 2.500 IE/kg Futter ausreichend wäre. (Fekete, 1993) gab als Empfehlung für wachsende Tiere eine Menge Vitamin A von 6.000 IE/kg Futter an.

Diagramm 33: Carotingehalt in frischem Wiesen- und Weidegras (Grünfutter) und Heu; Werte aus (Weißbach, 1993)

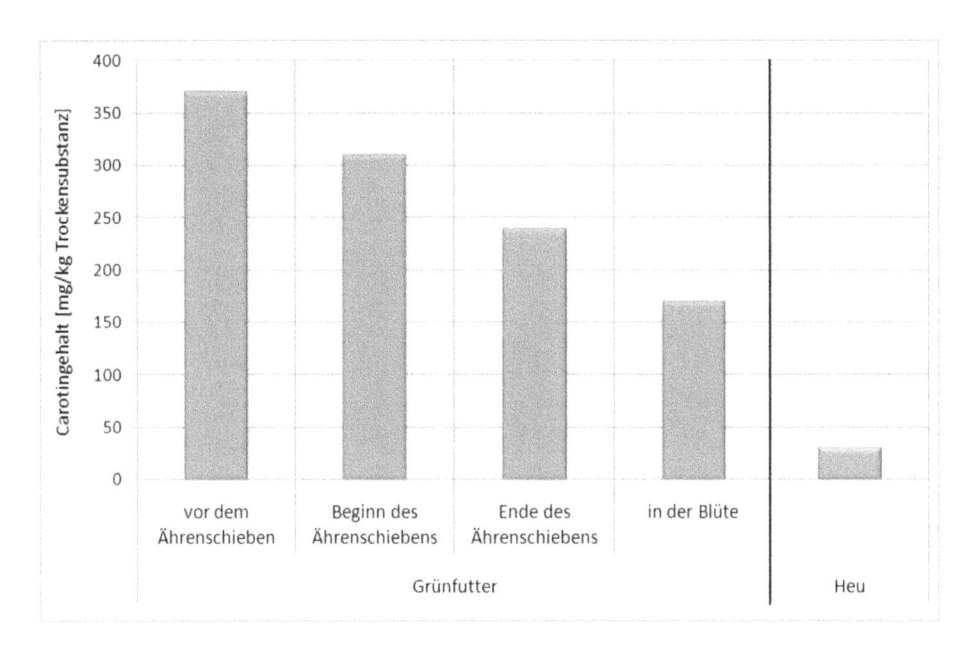

[Diagramm: Carotingehalt mg/kg Trockensubstanz – Grünfutter (vor dem Ährenschieben ~370, Beginn des Ährenschiebens ~310, Ende des Ährenschiebens ~240, in der Blüte ~170) und Heu (~30)]

In der Regel werden den Futtermitteln heute 10.000 IE/kg Futter Vitamin A zugemischt – auch für Kaninchen, die nicht zur Zucht eingesetzt werden. Diese Menge entspricht somit dem 17fachen der ursprünglichen Empfehlung. Im Fall des ß-Carotin wird ein Fakt bedeutsam, der als „Bioverfügbarkeit" bezeichnet wird. Mit diesem Begriff werden die Geschwindigkeit und das Ausmaß definiert, mit der ein Stoff in wirksamer Form in den Blutkreislauf oder an den Zielort gelangt.

Die Karotte/Mohrrübe wird zum Beispiel gern als hochwertiger Lieferant von ß-Carotin gesehen. Aus der menschlichen Ernährung ist bekannt, dass ß-Carotin nur ungenügend resorbiert wird. Je nach Quelle und Versuchsanordnung bzw. Verarbeitungsform und Fettzulage reichen die Angaben von 1-2% (Bäßler, et al., 2007), 14% (van het Hof, et al., 2000) oder 30% in rohen Karotten gegenüber verarbeiteten (Rock, et al., 1998). Der Grund dafür ist, dass das ß-Carotin der Karotte in der Zelle kristallin vorliegt und von einer festen, unverdaulichen Cellulosematrix umschlossen wird. Die Kristalle erreichen eine Länge von bis zu 1000 µm (Castenmiller, et al., 1998). ß-Carotin wird als fettlösliche Substanz im Dünndarm unterschiedlich resorbiert. Im Dünndarm existieren jedoch keine Enzyme, die Cellulose spalten könnten, außerdem ist die Durchgangszeit im Darm zu kurz, um die Kristalle aufzulösen. Die Bioverfügbarkeit steigt, wenn Karotten verarbeitet (geraspelt/gekocht) und mit zusätzlich etwas Fett aufgenommen werden. Dadurch nimmt auch eine bessere Verwertung von Pektinen zu, die als Schutz für die Darmschleimhaut dienen.

Diagramm 34: Vergleich der Gehalte von ß-Carotin, in mg/kg TS und Rohfett in g/kg TS in verschiedenen Futtermitteln, in g/kg TS

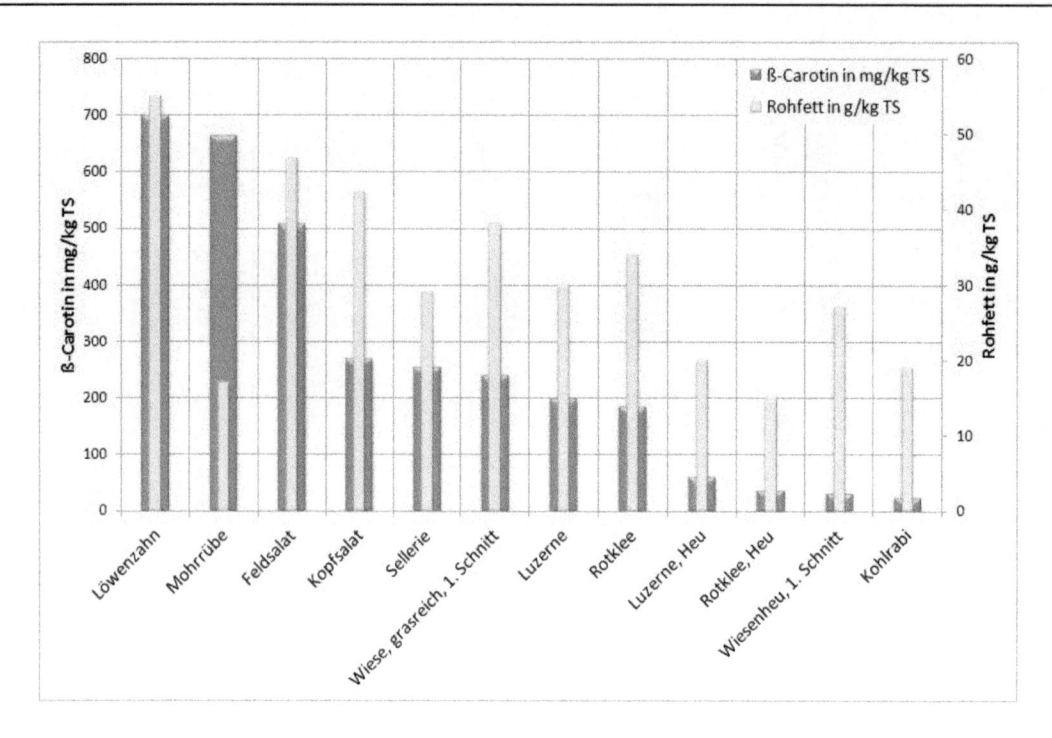

Aus dem Diagramm 34 wird deutlich, dass die Mohrrüben (Karotte) zwar über einen hohen ß-Carotin-Gehalt verfügt, dieser aber durch die kristalline Struktur und Unzugänglichkeit in einer Cellulosematrix sowie des sehr geringen Fettgehaltes nur sehr begrenzt verwertbar ist. Möhren sind also die schlechteste Wahl, um ein Kaninchen mit ß-Carotin zu versorgen. Bei einer Fütterung mit frischem Grün ist eine ß-Carotin- und somit Vitamin-A-Unterversorgung eigentlich ausgeschlossen. Für konservierte Futtermittel wie Heu kann eine Bewertung nicht abgegeben werden, weil vor allem die Lagerzeit Einfluss auf den ß-Carotin-Gehalt nimmt, der im vorgetrockneten Material schon sehr niedrig ist.

Vitamin B-Komplex
„Vitamin-B-Komplex" ist die Sammelbezeichnung für die wasserlöslichen Vitamine der B-Reihe. Als einziges Vitamin aus dieser kann B12 in der Leber gespeichert werden. In Deutschland wird in der Regel von einer relativen Unabhängigkeit des Kaninchens von der Zufuhr dieser Vitamine ausgegangen, weil es in der Lage ist, diese im Darm mit Hilfe von Bakterien zu synthetisieren.

Die Versorgung des Kaninchens mit Vitaminen der B-Reihe erfolgt bei einer Fütterung ohne kommerzielle Futtermittel, denen diverse B-Vitamine zugesetzt werden, also ausschließlich über den eigenen Blinddarmkot sowie über Bakterien, die auf Grünpflanzen leben und vom Kaninchen mit aufgenommen werden. Bei gesunden Tieren mit intakter Verdauung und einer optimalen Bakterienzusammensetzung im Blinddarm sollten also eine Versorgung kein Problem sein (Kulwich, et al., 1953).

Bei Erkrankungen des Verdauungstraktes, die mit einer Änderung der Bakterienkultur einhergehen, muss dagegen auf eine adäquate Versorgung geachtet werden.

Tabelle 36: Vitamine des B-Komplexes und ihre Funktionen

Vitamin	Funktion
B_1 (Thiamin)	reguliert den Kohlenhydratstoffwechsel; ist für die Funktion von Nervengewebe und Herzmuskel zuständig und verfügt über eine Schutzfunktion für den Magen-Darm-Kanal
B_2 (Riboflavin, Laktoflavin)	ist am Sehvorgang beteiligt und ein Coenzym des Eiweiß- und Fettstoffwechsels
B_3 (Nikotinsäure)	Bestandteil von Coenzym für den Kohlenhydrat-, Fett- und Eiweißstoffwechsel und für die Funktion der Haut und der Verdauungsorgane unentbehrlich
B_4 (Cholin)	ist am Stoffwechsel der Fette beteiligt und für den Fetttransport zuständig. Außerdem wirkt es stimulierend auf die Antikörperbildung
B_5 (Ca-Pantothenat)	steuert den Kohlenhydrat-, Fett- und Eiweißstoffwechsel und ist von besonderer Bedeutung für den Auf- und Abbau der Fette sowie für die Funktion der Haut und Schleimhäute. Es sorgt für die Bildung von Resistenzen gegenüber Infektionen
B_6 (Pyridoxin, Adermin)	es nimmt eine zentrale Stellung im Eiweißstoffwechsel ein und ist am Fett- und Kohlenhydratstoffwechsel beteiligt, stärkt Nerven und Immunsystem, Aufbau und Schutz von Nervenverbindungen, beeinflusst Hormonaktivitäten
B_7 (Biotin)	fördert die Synthese ungesättigter Fettsäuren und ist wichtig für ein optimales Fellwachstum
B_{12} (Cobalamin)	wird für die Blutbildung benötigt, ist für das Wachstum und Stoffwechselprozesse zuständig und an der Bildung einiger Aminosäuren beteiligt, Kaninchen nehmen Cobalamin ausschließlich über Bakterien auf, die auf frischen Grünpflanzen leben, in Pflanzen selbst kommt es nicht vor

Vitamin C (Ascorbinsäure)

Das Vitamin C wird vom Kaninchen selbst gebildet und muss im Gegensatz zu Meerschweinchen nicht zwingend zugefüttert werden (Harris, et al., 1956). Es ist an Oxidations- und Reduktionsprozessen sowie am Aufbau von Hormonen und an der Blutgerinnung beteiligt. Es steigert die Abwehrkräfte bei Infektionen und Stress. Üblicherweise wird gerade bei Herbivoren der Nutzen von Vitamin C nur in einer nutritiven Wirkung gesehen und der Grad der Versorgung durch die körpereigene Synthese als ausreichend. Beachtenswert ist aber die Tatsache, dass die arttypische Nahrung des Kaninchens über sehr viel Vitamin C verfügt und somit auf natürliche Weise zu einer Ansäuerung des Urins beiträgt. Ein Überschuss an Vitamin C wird über die Niere mit dem Urin ausgeschieden.

In der Arbeit von (Harris, et al., 1956) sollte lediglich die Frage geklärt werden, ob Kaninchen zur Eigensynthese von Vitamin C fähig sind. Dieser Fakt konnte bestätigt werden. Da aber auch Parameter wie der Gehalt von Vitamin C im ausgeschiedenen Urin gemessen wurden, zeigte sich nebenbei ein weiterer, interessanter und wichtiger Fakt, dessen Bewertung nicht Gegenstand der Untersuchung war: die Gehalte von Vitamin C im Urin unterschieden sich deutlich bei Kaninchen, die kein Vitamin C erhielten zu denen, in deren Futter das Vitamin enthalten war. Kaninchen, die kein zusätzliches Vitamin C über das Futter erhielten, schieden 80% weniger Ascorbinsäure aus, als die Tiere mit zusätzlicher Versorgung über Kohl, Tiere mit einer Versorgung von 50 mg rund 60% weniger. Mit anderen Worten war der Urin der Tiere, die kein Vitamin C über die Nahrung erhielten, weniger angesäuert als der von Tieren mit zusätzlicher Versorgung von Vitamin C.

Tabelle 37: Gehalt von Vitamin C im Urin von Kaninchen, Mittelwerte aus (Harris, et al., 1956)

	Gehalt von Vitamin C im Urin, in mg/Tag
Futter ohne Vitamin C	0,39
Futter mit Vitamin C, 50 mg/Tag	0,75
Futter mit Kohl, 50 g/Tag	1,98

Da Ascorbinsäure bzw. Vitamin C ein wasserlösliches Vitamin ist, geht es bei der Trocknung von Futtermitteln weitgehend verloren. Im Vergleich beträgt der Gehalt in frischem Weidegras 200-300 mg/100g TS, in Kleeheu z. B. nur noch 6 mg/100g TS (Nehring, 1972).

Vitamin D (Calciferol)

Calciferol bzw. Vitamin D ist ein Begriff für verschiedene Stoffe. Als Vitamin D_3 (Cholecalciferol) ist es die physiologische Form des Vitamin D in allen nichtpflanzlichen Lebewesen und als Vitamin D_2 (Ergocalciferol) in Pflanzen. Calcitriol ($1,25(OH)_2D_3$) bildet die aktive Form der verschiedenen Vitamin-D-Metaboliten.

Das Vitamin D selbst entfaltet keine Wirkung an den Knochen, im Darm und in der Niere sondern das mit der Nahrung aufgenommene oder in der Haut gebildete Vitamin, nachdem es in der Leber zu $25(OH)D_3$ und danach in der Niere zu $1,25(OH)_2D_3$ enzymatisch hydroxyliert wurde, der aktiven Form des Vitamin D. Eine Überproduktion von $1,25(OH)_2D_3$ würde zu Hypercalcämie führen, die unzureichende Synthese dagegen zu verringerter Calciumabsorption im Darm, Hypocalcämie und Mineralisierungsstörungen im Skelett. Die verschiedenen Metaboliten verfügen auch über unterschiedliche Wirkungen, die zudem tierartspezifisch sind. So wurde von (Rambeck, et al., 1990) für Kaninchen festgestellt, dass $1,25(OH)_2D_3$ am leichtesten Verkalkungen auslöst, gefolgt von $1,25(OH)_2D_2$, $1\alpha(OH)D_3$ und $1\alpha(OH)D_2$. Im Vergleich war $1,25(OH)_2D_3$ ungefähr doppelt so kalzinogen wie $1\alpha(OH)D_3$ und etwa viermal so kalzinogen wie $1\alpha(OH)D_2$. Die Versuche wurden mit isolierten natürlichen und künstlichen Vitamin-D-Metaboliten durchgeführt.

Vitamin D sorgt für die Regulierung des Calcium- und Phosphor-Stoffwechsels und fördert deren Resorption aus dem Darm. Es steuert somit die Ca- und P-Umlagerung im Skelett und reguliert die Ca- und P-Ausscheidung über die Niere. Außerdem unterstützt es die Reifung von Immunzellen. Bekannt wurde das Vitamin im Zusammenhang mit „Rachitis" (Knochenweiche), eine Erkrankung des wachsenden Knochens mit gestörter Mineralisation der Knochen und Desorganisation der Wachstumsfugen. Als Ursache fand sich neben einer gestörten Ca/P-Konzentration im Blut ein zu geringer Gehalt an Vitamin D. Deshalb erhielt es auch die Bezeichnung „antirachitisches" Vitamin. Auf Grund der Kenntnis, dass rachitische Wirkungen durch Sonnenlicht beeinflussbar sind, erhielt es auch den Namen „Sonnenhormon".

Dieser Einfluss ist schon recht lange bekannt. Mellanby und Killick untersuchten z. B. den Einfluss von UV-B-Strahlen als Teil des Sonnenlichts auf die Bildung von Vitamin D unter Zuhilfenahme von Quecksilberdampflampen an Kaninchen und Pflanzen (Mellanby, et al., 1926). Nachdem Tiere dreimal in der Woche mit den Lampen bestrahlt wurden, wiesen diese im Vergleich zu den nicht bestrahlten eine normale Knochendichte auf, die nicht bestrahlten entwickelten Rachitis.

Bild 60: Aufnahmewege und Metabolismus von Vitamin D in Bezug auf den Ca- und P-Haushalt

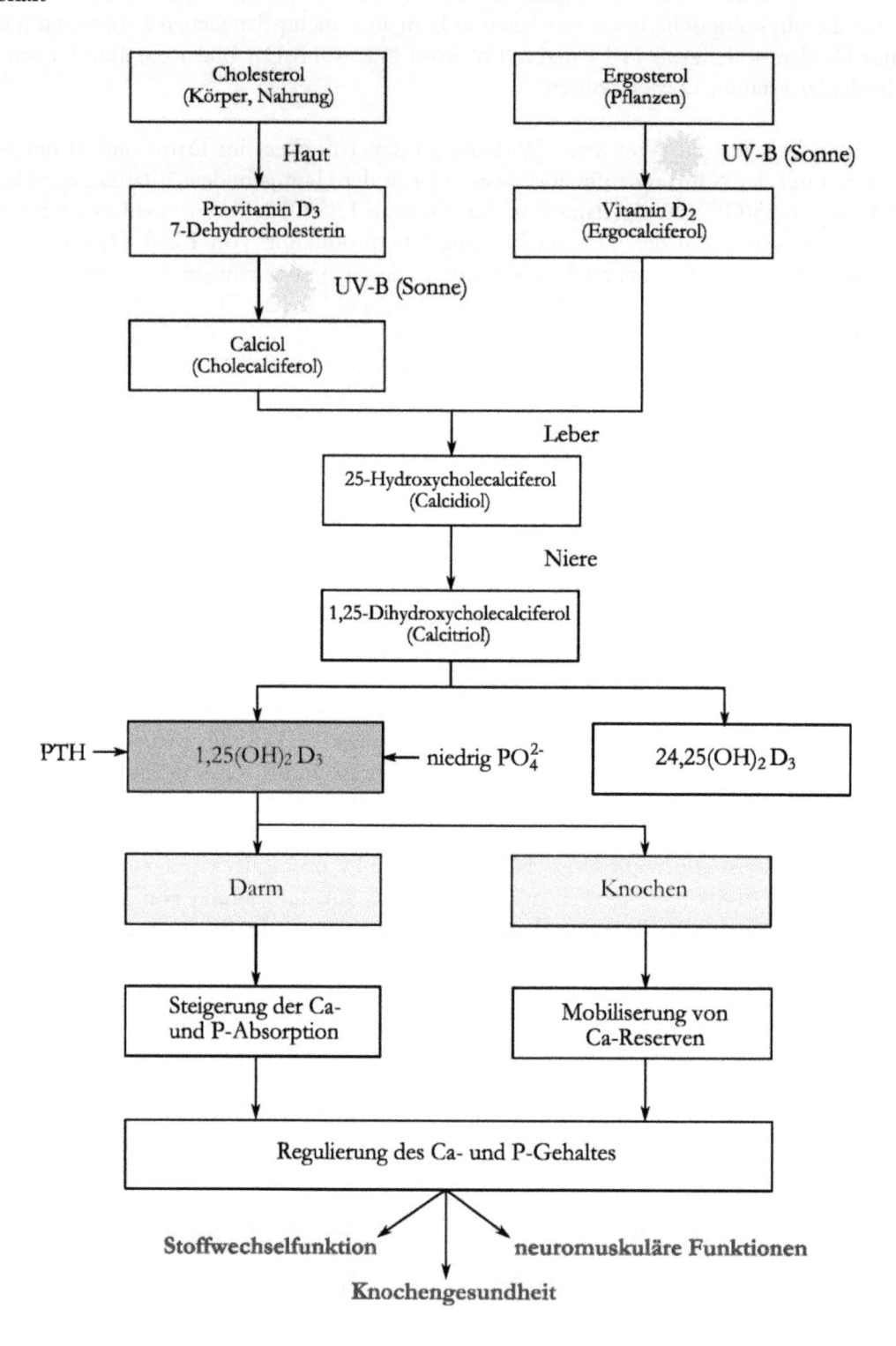

```
   Cholesterol                    Ergosterol
 (Körper, Nahrung)                (Pflanzen)
        │                             │
       Haut                      UV-B (Sonne)
        ▼                             ▼
   Provitamin D₃                  Vitamin D₂
 7-Dehydrocholesterin          (Ergocalciferol)
        │                             │
    UV-B (Sonne)                      │
        ▼                             │
      Calciol                         │
  (Cholecalciferol)                   │
        │                             │
        └──────────────┬──────────────┘
                     Leber
                       ▼
            25-Hydroxycholecalciferol
                  (Calcidiol)
                       │
                     Niere
                       ▼
           1,25-Dihydroxycholecalciferol
                  (Calcitriol)
                       │
              ┌────────┴────────┐
              ▼                 ▼
PTH → 1,25(OH)₂ D₃ ← niedrig PO₄²⁻    24,25(OH)₂ D₃
              │
       ┌──────┴──────┐
       ▼             ▼
      Darm        Knochen
       │             │
       ▼             ▼
 Steigerung der   Mobilisierung von
 Ca- und P-       Ca-Reserven
 Absorption
       │             │
       └──────┬──────┘
              ▼
   Regulierung des Ca- und P-Gehaltes
              │
      ┌───────┼───────┐
      ▼       ▼       ▼
Stoffwechsel- Knochen-  neuromuskuläre
 funktion    gesundheit   Funktionen
```

Flussdiagramm: Vitamin-D-Stoffwechsel mit Regulierung des Ca- und P-Gehaltes ($1,25(OH)_2 D_3$, $24,25(OH)_2 D_3$, PO_4^{2-}, PTH).

Ebenso verhielt es sich mit dem Futter. Die Verfütterung von Kohl, der bestrahlt wurde, resultierte in annähernd normalen Zähnen und Knochen, während der nichtbestrahlte zu Rachitis führte.

In ähnlichen Untersuchungen wurde von (Hume, et al., 1927) festgestellt, dass bereits die Bestrahlung kleiner Bereiche der Haut des Kaninchens (2,5 x 3,5 cm = 8,75 cm²) ausreichte, den Bedarf an Vitamin D bei einer defizitären Ernährung auszugleichen. Die Bestrahlung wurde dreimal pro Woche für jeweils 10 Minuten durchgeführt.

(Gross-Selbeck, 1935) stellten bei Ratten eine Verhütung der Folgen einer Überdosierung von Vitamin D durch reichliche, aber ungiftige Vitamin-A-Dosen fest.

Eine Feststellung in der Dissertation von (Allemann, 1942) lautete, dass das „antirachitische Vitamin" seine Wirkung im Organismus erst dann entfalte, wenn im Futter bei ungünstigem Ca/P-Verhältnis ein gewisses Minimum an Calcium und Phosphor vorhanden ist, wobei es ein ungünstiges Ca/P-Verhältnis bis zu einem gewissen Grade ausgleichen konnte. In vergleichenden Untersuchungen von (Bekemeier, 1959) bei gleicher UV-Bestrahlung wurde die Aktivität des Provitamin D in der Ratten-, Kaninchen- und Meerschweinchen-Haut zuerst erhöht und mit zunehmender Länge der Einwirkung verringert. Die maximale Aktivität betrug für Ratten 5-15, für Kaninchen 2-5 und für Meerschweinchen bis zu 3 IE/cm².

Nach (Mangold, et al., 1950) ist das Bedürfnis nach Vitamin D besonders groß bei Kurzhaarkaninchen, bei denen die Rachitis in sekundärer Auswirkung der Kurzhaarfaktoren als „Rassenmerkmal" auftritt, wenn sie keine erhöhte Zufuhr von phosphorsaurem Kalk und Vitamin D erhielten.

Von (Dorn, 1973) wurde über die Verkalkung der Nierenkanälchen berichtet, wenn eine Überdosierung von Vitamin D vorlag. Ansonsten kämen Halter, die über *„kalkspendende Pflanzen reichlich verfügen, ohne Mineralzufütterung vollständig aus"*. Voraussetzung wäre aber, *„dass die Ställe genügend Licht haben (Offenställe), denn der Tierkörper kann unter Einwirkung der ultravioletten Sonnenstrahlen seinen Kalkstoffwechsel weitgehend regulieren und dabei das Vitamin D bilden. Die ultravioletten Strahlen durchdringen nicht das Fensterglas, deshalb sollen bei Innenställen die Fenster und Türen offengehalten werden"*.

(Bourdeau, et al., 1986) fanden bei Kaninchen mit einem chronischen Vitamin D-Mangel und einem Futter, welches 1% Ca und 0,5% P enthielt, eine leichte Hypokalzämie (verringerter Calciumspiegel im Blut), eine moderate Hypophosphatämie (verringerter Phosphatspiegel im Blut) und in der Regel erhöhte Serum-PTH-Konzentrationen. Die intestinale Resorption von Ca oder P war bei Tieren gleich, die mit Vitamin D chronisch unterversorgt waren oder das Vitamin als Supplement erhielten. Die Urinausscheidungsraten der beiden Mineralien waren dabei deutlich reduziert.

(Brommage, et al., 1988) bestätigten den prinzipiellen, hormonellen Mechanismus, der ähnlich dem anderer Spezies ist. Sie untersuchten auch den Einfluss von Vitamin D auf die Knochendichte von Kaninchen. Diese erhielten jeweils ein Futter ohne Vitamin-D-Anreicherung und die Kontrolltiere mit Vitamin D über einen Zeitraum von 19,6 Monaten. Die Serumspiegel von 25-OH-D und 1,25-$(OH)_2$D waren in allen Vitamin-D-defizitären Kaninchen nicht nachweisbar, während sie in typischer Weise bei den Kontrollkaninchen vorhanden waren. Obwohl einige Vitamin D-defizitäre Kaninchen in der Lage waren, normale Serum-P-Spiegel aufrechtzuerhalten, fielen bei anderen Kaninchen die Serum-P-Spiegel drastisch. Die resultierende Hypophosphatämie bei diesen Kaninchen führte zu einer unzureichenden Skelettmineralisierung und den klassischen Anzeichen einer Osteomalazie (Knochenweiche auf Grund eines Vitamin-D- oder Calciummangels). Es wurde festgestellt, dass die passive, intestinale Absorption von Calcium sehr effizient ist und bei einem ausreichenden Calciumgehalt Vitamin D für die Skelettmineralisierung nicht erforderlich zu sein schien. Jedoch erhöhte Vitamin D die Darmabsorption von Calcium und wurde erforderlich, wenn der Calciumgehalt niedrig war. Weil es passiv absorbiert wurde, gab es keinen Rückkopplungsmechanismus und das Calcium wurde bei höheren Mengen im Verhältnis zu der diätetischen Calciumkonzentration absorbiert. Zusammenfassend wurde festgestellt, dass die Ergebnisse die Bedeutung von Vitamin D bei der Aufrechterhaltung der normalen P-Absorption im Darm bei erwachsenen Kaninchen betonen. Die ermittelten Ergebnisse stimmten weitgehend mit denen von (Bourdeau, et al., 1986) überein.

Nach (Harcourt-Brown, 2002) konnte bei Laborkaninchen, die ohne Zugang zu ultraviolettem Licht gehalten wurden und eine Vitamin-D-arme Nahrung erhielten, nach 5 Monaten im Serum kein 25-OH-D und 1,25-$(OH)_2D_3$ mehr nachgewiesen werden. Eine Untersuchung an Kaninchen, die in Freilandhaltung oder im Stall ohne Zugang zu Sonnenlicht gehalten wurden, zeigte einen ähnlichen Effekt.

Kaninchen werden in der Literatur häufig als „überwiegend dämmerungs- und nachtaktiv" beschrieben. Daraus könnte man schließen, dass sie eigentlich nur sehr selten natürlichem Sonnenlicht ausgesetzt sind. In ihrer Dissertation zitiert (Hansen, 2012) eine Aussage von (Kamphues, 1999), nach der es diskussionswürdig wäre, *„ob die unter natürlichen Bedingungen tagsüber in unterirdischen Höhlen lebende und im Wesentlichen nur nachts aktive Spezies überhaupt einen „üblichen Vitamin D-Bedarf" hätte, da die notwendige UV-Strahlung zur Umwandlung des mit der pflanzlichen Nahrung aufgenommenen Vitamin D2 (Ergocalciferol) unter diesen Bedingungen ohnehin fehle."*.

Zum einen widersprechen die vorangestellten Ergebnisse aus Literaturangaben dieser Annahme, zum anderen zeigen Beobachtungen verschiedener Gruppen von Wildkaninchen an verschiedenen Orten, dass diese auch tagsüber mehr oder weniger Zeit außerhalb des Baus verbringen.

Bild 61: Ein Wildkaninchen nimmt ein spätes Sonnenbad

Bild 62: Häufig sieht man einzelne Tiere, die in der Sonne ruhen - die Ohren angelegt und die Augen halb geschlossen.

Bild 63: Eine Wildkaninchenfamilie beim Äsen in der Sonne. Viele Beobachtungen sind nur deshalb möglich, weil sich Wildkaninchen auch tagsüber außerhalb des Baus aufhalten

Viele Gruppenmitglieder sind vor Einbruch der Dämmerung aktiv und nutzen auch die frühen Morgenstunden zum Äsen oder für soziale Aktivitäten. Selbst an sehr heißen Tagen lassen sich viele Tiere beobachten, die auch am hellen Tag Zeit außerhalb des Baus verbringen, nur bei starkem Regen und Wind ziehen sie sich dorthin zurück. In der Regel beginnen ab 17:00 Uhr die Aktivitäten im Freien, sowohl im Sommer wie auch im Winter. Ähnliche Beobachtungen machten z. B. (Stodart, et al., 1964) in Australien und (Selzer, 2000) in Deutschland in einem Vergleich von Wild- und Hauskaninchen, wobei die Wildkaninchen unter semi-natürlichen Bedingungen (Freigehege) gehalten wurden.

Die aufgeführten Ergebnisse zeigen, dass der direkte Einfluss von Vitamin D auf den Mineralisierungseffekt bei Kaninchen relativ gering, aber nicht „Null" ist. Das Vitamin wird besonders wichtig, wenn die Gehalte von Calcium und Phosphor in der Nahrung niedrig sind oder deren Verhältnis zueinander von der Norm abweicht. Diese Einflüsse auf den Ca-/P-Stoffwechsel und werden heute als die „klassische" Funktion von Vitamin D bezeichnet.

In den letzten zwei Jahrzehnten wurden, zusätzlich zu einem möglichen Einfluss auf den Calcium- und Phosphorstoffwechsel, weitere Bedeutungen von Vitamin D erkannt. Das hing vor allem mit der Entdeckung der speziellen Wirkungen des Vitamin-D-Rezeptors (VDR) zusammen. Dabei handelt es sich um Bindungsstellen in Zellen für die aktive Form des Vitamins 1,25-$(OH)_2D_3$. Diese Bindungsstellen finden sich fast überall im Körper wie z. B. im Magen, Darm, Gehirn, der Hirnanhangsdrüse, der Haut, in Monozyten und in aktivierten T- und B-Lymphozyten. An diese Rezeptoren dockt die aktive Vitaminform „Calcitriol" an und löst verschiedene Reaktionen der Proteinbiosynthese aus. VDR wirken z. B. als Rezeptor für die sekundäre Gallensäure Litocholsäure (LCA), die giftig für Leber und Darm ist. Die Aktivierung von VDR durch LCA oder die Vitamin-D-induzierte Expression von Enzymen führen zur Entgiftung der LCA in der Leber und dem Darm und können somit Darmkrebs verhindern (Makishima, et al., 2002). Von (Froicu, et al., 2003) wurde an Mäusen nachgewiesen, dass Calcitriol die Entwicklung von Autoimmunerkrankungen und entzündlichen Darmerkrankungen unterdrückt, wenn auch die genauen Mechanismen noch ungeklärt sind.

(Zhang, et al., 2009) stellten einen Einfluss von VDR auf Odontoblasten und Ameloblasten als Zielzellen für die Vitamin-D-Funktion fest, obwohl der Mechanismus dafür noch unklar blieb. Odontoblasten bilden lebenslang Dentin, während Ameloblasten für die Bildung von Zahnschmelz verantwortlich sind. Neuere Untersuchungen deuten darauf hin, dass $1,25(OH)_2D_3$ die VDR hochreguliert, was wiederum strukturelle Genprodukte induziert, darunter kalziumbindende Proteine und mehrere extrazelluläre Matrixproteine, die für die Dentinbildung wichtig sind. Während klar ist, dass die Dentin-Hypomineralisierung dem Trend der Hypokalzämie folgt, spielt der Calciumspiegel im Plasma eine große Rolle in der Dentinmineralisierung. Da die Schmelz-Hypermineralisierung unabhängig von der extrazellulären Hypokalzämie ist, wirkt ein Vitamin-D-Mangel vorwiegend lokal auf die Schmelzmineralisierung.

Das heißt, dass es unabhängig vom Calcium-/Phosphorstoffwechsel Einflüsse von Vitamin D auf die Mineralisierung von Zähnen gibt. Setzt man diese Erkenntnisse mit der Entwicklung der Haltung und Fütterung von Hauskaninchen in Verbindung, wie sie in den letzten Jahrzehnten stattgefunden hat, sind sie sehr interessant. Der Kenntnisgewinn in Bezug auf Vitamin D hat eigentlich gerade erst begonnen und doch steht schon fest, dass es unverzichtbar, also essentiell für die Gesunderhaltung von Kaninchen ist.

Bild 64: Blütenstand von Knaulgras (Dactylis glomerata)

In frischen Grünpflanzen ist Vitamin D nur in geringen Mengen vorhanden. Der Gehalt hängt von der Pflanzenspezies, dem Alter und dem Standort ab. Höhere Werte sind in Heu nachweisbar, das an der Sonne getrocknet wurde.

(Scheunert, et al., 1930) ermittelten für verschiedene Gräser, die am eigenen Institut gesammelt und untersucht wurden, Vitamin-D-Gehalte und Nachweise für eine „rachitische" Wirkung bei Ratten. Wiesenschwingel (Festuca pratensis) und weißes Straußgras (Agrostis stolonifera) erwiesen sich als am wenigsten, Deutsches Weidelgras (Lolium perenne), Französisches Raygras (Arrhenatherum elatius) und Timotheegras (Phleum pratense) als besser antirachitisch wirksam. Noch besser wirkten Rotschwingel (Festuca rubra spp.) und Rohrglanzgras (Phalaris arundinacea), am besten aber Knaulgras (Dactylis glomerata) und Wiesenrispe (Poa pratensis). Ein Vergleich mit gleichen Arten, die aus einer anderen Gegend stammten, bestätigten das Ergebnis nicht, allerdings war auch nichts über die Umstände (Bodenbeschaffenheit, Wetter, Sonneneinstrahlung etc.) für dieses Pflanzen bekannt.

(Raoul, et al., 1968) isolierten Vitamin D_3 aus den Wurzeln und Blättern von frischem Knaulgras (Dactylis glomerata), was im Prinzip das eigene Ergebnis von Scheunert & Reschke bestätigte.

Von (Horst, et al., 1984) wurden Gehalte von Vitamin D_2 und D_3 in Luzerne ermittelt, die mit ultraviolettem Licht bestrahlt wurde. Die Konzentration von D_2 betrug hiernach 1920 IE/kg und die von D_3 25 IE/kg.

Heu, welches an der Sonne vor- und später unter Dach fertig getrocknet wurde, enthält Vitamin D_3-Gehalte von 500-1000 IE/kg (Heu-Kaufen.com, 2016). Für Gemüse existiert kein Nachweis für einen Gehalt an Vitamin D, ebenso wenig für Salate oder Grünes vom Gemüse.

Die bekannteste Wiesenpflanze in Bezug auf einen Vitamin D_3-Gehalt ist der Wiesen-Goldhafer (Trisetum flavescens), in dem 1,25-$(OH)_2D_3$ an verschiedene Glukoside gebunden vorliegt. Das 1,25-$(OH)_2D_3$-25-Glukosid entwickelt dabei eine mehr als halb so starke, kalzinogene Aktivität als die anderen Glukoside (Rambeck, et al., 1987). Vor allem in den Alpen bereitet der Goldhafer auf Grund seiner kalzinogenen Wirkung immer wieder Probleme bei Rindern in Zusammenhang mit der Weidewirtschaft.

Von (Kamphues, et al., 1986) wurde festgestellt, dass Kaninchen, selbst in der Phase intensiven Wachstums, nur über einen geringen Vitamin D-Bedarf verfügen. Gehalte von 500 IE/kg in einem Alleinfutter wären bei adäquater Ca- und P-Zufuhr (5-8 bzw. 4-6 g/kg) ausreichend.

Da die Gehalte an diesen Mineralien in Wiesenfutter ausreichend und in einem guten Verhältnis zueinander vorliegen, sollten auch die Vitamin-D-Gehalte von 150-250 IE ausreichen, vor allem dann, wenn die Tiere noch zusätzlich in einer Freilandhaltung leben. Eine „Überdosierung" von Vitamin D mit Wiesenfutter ist auch deshalb nicht möglich, weil es zusätzlich viel ß-Carotin enthält. In kommerziellen Futtermitteln wird Vitamin D, unabhängig von eventuell bereits vorhandenen Gehalten in den Grundstoffen, mit 1.000-1.200 IE/kg zugemischt.

Tabelle 38: Vitamin-D-Gehalte in verschiedenen Futtermitteln, aus (Meyer, et al., 2002)

	Vitamin D in IE/kg uS*	**Vitamin D in IE/kg TS****
Grünfutter, Weide, jung	30-50	150-250
Grünfutter, älter	50	250
Grassilage, frisch	50-70	167-389
Heu, unterdachgetrocknet	200	250
Heu, gut, sonnengetrocknet	500-1.000	625-1.250
Klee- und Luzerneheu	200	250

* ursprüngliche Substanz (Frischesubstanz); ** errechnet aus der TS (Grünfutter = 20% TS, Silage = 18% TS, Heu = 80% TS)

Vitamin E (Tocopherol)

Es existieren acht Verbindungen pflanzlichen Ursprungs mit einer Vitamin E-Aktivität: vier Tocopherole und vier Tocotrienole. Die verschiedenen, natürlichen Arten von Vitamin E verfügen über eine unterschiedliche biologische Aktivität, wobei das natürliche d-α-Tocopherol die aktivste ist. Natürliche Vitamin-E-Quellen verfügen über eine etwa doppelt höhere Bioaktivität als synthetische Quellen. Die wichtigsten Funktionen von Vitamin E sind die Synthese von Prostaglandinen, die Blutgerinnung, Stabilität der Membranstruktur und die Modulation der Immunantwort (Mateos, et al., 2010). Prostaglandine wirken als Gewebehormone und gehören zu den Eicosanoiden. Prostaglandine aus der Arachidonsäure sind für Schmerz, Blutgerinnung, Entzündungen und vieles mehr verantwortlich. Eine weitere, wichtige Funktion ist die eines lipidlöslichen Antioxidans, das in der Lage ist, mehrfach ungesättigte Fettsäuren in Membranlipiden, Lipoproteinen und Depotfett vor einer oxidativen Zerstörung zu schützen. Da es als Radikalfänger wirkt, werden freie Radikale daran gehindert, Doppelbindungen der Fettsäuren in den Zell- und Organellmembranen anzugreifen. Aus Untersuchungen mit Kaninchen folgerten (Müller, et al., 2002), dass sowohl Selen als auch Vitamin E essentielle und hochwirksame Antioxidantien sind, die Kaninchen vor Lipid- und Proteinoxidation schützen. Für die Kaninchenzucht wurde von (Mateos, et al., 2010) ein Gehalt in Futtermitteln von 15-50 mg/kg empfohlen, wobei dieser von der Fettmenge und dem Fettsäureprofil der verwendeten Fettquelle abhängig sei. Dieser Gehalt erhöht sich bei einer Inzidenz von Infektionen und Entzündungen der Fortpflanzungsorgane sowie bei Kokzidiose auf ca. 200 mg. Die Aufnahme dieser Mengen, ergänzt mit ungesättigten Fettsäuren von 30 g/kg verringerten zudem die oxidative Schädigung der Dünndarmschleimhaut, der Leber sowie des Muskelgewebes. Im Gegensatz zu anderen fettlöslichen Vitaminen kann Vitamin E sich nicht in der Leber anreichern. Ein Überschuss wird über die Galle und den Urin ausgeschieden.

Diagramm 35: Vitamin-E-Gehalt in verschiedenen Futtermitteln, aus (Souci, et al., 2008) und (Jeroch, et al., 1993)

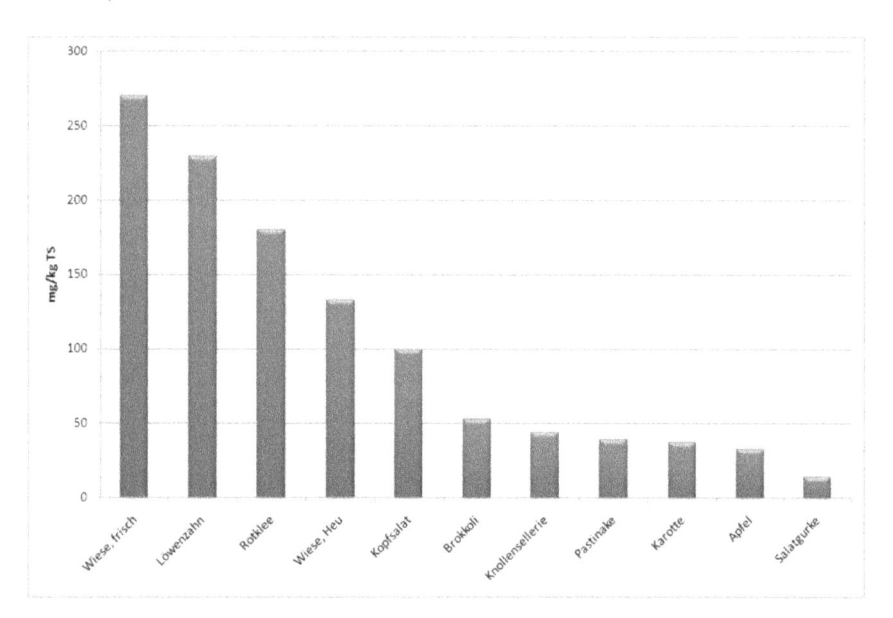

Vitamin K (Phyllochinon)
Als Vitamin K werden zwei natürliche und eine synthetische Form bezeichnet:

- ➢ **Vitamin K_1:** Phyllochinon – Vorkommen in Pflanzen
- ➢ **Vitamin K_2:** Menachinon – Produkt von Bakterien
- ➢ **Vitamin K_3:** Menadion – synthetisch (kommt in der Natur nicht vor)

Kaninchen erhalten das nötige Vitamin K_1 über Nahrungspflanzen sowie aus dem Blinddarmkot (K_2), da es ein Stoffwechselprodukt von Darmbakterien wie z. B. Escherichia coli und Lactobacillus acidophilus ist. Somit wird der Bedarf für dieses Vitamin teilweise durch die Koprophagie befriedigt. Es ist an der Blutgerinnung und dem Zellstoffwechsel beteiligt. Der tatsächliche Bedarf für Vitamin K ist schwer zu bewerten, weil es dazu keine Untersuchungen gibt. Die meisten kommerziellen Futtermittel enthalten das Vitamin in einem Bereich von 1 mg/kg Futter (Mateos, et al., 2010). In Fällen einer subklinischen (leicht verlaufenden) Kokzidiose kann ein erhöhter Bedarf für Vitamin K bestehen. Von (Fekete, 1993) wird für Alleinfuttermittel ein empfohlener Gehalt von 2 mg/kg angegeben, aber auch auf eine Unabhängigkeit des Kaninchens auf eine Zufuhr des Vitamins hingewiesen.

Ähnlich wie für Vitamin D wurden mittlerweile auch für Vitamin K Funktionen entdeckt, die unter anderem für die Zahn- und Knochensubstanz eine wichtige Rolle spielen. So verfügt zum Beispiel Osteocalcin, ein Metabolit, der an der Mineralisierung und der Bildung von Knochen beteiligt ist, über eine Vitamin-K-abhängige, Calcium-bindende Aminosäure, die die Bindung von Osteocalcin an Hydroxylapatit im Knochen erleichtert. Die Synthese von Osteocalcin wird von 1,25-$(OH)_2D_3$ (Calcitriol) reguliert und im Knochen durch Osteoblasten gebildet. Da Vitamin K die Osteoklastentätigkeit hemmt, wird es in der (menschlichen) Osteoporosetherapie unterstützend mit Vitamin D eingesetzt.

Wasser
Im Kapitel „Calcium und Phosphor" wurde bereits im Zusammenhang mit der Konzentration von Mineralstoffen auf die Wichtigkeit einer adäquaten Wasserversorgung eingegangen.

(Wild-)Kaninchen nehmen normalerweise Nahrung auf, die einen hohen Wassergehalt aufweist – im Schnitt liegt er über 70%. In Zeiten des Nahrungsmangels suchten Wildkaninchen in Australien Wasser an Bohrlöchern und aßen „atypische" Nahrung wie Zweige von Sträuchern (Cooke, 1974). Sank der Wassergehalt in der Nahrung unter 60%, waren die Tiere auf eine zusätzliche Wasserquelle angewiesen (Richards, 1979), (Cooke, 1982a), (Cooke, 1982b). Wildkaninchen decken ihren Wasserbedarf über das frische Grün mit entsprechend hohem Wassergehalt, dem Tau an den Pflanzen, zur Verfügung stehenden Wasservorkommen wie Pfützen oder Bächen und reduzieren den Bedarf durch den Aufenthalt in kühlen Erdbauten. Auch Jungtiere benötigen zusätzlich Wasser ab dem Zeitpunkt, wenn sie feste Nahrung aufnehmen, da die Milch der Häsin den Wasserbedarf dann nicht mehr decken kann.

Kaninchen verfügen über keine thermoregulatorisch aktiven Schweißdrüsen, verlieren aber trotzdem Wasser über die Haut. Bei der Regulation des Wärme- und Wasserverlusts hilft ihnen unter anderem ihr Haarkleid. Über die Atmung wird überschüssige Wärme abgeführt – und mit dem Atem auch Wasser. Nach (Schwabe, 1995) verliert ein 4-kg-Tier bei einer Atemfrequenz von 60/min auf diese Weise 4,2 g Wasser/Stunde. Das ergibt über den gesamten Tag also 100 g bzw. ca. 100 ml Wasser.

Bild 65: Ein junges Hauskaninchen bei der Wasseraufnahme, obwohl es in Freilandhaltung mit ausreichendem Angebot an frischem Grünfutter lebt

In der Literatur finden sich oft Angaben zum Wasserhaushalt von Kaninchen, denen als Grundnahrung Trockenfutter zur Verfügung steht. Als Richtwert für den zusätzlichen Wasserverbrauch wird für Kaninchen in der Regel ein 2-2,5facher Wert der Trockensubstanz angegeben. Das heißt, das Verhältnis für Wasser : TS sollte 2-2,5 : 1 betragen.

Ähnlich wie beim Menschen wird bei Kaninchen angenommen, dass sie mit der zusätzlichen Aufnahme von Wasser einen physiologischen Bedarf befriedigen, nämlich ein Durstgefühl löschen, welches durch verschiedene Stoffe bzw. ihrem Fehlen in der Nahrung oder einem körperlichen Zustand entsteht. Dass Hauskaninchen aber eine zusätzliche, adäquate Wassermenge bei einer Fütterung mit trockener Nahrung wie Heu oder Trockenfutter nicht aufnehmen, ist mittlerweile mehrfach nachgewiesen worden. Konkrete Untersuchungsergebnisse finden sich z. B. bei (Brüggemann, 1937), (Schwabe, 1995) und (Wenger, 1997).

Das folgende Diagramm nach Werten von (Brüggemann, 1937) zeigt, dass nur bei der Verfütterung von Heu zusätzlich Wasser aufgenommen wurde. Trotzdem lag die gesamte, aufgenommene Wassermenge mit grüner Luzerne um 41% und mit frischer Süßlupine um 135% höher. Sie betrug in diesem Fall also mehr als das Doppelte der Wassermenge bei Fütterung mit Heu und zusätzlichem Wasser.

Diagramm 36: Gesamte Wasseraufnahme von Kaninchen, in ml/Tier/Tag, bei unterschiedlichem Futter, ad libitum angeboten, nach (Brüggemann, 1937)

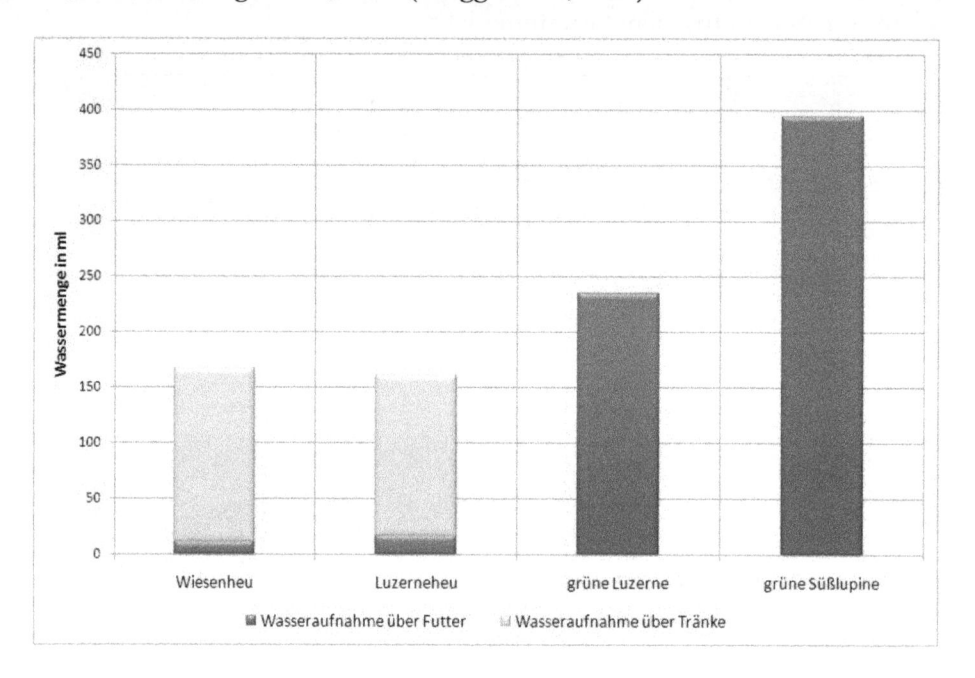

In einer Arbeit von (Bucher, 1994) mit verschiedenen Trockenfuttern, Heu und „Grünfutter" (Weißkohl, Grünkohl und Blumenkohlblätter) wurde auch die Wasseraufnahme von Kaninchen erfasst. Feststellungen der Autorin lauteten, dass das Angebot von Grünfutter und Heu für Kaninchen eine arttypische und artgerechte Futteraufnahme darstellt, die eine Beschäftigung mit dem Futter ermöglicht und das Risiko der Körperverfettung mindert. Das „Grünfutter" hatte gegenüber Heu den Vorteil, dass es eine sehr hohe Wasseraufnahme gewährleistete. Alle Tiere nahmen täglich Trinkwasser in einem Verhältnis Wasser : Futtertrockensubstanz von ca. 2 : 1 auf, bei Aufnahme von „Grünfutter" betrug das Verhältnis durch den hohen Wassergehalt des Futtermittels entsprechend 5,5 : 1. Die hohe Wasseraufnahme bei Angebot des „Grünfutters" führte auch zu deutlich größeren Harnvolumina (4-5mal höher als in den anderen Gruppen) mit der Folge einer erhöhten Löslichkeit für Calcium im Harn, was die Disposition für das Auftreten von Harnsteinen verringert. Das „Grünfutter" wird in dem Abschnitt in Anführungszeichen gesetzt, weil es sich, bis auf Blumenkohlblätter, nicht wirklich um Grünfutter handelte, sondern um Gemüse. So wurde es in der Arbeit an verschiedenen Stellen auch von der Autorin selbst benannt.

Da eine Dissertation von (Schwabe, 1995) in mehrfacher Hinsicht bemerkenswert scheint, soll etwas näher auf sie eingegangen werden. Dort wurden u. a. Angaben zur „Trinkwasseraufnahme" von verschiedenen Autoren mit 58-135 ml/kg KM/d (d = Tag) für Kaninchen mit Körpergewichten von 2-5 kg zitiert. Außerdem wurde auf eine Angabe von (Kötsche, et al., 1990) mit einer Menge von 200-270 ml für Kaninchen mit einem Gewicht von 2 kg verwiesen. Dort ist aber nicht die Rede von einer aufgenommen Menge, sondern von Mengen, die bei Pelletfütterung bereitzustellen seien (S. 39). Auch die zitierte Angabe von (Schley, 1985) mit 100 ml/kg KM gibt nicht aufgenommene Mengen wieder, sondern einen durch den Autoren angenommenen Bedarf (S. 139). Das Versuchsfutter in der Arbeit von Schwabe bestand für Kaninchen aus Pellets sowie roten und gelben Möhren (Gemüse- und Futtermöhren). Eher am Rand erwähnt, aber sehr interessant, sind Feststellungen zu den Pellets, die in einer wissenschaftlichen Untersuchung benutzt wurden: die Deklaration gab den Rohproteingehalt mit 120 g/kg uS (uS = ursprüngliche Substanz) an, tatsächlich betrug er 168,7 g/kg. Das entspricht einer Abweichung von 29%! Die Rohfaser war mit 120 g deklariert, der tatsächliche Wert betrug 144,4 g/kg uS – eine Abweichung von 17% gegenüber der Deklaration.

Der Versuchsaufbau war recht einfach mit folgenden Einstellungen:
Versuch A) Mischfutter + Wasser (ad libitum)
Versuch B) Mischfutter + Wasser + Möhren (ad libitum)
Versuch C) Mischfutter + Saftfutter (ad libitum, ohne Wasser)

Das Ergebnis der Aufnahme der verschiedenen Futtermittel entsprach ziemlich exakt dem, was der Autor in seiner täglichen Fütterung beobachten konnte: mit dem Angebot von frischer, wasserreicher Nahrung (in diesem Fall Möhren) ging die Aufnahme von Mischfutter signifikant zurück, und zwar um den Betrag der aufgenommenen TS-Menge des frischen Futters. In der Dissertation stammte ungefähr die Hälfte der insgesamt aufgenommenen Trockensubstanz aus den Möhren. Die Aufnahme der ursprünglichen Substanz des Saftfutters war mit 165,22 g/kg KM/d sehr hoch, was bedeutet, dass die Kaninchen pro Tier/Tag durchschnittlich 630 g (Versuch B) bzw. 580,9 g (Versuch C) Möhren aufnahmen. Die Tiere in Versuch A wogen durchschnittlich 4 kg, in Versuch B 3,8 kg und in Versuch C 4 kg. Der Unterschied in der Wasseraufnahme zwischen Versuch A (Mischfutter + Wasser) und B (Mischfutter + Pellets + Wasser) betrug ungefähr das 2,5fache. Im Vergleich zu den verschiedenen Literaturempfehlungen stellte die Autorin fest, dass das Verhältnis der Wasser- zur Trockensubstanzaufnahme > 4 : 1 betrug. Trotzdem werden auch in aktuellen Arbeiten die alten Angaben von 2 : 1 angegeben.

Weitere, wichtige Feststellungen in der Arbeit lauteten, dass: „*die Wasserversorgung bei ausschließlicher Mischfuttergabe trotz freier Tränkeverfügbarkeit nicht optimal ist. [...] Damit ist grundsätzlich in einer Saftfuttergabe in Ergänzung eines Mischfutters eine Optimierung der Versorgung dieser Spezies zu sehen, die in die Empfehlung zur bedarfsgerechten Fütterung einzubeziehen sind.*".

Diese Feststellung ist insofern wichtig, weil sie einen Aspekt des Tierschutzgesetzes berührt. Im (TierSchG, 2010), § 2 heißt es: „*Wer ein Tier hält, betreut oder zu betreuen hat, 1. muss das Tier seiner Art und seinen Bedürfnissen entsprechend angemessen ernähren, pflegen und verhaltensgerecht unterbrin-*

gen, ... ". Der Bedarf an Wasser liegt beim Kaninchen sehr hoch, wenn es bereits bei weniger als 60% Wassergehalt der Nahrung anfängt, nach zusätzlichen Wasserquellen zu suchen und versucht, seinen tatsächlichen Bedarf daraus zu befriedigen. Insofern ist auch die Feststellung von (Böhmer, 2014) kritisch zu sehen, Heu mit einem Wassergehalt von 10% als ein mögliches Alleinfuttermittel für die Erhaltung von Kaninchen darzustellen, auch wenn zusätzlich Wasser bereit gestellt wird.

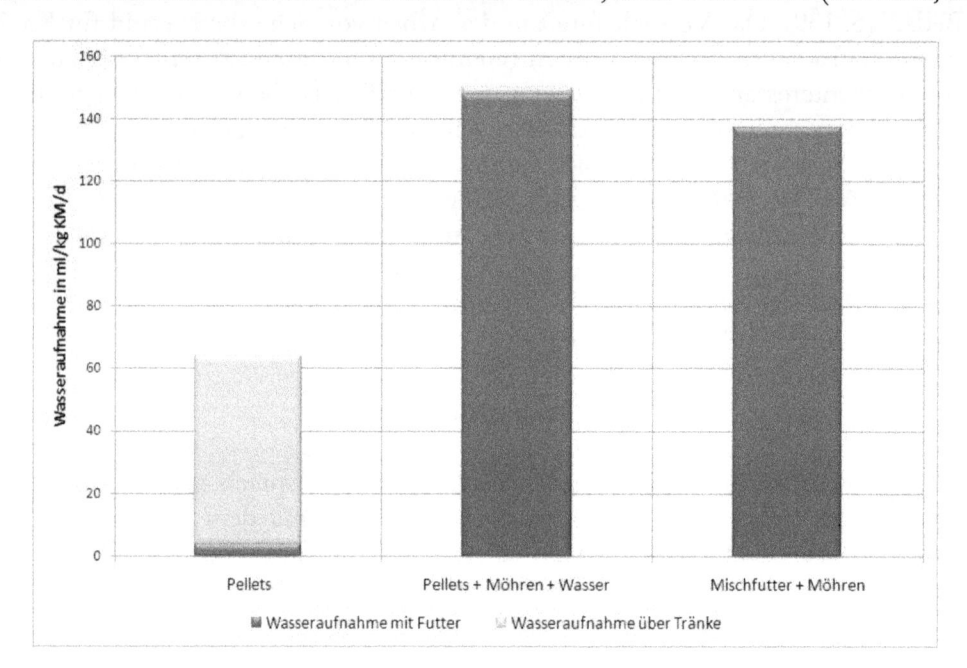

Diagramm 37: Wasseraufnahmen über Futter und Tränke, nach Werten aus (Schwabe, 1995)

Obwohl bereits viele Untersuchungen zum Calcium- und Phosphorstoffwechsel sowie der (ungewissen) Auswirkungen existieren, wurde von (Burger, 2009) eine weitere durchgeführt. Inhalt waren eventuelle Auswirkungen von Luzerne und Getreide in Bezug auf Verkalkungen der Gewebe sowie Harnsteine. Festgestellt wurde, dass auch bei einer Fütterung mit hohem Kalziumgehalt (reinem Luzerneheu) über einen Zeitraum von 20 Wochen bei 40 Kaninchen keine Urolithiasis ausgelöst werden konnte. Es wurde vermutet, dass die Wasseraufnahme eine wesentliche Rolle in der Bildung und Nicht-Bildung von Urolithen spielt; da Wasser in dieser Studie stets über Offentränken ad libitum verfügbar war und von den Tieren auch in *„unerwartet"* hohen Mengen aufgenommen wurde. Wahrscheinlich wurde also eine Urolithiasis durch diese Wasseraufnahme verhindert.

(Tschudin, et al., 2010) untersuchten den Einfluss von Nippeltränken und offenen Tränken auf den Wasserverbrauch von Kaninchen. Als Futtermittel wurden Heu, verschiedene Trockenfutter (Körnermischung und 2 verschiedene Pelletsorten) sowie frische Petersilie angeboten. Als Ergebnis wurde festgestellt, dass Kaninchen aus offenen Tränken mehr Wasser aufnehmen als aus Nippeltränken, da diese die Aufnahme von genügend Wasser erschweren. Der Trockensubstanzgehalt des Kots war bei Wasserentzug mit Nippeltränke signifikant höher als bei der Offentränke. Zudem würde Heu zu einer hohen Wasseraufnahme und damit auch zu einer hohen Urinausscheidung führen und der so verdünnte Urin könnte Harnsteinen vorbeugen.

Prinzipiell versorgt eine natürliche, frische, arttypische Nahrung ein Kaninchen mit ausreichend Wasser. Trotzdem ist in der Haltung von Hauskaninchen festzustellen, dass sie auch bei Versorgung mit dieser Nahrung zusätzlich Wasser aufnehmen, wenn es zur Verfügung steht. Da die Gründe nicht immer eindeutig nachvollziehbar sind, ist es wichtig, frisches Wasser immer bereitzustellen. Als Trinkgefäße eignen sich am besten schwere Näpfe aus Ton, die von den Tieren nicht so einfach umgeworfen werden können.

Bild 66: Ein Hauskaninchen trinkt aus einem Napf aus Ton

Trinkflaschen sollten nicht nur wegen der geringeren Wasseraufnahme gemieden werden, sondern weil sich in relativ kurzer Zeit an schwer erreichbaren Stellen Keime ansammeln können. Ein einfaches Auswaschen der Flaschen reicht nicht, um die Keime abzutöten oder zu entfernen, erst bei sehr hohen Temperaturen nach längerer Zeit werden sie zuverlässig unschädlich gemacht. Vor allem im Sommer, wenn sich das Wasser erwärmt, ist die Entstehung pathogener Keime schnell möglich. Näpfe aus Ton können problemlos im Geschirrspüler gründlich gereinigt werden. Eine wichtige Einflussgröße für die Wasseraufnahme bildet auch die Wassertemperatur – vor allem im Sommer. Steigt die Temperatur des Trinkwassers über 25°C, wird weniger getrunken. Im Sommer sollte das Wasser also täglich mehrmals gewechselt werden.

Ein weiterer, wichtiger und unschätzbarer Vorteil der wasserhaltigen, arttypischen Nahrung des Kaninchens liegt vor allem darin, dass alle Nährstoffe in einem natürlichen Verbund und überwiegend gelöst vorliegen. Somit können sie leicht vom Körper aufgenommen, verwertet und bei einem Überschuss auch wieder ausgeschieden werden.

Sekundäre Pflanzenstoffe
Im Begriff „sekundär" steckt (nach heutigem Wissensstand) die Bedeutung dieser Stoffe: sie sind für den Pflanzenstoffwechsel „zweitrangig", also nicht lebensnotwendig. Im Primärstoffwechsel werden Kohlenhydrate, Proteine und Fette gebildet. Sie liefern die nötige Energie, die Struktur und Festigkeit sowie Speicherstoffe für die Pflanze. Im Sekundärstoffwechsel entstehen in geringen Mengen Verbindungen wie z. B. ätherische Öle, Alkaloide, Glykoside, Saponine etc., die die Wirkung einer Pflanze auf den Organismus bestimmen. Die genaue Wirkungsweise vieler dieser Verbindungen ist heute noch unklar, trotzdem wird ihre Bedeutung immer größer. Sekundäre Pflanzenstoffe dienen im Stoffwechsel von Pflanzen als Abwehr-, Farb-, Duft- und Aromastoffe sowie als Wachstumsregulatoren. Einerseits fungieren Sekundäre Pflanzenstoffe als Abwehrstoffe gegen Pflanzenfresser und Pathogene, andererseits locken sie als Farb- und Aromastoffe pollenverbreitende Insekten und samenverbreitende Früchtefresser an. Über 100.000 solcher Sekundären Pflanzenstoffe sind mittlerweile bekannt. Ihre Einteilung erfolgt üblicherweise nach ihrer chemischen Struktur oder teilweise nach ihrer möglichen Funktion für den menschlichen oder tierischen Organismus. Grob strukturiert handelt es sich dabei um phenolische und isoprenoide Verbindungen sowie Alkaloide und Aminosäuren. Zu diesen gehören zahlreiche Stoffe und Verbindungen, die auf Grund ihrer Eigenschaften besondere Beachtung finden.

Viele Stoffe, die Pflanzen im sekundären Stoffwechsel produzieren, wurden für den Menschen mittlerweile (wieder) als überaus hilfreich erkannt, was nicht verwundert, da der Nutzen vieler Wildpflanzen bereits seit frühester Zeit bekannt ist.

Sekundäre Pflanzenstoffe werden u.a. in folgende Stoffgruppen eingeteilt:
- Polyphenole (u. a. Flavonoide, Anthocyane)
- Carotinoide (Provitamine, Farbstoffe)
- Phytoöstrogene (Isoflavone wie Genistein, Daidzein, Coumestrol und Lignane)
- Glucosinolate (Senfölglycoside in Rettich, Meerrettich, Senf, Kresse, Kapuzinerkresse und Kohl)
- Sulfide (Geruchsstoffe, Aminosäure Methionin)
- Monoterpene (Hauptbestandteile von ätherischen Ölen mit z. T. antikanzerogener Wirkung)
- Saponine (bilden Schäume und kommen z. B. in Leguminosen, Spinat, Hafer, Fenchel, Zuckerrüben, Tomaten und grüner Paprika vor)
- Protease-Inhibitoren (hemmen den Abbau von Proteinen durch Enzyme, Vorkommen z. B. in rohen Bohnen)

- Phytosterine (Vorkommen in fettreichen Pflanzenteilen wie Sonnenblumensamen, Weizenkeimen, Sesam und Kürbiskernen, beeinträchtigen die Aufnahme fettlöslicher Vitamine wie ß-Carotin und Vit. E)
- Lektine (verklumpen rote Blutkörperchen)

Tabelle 39: Sekundäre Pflanzenstoffe und ihre möglichen Wirkungen auf den Organismus, aus (Biesalski, et al., 2011)

	antikanzerogen	antimikrobiell	antioxidativ	antithrombotisch	immunmodulierend	entzündungshemmend	Blutdruck regulierend	Cholesterin senkend	Blutglucose stabilisierend
Anthocyane	x		x	x		x			
Carotinoide	x		x		x				
Flavonoide	x	x	x	x	x				
Glucosinolate	x	x	x		x			x	
Monoterpene	x								
Phenolsäuren	x	x	x						
Phytinsäure	x		x		x			x	x
Phytoöstrogene	x		x						
Phytosterine	x							x	
Proteaseinhibitoren	x		x			x			
Saponine	x	x			x			x	
Sulfide	x	x	x	x	x	x	x	x	

Nitrat

Nitrate sind Stickstoffverbindungen, die Pflanzen zum Aufbau von Protein benötigen. Sie kommen natürlicherweise im Boden vor und werden als Düngemittel genutzt. Nitrat selbst ist nur wenig giftig. Im Körper kann aber aus Nitrat Nitrit gebildet werden, aus dem wiederum Stickstoff-Nitrosoverbindungen wie Nitrosamine entstehen können, die sich als krebserzeugend erwiesen haben. Aus diesem Grund sollte die Nitrataufnahme möglichst niedrig sein. Für Kaninchen gibt es diesbezüglich keine Untersuchungen, weshalb es beim Halter selbst liegt, eine mögliche Schadenswirkung abzuwägen. Ein zu hoher Gehalt von Nitrat bzw. daraus gebildetem Nitrit äußert sich wenig auffällig, beim Menschen werden die Symptome mit Kopfschmerz, Müdigkeit, Luftnot und Lethargie beschrieben. Das liegt daran, dass Nitrit im Blut mit dem Hämoglobin zu Methämoglobin reagiert, so dass es seine Fähigkeit zum Sauerstofftransport verliert. (Sušin, et al., 2006) verglichen Nitratgehalte von Gemüse aus verschiedenen Herkunftsländern. Die Ergebnisse zeigen sehr große Unterschiede, weshalb es auch unmöglich ist, Empfehlungen auszusprechen.

Tabelle 40: Nitratgehalte in Gemüse aus verschiedenen Ländern, in mg/kg uS, Auszug aus (Sušin, et al., 2006)

	Slowenien	Griechenland	Belgien	Großbritannien	Dänemark	Frankreich	Italien
Kopfsalat	1074	222	2782	670-3000	108-7820	804-1221	734
Kohl	881	208		160-860	0-1240		90
Mohrrübe	264	87	278	170-210		113-194	
Gurke	93	79	344	23			
Tomate	4,3	62	36	1,3-16	110-164	1-19	10

Im Rahmen einer Studie der Europäischen Union (EFSA, 2008) wurden die Nitratgehalte in verschiedenen Gemüsesorten, Salaten und Obst bestimmt. Auch hier zeigen sich große Schwankungen, welche sich aus den Anbaumethoden (Gewächshaus vs. Freiland), den Böden, der Düngung, Wässerung und vielen weiteren Einflussfaktoren ergeben. In der oben stehenden Tabelle werden auszugsweise Werte dieser Untersuchung aufgeführt, wobei nicht der Mittelwert, sondern der Median angegeben wird. Für Statistiken dieser Art scheint er aus meiner Sicht geeigneter, weil er unempfindlicher gegen Ausreißer ist, also Werten, die ungewöhnlich weit von dem Mittelwert entfernt sind.

Prinzipiell ist festzustellen, dass sich hohe Nitratwerte insbesondere in angebauten Gemüsen und Salaten finden, während diese in Gräsern und Kräutern von Wiesen gering sind, solange sie nicht gedüngt werden.

Tabelle 41: Nitratwerte
in mg/kg uS, aus (EFSA, 2008)

	Nitratgehalt
Rucola	4800
Basilikum	1827
Endivie	1475
Kohlrabi	940
Chinakohl	870
Eisbergsalat	844
Spinat	785
Petersilie	480
Grünkohl	267
Kohl	223
Brokkoli	209
Wirsingkohl	204
Löwenzahn	202

Weil es sich um abgestorbenes Pflanzengewebe handelt, gelangt Nitrat aus Heu und Silagen schneller in den Magen als aus frischem Grünfutter. Außerdem sollte frisches Grün immer luftig, locker gelagert werden, weil es sonst im Inneren des Haufens durch den Sauerstoffmangel bereits zur Umwandlung von Nitrat in Nitrit durch Bakterien kommen kann (Jeroch, et al., 1993).

Die Nitratkonzentration ist von verschiedenen Faktoren abhängig, u. a. von:
- der Düngung
- der Dauer der Sonneneinstrahlung: je länger die Einstrahlung, umso geringer die Nitratkonzentration bzw. morgens ist die Konzentration niedriger als am Abend
- der Jahreszeit: im Winter ist aufgrund geringerer Sonneneinstrahlung die Konzentration höher.

Futtermittel
„Die futter- und fütterungsbedingten Erkrankungen sind bei Kaninchen sehr häufige, wenn nicht sogar die häufigsten Verlustursachen, denen jedoch von Seiten der Tierhalter oft eine nur untergeordnete Bedeutung beigemessen wird." (Kötsche, et al., 1990)

In diesem Kapitel werden sehr viele Erklärungen geliefert, die nicht selten im Widerspruch zu Informationen stehen, wie sie in Fachartikeln, Dissertationen, Büchern oder auch Internetforen zu finden sind. Aus diesem Grund wurde auch ausführlich auf die Nährstoffe eingegangen. Sie liefern im Prinzip nur den Beweis dafür, warum sich Wildkaninchen evolutionär bedingt so ernähren, wie es sich in der Natur beobachten lässt. Von widrigen Umständen abgesehen, bleiben sie damit gesund und vermehren sich. Es gibt keinen Grund, Hauskaninchen anders zu ernähren, jedenfalls keinen biologischen. In der Regel ist es der Halter, der verschiedene Gründe findet, Kaninchen anders zu ernähren, als von der Natur vorgesehen.

Wenn Empfehlungen ausgesprochen werden, sind diese nicht als Dogma zu verstehen, denn Kaninchen sind Individuen wie wir Menschen auch. Es gibt verschiedene Vorlieben und nicht jede Empfehlung mag auf jedes Tier zutreffen. Wenn sich z. B. ein Kaninchen plötzlich entschließt, in größeren Mengen Schnittlauch zu fressen, erfolgt das nur, weil es offensichtlich ein körperliches Empfinden dazu treibt und weil der Schnittlauch zur Verfügung stand. Nun wird aber nicht jeder Halter ganzjährig Schnittlauch anbieten wollen, nur weil in diesem Buch beschrieben wird, dass er im Fall eines (vermuteten) Parasitenbefalls geholfen hat. Mancher wird Schnittlauch schon deshalb nicht anbieten, weil er irgendwo gelesen oder gehört hat, dass er giftig wäre. Es muss, soll oder darf also jedem Halter selbst überlassen bleiben, wie er mit Empfehlungen umgeht.

Raufutter (Heu, Stroh)
Gelegentlich wird alles, was in grüner Form vom Feld kommt und Konservate daraus als „Raufutter" oder „Grobfutter" bezeichnet. Hier wird der Begriff nur für Heu und Stroh benutzt. In der Heimtierhaltung wird Heu als Futtermittel genutzt und Stroh überwiegend zum Auslegen von Liegeflächen oder als Isolierung im Winter.

In Hinblick auf die Fütterung ist etwas Merkwürdiges festzustellen: während deklarierte Futtermittel von Haltern akribisch auf vorhandene Inhaltsstoffe ausgewertet werden, 1% Melasse verteufelt, Gemüse nach eventuell abträglichen Stoffen beurteilt und vor allerlei Sekundären Pflanzenstoffen wie auch Stärke gewarnt wird, scheint das für Heu keine Rolle zu spielen. Es gilt offenbar als ein Futtermittel, dem man blind vertrauen kann. Meist spielt nur der Preis bei der Kaufentscheidung eine Rolle, alles andere wird ausgeblendet. Für viele Gemüse und Kräuter werden Listen erstellt, in denen Fütterungshinweise wie „nur wenig", „selten" oder „gelegentlich" angegeben wird, das inhaltlich völlig unbekannte Heu aber soll ad libitum gefüttert/bereitgestellt werden – also ständig zur freien Verfügung. Die Sorglosigkeit in Bezug auf das Heu verwundert insofern, weil es **DAS HEU** nicht gibt. Die Qualität ist von sehr vielen Faktoren abhängig. Heu ist ein Produkt, welches aus verschiedenen, frischen Grünpflanzen gewonnen wird, was immer mit einem Verlust von Nährstoffen verbunden ist. Die Frage hierbei ist, wie hoch der jeweilige Verlust ist. Natürlich hängt die Qualität auch von den enthaltenen Pflanzen(-resten) sowie den enthaltenen Arten ab, denn die entscheiden mit, ob ein Tier das Heu frisst oder meidet.

„Heu ist das Brot der Kaninchen" – diese makabre Überlieferung aus der früheren Kaninchenzucht hält sich bis heute hartnäckig. Makaber deshalb, weil Brot eigentlich ca. 40% Wasser enthält, also 30% mehr als Heu (Roggenvollkornbrot 43,7%, Weizenvollkornbrot 42,5% (Souci, et al., 2000)). Die Feststellung: „Heu ist das Knäckebrot der Kaninchen" wäre eigentlich treffender, denn dieses enthält nur 6,2% Wasser – deshalb staubt und bröckelt es auch so stark beim Verzehr. Neben dem Wasser fehlen dem Heu dem Vergleich zur frischen Nahrung jedoch sehr viele Nährstoffe. Im Sinne des Kaninchens sollte der unglückliche Vergleich mit der Grundnahrung möglichst bald aus dem Sprachgebrauch von Haltern und auch Züchtern verschwinden. Die „Nährstoffe" von Heu wurden in den jeweiligen Kapiteln bereits mit betrachtet.

Heu bildet die konservierte Form des frischen Grünfutters, indem diesem weitgehend die Feuchtigkeit entzogen wird. Der Trockenmassegehalt liegt dann noch zwischen 10-14%, was die Stoffwechselaktivität von Mikroorganismen unterbindet. Höher darf er nicht werden, weil diese sonst wieder aktiv werden und das Heu verdirbt. Insbesondere Schimmelpilze sind gefährlich.

Es gibt verschiedene Methoden der Herstellung von Heu, die sich auch auf die Qualität auswirken. Für die „Bodentrocknung" wird das Heu auf den Wiesen auf einen Trockenmassegehalt von ca. 80% getrocknet und anschließend „unter Dach" fertig getrocknet. Während der Bodentrocknung muss das Trockengut entsprechend gewendet werden, um eine möglichst gute Durchlüftung und somit Trocknung zu gewährleisten. Nach ca. 3-4 Tagen wird das Heu eingefahren (gelagert).

Eine zweite Möglichkeit besteht in der Vortrocknung auf der Wiese, bis das Trockengut nur noch ca. 40-50% Wasser enthält. Das vorgetrocknete Heu wird nach 2-3 Tagen eingeholt, die Resttrocknung erfolgt dann „unter Dach" mit Belüftungsanlagen (Belüftungstrocknung).

Die dritte Methode ist die Heißlufttrocknung, in der das frische Grüngut gehäckselt und in Trommeln bei hohen Temperaturen direkt getrocknet wird. Es liegt auf der Hand, dass die Zeit der Vortrocknung auf den Wiesen sehr stark von der Witterung abhängig ist. Durch das Wenden entstehen sogenannte „Bröckelverluste" insbesondere bei Blättern der Leguminosen (Ab- und Zerbrechen der Blätter). Durch zwischenzeitlichen Regen und Nachttau kommen zusätzlich noch „Auswaschverluste" von wasserlöslichen Nährstoffen hinzu.

Früher war noch eine vierte Methode verbreitet, bei der das Heu auf Gestellen getrocknet wurde. Diese werden allgemein als „Reuter" bezeichnet, weitere Begriffe bzw. Gerüstformen sind Dreibockreuter, Heintze oder Schwedenreuter. Die Form der Gerüsttrocknung gilt als sehr schonend und effektiv, weil keine Nährstoffe durch das Wenden auf dem Boden verloren gehen und dem Wind eine größere Angriffsfläche für die Trocknung geboten wird. Sie ist aber sehr arbeitsintensiv und deshalb heute kaum noch anzutreffen.

Bild 67: Ein Heuwender bei der Arbeit. An dem Gestell hinter dem Traktor rotieren Zinkenkreisel, die das Trockengut gleichmäßig auf der Wiese verteilen, um es zu lüften und die Trocknung zu beschleunigen. Der Staub lässt erahnen, dass diese Tätigkeit zu hohen Verlusten beim Trockengut führt.

Einen weiteren Einfluss auf die Qualität bilden der Zeitpunkt und die Anzahl der Schnitte des Heus. Wenn, erfolgt der „erste Schnitt" relativ spät im Frühjahr und ist deshalb reich an Stängeln bzw. Halmen. Das macht ihn entsprechend unverdaulicher als folgende Schnitte. Anders formuliert steht das erste Wachstum einer Wiese sehr lange auf dem Halm, bevor es geschnitten wird. Der neue Bestand nach dem ersten Schnitt wächst dann während der Vegetationsperiode recht schnell und kann deshalb früher geschnitten werden. Aus diesem Grund ist er weniger stängel- und mehr blattreich. Dieser und die folgenden Schnitte sind deshalb eigentlich als Ergänzung des Grundfutters für Kaninchen besser geeignet.

Da Kaninchen gelegentlich auch gern von einem guten Heu fressen, liegt der Gedanke nahe, es einfach selbst herzustellen indem man in der Wachstumszeit immer mehr frisches Grünfutter sammelt, als die Tiere fressen und der Rest getrocknet wird. Der Aufwand ist relativ gering und kann auch unter Wohnungsbedingungen (möglichst mit Balkon) realisiert werden. Man benötigt dafür selbst gefertigte Holzrahmen mit einem Drahtgeflecht und einen Wäscheständer.

Bild 68: Mit Draht bespannte Holzrahmen auf einem Wäscheständer

Bild 69: Skizze für Holzrahmen

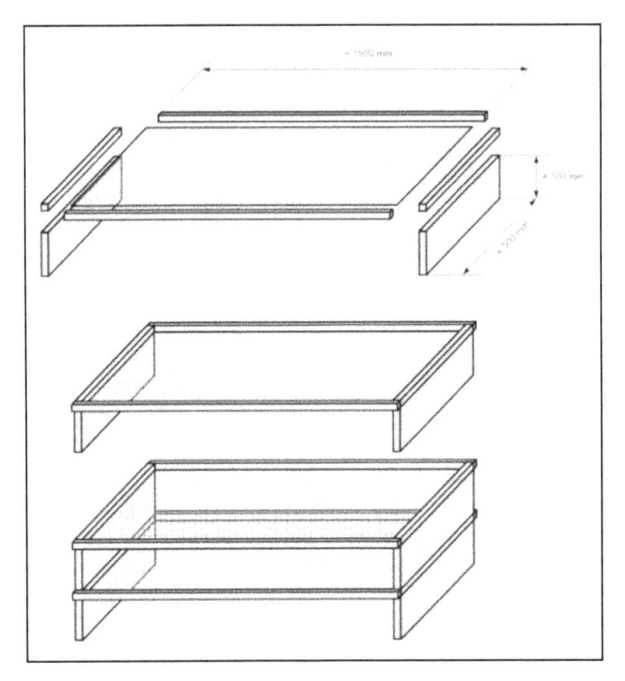

Die übereinander gestapelten Holzrahmen sind platzsparend und gewährleisten eine gute Durchlüftung des Trockenguts.

In gewissen Abständen tauscht man die Rahmen aus, so dass jeder einmal oben liegt und die Sonne das Heu bescheinen kann. Das beschleunigt die Trocknung und führt zu einer natürlichen Bildung von Vitamin D.

Durch die schonende Trocknung, ähnlich der auf Reutern, erhält man ein ausgezeichnetes Heu, welches zudem den Vorteil hat, dass es Pflanzen enthält, die man kennt. Außerdem kann man durch die Pflanzenwahl auf die Vorlieben der Kaninchen eingehen.

Bild 70: Vergleich von selbst hergestelltem (links) und einem teuren, gekauften Heu (rechts).

Eine weitere Möglichkeit wäre eine „sortenreine" Trocknung von Pflanzen wie z. B. von Bärenklau, welcher in bestimmten Situationen von Kaninchen auch in getrockneter Form verstärkt gern gefressen wird. Die spätere Lagerung des Heus sollte in Stoffsäcken in kühlen, trockenen Räumen erfolgen. Die trockene Lagerung ist überaus wichtig, weil sich sonst Schadkeime im Heu bilden können.

Diagramm 38: Rohfasergehalte in Heu aus verschiedenen Jahren und Gebieten, nach (Voigtländer, et al., 1987)

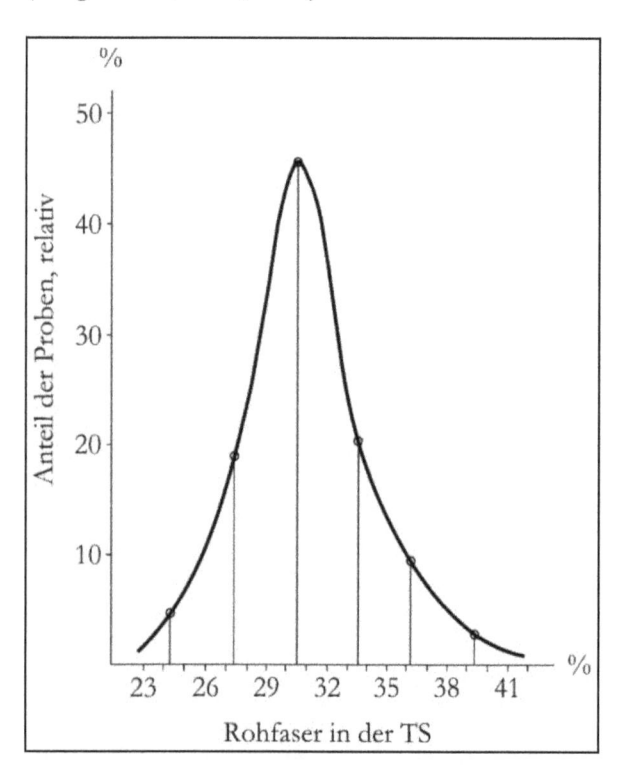

Wie sehr die Qualität von Heu schwanken kann, wird aus dem Diagramm 38 am Beispiel der Rohfaser deutlich. Die Autoren Voigtländer & Jacob werteten hierfür Heuproben aus Oldenburg, Hannover, Hessen und Baden aus. Die größte Häufigkeit der Proben für den Rohfasergehalt lag in einem Bereich von 28 bis 34% in der Trockensubstanz. Rund 99% der Proben lagen in einem Bereich von 23-42% Rohfaser in der TS. An dieser Stelle sei noch einmal an die Warnungen von (Patton, et al., 1981) und (Fekete, 1993) erinnert, wonach ein Rohfasergehalt von mehr als 22% in der Nahrung Verstopfungen und Mukoide Enteropathie hervorrufen können. Zudem wurde bereits ab einem Rohfasergehalt von ca. 15% in der Ration von (Yu, et al., 1996) eine Schädigung der Darmzotten bei wachsenden Kaninchen nachgewiesen.

Nach dem Schnitt sollte Heu ca. 6 Wochen kühl und trocken gelagert werden, bevor es verfüttert wird. Im Heu finden während der Einlagerung Gärprozesse statt, die von Wassergehalt,

Pflanzenart und -alter, Trocknungsdauer und Dichte des eingelagerten Gutes abhängig sind. Diese werden durch pflanzeneigene Enzyme ausgelöst und sind abhängig vom Trocknungsgrad verschiedener Pflanzenbestandteile, insbesondere der feuchten Stängel und dem Erwärmungsgrad. Hierbei unterscheidet man zwischen Normalgärung (bei <45°C durch pflanzeneigene Enzyme), Übergärung (45°C-60°C) und Überhitzung (>60°C) (Opitz von Boberfeld, 1994). Neben den Qualitätsverlusten durch unzureichend trocken eingelagertes Schnittgut und der Erwärmung kann es bei Verfütterung durch Bakterien, die für die Gärung verantwortlich sind und einer damit verbundenen Gasbildung im Verdauungstrakt der Tiere u. a. zur „Trommelsucht" (Blähbauch) kommen. Durch die Übergärung und Überhitzung wird das Heu gelbbraun.

Trockenfutter

Aus dem Namen ergibt sich die vorrangige Eigenschaft dieser Futtermittel: weil sie aus getrockneten Pflanzen hergestellt werden, enthalten sie nur etwa 10%-14% Wasser. Getrocknete Futtermittel für Kaninchen gibt es bereits so lange, wie sie für spezielle Zwecke gehalten wurden. Ursprünglich handelte es sich schlicht um Heu von Wiesen, Laubheu und Stroh, welches im Winter verfüttert wurde. Industriell hergestellte, gepresste Fertigfutter mit einem konzentrierten Gehalt an Nährstoffen gehen auf Entwicklungen in England ab 1900 zurück. Von (Dorn, 1973) wurde der Grund für die Entwicklung ähnlicher Futtermittel in Deutschland und deren Hintergrund beschrieben. Er zitierte Prof. Dr. Heinz Pingel (u. a. Professor für Kleintierzucht an der Martin-Luther-Universität Halle-Wittenberg), der damals hervorhob, dass man Abfälle „*in der modernen Fleischerzeugung*" nur dann berücksichtigen könne, wenn man sie für eine rationelle Fütterung aufbereiten würde. Außerdem würden sich die Pressfutter für eine zeitsparende Automatenfütterung eignen und sich damit die Zugabe von Grünfutter erübrigen.

Bild 71: Pellets für Kaninchen

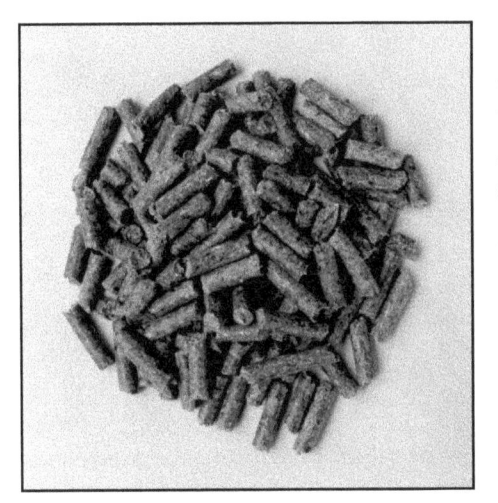

(Nehring, 1972) nannte als Vorteile der Pellets, dass sie einen wesentlich geringeren Raum bei Transport und Lagerung einnehmen, so dass eine erhebliche Arbeitserleichterung erreicht wird. Die Futteraufnahme werde verbessert, insbesondere bei feinem Material, dessen Aufnahme in ungepresster Form Schwierigkeiten bereitet. Streuverluste würden herabgesetzt und die Gefahr der Entmischung wird vermindert.

(Scheelje, 1975) führte als wichtigsten Vorteil die Gleichförmigkeit des Futters in Bezug auf seine Zusammensetzung auf. Weiterhin würde es alle Nährstoffe, Vitamine und Zusatzstoffe in einem ausgewogenen Verhältnis enthalten. Somit wäre es in Hinblick auf eine kontinuierliche Produktion von entscheidender Bedeutung für die Wirtschaftlichkeit einer Mast. Weiterhin wäre ein sinnvoller Einsatz von Zusatzstoffen wie Antibiotika (heute nicht mehr erlaubt), Antioxidantien und Kokzidiostatika möglich. Letztlich erfordere die Lagerung des Futters in Säcken wenig Platz, wäre arbeitssparend und die Alleinfuttermethode „*absolut sicher*". Die genannten Gründe zielten also auf eine **Wirtschaftlichkeit** der Kaninchenmast ab. Das heißt, dass mit den gegebenen Mitteln ein größtmöglicher Ertrag erwirtschaftet werden soll oder umgekehrt für einen bestimmten Ertrag die geringstmöglichen Mittel eingesetzt werden. Die Wirtschaftlichkeit, also das Interesse des Menschen, ist unbestritten. Es gibt aber einige mögliche, negative Begleiterscheinungen für das Tier, die mit einer solchen Fütterung verbunden sind.

Prinzipiell wird für die Herstellung von Trockenfuttern die ursprüngliche Nahrung des Kaninchens getrocknet, be- und verarbeitet, mit Zusatzstoffen angereichert, in Stangenform gepresst und anschließend auf Länge geschnitten. Während dieses Prozesses der Verarbeitung und Lagerung gehen viele ursprüngliche Nährstoffe verloren, vor allem wasserlösliche und solche von feiner Struktur wie die Blätter. Das Produkt ist ein Futter einheitlicher Zusammensetzung, welches alle Tiere, unabhängig von ihrem Zustand fressen sollen/müssen. Es scheint unglaublich, aber dieser Zustand wird als ein „Vorteil" für die Tiere verkauft. Die Vielfalt an Nahrungspflanzen, die Wildkaninchen in ihrem Habitat zur Verfügung steht und die Möglichkeit, aus diesen frei zu wählen, wird durch ein uniformes Futtermittel ersetzt, dessen Grundstoff häufig nur aus Luzerne besteht, die zermahlen und deren Restbestandteile wieder zusammengepresst wurde. Das soll, zusammen mit den restlichen Stoffen, einen Vorteil für Tiere darstellen, die ihre Nahrung normalerweise auf Grund ihrer Konstitution, Vorlieben und Bedarfe selektieren.

Bild 72: „Sackaufkleber" mit der Deklaration eines pelletierten Trockenfutters

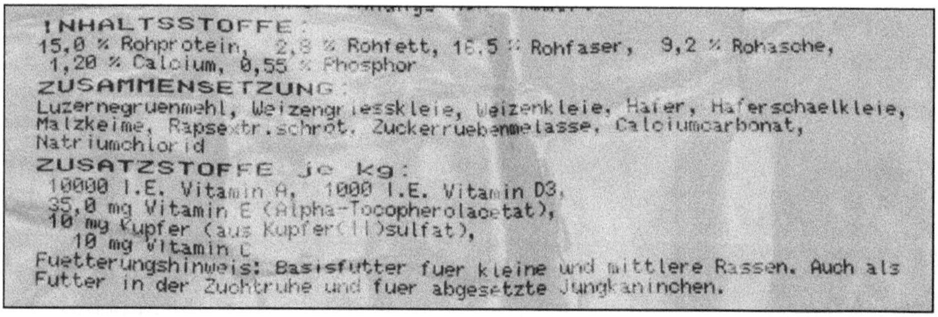

```
INHALTSSTOFFE:
15,0 % Rohprotein, 2,8 % Rohfett, 16,5 % Rohfaser, 9,2 % Rohasche,
1,20 % Calcium, 0,55 % Phosphor
ZUSAMMENSETZUNG:
Luzernegruenmehl, Weizengriesskleie, Weizenkleie, Hafer, Haferschaelkleie,
Malzkeime, Rapsextr.schrot, Zuckerruebenmelasse, Calciumcarbonat,
Natriumchlorid
ZUSATZSTOFFE je kg:
10000 I.E. Vitamin A, 1000 I.E. Vitamin D3,
35,0 mg Vitamin E (Alpha-Tocopherolacetat),
10 mg Kupfer (aus Kupfer(II)sulfat),
10 mg Vitamin C
Fuetterungshinweis: Basisfutter fuer kleine und mittlere Rassen. Auch als
Futter in der Zuchttruhe und fuer abgesetzte Jungkaninchen.
```

Der „Sackaufkleber" für ein Trockenfutter liefert Informationen über die Inhaltsstoffe, die Zusammensetzung, Zusatzstoffe sowie Fütterungsempfehlungen. Natürlich würde kein Hersteller ein Futter verkaufen, wenn die Inhaltsstoffe nicht den aktuellen Empfehlungen entsprechen würden. Da in der Zusammensetzung „Luzernegrünmehl" an erster Stelle steht, stellt es den Hauptanteil dar. Den zweitgrößten Anteil bildet Weizengrießkleie, den drittgrößten Weizenkleie usw. (die Anteile werden in absteigender Reihenfolge ohne Gehaltsangabe ausgewiesen). Das heißt, das Futter besteht größtenteils aus den verarbeiteten Pflanzen(-resten) von Luzerne, Weizen, Hafer und Raps. Die nach der Verarbeitung übrig gebliebenen, Nährstoffe aus diesen vier Pflanzen sollen gemeinsam mit den zugemischten Stoffen als „Basisfutter" für kleine und mittlere Kaninchenrassen, Kaninchen in der Zuchttruhe und für abgesetzte Jungkaninchen dienen. Angaben für Kohlenhydrate, die Zusammensetzung der Pflanzenfasern, essentielle Amino- und Fettsäuren sowie Sekundären Pflanzstoffen fehlen.

Bild 73: Strukturfutter

In den letzten zehn Jahren wurde erkannt, dass die Struktur eines Futters einen großen Einfluss auf die Darmgesundheit ausübt. Unter der Struktur eines Futtermittels werden Eigenschaften von Futterkomponenten verstanden. Dazu zählen physikalische wie die Partikelgröße (Länge, Durchmesser), Steifheit und Härte sowie chemische wie die Zusammensetzung von Kohlenhydraten bzw. Pflanzenfasern. Diese Eigenschaften nehmen wiederum Einfluss auf bestimmte Faktoren wie Kauzeit, Einspeichelung der Nahrung, Transport des Nahrungsbreis durch den Darmtrakt, Wasserbindungsvermögen, Peristaltik, Besiedelung des Darms mit Bakterien, Darm-pH-Wert usw., woraus sich eben die Wichtigkeit der Futterstruktur ergibt (siehe auch Kapitel „Die Struktur des Futters"). Gelegentlich wird der Begriff „Strukturfutter" synonym für Grünfutter, Heu und kommerzielle Mischfutter benutzt, die nicht oder nur grob verarbeitet wurden. Strukturfutter sind umstritten, weil sie den Tieren Gelegenheit bieten, aus diesen bestimmte Komponenten zu selektieren. Wenn z. B. ein solches Futter zu ca. 20% aus zerkleinerten Luzernestängeln besteht, werden sie diese wohl als Letztes fressen, während andere Bestandteile wie Mais oder getrocknetes Gemüse bevorzugt gefressen werden. Das ist einerseits für den Halter ärgerlich, der fast ein Viertel des Futters ungenutzt wegwerfen muss, andererseits für das Tier, weil es sich einseitig und eventuell zu energiereich ernährt. Deshalb sollten solche Futter auch immer nur als Ergänzung zu einem arttypischen Grundfutter wie frischen Wiesenpflanzen gesehen werden.

Bild 74: „Buntfutter"

Weitere Trockenfutter kommerzieller Art sind so genannte „Buntfutter". Der Begriff hat sich wohl etabliert, weil die Komponenten solcher Angebote nicht selten in merkwürdigen Färbungen daherkommen. Diese dienen wohl eher als Kaufanreiz, denn einen Sinn für Kaninchen ergeben sie nicht. Es kann nur jedem Kaninchenhalter zum Wohl seiner Tiere empfohlen werden, die Finger von solchen „Futtermitteln" zu lassen. In der Regel sind sie nicht deklariert und selbst wenn, ist mit den Werten nicht viel anzufangen.

Nach den vorhergehenden Kapiteln über die Nährstoffe mit ihren Einflüssen auf die Gesundheit des Kaninchens wird dem Leser wohl spätestens an dieser Stelle bewusst, dass die Deklaration eines kommerziellen Futtermittels tatsächlich nur sehr wenig Aussagekraft hat. Er hat zwar die Möglichkeit, in diversen Quellen typische Werte und somit auch Eigenschaften für bestimmte frische Grünpflanzen zu ermitteln, aber mit der Deklaration eines Trockenfutters erhält er nur Angaben über die „Rohnährstoffe" eines Gemisches aus Pflanzen und zugemischten, oft synthetischen Zusätzen. Wenn z. B. ein Lieferant für Grundstoffe wie Luzerne etwas ändert, was Einfluss auf die Qualität der Pflanzen nimmt oder ein Hersteller sein Verfahren für die Herstellung von Trockenfutter ändert, betrifft das künftig jedes Futter, welches daraus hergestellt wird. Am Ende der Kette steht das Tier, welches dieses Futter fressen muss. Es wäre nicht verwunderlich, wenn z. B. mysteriöse, plötzlich seuchenhaft auftretende Erkrankungen wie die Mukoide Enteropathie nur auf Grund solcher Änderungen ausgelöst werden. Die Krankheit war schon früher bekannt (Patton, et al., 1981), aber erst seit dem seuchenhaften Auftreten im Frühjahr 1997 in der französischen Region Rhone-Alpes wurde sie auch deutschen Kaninchenzüchtern ein Begriff. Innerhalb kürzester Zeit verbreitete sie sich vor allem in Zentren der Kaninchenfleischerzeugung von Frankreich aus in ganz Europa und griff schließlich auch auf Zuchtstätten über. Während man sich in Frankreich auffällig schnell um eine Aufklärung der Faserzusammensetzung in Futtermitteln bemühte, beschränkte man sich in Deutschland auf die Bekämpfung der Symptome, indem man Impfstoffe suchte, die die Krankheit eindämmen könnten oder gar auf Selektion der Elterntiere, die „persistente" Erreger wie E. coli, C. perfringens oder S. aureus tragen (Rossi, 2007).

Im Kapitel „Darmflora" wurde bereits darauf hingewiesen, dass sich bestimmte Bakterien, auch potentiell pathogene, erst bei einer Fütterung mit frischem Grünfutter nachweisen lassen, die mit der Verabreichung von Trockenfutter nicht auftreten. Das heißt, dass die Sterilität von Trockenfuttern eine Besiedelung mit bestimmten Bakterien verhindert. Es wurde auch darauf verwiesen, dass bestimmte Inhaltsstoffe von Nahrungspflanzen eine antibakterielle Wirkung aufweisen, und zwar exakt gegen solche Erreger, die von (Rossi, 2007) als „persistent" bei Kaninchen bezeichnet wurden. Im Fall natürlich ernährter Kaninchen mit einem intakten Immunsystem sind solche Erreger also durch das Kaninchen kontrollierbar, während sie in Mastbetrieben oder bei Züchtern zum Problem werden können. Damit blieben als Ursache für eine Erkrankung nur noch die Haltungsmethode oder das Futter.

Die Werte der Nährstoffgruppen, die in einer Deklaration industrieller Fertigfutter angegeben werden, unterliegen auch Schwankungen. Diese werden „Toleranzen" genannt und bieten dem Hersteller einen Bereich um den angegebenen Wert, um den er abweichen kann. Im Fall der Rohfaser darf diese z. B. bei einem deklarierten Wert im Futter von 16% um ±17,5% schwanken (EU, 2010). Als Vergleich: der Mittelwert des Rohfasergehaltes von extensiv bewirtschafteten Weiden aus sieben verschiedenen Wachstumsperioden (n=481; jeweils 1., 2. und folgende Schnitte vor dem Schossen bis Ende der Blüte) beträgt 256g/kg Trockensubstanz bei einer Spannweite von ±16,6% (DLG, 1995). Dieser Wert liegt somit noch unter dem zulässigen Wert von ±17,5% für eine industrielle Herstellung von Futtermitteln. Das heißt, dass dem Hersteller von Futtermitteln eine größere Abweichung vom angegebenen Wert zugestanden wird, als er in natürlich wachsenden Pflanzen betragen würde, die von Kaninchen bevorzugt gefressen werden.

Trotzdem wurden zum Beispiel im Jahr 2013 immerhin 13% von untersuchten Proben (n=104) industrieller Mischfuttermittel für Kaninchen in Bezug auf die Rohfaser allein nur deshalb beanstandet, weil ihr Gehalt nicht den Vorgaben entsprach (BVL, 2013). Jede achte Probe enthielt also entweder zu viel oder zu wenig Rohfaser. Das heißt, die geprüften Futtermittel entsprachen nicht der Vorgabe und der Deklarierung.

Gemüse
Früher wurde alles, was nicht zur Hauptnahrung wie Brot oder Fleisch gehörte, als Obst bezeichnet. Heute zählt oft Nahrung dazu, die als Früchte von Bäumen oder Sträuchern stammt, meist aus der befruchteten Blüte entsteht, größtenteils roh verzehrt wird und einen höheren Zuckergehalt als Gemüse aufweist. Zu Gemüse zählt hingegen größtenteils Nahrung, die aus verschiedenen Teilen von Pflanzen besteht. Die Grenze ist unscharf – so sind zwar z.B. Paprika, Tomaten, Gurken, Zucchini oder Kürbisse auch Früchte, werden aber wegen ihrer geringen Süße als Gemüse bezeichnet, während Rhabarber als Pflanzenstängel zu Obst gezählt wird.

Gemüse ist heute ein beliebtes Futtermittel für Hauskaninchen. Einen wesentlichen Grund dafür spielt sicher auch die leichte Beschaffbarkeit und Lagerung. Trotzdem muss man ganz klar feststellen: Gemüse ist **kein** adäquater Ersatz für die arttypische Nahrung der Kaninchen. Allenfalls kann es einen Beitrag zur Flüssigkeitsversorgung leisten, wenn man die Nährstoffversorgung außer Acht lässt.

Wenn, sollte sollte nur einheimisches Gemüse entsprechend der saisonalen Verfügbarkeit verfüttert werden. Die grünen, oberirdischen Bestandteile von Gemüse, also die Blätter, sind dabei den Wurzeln vorzuziehen. Zu den einheimischen Sorten gehören u. a. Gurke, Brokkoli, Sellerie(-blätter), Karotten(-grün), Fenchel(-grün), Kohlrabi(-blätter) und Chicorée. Auch Salate und Kohl wie Endivie, Feldsalat, Rucola und Grünkohl werden in der Regel gern gefressen. Der Nährstoffgehalt von Gemüse ist, neben der Anbaumethode, auf Erntezeitpunkt, Klima (besonders Licht), Pflanzenabstand, Sortenwahl usw. zurückzuführen. So gibt es z. B. generell keinen Unterschied zwischen konventionell und ökologisch angebauten Möhren bezüglich des Carotingehaltes. Dass im Freien in der Sonne gereifte Tomaten über einen höheren Vitamin-C-Gehalt verfügen als im Winter im Gewächshaus gezogene, liegt an den unterschiedlichen Lichtverhältnissen in den verschiedenen Jahreszeiten. Heutige Analysemethoden sind zudem wesentlich genauer und erlauben Differenzierungen zwischen verschiedenen Nährwerten, die in der Vergangenheit nicht geliefert werden konnten. Deshalb sind Vergleiche zwischen heutigen und früheren Nährwerten mit äußerster Vorsicht zu genießen.

Ein sehr beliebtes Futtergemüse ist die Karotte. Wie anderes Knollengemüse auch enthält sie Stärke und einen nicht unerheblichen Anteil an Zucker. Er beträgt ca. 5 g/100 g. Eine durchschnittliche Karotte wiegt ca. 100 g – ein handelsübliches Stück Zucker ca. 3 g. Das heißt, frisst ein Kaninchen eine halbe Karotte, hat es theoretisch ein Stück Zucker aufgenommen. Handelt es sich um getrocknete Karotte, ist der Zuckeranteil um ein Vielfaches höher, er beträgt dann ca. 37 g/100 g.

Das Problem einiger Gemüsesorten ist die in ihnen enthaltene Oxalsäure. Sie bindet Calcium und lässt es zu Kristallen ausfallen. Diese Kristalle können zu Blasen- oder Nierensteinen anwachsen.

Tabelle 42: Oxalsäuregehalte verschiedener Gemüsesorten in mg/100g essbarer Anteil, aus (Souci, et al., 2008)

Gemüse	mg/100g	Gemüse	mg/100g
Kohlrabi	2,80	Mangold	650,00
Karotte	6,10	Petersilie (Blatt)	-
Rote Rübe	181,00	Rotkohl	7,40
Sellerie (Knolle)	6,80	Spargel	-
Chicorée	27,00	Spinat	442,00
Endivie	2,50	Weißkohl	-
Feldsalat	-*	Wirsingkohl	4,90
Fenchel	5,00	Gurke	-
Grünkohl	7,50	Paprika	16,00
Kopfsalat	-	Tomate	24,00
Löwenzahnblätter	25,00		

* Steht für die Mengenangabe „-", ist die Oxalsäure in diesem Futtermittel nicht nachweisbar.

Bild 75: Für Kaninchen ist es vorteilhafter, wenn sie das Grün vom Gemüse fressen

Obst

Für Obst gilt wie für das Gemüse, dass nur einheimische Sorten gefüttert werden sollten. Banane und Ananas sind jedoch sehr gut geeignet für die Fütterung bei Durchfallerkrankungen und Haarballenbildungen (Bezoare). Grundsätzlich sollte Obst in sehr geringen Mengen gefüttert werden, da der Zuckergehalt sehr hoch ist (>10%). Insbesondere gilt das für getrocknetes Obst.

Beispiel Apfel: in Deutschland wachsen rund 1600 verschiedene Apfelsorten, aber nur etwa 20 davon sind wirtschaftlich bedeutsam. Der Geschmack eines Apfels wird stark vom Zucker/Säure-Verhältnis geprägt. Zu den säurereichsten Sorten zählt der Boskoop, die säureärmsten sind Gala, Delbarestivale, Gloster sowie Golden Delicious, Idared und Jonagold. Sorten wie Boskoop, Fuji und Rubinette weisen einen Zuckergehalt von 15-16% auf. Vergleichsweise wenig Zucker enthalten z. B. Delbarestivale und Idared mit jeweils 11%. Sauer schmeckende Sorten sind nicht zwangsläufig zuckerarm – der hohe Säuregehalt überdeckt nur die Süße des Zuckers. Bei einem durchschnittlichen Zuckergehalt von 13% enthält ein Achtel Apfel mit einem Gewicht von 25 g also etwa 3 g Zucker – so viel wie ein Stück Zucker. Aus diesem Grund sollte die Verfütterung von Obst sehr sparsam erfolgen. Bestimmte Baumobstsorten stehen Kaninchen natürlicherweise wenn überhaupt, nur eine kurze Zeit und als Fallobst zur Verfügung – entsprechend gering dürfte der Verzehr solcher Nahrung sein.

Ein Problem ist nicht nur der hohe Gehalt löslicher Kohlenhydrate in Obst, sondern der gleichzeitig niedrige Gehalt an unverdaulichen Pflanzenfasern.

Der Vitamingehalt von Obst ist im Vergleich zu anderen Früchten eher durchschnittlich. Gelegentlich wird Steinobst als giftig für Kaninchen bezeichnet. Dazu gehören unter anderem Kirsche, Mirabelle, Pfirsich, Aprikose und Pflaume. Dies gilt jedoch nur für die Kerne der jeweiligen Sorte. Diese bilden den Schutz für den Samen und enthalten die Substanz Amygdalin, die in Gegenwart von Wasser und dem Enzym Amygdalase in Traubenzucker und Mandelsäurenitrilglukosid gespalten wird. Letzteres zerfällt durch den Einfluss weiterer Enzyme letztlich in Cyanid bzw. Blausäure. Dazu müsste jedoch erst einmal der Kern geknackt werden – und dazu ist die Magensäure nicht in der Lage. Außerdem wäre eine relativ große Menge Kerne nötig, um eine tödliche Dosis zu erhalten. In Blättern und Ästen der Bäume findet sich das Amygdalin jedoch nicht.

Getreide

Getreide in seiner kultivierten Form gilt heute als ein umstrittenes Futtermittel für die Ernährung von Heimkaninchen. Das Wildkaninchen ist ein Kulturfolger des Menschen bzw. überlebt und vermehrt sich dort, wo es ausgesetzt wurde und mit den vorhandenen Lebensbedingungen zurechtkommen musste. In Australien wurde es unter anderem deshalb zur Plage, weil es sich durch das Fehlen natürlicher Feinde und seiner Anpassungsfähigkeit an die vorhandene Vegetation als Nahrungsgrundlage geradezu explosionsartig vermehrte. Unter anderem klagten die australischen Bauern über die teilweise Vernichtung ihrer Getreidefelder. Auf den Balearen wurde das Kaninchen zu Beginn unserer Zeitrechnung durch die Zerstörung der Vegetation und Ernten derart zur Plage, dass die damaligen Bewohner den Kaiser von Rom um Hilfe baten. Über ein massives Sterben der Kaninchen wegen Darm- oder Zahnproblemen wären sie wahrscheinlich froh gewesen, es ist aber nichts darüber überliefert. (Turček, et al., 1959) führen in einer Liste häufig gefressener Pflanzen unter anderem auch Weizen, Roggen, Mais und Rispenhirse auf. Als Grund für eine vermeintliche Schädlichkeit von Getreide in der Nahrung für Kaninchen wird die Stärke angeführt.

Stärke ist ein Polysaccharid, das im Verdauungsprozess über Di- zu Monosacchariden, also letztendlich zu Traubenzucker gespalten wird, welches wiederum über das Blut in die Zellen transportiert und dort als „Brennstoff" für die Zellen dient. In erster Linie ist sie somit ein Energielieferant und führt bei übermäßiger Fütterung zu Verfettung, da die überschüssige Energie in Form von Fett eingelagert wird. Getreidesorten wie Weizen und Roggen sowie botanisch verwandte Ursorten wie Dinkel, Grünkern, Kamut, Einkorn, Emmer und die Roggen-Weizen-Kreuzung „Triticale" enthalten in relativ großen Mengen das Klebereiweiß (Gluten). Kleber besteht aus einer Gruppe einfacher, schwer löslicher Proteine, den Gluteninen und Gliadinen. Beim Menschen verursacht dieses Gemisch die so genannte Zöliakie, auch einheimische Sprue oder Glutenunverträglichkeit genannt, eine chronische Erkrankung der Darmschleimhaut. Bei Kaninchen ist bisher keine Form einer Unverträglichkeit für Getreide bekannt.

Bild 76: Schematische Darstellung eines Getreidekorns
(ohne Spelzen)

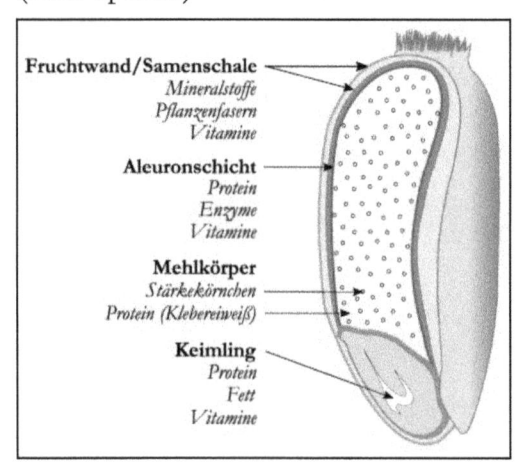

Das Klebereiweiß befindet sich im Endosperm, dem Mehlkörper des Kornes. Dieser ist in verschiedenen Produkten der Getreideverarbeitung nicht mehr enthalten, so dass diese für die Kaninchenfütterung eine wertvolle Ergänzung darstellen können. Denn neben dem Rohfasergehalt enthalten sie die wertvolleren Eiweiße, ungesättigte Fettsäuren, verschiedene Vitamine und Mineralien. Zu diesen Produkten gehören z.B. Kleie, Grießmehl und Schrot. Kleie ist ein so genanntes Mühlennachprodukt und enthält die Fruchtwand, die Samenschale und den Keimling. Dieser „Rest" ist für Kaninchen durchaus wertvoll, weil das Eiweiß im Vergleich zu dem des Mehlkörpers wertvoller ist. Der Anteil ungesättigter Fettsäuren im Fett ist hoch und es sind Vitamine A, E, B1, B2, B6, Folsäure sowie Mineralstoffe enthalten. Die Randschichten des Korns enthalten viel Rohfaser.

Stärke in größeren Mengen kann zu einem Problem für Kaninchen werden. Massive Darmerkrankungen in Mast- und Zuchtbetrieben in der Vergangenheit ließen die Vermutung aufkommen, dass das enthaltene Getreide in den Pellets ursächlich sein könnte. Dabei sind folgende Fakten zu berücksichtigen:

- Pellets müssen nur wenig gekaut werden, so dass die Amylase nur unzureichend tätig werden kann. Das heißt, unverdaute Stärkereste können in den Blinddarm gelangen und dort Bakterien zur übermäßigen Vermehrung verhelfen, die sonst nur in geringen Mengen vorhanden sind.
- Das gleiche gilt, wenn der Stärkeanteil in Relation zu den unlöslichen Kohlenhydraten überwiegt.
- Für Darmerkrankungen muss nicht die Stärke ursächlich sein, es kann auch der Gehalt, die Größe und Zusammensetzung der Pflanzenfasern in den Pellets eine Rolle spielen.

Bild 77: Weizen

Bild 78: Hafer

Kaninchen fressen nicht nur Samen, die nach der Reife auf den Boden gefallen sind. Hochgewachsene Gräser werden einfach umgetreten oder durchgebissen, so dass sie an vermeintlich unerreichbare Pflanzenteile wie frische, grüne Blätter oder Samen gelangen können. Aus eigener Erfahrung lässt sich feststellen, dass jede Form von Getreide von Kaninchen problemlos vertragen wird, solange es in seiner natürlichen Form angeboten wird.

Futtermittel, die ganze Getreidekörner enthalten (bzw. Verarbeitungsprodukte aus diesen), machen schnell satt, so dass die Gefahr besteht, dass zu selten und zu wenig Masse gefressen wird. Dies kann zu Verdauungsproblemen führen, da zu wenig Nahrung „nachkommt", der Nahrungsbrei zu lange im Darm verbleibt und dort den Nährboden für pathogene Keime bildet. Für Zwergkaninchen in Wohnungs- oder Stallhaltung sind größere Mengen dieser Futtermittel unnötig.

Getreide wie Hafer und Gerste sind für Zwergkaninchen sicher nicht lebensnotwendig, können aber, bei einer ansonsten nährstoffarmen Fütterung von Heu und Gemüse, eine wichtige Ergänzung darstellen. Entscheidend ist hierbei die Menge.

Bild 79: Hauskaninchen fressen von einem Maiskolben

Tabelle 43: Zusammensetzung verschiedener Haferprodukte in g/kg TS, aus (DLG, 1995)

	Haferfutterflocken	**Haferkörner**	**Haferschälkleie**
Trockensubstanz	910	880	910
Rohasche	21	33	59
Rohprotein	139	123	75
Rohfett	72	52	33
Rohfaser	22	113	253
NfE	746	679	580
DE MJ/kg TS	15,3	13,1	7,8
Ca	0,9	1,2	1,5
P	4,4	3,6	2,6

Haferflocken sind entspelzte bzw. geschälte Haferkörner, die unter dem Einfluss von Hitze und Dampf gedämpft und gewalzt wurden. Durch das Fehlen der Spelzen und Schalen ergibt sich ein geringer Rohfasergehalt und in Verbindung mit dem Rohfett ein hoher Energiewert.

Bild 80: Spelzen an einem Korn

Haferschälkleie ist ein Nebenprodukt, welches bei der Herstellung von Produkten für die menschliche Ernährung wie Haferflocken entsteht. Es enthält die äußeren Schichten des Haferkorns (Aleuronschicht, Samenschale und Fruchtwand) und Anteile der Spelzen.

Ein Nachteil des Getreides ist ein hoher Phosphor- bei niedrigem Calciumgehalt, das heißt, das Ca/P-Verhältnis ist sehr ungünstig (siehe Kapitel „Das Verhältnis von Ca, P und Mg"). Es sollte ca. 2 betragen, in Haferflocken liegt es bei 0,2, in Körnern bei 0,3 und in der Kleie bei 0,6.

Grünfutter

Die Grundlage der Nahrung für Kaninchen bilden die Bestandteile grüner Pflanzen, die üblicherweise in ihrem Lebensraum wachsen. Dabei handelt es sich um den grünen, oberirdischen Teil des so genannten Vegetationskörpers von Pflanzen. Er besteht z. B. bei Gräsern, Grüngetreide, Kräutern, Rotklee und Luzerne entweder ganz oder überwiegend aus den Stängeln oder Halmen sowie den Blättern (vegetative Organe). Zusätzlich ergibt sich außerdem noch die Nutzung der generativen Organe wie Blüten- und Fruchtstände. Die Nahrung bildet den limitierenden Faktor für das Überleben und die Gruppengröße. Kaninchen siedeln auch dort, wo der Feinddruck hoch ist, solange Nahrung vorhanden ist.

Die Zusammensetzung von Grünpflanzen sowie ihre Verdaulichkeit und energetischer Futterwert sind auch bei ein und derselben Pflanzenart nicht konstant, sondern hängen stark vom Vegetationsstadium in der Ernte ab – weiterhin von der Art, ihrer Nährstoff- und Wasserversorgung und weiteren Umweltbedingungen, unter denen sie aufwachsen (Bodenqualität, Düngung, Schadstoffbelastung, Klima, Wetter usw.). Bei sehr jungen Pflanzen ergibt sich ein hoher Blattmasseanteil. Während des Wachstums des Sprosses nimmt der Anteil der Stängelmasse zu. Mit fortschreitendem Alter und Stabilisierung der Halme findet eine Verholzung (Lignifizierung) ihrer Gewebe statt. Die meisten Pflanzenarten erreichen zur Zeit der Blüte ihre höchste Photosyntheseleistung, die ab diesem Zeitpunkt überwiegend zur Bildung der generativen Organe (Blüten-, Fruchtstände) genutzt wird. Die Entwicklung der Pflanzen endet mit der vollen Ausbildung der Samen und dem Absterben von Blättern sowie der weitgehend verholzten Stängel. Gras steht fast ganzjährig zur Verfügung, selbst im Winter lassen sich unter der Schneedecke Halme finden, die vom Schnee befreit die Nahrung der Kaninchen bilden.

Bild 81: Ein Hauskaninchen frisst Gras im Winter

Futterwert

Tabelle 44: Beispiele für Futterwertzahlen (FWZ), Auszug aus (Klapp, et al., 1953)

Pflanze (deutsch)	Pflanze (wiss.)	FWZ
Deutsches Weidelgras	Lolium perenne	8
Wiesen-Lieschgras	Phleum pratense	8
Weiß-Klee	Trifolium repens	8
Knaulgras	Dactylis glomerata	7
Wiesen-Platterbse	Lathyrus pratensis	7
Wiesen-Klee (Rot-Klee)	Trifolium pratense	7
Spitzwegerich	Plantago lanceolata	6
Schafgarbe	Achillea millefolium	5
Frauenmantel	Alchemilla vulgaris	5
Wiesenbärenklau	Heracleum sphondylium	5
Löwenzahn	Taraxacum officinale	5
Wiesen-Pippau	Crepis biennis	4
Schlangen-Knöterich	Polygonum bistorta	4
Kleiner Wiesenknopf	Sanguisorba minor	4
Giersch	Aegopodium podagraria	3
Scharfes Berufkraut	Erigeton acer	3
Mädesüß	Filipendula ulmaria	3
Kriechender Günsel	Ajuga reptans	2
Gilbweiderich	Lysimachia vulgaris	2
Blutweiderich	Lythrum salicaria	2
Breitwegerich	Plantago maior	2
Kriechender Hahnenfuß	Ranunculus repens	2
Gewöhnliche Goldrute	Solidago virgaurea	2
Gundermann	Glechoma hederacea	1
Kuckucks-Lichtnelke	Lychnis flos cuculi	1
Knolliger Hahnenfuß	Ranunculus bulbosus	1
Echter Ehrenpreis	Veronica officinalis	1
Rainfarn	Tanacetum vulgare	0
Augentrost	Euphrasia spec.	-1
Wasserschierling	Cicuta virosa	-1
Herbst-Zeitlose	Colchicum autumnale	-1

(Klapp, et al., 1953) erstellten Wertzahlen für Grünlandpflanzen aus „*Untersuchungen an Tausenden von Wiesen und Weiden in Nord-, West-, Mittel- und Süddeutschland sowie unter Auswertung der überall in der Literatur verstreut anzutreffenden Angaben über den Wert einzelner Pflanzen*". Sie fassten somit den Wert eines Bestandes oder einer Pflanze daraus in einer Zahl zusammen, die in Wertklassen eingeteilt wurden, die von „-1" bis „8" reichen. Den Wert „8" erhielten nur die „*jederzeit und in jeder Form hochwertigsten Arten*", die Wertzahl „0" Arten ohne jeden Futterwert oder solche, die von Herbivoren (Weidevieh) gemieden werden. Die Wertzahl „-1" erhielten alle Giftpflanzen. Allerdings heißt eine niedrige Futterwertzahl nicht automatisch, dass die Pflanzen nicht gern gefressen würden. Hier sei noch einmal darauf verwiesen, dass es individuelle Vorlieben geben kann und in besonderen Situationen Pflanzen nicht wegen ihres „Futter"-Wertes, sondern aus anderen Gründen bevorzugt aufgenommen werden. Für Kaninchenhalter sind die Wertzahlen auch insofern interessant, da Pflanzen mit den Wertzahlen von 0-8 von Kaninchen gefressen werden können.

Das Wachstum von Pflanzen setzt im Allgemeinen bei Temperaturen über dem Gefrierpunkt von ca. 3-5 °C ein, die Vegetationszeit in Deutschland erstreckt sich, je nach Region, von Mitte/Ende Februar bis Anfang/Mitte Dezember. Aus diesem Grund sind auch Gräser fast ganzjährig für Kaninchen verfügbar. Ein Kraut, welches sich auch im Winter finden lässt, ist zum Beispiel die Vogelmiere (Stellaria media).

Bild 82: Vogelmiere, Pflanzen

Bild 83: Vogelmiere, Blüte

Die Pflanze gilt als Unkraut, wurde früher aber als Wildgemüse und Heilpflanze geschätzt. Wo sie wächst, bildet sie regelrecht Teppiche. Weil sie auch im Winter noch aus Samen keimen kann, wird sie gern von Vögeln genutzt, woraus sich ihr Name ableitet. Neben einem hohen Gehalt an Vitamin C und Kalium werden der Vogelmiere auch schmerzlindernde Eigenschaften zugeschrieben. Weitere wichtige Inhaltsstoffe sind Triterpensaponine, Cumarine, Flavonoide sowie Phytosterole. In der Volksmedizin wird sie u. a. bei Bronchialkatarrhen und Lungenerkrankungen eingesetzt (Bäumler, 2010).

„Wiese" unterscheidet sich von anderen Futtermitteln in vielerlei Hinsicht. Pflanzen von Wiesen bilden prinzipiell die Nahrung von Wildkaninchen, egal an welchem Standort (in Europa) sie leben. Da Gräser ganzjährig zur Verfügung stehen, bilden sie den Hauptbestandteil der Nahrung, gefolgt von Kräutern. Dabei stehen ihnen verschiedene Arten zur Verfügung, manchmal mehr, manchmal weniger. Für die Nahrungssuche legen sie zum Teil große Strecken vorwiegend nachts zurück. Der Hauptteil der Nahrung besteht zu ca. 80% aus Wasser, in den restlichen 20% verteilen sich die Haupt- und Sekundärnährstoffe, Mineralien und Ballast (Pflanzenfasern). Keine Alternative kann diese Zusammensetzung adäquat ersetzen, auch Gemüse nicht. Die Zusammensetzung der Nahrung von Wildkaninchen ändert sich im Jahr nur auf Grund klimatischer Bedingungen oder dem Wetter. Pflanzen wachsen und verwelken, neue wachsen nach oder sterben ab. Auch die Artenvielfalt verändert sich nur auf Grund der Saison bzw. Wachstumszeit. Kaninchen beäsen Flächen, wodurch sich der Pflanzenbestand erneuert. Die nachwachsenden Pflanzen wiederum bilden im frühen Stadium die Nahrung, die besonders nährstoffreich ist.

Bild 84: Wildkaninchen und alter Pflanzenbestand

Im Bild 84 sieht man ein Wildkaninchen auf einer Wiese mit einem Pflanzenbewuchs, der sehr hoch und entsprechend alt ist. Gräser, Rainfarn, Flockenblumen, Margeriten und viele andere Arten sind reichlich vorhanden, aber sie sind zu alt. Außerdem erschweren sie die Kontrolle des Geländes, weshalb sich die Tiere immer wieder aufstellen müssen, um eventuelle Feinde entdecken zu können.

Bild 85: Wildkaninchen auf beäster Fläche

Bild 85 zeigt zwei Wildkaninchen auf einer Fläche, deren Pflanzenbestand sehr kurz ist. Am oberen Bildrand ist der gleiche Pflanzenbestand erkennbar, nur wurde der nicht gefressen und ist deshalb entsprechend höher gewachsen. Auf diese Weise entstehen kleine Flächen, auf denen immer wieder Pflanzen frisch nachwachsen, die von Kaninchen bevorzugt werden. Im Frühjahr stehen vor allem Gräser zur Verfügung.

Gräser

Bild 86: Knaulgras, Blüte   Bild 87: Wiesen-Lieschgras (Timothy), Blüte

Es gibt praktisch keine „giftigen" Gräser, weshalb diese immer in ausreichend großen Mengen (ad libitum) angeboten werden können. Am besten geeignet sind solche vor der Reife, also vor der Samenbildung, weil bei diesen der Blattanteil im Vergleich zu Stängeln sehr hoch ist. Kaninchen mögen erfahrungsgemäß lieber solche mit relativ „harten" Blättern wie Weidel- und Straußgräser, Knaulgras und Wiesen-Lieschgras als z. B. Honiggräser mit sehr weichen und zum Teil leicht behaarten Blättern, wobei sich die Vorlieben natürlich unterscheiden können.

Gräser sind nicht einfach zu bestimmen, am besten geeignet sind hierfür Pflanzen während der Blüte. Letztlich zählt aber das, was Kaninchen gern fressen. Dazu zählen auch die Samen von Gräsern, die besonders fettreich sind, also über einen relativ hohen Energiegehalt verfügen.

Sauergräser und Binsen werden von Kaninchen eher ungern gefressen, wenn die Auswahl und Menge an anderen, schmackhaften Futtermitteln groß genug ist.

Ein Grund, warum die Fortpflanzungszeit des Kaninchens in der Vegetationszeit liegt, besteht auch in der Verfügbarkeit von Grassamen von Mitte April bis Ende August. Sie liefern vor allem Energie für die Rang- und Territorialkämpfe von Rammlern und die Aufzucht der Jungtiere von den Häsinnen.

Bild 88: Samenstand von Dt. Weidelgras

Bild 89: Rotes Straußgras in der Blüte

Bild 90: Feld-Hainsimse

Bild 91: Trespe in der Blüte

Bild 92: Auch Hauskaninchen nutzen gern Samen von Gräsern

Es muss nicht unbedingt die Zuchtform der Süßgräser (Getreide) sein, deren Samen gefressen werden und die Aufnahme ist auch nicht nur auf eine kurze Zeit beschränkt, wie oft dargestellt wird. In einer Freilandhaltung mit entsprechendem Pflanzenbewuchs besteht der Vorteil, dass die Tiere selbst über die Futterzusammenstellung entscheiden können, sei es nun in Hinblick auf Ballast, Protein, Fett oder Energie.

Kräuter
Bärenklau (Heracleum)

Bei Heracleum handelt es sich um eine Pflanzengattung aus der Familie der Doldenblütler (Apiaceae oder Umbelliferae). Zu dieser Gattung gehören ca. 70 verschiedene Arten.

Die Unterscheidung der einzelnen Heracleum-Arten ist selbst für Spezialisten schwierig. Für die Wuchshöhe von Heracleum mantegazzianum existieren Angaben von 2,5 - 5,5 m (Ochsmann, 1996), für die von Heracleum sosnowskyi von ca. 1,60 m (Zimmermann, 1966) und für Heracleum sphondylium subsp. sibiricum von bis zu 4 m (Tokar, 1963). Die Größe der Pflanzen kann jedoch auch innerartlich stark schwanken und ist von weiteren Faktoren wie Bewirtschaftung der Flächen (Mähen), dem Wetter und den Bodenverhältnissen abhängig. Aus diesen Gründen scheinen viele Aussagen zur „Giftigkeit" einer bestimmten Art fraglich und nur dann zuverlässig, wenn die Bestimmung von einem Experten vorgenommen wurde. Die Einstufung von Bärenklau als „Giftig +" beruht auf den photosensibilisierenden Eigenschaften bestimmter Inhaltsstoffe. Der Saft der Pflanzen kann unter Einwirkung von UV-Licht Hautschäden („Wiesendermatitis") verursachen, wobei vor allem unpigmentierte (helle) Haut betroffen sein kann. Die Empfindlichkeit hängt stark vom Individuum und dem Gehalt an Furocumarinen im Pflanzensaft ab. Allgemein wird Heracleum mantegazzianum als deutlich „giftiger" gegenüber Heracleum sphondylium beschrieben, was sich jedoch auf Grund der Furocumarin-Gehalte nur für den Samen von Heracleum mantegazzianum feststellen lässt und nicht für die Blätter.

Bild 93: Junger Bärenklau, Pflanze

Bild 94: Wiesen-Bärenklau, Blätter

Die verschiedenen Bärenklau-Arten enthalten ätherische Öle mit Substanzen, die zu den Cumarinen gezählt werden. Zu diesen wiederum gehören lineare Furocumarine (auch Furanocumarine), deren Grundsubstanz Psoralen darstellt. Vor allem diese Substanzen sind für die Hautreaktionen und krampflösenden Eigenschaften verantwortlich. Zu den linearen Furocumarinen zählen Stoffe wie Bergapten, Xanthotoxin, Imperatorin und Isopimpinellin. Diese kommen in unterschiedlichen Gehalten auch in Pflanzen wie Liebstöckel, Pastinake, Engelwurz und Sellerie vor. Bereits im 1. Jh. wurde Heracleum sphondylium von Dioskurides in seinem fünfbändigen Werk „De materia medica" als Anwendung bei Epilepsie und Mutterkrampf (krampfartige Zusammenziehung des Muttermundes in der Geburt; hysterische, krampfartige Anfälle) erwähnt. In verschiedenen, neueren Untersuchungen konnten vor allem für Bergapten (Tosun, et al., 2008) und Xanthotoxin (Luszczki, et al., 2010) krampflösende Eigenschaften nachgewiesen werden.

Furocumarine in Riesen-Bärenklau:
Angelicin, Bergapten, Imperatorin, Isobergapten, Isopimpinellin, Phelopterin, Pimpinellin, Sphondin, Xanthotoxin in allen Organen, in den Früchten in höchster Konzentration;
Furocumarine in Wiesen-Bärenklau:
Pimpinellin, Isopimpinellin, Bergapten, Isobergapten, Sphondin, Psoralen (Kraut), Phellopterin (Früchte); in geringen Konzentrationen Angelicin, Xanthotoxin;
Cumarine in Wiesen-Bärenklau:
Scopoletin, Umbelliferon, Umbelliprenin, Apterin (Hänsel, et al., 1996).

Tabelle 45: Ausgewählte Inhaltsstoffe für Wiesenbärenklau (Heracleum sosnowskyi) in g/kg TS, aus (Zimmermann, 1966)

	Blatt	**Stängel**
Trockensubstanz	153	76
Rohprotein	256	121
Rohfett	37	38
Rohfaser	194	238
NfE	326	326
Rohasche	187	277
Phosphor	4,7	4,7
Magnesium	3,6	1,9
Calcium	15,2	16,3
DE MJ/kg TS	9,3	6,6

Junge Blätter von Bärenklau werden von Kaninchen gern gefressen, auch getrocknet als Heu. Auffällig ist der hohe Verzehr bei Erkrankungen wie Encephalitozoonose, die mit Lähmungen und Krämpfen einhergeht (Rühle, et al., 2010). Für Bärenklau sind keine Futterbeschränkungen bekannt, die Tiere fressen aus einem Gemisch verschiedener Pflanzen bevorzugt Bärenklau, obwohl die behaarten Blätter das nicht vermuten lassen. Im Vergleich wurde in jahrelanger Fütterung Bärenklau immer deutlich Beinwell (Symphytum) vorgezogen, dessen Blätter ähnlich behaart, aber deutlich weicher sind. Es gibt zwar sehr gute Erfahrungen mit Bärenklau bei Tieren, die an Encephalitozoonose erkrankt waren, das bedeutet aber nicht, dass die Pflanze den Tieren immer Linderung verschafft bzw. von ihnen gefressen wird. Sie kann die Krankheit auch nicht heilen sondern höchstens Symptome lindern. Bei Verdacht auf eine parasitäre Erkrankung sollte also immer ein Tierarzt hinzugezogen werden und der Einsatz von Bärenklau als Unterstützung gesehen werden. Der Futterwert ist in jedem Fall relativ hoch und mit dem von Löwenzahn vergleichbar. Halter, die empfindlich auf verschiedene Pflanzenstoffe reagieren, sollten beim Schneiden von Bärenklau Handschuhe tragen. Nach einem Kontakt mit dem Pflanzensaft sollte zudem auf jeden Fall Sonneneinstrahlung auf die Hautstellen vermieden werden. Zum Trocknen für Heu empfiehlt es sich, die Blätter von den Stängeln zu trennen, weil diese sehr wasserhaltig sind und den Trocknungsvorgang deutlich verlängern. Getrocknete Blätter sind sehr anfällig für Bröckelverluste, aber eine hervorragende und sehr beliebte Ergänzung in der Winterfütterung.

Tabelle 46: Furocumaringehalte in verschiedenen Pflanzenteilen; Vergleich von Wiesen- und Riesenbärenklau in %, aus (Hänsel, et al., 1996; Hänsel, et al., 1994)

	Wiesen-Bärenklau	**Riesen-Bärenklau**
Wurzel	1,01	0,64 - 1,23
Sprossachse	-	0,05
Blätter	0,52 - 0,61	0,28
Blüten	0,55	-
Früchte	0,62	3,28

Breitwegerich (Plantago major)

Breitwegerich ist ein weiteres Kraut, welches von Kaninchen gern gefressen wird. Der Futterwert wird von (Klapp, et al., 1953) mit „2" angegeben. Auffällig ist sein sehr hoher Calciumgehalt von 22,2 g/kg TS, der den von Möhrengrün mit 21,5 g/kg TS und Luzerne mit 18.9 g/kg TS übertrifft.

Nährstoffe von Breitwegerich,
aus (Vondraskova, et al., 2012)

	g/kg TS
Trockensubstanz	194
Rohasche	120
Rohprotein	141
Rohfett	15
Rohfaser	168
NDF	335
ADF	249
ADL	44
NFC	389
DE MJ/kg TS	10,3

Wie Spitzwegerich ist auch der Breitwegerich eine Pflanze, die seit langem in der Volksmedizin eingesetzt wird. In jüngerer Zeit werden bestimmte Wirkungen der Sekundären Pflanzenstoffe untersucht. So wurden z. B. von (Chiang, et al., 2003) antivirale, antikanzerogene und immunmodulierende Eigenschaften des Breitwegericha festgestellt.

(Zubair, et al., 2012) stellten positive Effekte des Breitwegerichs auf die Zellproliferation (Neubildung von Körperzellen) fest, die somit prinzipiell die Verwendung als wundheilende Pflanze bestätigen. Ebenso wie Spitzwegerich lässt sich Breitwegerich als Mittel gegen lästige, juckende Insektenstiche einsetzen, die der Halter beim Sammeln des frischen Grüns für seine Tiere erdulden muss. Zerreibt man ein Blatt zwischen den Fingern und streicht den austretenden Saft auf die Stichstelle, ergibt sich ein kühlender Effekt, der das Jucken lindert. Verantwortlich dafür sind die speziellen Öle der Pflanzen.

Bild 95: Ein Wildkaninchen frisst Breitwegerich

Bild 96: Ein Hauskaninchen frisst den Samen von Breitwegerich

Klee (Trifolium)

Klee gehört seit Menschengedenken zum bevorzugten Viehfutter, weil er außerordentlich nahrhaft ist. Die bekanntesten Arten sind der Rot- bzw. Wiesen-Klee (Trifolium pratense) sowie der Weiß-Klee (Trifolium repens), wobei der Rot-Klee erfahrungsgemäß von Kaninchen bevorzugt wird.

Tabelle 47: Nährstoffe von Wiesen- und Weiß-Klee, in g/kg TS, Mittelwerte aus (DLG, 1995)

	Wiesen-Klee (Rot-Klee)		Weiß-Klee
	1. Aufwuchs	2. Aufwuchs	1. Aufwuchs
Trockensubstanz	194	183	125
Rohprotein	181	200	242
Rohfett	33	37	27
Rohfaser	227	226	169
Rohasche	95	98	112
NfE	465	439	451
Phosphor	3,1	3,2	3,6
Calcium	16,2	16,8	15,1
DE MJ/kg TS	10,2	10,3	10,9

Bild 97: Wiesen-Klee   Bild 98: Weiß-Klee    Bild 99: Horn-Klee

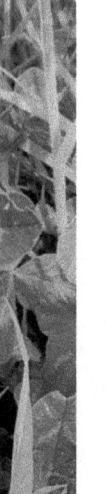

Bild 100: Ein Hauskaninchen frisst Klee

Ein Problem für Pflanzenfresser wie Kaninchen können „Saponine" sein, die in Klee vorhanden sind. Diese verringern die Oberflächenspannung von Wasser, was zu einer Schaumbildung bzw. zur „Schaumgärung" im Darm und Tympanie (Trommelsucht) führen kann (Jeroch, et al., 1993). Der Effekt ist bereits zu spüren, wenn man die Blätter von nassem Weiß-Klee zwischen den Fingern reibt. Mit der Zeit entsteht ein „seifiger" Film, der auf die Saponine zurückzuführen ist.

Der Futterwert für Wiesen- und Weiß-Klee wird mit „7" bzw. „8" angegeben, entsprechend beliebt ist er auch bei Kaninchen. Abhängig von der Fütterung im Winter, sollte im Frühjahr mit etwas Vorsicht frischer Klee angeboten werden. Neben dem Saponin kann auch der relativ hohe Proteingehalt ein Problem darstellen, wenn die Tiere gierig das erste frische Grün aufnehmen.

Löwenzahn (Taraxacum officinale)

Bild 101: Löwenzahn

Bild 102: Reife Löwenzahnblühte

Tabelle 48: Nährstoffe, Löwenzahn, aus (Vondraskova, et al., 2012)

	g/kg TS
Trockensubstanz	139
Rohprotein	187
Rohfett	29
Rohfaser	128
NDF	236
ADF	201
ADL	31
NFC	414
NfE	523
Rohasche	134
Phosphor	5,1
Calcium	16,7
DE MJ	12,3

Löwenzahn ist eine sehr gute und bei Kaninchen beliebte Pflanze mit einem hohen Futterwert von „5", die bereits im zeitigen Frühjahr wächst. Belegt ist der Einsatz von Löwenzahn in der Volksmedizin seit dem 10. Jahrhundert. Löwenzahn enthält Sekundäre Pflanzenstoffe wie Sesquiterpenlactone, Triterpene, Flavonoide, Carotinoide und Inulin. Auf Grund dieser Inhaltsstoffe wirkt er insbesondere bei Appetitlosigkeit sowie Verdauungsbeschwerden wie Blähungen (Kommission E, 1992). Zusätzlich wirkt er spasmolytisch sowie antiphlogistisch und steigert die die Funktionen von Leber und Nieren. Auf Grund seiner aquaretischen (wassertreibenden) Eigenschaften wird Löwenzahn bei Nierengrieß und Infekten der Harnwege eingesetzt. Eine weitere Eigenschaft des Löwenzahns wird „saluretisch" genannt und bedeutet, dass die Ausscheidung von Natrium, Kalium, Chlorid und Bikarbonat gefördert wird (Hänsel, et al., 1994). In neueren Untersuchungen wurde eine antikanzerogene (krebshemmende) Wirkung von Stoffen der Löwenzahnblätter nachgewiesen (Sigstedt, et al., 2008).

Bild 103: Reife Löwenzahnblüte, „Pusteblume"

Die Samen des reifen Löwenzahns enden in einem gefiederten, weißen „Schirm" aus feinen Härchen. Bei Wind lösen sich die reifen Samen und fliegen, von dem Schirm getragen, mehr oder weniger weit vom Standort der Pflanze und tragen somit zur Verbreitung des Löwenzahns bei. Man kann das selbst probieren, indem man kräftig gegen die reife Blüte bläst bzw. pustet: das hat ihr den Namen „Pusteblume" eingetragen.

Bild 104: Auf dem Bild frisst ein junges Kaninchen ein Löwenzahnblatt. Die Mittelachse wird dabei verschmäht und nur die grüne, nährstoffreiche aber rohfaserarme Spreite gefressen.

Bild 105: Manche Tiere mögen Löwenzahnblüten

Löwenzahn ist nicht nur ein interessantes Nahrungsmittel für Kaninchen, sondern auch für seine Halter. In den letzten Jahren wurden viele Eigenschaften bestätigt, wegen derer Löwenzahn in der Volksmedizin eingesetzt wurde und wird, wie z. B. die Entgiftung der Leber und Durchspülung der Niere. Weiterhin wurde auch ein positiver Einfluss auf die Zellteilung und das Zellwachstum (Proliferation) nachgewiesen. Damit wird die Pflanze als potentielles Krebsmittel interessant (Menghini, et al., 2010).

In einem Versuch wurde die Wirkung von Löwenzahnblättern auf das Wachstum von Brustkrebs- und Prostatakrebszellen untersucht und eine Verminderung der Anzahl nachgewiesen (Sigstedt, et al., 2008). Für Löwenzahnwurzelextrakt wurde nachgewiesen, dass bei Melanom-Zellen (Hautkrebs) der programmierte Zelltod ausgelöst werden konnte, was schulmedizinische Medikamente nicht vermochten. Gesunde Zellen wurden dabei nicht beeinträchtigt, der Einsatz als Heilmittel würde also ohne Nebenwirkungen erfolgen (Chatterjee, et al., 2011).

Luzerne (Medicago sativa)

Luzerne wird gelegentlich auch als „Königin" der Futterpflanzen bezeichnet. Sie ist bei Kaninchen sehr beliebt und verfügt, ebenso wie Klee, über einen relativ hohen Proteingehalt.

Tabelle 49: Nährstoffe von Luzerne, in g/kg TS, Mittelwerte aus (DLG, 1995)

	Luzerne	
	1. Aufwuchs	2. Aufwuchs
Trockensubstanz	188	183
Rohprotein	201	218
Rohfett	29	34
Rohfaser	272	259
Rohasche	108	107
NfE	390	383
Phosphor	3,2	3,3
Calcium	18,9	17,9
DE MJ/kg TS	9,1	9,5

Bild 106: Von Luzerne werden bevorzugt die Blätter gefressen

Labkraut (Galium)

Bild 107: Echtes Labkraut (Galium verum)

Bild 108: Ein Wildkaninchen frisst Labkraut

Bild 109: Echtes Labkraut, „Blattquirl"

Das Echte Labkraut (Galium verum) wird von (Klapp, et al., 1953) mit einer Futterwertzahl von „3" geführt. In einem Gemisch mit anderen Wiesenpflanzen wird es von Hauskaninchen gern gefressen. Als Heilpflanze ist Labkraut schon lange bekannt, wenn auch die Kenntnis und Bedeutung nachgelassen hat. Eingesetzt wurde es unter anderem bei Blasen- und Nierenkatarrh, also Entzündungen der harnableitenden Wege. Die Wirkungen sind aber nicht belegt (Hänsel, et al., 1996). Labkräuter sind leicht an ihrem Blattquirl erkennbar, das heißt, Laub- und Nebenblätter sind gegenständig angeordnet.

Malven (Malva)

Bild 110: Moschus-Malve, Blüte

Bild 111: Moschus-Malve, Pflanzen

Bild 112: Moschus-Malve, Blätter

Malven verfügen in der Blüte nur noch über eine relative geringe Blattmasse, ihr Futterwert wird mit „3" angegeben. In den Blättern sind bis 8% und in den Blüten bis zu 10% verschiedene Schleimstoffe enthalten, die durch Hydrolyse Arabinose, Galactose, Glucose, Rhamnose, Xylose und Uronsäuren liefern. In den Blüten handelt es sich um Anthocyane, insbesondere Malvin (Hänsel, et al., 1996), (Bäumler, 2010). Deswegen fand und findet die Pflanze in der Volksmedizin vor allem auch bei Magen-Darm-Erkrankungen und Blasenleiden Anwendung.

Mädesüß (Filipendula ulmaria)

Tabelle 50: Nährstoffe von Mädesüß,
aus (Lindlöf, et al., 1978)

	g/kg TS
Trockensubstanz	217
Rohprotein	194
Rohfaser	152
Calcium	3
Phosphor	4
Magnesium	4,1
Natrium	0,5
Kalium	30

Mädesüß ist nicht unbedingt eine typische Wiesenpflanze, sie wächst eher an feuchten, sumpfigen Stellen. Dennoch stellt sie eine mögliche, gute Futterergänzung mit einem Futterwert von „3" (Klapp, et al., 1953) dar. Für den Einsatz von Blüten und Kraut bei Erkältungskrankheiten existiert eine Positiv-Monographie der (Kommission E, 1989), außerdem begründet die aquaretische Wirkung der Inhaltsstoffe die Anwendung bei Blasen- und Nierenleiden wie Cystitis und Nephritis (Hänsel, et al., 1996).

Mädesüß enthält vorwiegend ätherische Öle wie Salicylaldehyd, Flavonole, Phenolglykoside und Gerbstoffe. Eine frühere Bezeichnung von Mädesüß war „Spierstrauch". Aus dem Saft der Pflanzen wurde die „Spirsäure" (Salicylsäure) gewonnen. Der spätere Markenname für die Acetylsalicylsäure (ASS) „Aspirin" leitet sich aus dem Begriff **A**cetyl**spi**rsäure ab. Salicylsäure ist auch ein Inhaltsstoff der Weidenrinde (Salix).

Bild 113: Mädesüß, Blätter

Bild 114: Mädesüß, Blüte

Rainfarn (Tanacetum vulgare)
Bild 115: Rainfarn, Blatt

Rainfarn enthält Terpene (u. a. Thujon), Flavonoide und Cumarine. Bekannt ist er aufgrund seiner Wirkung gegen Würmer und verfügt auch über antimikrobielle Wirkungen gegen grampositive Bakterien wie Bacillus subtilis und Staphylococcus aureus. Gegen gramnegative Bakterien wie Escherichia coli und Pseudomonas aeruginosa zeigen die Pflanzenöle mittlere bis schwache Wirkungen. Thujonöle sind auch in Pflanzen wie Thuja, Thymian, Wermut, Rosmarin, Beifuß und Salbei enthalten. In bestimmten Konzentrationen wirken alle Öle fungizid, also wirksam gegen Hefepilze wie Candida albicans und Saccharomyces cerevisiae (Hänsel, et al., 2012). Rainfarn wird in der Volksmedizin u. a. bei gastrointestinalen Infektionen, Magenkrämpfen, Dysmenorrhoe (Menstruationsbeschwerden) und Wurmbefall eingesetzt. Der Futterwert wird mit „1" angegeben (Klapp, et al., 1953).

Bild 116: Rainfarn, Pflanze

Bild 117: Rainfarn, Blüten

Schafgarbe (Achillea millefolium)

Tabelle 51: Nährstoffe von Schafgarbe, aus (Vondraskova, et al., 2012)

	g/kg TS
Trockensubstanz	220
Rohasche	115
Rohprotein	140
Rohfett	19
NfE	526
Rohfaser	200
NDF	327
ADF	268
ADL	53
NFC	399
DE MJ/kg TS	9,9

Schafgarbe enthält, bis auf die Wurzel, hauptsächlich ätherische Öle. Der Gehalt steigt bis kurz vor dem Blühen auf 0,8-1,4%, um danach auf etwa 0,3% abzusinken (Hänsel, et al., 1992). Es existiert eine Positiv-Monographie der (Kommission E, 1990) für Schafgarbenkraut. Nachgewiesen wurden choleretische, antibakterielle, adstringierende und spasmolytische Wirkungen.

Der Futterwert von Schafgarbe wird mit „3" angegeben (Klapp, et al., 1953).

Bild 118: Schafgarbe, Pflanze

Bild 119: Schafgarbe, Blüten

Spitzwegerich (Plantago lanceolata)

Der Futterwert von Spitzwegerich wird mit „6" angegeben. Neben dem hohen Wert für die Ernährung des Kaninchens verfügt die Pflanze über weitere, positive Eigenschaften.

Bild 120: Spitzwegerich, Pflanzen   Bild 121: Spitzwegerich, Blüten

Tabelle 52: Nährstoffe von Spitzwegerich, aus (Vondraskova, et al., 2012)

	g/kg TS
Trockensubstanz	174
Rohasche	106
Rohprotein	132
Rohfett	15
NfE	591
Rohfaser	156
NDF	311
ADF	238
ADL	47
NFC	436
DE MJ/kg TS	10,8

Interessant ist Spitzwegerich vor allem für Tiere mit Atemwegserkrankungen, weil die enthaltenen ätherischen Öle sehr gut Linderung verschaffen können.

Wicken (Vicia)

Bild 122: Zaun-Wicke

Bild 123: Zaun-Wicke, Samen (Schoten)

Tabelle 53: Nährstoffgehalte in Saat-Wicke (Vicia sativa), aus (DLG, 1991)

	g/kg TS
Trockensubstanz	130
Rohprotein	284
Rohfett	36
Rohfaser	181
Rohasche	147
NfE	352
Phosphor	9
Calcium	138
DE MJ/kg TS	10,4

Wicken sind erfahrungsgemäß ein sehr gutes Kaninchenfutter mit einem hohen Protein- und relativ niedrigem Rohfasergehalt. Der Futterwert beträgt je nach Spezies 5-7 (Klapp, et al., 1953). Die Schoten werden in der Regel gemieden.

Bild 124: Saat-Wicke (Futterwicke)

Bild 125: Bunte Wicke

Wiesen-Platterbse (Lathyrus pratensis)
Der Futterwert von Wiesen-Platterbse beträgt 7.

Bild 126: Wiesen-Platterbse, Blüte

Bild 127: Wiesen-Platterbse, Blätter

Winden (Convolvulus)

Bild 128: Zaun-Winde, Blüte und Blätter

Bild 129: Acker-Winde, Blüte

Der Futterwert wird für Acker-Winde (Convolvulus arvensis) mit „3" angegeben (Klapp, et al., 1953).

Äste, Laub

Äste von verschiedenen Laub- und Nadelhölzern sind eine willkommene Möglichkeit zur Befriedigung des natürlichen Nagetriebes von Kaninchen und eine Ergänzung zur Fütterung, da manche frischen Hölzer offensichtlich Stoffe enthalten, die sehr begehrt sind. Da auch hier die Vorlieben der Tiere verschieden sind, können keine pauschalen Angaben gemacht werden. Blätter und Äste von Weißbuche, Esche, Espe, Roteiche, Rotbuche, Birke, Ahorn, Linde, Weide und Eiche können das Angebot ebenso bereichern wie die Nadeln von Fichte, Tanne und Kiefer. Auch Äste und Laub von Obstbäumen werden gemocht – dazu zählen Quitte, Mispel, Apfel, Birne und Kirsche.

Bild 130: Apfel in der Blüte

Bild 131: Haselnussblatt

Gemessen an den Rohnährstoffen und der verdaulichen Energie stellt Laub eine sinnvolle Ergänzung der Grundnahrung dar. Auf Grund der speziellen Inhaltsstoffe ist das Laub (Nadeln) der Nadelbäume allerdings gewöhnungsbedürftig und wird erfahrungsgemäß nur in geringen Mengen gefressen. Die ätherischen Öle bilden ein natürliches Aufnahmelimit. Die Calciumgehalte in den Blättern von Bäumen sind, ähnlich wie in Kräutern, vergleichsweise hoch.

Äste sind, wie man aus den Nährstoffen in Tabelle 55 ersehen kann, nicht unbedingt eine Bereicherung des Speisezettels für Kaninchen, stellen aber im frischen Zustand trotzdem eine sinnvolle Ergänzung dar. Mit ihnen können die Tiere ihrem natürlichen Nagebedürfnis nachkommen und sie werden erfahrungsgemäß auch gern als solches angenommen.

Tabelle 54: Nährstoffe in ausgewählten Laubsorten (Juli-Laub), aus (Rahmann, 2004), Werte in g/kg TS, DE in MJ/kg TS (berechnet nach (GfE, 2014))

	Haselnuss	Stieleiche	Salweide	Fichte	Kiefer
Trockensubstanz	340	370	360	350	390
Rohasche	67	42	51	44	20
Rohprotein	147	182	150	89	70
Rohfaser	155	216	183	324	374
Rohfett	29	40	53	29	38
NfE	602	520	563	514	490
Calcium	57	19	25	27	12
Magnesium	7,4	2,4	1,9	2,6	3,3
Natrium	1,8	0,2	0,5	0,3	0,2
Kalium	65	37	47	78	24
Eisen	0,5	0,3	0,3	0,2	0,2
DE MJ	11,9	11,6	12,3	9,1	8,6

Tabelle 55: Nährstoffe in Ästen ausgewählte Bäume mit einem Durchmesser von bis zu 1 cm, aus (Jeroch, et al., 1993), Werte in g/kg TS

	Pappel	Buche	Fichte
Rohasche	73	37	38
Rohprotein	61	50	57
Rohfaser	442	496	372
Rohfett	30	31	65
NfE	394	386	468
Lignin	258	304	k.A.

k.A. = keine Angabe

Gift- und Heilpflanzen

Die Formulierung von Paracelsus beschreibt ein Problem im Zusammenhang mit der Giftigkeit oder Heilwirkung von Pflanzen: *„Dosis sola venenum facit"*, auf Deutsch „Allein die Menge macht das Gift". Hinzuzufügen wäre noch der Zeitfaktor, denn eine große Menge über einen langen Zeitraum bedeutet einen Unterschied zu derselben in kurzer Zeit.

Das (Reichsgericht, 1884) stellte in einer Urteilsbegründung fest: *„Eine Substanz, welche lediglich durch ihre qualitative Beschaffenheit, unter allen Umständen, geeignet wäre, die Gesundheit zu zerstören, existiert nicht. […] Je nach Verschiedenheit der in Frage kommenden Bedingungen kann derselbe Stoff bald als gesundheitszerstörend, bald als nur gesundheitsschädlich, bald als durchaus unschädlich, bald endlich als Heilmittel erscheinen."*

Bild 132: Roter Fingerhut
(Digitalis purpurea)

Der (Duden, 2006) definiert Gift als: *„in der Natur vorkommender oder künstlich hergestellter Stoff, der nach Eindringen in den Organismus eines Lebewesens eine schädliche, zerstörende, tödliche Wirkung hat (wenn er in einer bestimmten Menge, unter bestimmten Bedingungen einwirkt)"*. „Giftpflanzen" dürfte es also eigentlich nicht geben oder man erklärt alle Pflanzen für giftig. Der Duden definiert eine Giftpflanze als solche: *„die einen giftigen Stoff enthält, der bei Menschen und Tieren eine schädliche, zerstörende, tödliche Wirkung hat"*. Eine Heilpflanze dagegen ist eine Pflanze: *„die wegen ihres Gehalts an Wirkstoffen zu Heilzwecken verwendet wird"*.

Dazu folgendes Beispiel: die Einführung von Digitalis purpurea (Roter Fingerhut) in die Therapie von Herzkrankheiten erfolgte im Jahr 1785 durch den englischen Arzt William Withering. Digitalisglykoside werden in der Behandlung von Herzinsuffizienz eingesetzt. Im allgemeinen Sprachgebrauch bedeutet das eine Herzschwäche, die zu einem Herzversagen führen kann. Man könnte Digitalis purpurea also als Heilpflanze bezeichnen, tatsächlich wird sie aber als „Giftpflanze" geführt. In ihrem Fall kommt dazu, dass sie einen giftigen Stoff enthält, der schon in geringen Mengen, die in kurzer Zeit aufgenommen werden, zu Gesundheitsschäden bis zum Tod führen kann.

Im Schnittlauch sind es z. B. schwefelhaltige Verbindungen ähnlich wie in Knoblauch, die mit antibakteriell, antimykotisch und antiviral beschrieben werden und u. a. wirksam gegen Wurmerkrankungen bei Kaninchen sind, die mit „Passalurus", einer Spulwurmart, infiziert waren (Reichling, et al., 2008). Aus eigener Erfahrung lässt sich feststellen, dass Kaninchen durchaus

Schnittlauch fressen, und zwar spontan und ohne ersichtlichen Grund größere Mengen. Der Verzehr lässt nach oder wird komplett eingestellt, wenn der Grund für die plötzliche Vorliebe bzw. den offensichtlich akuten Bedarf beseitigt wurde. Die Vermutung auf einen Parasitenbefall war zu diesem Zeitpunkt naheliegend. Reagieren konnten die Tiere selbst, weil Schnittlauch auf einem Grundstück immer zur Verfügung stand.

Die Protoanemonine der Hahnenfußartigen gelten als wirksam gegen Pilze, ebenso wie Schöllkraut (Chelidonium majus), welches zudem gegen Parasiten wie Kokzidien eingesetzt werden kann (Zinke, 2004).

Wiesen-Bärenklau (Heracleum sphondylium) ist in der Heimtierhaltung als „Gift"-Pflanze bekannt, obwohl bereits (Klapp, et al., 1953) für die Pflanze eine Futterwertzahl von 5 vergaben, sie also als relativ hochwertiges Viehfutter bewerteten. In der Volksmedizin wurde Wiesen-Bärenklau unter anderem bei Epilepsie eingesetzt. Dass dies heute nicht mehr der Fall ist, liegt an der Schwierigkeit, die Wirkstoffe genau und zuverlässig zu dosieren. An Tieren wurde die Wirksamkeit der Inhaltsstoffe des Wiesen-Bärenklaus in niedrigen Dosen nachgewiesen: demnach haben sie eine beruhigende, entzündungshemmende, ödemhemmende und lymphetransportierende Wirkung. Außerdem wird die Krampfbereitschaft des Zentralnervensystems (ZNS) gegenüber krampfauslösenden Stoffen herabgesetzt. Interessant ist dieser Fakt also in Hinblick auf den Einsatz der Pflanze bei Erkrankungen, die sich auf das ZNS auswirken bzw. Krämpfe auslösen. Dazu gehört z. B. die „Encephalitozoonose" (Head Tilt), eine Krankheit, die durch den Erreger „Encephalitozoon cuniculi", einem parasitären Einzeller, ausgelöst wird. Erfahrungen zeigen, dass sich Kaninchen bei freier Wahl des Bärenklaus in großen Mengen bedienen und sich ein positiver Effekt auf den Verlauf der Krankheit feststellen lässt (Rühle, et al., 2010).

Die Karotte bzw. Mohrrübe enthält z. B. ca. 31 mg/kg Anilin (ein Blutgift), außerdem 16,5 mg/kg krebserregende N-Methylbenzamine und weitere Substanzen, die man nicht gerade als unbedenklich bezeichnen würde. Karotten enthalten auch ein Nervengift, und zwar 2 mg/kg Carotatoxin (Schmidkunz 1994). Man müsste zwar sehr große Mengen Karotten essen, um sich damit zu vergiften, allerdings könnte man "gefährliche" Mengen in einen Organismus bringen, wenn man das isolierte Nervengift direkt in die Blutbahn oder in Gefäße spritzen würde. Viele Datenbanken, die eine Giftigkeit von Pflanzen belegen, geben genau solche Werte an: isolierte Pflanzenstoffe, die direkt verabreicht werden, ohne dass spezielle Schutzmechanismen des Körpers ausreichend reagieren können. Die Aufnahme isolierter Pflanzenstoffe, die in größerer Menge gesundheitsschädlich sein könnten, kommt in der Natur nicht vor. Insofern sind diese Angaben für Rückschlüsse auf eine Fütterung mit naturbelassenen Pflanzen fragwürdig bis ungeeignet. Abkürzungen für verschiedene Verabreichungsformen, die in Versuchen eingesetzt werden:

i. m.	intramuskulär	→	in den Muskel
i. p.	intraperitoneal	→	in den Bauchraum
i. v.	intravenös	→	in die Venen
p. o.	peroral	→	durch den Mund
s. c.	subkutan	→	unter die Haut

Das Ergebnis wird entweder als LD oder LD_{50} angegeben:

LD   letale Dosis, Menge, die für ein Lebewesen tödlich ist
LD_{50} Dosis, durch die 50% der Versuchstiere sterben

(Ehrenberg, et al., 1913) unternahmen Versuche zur Verträglichkeit von Eibe für Kaninchen. Dabei stellten sie fest, dass die Tiere größere Mengen ablehnten und erst fraßen, wenn die Nadeln mit Kartoffelsirup vermengt wurden. Zwei Kaninchen mit einem Gewicht von 1,5kg fraßen ohne gesundheitliche Folgen 13 Tage lang täglich ca. 5g Eibennadeln. Ebenfalls ohne Folgen blieb die Aufnahme über 15 Tage lang von jeweils tägl. 10 g bzw. 5 g durch zwei Kaninchen mit einem Gewicht von 4 kg.

Als Pflanzenfresser ist das Kaninchen in seiner natürlichen Umwelt mit Pflanzen konfrontiert, die der Mensch als „giftig" bezeichnet. Wie andere Pflanzenfresser hat das Kaninchen Strategien entwickelt, diese zu meiden oder zu nutzen. Diese sind entweder angeboren oder werden auf Grund von Erfahrungen erlernt:
- Vorsichtiges Probieren fremder Pflanzen. Dabei helfen Geruch, Geschmack und letztlich das körperliche Empfinden. Riecht die Pflanze gut und schmeckt, wird etwas mehr gefressen. Wirkt sich die Pflanze nicht negativ auf das körperliche Empfinden aus, wird später mehr gefressen und zählt schließlich zum Nahrungsspektrum.
- Aufnahme mehrerer, verschiedener Pflanzenarten während einer Mahlzeit. Dadurch werden mögliche, vorhandene Toxine verdünnt.
- Zyklische Aufnahme von Pflanzen, die als giftig gelten. An einem Tag werden hohe Mengen einer solchen Pflanze aufgenommen, in den nächsten Tagen ist der Verbrauch Null oder nur gering. Auf diese Weise können kritische Stoffe zwischenzeitlich abgebaut werden.
- Gezielte Aufnahme von Pflanzen, deren Pflanzenstoffe sich gegenseitig beeinflussen, z. B. durch Neutralisation möglicher Giftstoffe.
- Fressen von Erde (Geophagie), wodurch toxische Stoffe neutralisiert werden oder Aufnahme größerer Mengen Flüssigkeit.
- Intensives Kauen, wodurch z. B. spezielle Proteine im Speichel Tannine inaktivieren (Mole, et al., 1990). Tannine sind Sekundäre Pflanzenstoffe, mit denen sich Pflanzen vor Fressfeinden schützen, indem sie Proteine deaktivieren.

Die genauen Mechanismen, nach denen die Regulierung der Aufnahme und Entgiftung funktionieren, sind nach wie vor unbekannt, wenn auch mittlerweile verschiedene Erklärungsmodelle existieren. Diskutiert werden z. B. zwei Hypothesen, die jeweils die aufgenommenen Nahrungsmengen mit den entsprechenden sekundären Pflanzenstoffen sowie die Zeit, die zwischen den Mahlzeiten liegt, berücksichtigen. Für die erste sind die Nahrungsmenge und die damit verbundene Plasmakonzentration, das bedingte Lernen und die Aktivierung von Rezeptoren für Bitterstoffe im Darm entscheidend. Für die zweite Hypothese werden zwei Mechanismen diskutiert: erstens die Pause der Aufnahme bestimmter Pflanzen bis zum Absinken der Plasmakonzentration bis zu einer erträglichen Grenze und zweitens, dass Rezeptoren für Bitterstoffe auf das Sättigungsgefühl einwirken und somit die Aufnahme stoppen (Torregrossa, et al., 2009).

Die Selektion (**nicht die Fähigkeit** zur Selektion) giftiger Pflanzen kann durch widrige Umstände wie z. B. Nahrungsmangel und Trockenheit außer Kraft gesetzt werden. Zusätzlich zur selektiven Fressweise existieren Mechanismen, um mit aufgenommenen, toxischen Substanzen fertig zu werden:

➢ Entgiftung: nach der Aufnahme großer bzw. zu großer Mengen toxischer Substanzen reagiert der Körper mit Durchfall, um diese so schnell wie möglich aus dem Organismus zu entfernen. Da dem Kaninchen ein Erbrechen nicht möglich ist, stellt das die einzige Möglichkeit der schnellen Ausscheidung dar. Eine weitere Möglichkeit bildet eine effektive Ausscheidung von Urin wie z. B. nach dem Fressen von Jakobs-Kreuzkraut dar (Swick, et al., 1982).

➢ Tolerierung toxischer Pflanzenstoffe durch Anpassung auf Grund regelmäßiger Aufnahme. Mikrobielle Anpassungen im Verdauungstrakt oder die Aktivierung spezieller Enzyme führen zu unterschiedlichen Toleranzen verschiedener Tierarten oder Individuen innerhalb einer Spezies gegenüber Toxinen.

➢ Anpassung durch die Bioaktivierung und den Stoffwechsel in der Leber wie z. B. im Fall der Pyrrolizidin-Alkaloide, die in verschiedenen Korbblütlern, Raublattgewächsen und Hülsenfrüchtlern vorkommen (Cheeke, 1998).

➢ Genetische bzw. evolutionäre Einflüsse auf Grund der speziellen Nahrung mit einem hohen Anteil von Kräutern und Sträuchern (Cytochrome P450 (CYP) = Hämproteine mit enzymatischer Aktivität).

Prinzipiell weisen Kaninchen hohe Toleranzen gegenüber giftigen Pflanzenstoffen auf, so z. B. gegen Coniin des Schierlings (Forsyth, et al., 1993), (Vetter, 2004), dem Taxin der Eibe (Ehrenberg, et al., 1913), dem Atropin der Tollkirsche (Hesse, 1923), Robin und Phasin der Robinie (Cheeke, 1987) und Saponinen sowie Tanninen verschiedener Pflanzen (Cheeke, 1998). Bekannt ist z. B. auch, dass Kaninchen relativ unempfindlich gegenüber den Pyrrolizidinalkaloiden des Jakobskreuzkrautes (Pierson, et al., 1977) sind.

Nachgewiesen ist u. a. der Verzehr von Kermesbeeren, Wolfsmilch, Schwarzer Nachtschatten, Kälberkropf (Turček, et al., 1959), Schierling und Hahnenfuß (Williams, et al., 1974), Ginster und Schachtelhalm (Homolka, 1985) sowie von Greiskräutern (Martins, et al., 2002).

Ein wesentlicher Unterschied zwischen Konzentrat-Selektierern wie Kaninchen und Weidetieren besteht in der Nahrungsauswahl: während bei Kaninchen ein großer Teil der Nahrung neben Gräsern auch aus Kräutern sowie dem Laub und der Rinde von Sträuchern und Bäumen besteht, fressen Pferde und Rinder vorwiegend und in großen Mengen Gräser. Diese enthalten vergleichsweise wenig kritische, sekundäre Pflanzenstoffe. Somit reagieren die Weidetiere mit dem großen Anteil von Gräsern auch wesentlich empfindlicher auf giftige Pflanzenstoffe. Normalerweise werden auch von ihnen giftige Pflanzen gemieden und erst dann, wenn das Futter auf der Weide knapp wird, werden sie gefressen.

In ihrem Lebensraum finden Kaninchen in der Vegetationsphase nährstoffreiche Nahrung, die aus Menschensicht jedoch mitunter sehr gefährlich anmutet. (Turček, et al., 1959) berichteten von einer Population Wildkaninchen, deren Fressverhalten über 3 Jahre lang beobachtet wurde.

Vor allem die Jungtiere richteten unter Kulturpflanzen wie Bohnen (Phaseolus vulgaris) und Luzerne (Medicago sativa) Schäden an, die sie bevorzugt fraßen. Der im dortigen Habitat fehlende Anteil an Gräsern wurde durch den höheren Verzehr von Kulturgräsern (Getreide) wettgemacht. Beliebt waren besonders Distelarten auf Grund des hohen Eiweißgehaltes. Insgesamt wurden über 70 verschiedene Pflanzenarten als Nahrung festgestellt. Davon waren 46% Heil- und Gift-, bzw. ölhaltige und bittere Pflanzen. Kälberkropf (Chaerophyllum supp.), Robinie (Robinia pseudoacacia), Spindelstrauch (Euonymus europaea), Liguster (Ligustrum vulgare), Rainfarn (Tanacetum vulgare), Schwarzer Nachtschatten (Solanum nigrum) sowie Zypressen-Wolfsmilch (Euphorbia cyparissias) sind nur einige Beispiele für Pflanzen, die dort von Kaninchen gefressen wurden. (Bhadresa, 1987) berichtete u. a. vom Verzehr von Kriechendem Hahnenfuß (Ranunculus repens) und Jakobs-Kreuzkraut (Senecio jacobaea), (Williams, et al., 1974) konstatierten Knolligen Hahnenfuß (Ranunculus bulbosus) sowie Gefleckten Schierling (Conium maculatum) als Nahrungspflanzen.

Oft herrscht große Unsicherheit bei Haltern, die zwar gern frisches Grün für ihre Tiere sammeln würden, sich aber wegen kursierender Gerüchte über Vergiftungsfälle und zum Teil übertriebenen Darstellungen über die Giftigkeit von Pflanzen nicht trauen. Manche sortieren sorgfältig das Sammelgut, so dass sich am Ende noch 4 - 5 Pflanzenarten im Korb befinden. Im Falle gut dokumentierter Vergiftungsfälle von Pferden, Rindern oder Ziegen wird meist eines deutlich: den Tieren stand auf leer gefressenen Weiden kein Futter mehr zur Verfügung, so dass sie gezwungen waren, auf Pflanzen auszuweichen, die sie normalerweise meiden.

Eine Ärztin diagnostizierte z. B. bei einem Chinchilla irrtümlich Vergiftungssymptome durch das Fressen von Steinobst-Ästen – eine Meldung, die sich wie ein Lauffeuer verbreitete und sich trotz des Irrtums bis heute hartnäckiger als deren Korrektur hält (Turk, 2010).

Zoopharmakognosie
Als Zoopharmakognosie wird der instinktive oder erlernte Gebrauch von natürlichen Heilmitteln durch Tiere bezeichnet. Dass ein Heilmittel auch giftig wirken kann, wurde bereits erläutert. Bei der jahrelangen Beobachtung von Wildkaninchen wurden von mir auch immer wieder zum Teil recht schwere Verletzungen bei Tieren festgestellt, deren Herkunft nicht zweifelsfrei geklärt werden konnte. Meistens sind diese an den Ohren festzustellen und sie betreffen weibliche und männliche Tiere gleichermaßen.

Die folgenden Beispiele stammen aus Gruppen von Wildkaninchen, die in der Nähe einer Hundeschule liegen, so dass durchaus auch jagende Hunde die Ursache für die Läsionen sein können, zudem ist der Luftraum abwechselnd mit Elstern, Falken und Bussarden besetzt, die aber eher für Jungtiere ein Problem darstellen können. Die Tiere können anhand solcher Verletzungen wie auch anderer, besonderer und individueller Merkmale über einen langen Zeitraum recht sicher immer wiedererkannt bzw. identifiziert werden. In bestimmten Zeiten kann z. B. die Brustregion Auskunft darüber geben, bei welchem Tier es sich um ein Weibchen handelt. Kombiniert mit anderen Merkmalen erkennt man einzelne Tiere fast jederzeit.

Bild 133: Das Bild wurde im Juni 2013 aufgenommen. Der Rammler hat eine größere Verletzung am Ohr.

Bild 134: Ein Jahr später im Juli 2014 ist die Verletzung ausgeheilt, selbst das Loch ist zugewachsen.

Bild 135: Das Tier weist eine tiefe, offene Wunde an der rechten Schulter auf. Wie diese zustande kam, konnte nicht geklärt werden.

Bild 136: Auffällig war eine völlig geänderte Fressweise im Vergleich zu den Gruppenmitgliedern.

Bild 137: Exakt eine Woche später zeigte sich die Wunde erstaunlicherweise zumindest optisch und aus der Ferne geschlossen.

Aufmerksam wurde ich auf das verwundete Tier, weil sich seine Fressweise in auffälliger Weise von der der anderen Gruppenmitglieder und überhaupt für diese Jahreszeit unterschied. Es grub fast ständig in der Erde, wobei es längere Zeit mit dem Kopf in der Grube blieb, junge Pflanzen mitsamt der Wurzel ausgrub und von der Wurzel her fraß (Bild 136). Das war insbesondere für Spitzwegerich und Gänsedistel der Fall, wobei nicht alle gefressenen Kräuter in dieser Zeit ermittelt werden konnten. Gesichert war ein auffällig hoher Verzehr in dieser Zeit von folgenden Kräutern (in Klammern die nachgesagte Heilwirkung):

- Brombeerblätter (antibakteriell, antiviral, entzündungshemmend, blutstillend),
- Gänsedistel, Blätter und Wurzel (fiebersenkend, wundheilend),
- Spitzwegerich, Blätter und Wurzel (entzündungshemmend, antibakteriell, epithelisierend (gewebebildend), wundheilend, blutgerinnend, immunstimulierend),
- Brennnesselblätter (entzündungshemmend, schmerzlindernd, antibakteriell),
- Gänsefingerkraut (antiviral, spasmolytisch, tonussteigernd),
- Schafgarbe (antibakteriell, entzündungshemmend, spasmolytisch).

Je nach Standpunkt werden die Kräuter als Unkraut oder als Heilpflanze gesehen. Das Kaninchen weiß davon nichts und nutzt die Kräuter entsprechend seiner Verfassung. Insofern ist es auch wenig sinnvoll, vor der Bereitstellung verschiedener Kräuter zu warnen, weil sie eventuell zu viele „Heilstoffe" enthalten und das Kaninchen eine „Resistenz" entwickeln könnte. Sie gehören zur Nahrung der Tiere und werden gefressen – manchmal mehr, manchmal weniger. Über die Menge entscheidet das Tier, wenn es die Wahl hat.

Bild 138: Gänsedistel, Blüte

Bild 139: Blühendes Gänsefingerkraut

Bild 140: Fast genau ein Jahr später erinnerte nur eine Stelle mit wenig Fell an die Verletzung aus dem Vorjahr und das Tier fraß wieder in gewohnter Weise.

Umweltbelastungen
Das Sammeln von Pflanzengrün im Umkreis von Straßen bildet oft einen Unsicherheitsfaktor bei der Entscheidung für das Sammeln von frischem Grün. Es gibt natürlich einen Unterschied zwischen sehr stark befahrenen Straßen wie Autobahnen sowie Bundesstraßen und weniger befahrenen, kleinen Landstraßen und Feldwegen. Grundsätzlich lässt sich feststellen, dass die Belastungen der Grünpflanzen durch Chemikalien und Schadstoffe nicht nur durch den Autoverkehr, sondern auch im starken Maße von den örtlichen Gegebenheiten abhängen. So kann zum Beispiel eine Belastung des Pflanzenwuchses an einer Autobahn geringer sein als in der Ruhe der Natur, wenn in der Nähe Mülldeponien, durch Industrie oder Düngung belasteter Boden und andere Faktoren einen negativen Einfluss liefern. Die Belastung durch Kraftfahrzeuge ist im Laufe der Jahre immer geringer geworden und die Werte an wenig frequentierten Straßen zeigen mittlerweile kaum noch Unterschiede zu Wiesen in weiter Entfernung von Fahrwegen. Tatsächlich spielt es heute kaum noch eine Rolle, ob man an einer Kreisstraße direkt neben der Fahrbahn Pflanzen schneidet oder 50 m von dieser entfernt. Umfangreiche Daten zu diesem Thema lieferte eine Studie des Ministeriums für Umwelt und der Landesanstalt für Umweltschutz Baden-Württemberg (Unger, et al., 1992) aus den Jahren 1989-1992. Ein Abstand von 5-10 m zu Straßen sollte für das dort gesammelte Grün in Hinblick auf Schadstoffbelastungen heute kein Problem mehr sein.

Konventioneller versus biologischer Futteranbau
2007 einigte sich der Rat „Landwirtschaft" in der EU auf die neue Verordnung (EG) Nr. 834/2007. In dieser Verordnung wurden Grundsätze, Ziele und allgemeine Regeln für die ökologische/biologische Erzeugung festgelegt und bestimmt, wie Erzeugnisse des Biolandbaus zu kennzeichnen sind. Demnach dürfen Lebensmittel nur dann als „Bio-Erzeugnis" gekennzeichnet werden, wenn mindestens 95 % ihrer landwirtschaftlichen Zutaten den einschlägigen Standards entsprechen. Bei Lebensmitteln, die diese Vorgaben nicht erfüllen, dürfen diejenigen Zutaten, die den Standards des biologischen Anbaus entsprechen, als solche angegeben werden. Mit der Verordnung (EG) Nr. 1829/2003 über genetisch veränderte Lebensmittel und Futtermittel wurde eine Obergrenze von 0,9% festgelegt, bis zu der ein Erzeugnis genetisch veränderte Organismen (GVO) enthalten darf, ohne dass dies angegeben werden muss. Erzeugnisse, deren GVO-Gehalt unter diesem Grenzwert liegt, dürfen somit als Bio-Erzeugnisse gekennzeichnet werden. Folgt man dem Wortlaut dieser Verordnungen, lässt sich feststellen, dass es ein „sauberes" Lebens- oder Futtermittel nicht gibt. Dem derzeitigen Produktionsstand folgend, werden lediglich Obergrenzen für bestimmte, nicht-biologische oder gentechnisch veränderte Organismen in der Nahrung von Mensch und Tier festgelegt, ausschließen lassen sie sich nicht (mehr).

Hahn untersuchte mit Mitarbeitern den Einfluss der Düngung von Grünland auf Fruchtbarkeitsparameter weiblicher Kaninchen. Mit dem Futter von intensiv gedüngten (mineralisch und organisch) Grünflächen traten Degenerationserscheinungen bereits an den Follikeln auf und die Gebärmutter war hochgradig verkümmert. Die genauen Ursachen der *„offensichtlich erheblichen Schadwirkung"* des Heus von gedüngten Grünflächen konnten nicht ermittelt werden, beobachtet wurde aber eine antiöstrogene Wirkung des Futters (Hahn, et al., 1971), (Hahn, et al., 1972).

(Edelmüller, 1984) konstatierte in einem Futterwahlversuch statistisch gesichert günstigere Fruchtbarkeitsparameter für die Gruppe 1 (biologischer Futteranbau) als in Gruppe 2 (konventioneller Futteranbau). So war die Gesamtzahl der geborenen Jungtiere in Gruppe 1 signifikant höher. Die Anzahl perinatal toter Jungtiere lag in Gruppe 1 mit 12% nur halb so hoch wie in der Gruppe 2 mit 24,2%. Es schien, dass die Tiere der Gruppe 1 jahreszeitlich bedingte, ungünstigere klimatische Verhältnisse in der F3-Generation weitaus besser verkrafteten, als die der Gruppe 2. Die „Bio-Gruppe" 1 wies sogar allgemein bessere Fruchtbarkeitsparameter in der F3-Generation auf, als in den beiden vorangegangenen Generationen. Dagegen waren in der Gruppe 2 schlechtere Ergebnisse der untersuchten Fruchtbarkeitskriterien festzustellen. Die Sterblichkeitsrate der Jungtiere bis zum 60. Tag lag in Gruppe 2 bei insgesamt 54,3%, in der Gruppe 1 dagegen bei 31,4%. Während in der Gruppe 1 die Aufzuchtverluste von der F1- zur F3-Generation mit 36,3%, 32,5% und 26,4% abnahm, stieg sie in der Gruppe 2 von 55,9% der F1-Generation auf 60,4% der F3-Generation. Das heißt, dass die Sterblichkeit der Jungtiere, die mit biologisch angebautem Futter versorgt wurden, über die Generationen abnahm, während sie für Jungtiere, die konventionelles Futter erhielten, anstieg. Allgemein ließ sich der Trend beobachten, dass die Kaninchen bei freier Wahl Futter aus biologisch-dynamischem Anbau dem aus konventionellem vorzogen.

Auch in der Arbeit von (Staiger, 1986) wurde der Einfluss von konventionellem (Gruppe 1) und biologisch angebautem Futter (Gruppe 2) auf die Fertilität von Kaninchen untersucht. Dabei waren für die Trächtigkeitsrate der Häsinnen, die Anzahl Embryonen pro Häsin und die Tiergesundheit in der 2. Generation ein Einfluss des Anbausystems nachweisbar. Obwohl in beiden Gruppen gleich viele Tiere befruchtet waren, brachte ein signifikant geringerer Anteil Häsinnen in Gruppe 1 Jungtiere zur Welt. Das bedeutet, dass bei Ernährung mit konventionell angebautem Futter häufiger eine Totalresorption der Embryonen stattfand (intrauterine Resorption). Das bedeutet auch, dass die embryonale Mortalität in Gruppe I höher war. In der 2. Generation gebaren die Häsinnen der Gruppe 2 zudem bei 30 % der Würfe mehr Jungtiere als diejenigen der Kontrollgruppe. Erstaunlich war auch, dass die erfasste Reproduktionsleistung in der 1. Generation trotz geringerer Futteraufnahme in Gruppe 2 nicht schlechter, sondern gleich wie in der Kontrollgruppe war. *„Während der Gesundheitszustand in der 1. Generation in beiden Gruppen gut war, traten im Verlauf der 2. Generation bei einem Drittel der mit konventionell angebautem Futter ernährten Elterntiere infektiöse Erkrankungen auf. Von den Tieren in Gruppe 2 erkrankte keines."*. Zusammenfassend wurde festgestellt, dass Futter aus biologisch-dynamischem gegenüber konventionellem Anbau zu höheren Trächtigkeitsraten, mehr Embryonen und somit auch zu mehr insgesamt geborenen Jungtieren sowie einer besseren Gesundheit der Tiere führte. Diese Fakten wurden trotz gleichem, analytisch ermitteltem Gehalt des Futters an bekannten essentiellen und schädlichen Nahrungskomponenten ermittelt. Dies führte zu der Schlussfolgerung, dass Futter aus biologisch-dynamischem Anbau in dem Versuch eine günstige Wirkung auf biologische Merkmale hatte.

In einem Vergleich von Futtermitteln konventioneller und biologischer Herkunft von (Bieber, et al., 2009) zeigte sich ein leicht positiver Einfluss der biologischen Fütterung auf ausgewählte Fruchtbarkeitsparameter, wobei Umwelt- und Systemfaktoren der Haltung die Nachweisbarkeit von Fütterungseffekten überlagert haben können.

Leckstein

Besonders kontrovers werden Lecksteine für Kaninchen diskutiert. Fakt ist, dass viele Herbivoren einen besonderen Drang zu Salzquellen zeigen. Natriumchlorid ist in frischen Pflanzen nur in geringen Mengen enthalten, vielleicht ist das ein Grund dafür, dass sich an salzreichen Futterquellen besonders viele Pflanzenfresser einfinden, während Fleischfresser dort nur zu finden sind, um leichte Beute zu machen – sie decken ihren Salzbedarf über die Beutetiere. Es ist mir beim Quellenstudium bisher kein dokumentierter Fall bekannt geworden, der einen Salzleckstein als Ursache für eine bestimmte Krankheit nennt. Fakt ist aber auch, dass der von uns zur Verfügung gestellte Salzleckstein nicht oder nur sehr selten genutzt wurde – vermutlich, weil den Tieren Mineralien in der natürlichen Umgebung zur Verfügung stehen (z. B. Erde).

Durch den Salzgehalt in der Nahrung erhöht sich auch die Wasseraufnahme, was eine Möglichkeit sein könnte, Tiere zu einer erhöhten Wasseraufnahme zu animieren, die trocken ernährt werden und unter Blasenerkrankungen leiden. Dafür gibt es aber keine Belege.

Salzlecksteine sollten nur aus dem bestehen, was der Begriff beschreibt: aus Salz. So genannte „Nagersteine" ohne Angabe von Inhaltsstoffen sollten Kaninchen nicht angeboten werden.

Ernährungspraxis

Die folgenden Informationen resultieren aus theoretischen und praktischen Erwägungen sowie aus eigenen Erfahrungen. Empfehlungen sind als auch als solche zu verstehen, also ohne bindenden Charakter.

Wer sich durch die vorstehenden Kapitel mit den sehr theoretischen Erläuterungen und Rechnungen gelesen hat, wird sich wohl fragen, wie er dieses komplexe Wissen auf seine Tiere anwenden soll, ohne etwas falsch zu machen oder zu vergessen. Empfehlungen in Büchern und auf Internetseiten widersprechen sich häufig, es gibt umfangreiche Listen mit Pflanzen und Gemüse und Salaten nebst Fütterungshinweisen wie „selten geben", „nur wenig", „in kleinen Mengen" usw., die aber nie genauer erklärt werden. Das Problem, welches sich in der Fütterung von Kaninchen stellt, ist eigentlich der Halter. Er muss sich entscheiden, ob seine Tiere so gut wie nötig oder so gut wie möglich ernährt werden sollen. Ein Tier muss nicht zu jeder Minute an jedem Tag optimal ernährt werden, der Körper verfügt über Speichermöglichkeiten für bestimmte Nährstoffe. Über eine längere Zeit sollten aber kurzfristige Defizite wieder ausgeglichen werden.

Für die Fütterung mit frischen Wiesenpflanzen wie Gräsern und Kräutern kann davon ausgegangen werden, dass je nach Alter die Futtermenge ca. 30-50% der Körpermasse des Tieres ausmachen kann. Das heißt konkret, dass ein Kaninchen mit einem Gewicht von 2 kg ungefähr 600-1000 g frische Grünpflanzen am Tag fressen kann. Da die Tiere aber aus dem vorgelegten Futter auswählen sollen, ein gewisser Teil unverdaulich ist und die Qualität schwankt, sollte die bereitgestellte Menge entsprechend höher sein. Erfahrungsgemäß bedeutet das für das Sammeln von Grünfutter, dass für jedes Tier etwa das 1,5fache bis Doppelte des Körpergewichtes an Grünfutter gesammelt werden sollte. Wer zum Beispiel 10 Tiere hält, stößt hier sehr schnell an seine Grenzen, denn das Futter muss gelagert und die Reste wieder entsorgt werden. Außerdem muss der Halter Grünflächen kennen, die eine entsprechende Menge an brauchbarem Grünfutter aufweisen und über eine lange Zeit des Jahres zur Verfügung stehen. Ein privater Halter, der Kaninchen zu seiner Freude halten möchte und an ihrer Gesundheit interessiert ist, wird die Anzahl der Tiere entsprechend seiner Möglichkeiten regulieren. Schwieriger sieht es natürlich für Züchter aus. Aber auch Tierschützer sehen sich mit dem Problem konfrontiert, eine größere Anzahl von Tieren arttypisch („artgerecht") zu ernähren, weil das ja eigentlich ihr ausgewiesenes Ziel ist.

In der Literatur wird für eine bestimmte Fütterung der Begriff „ad libitum" benutzt. Damit wird üblicherweise beschrieben, dass ein Futtermittel nicht rationiert angeboten wird. Der Begriff stammt aus dem Latein und bedeutet auf Deutsch „ständig zur freien Verfügung". Damit wird jedoch keine Aussage zur Qualität der Futtermittel bzw. Fütterungsweise getroffen. Aus der Verwandtschaft des Gemüses zu Wildpflanzen auf einen entsprechenden Nährstoffgehalt zu schließen, wäre unklug, denn die Zuchtformen sind zum Teil weit weg von den Urformen, zudem gehören Knollen oder Salate nicht zur arttypischen Nahrung von Kaninchen. Gemüse aus dem Handel wird in der Regel mit viel Wasser und Dünger unter speziellen Aufwuchsbedingungen auf ein schnelles Wachstum getrimmt. Selbst unter „Bio"-Bedingungen liegen bestimmte Nähr- und Wirkstoffgehalte weit unter oder über denen von Gräsern und Kräutern. Schon ein Vergleich der erstlimitierenden, essentiellen Aminosäuren zeigt, dass Gemüse nicht geeignet ist, selbst in allergrößten Mengen die arttypische Nahrung zu ersetzen. Für einen Ausgleich würde schlicht das Fassungsvermögen der Verdauungsorgane des Kaninchens nicht ausreichen, weil es enorme Mengen fressen müsste. Ein weiterer Nachteil von Gemüse ist die Zusammensetzung der Rohfaser oder genauer formuliert der Gerüstsubstanzen und der hohe Gehalt an Nichtstruktur-Kohlenhydraten (Zucker).

Kaninchen nehmen Pflanzen normalerweise nicht vom Boden auf, sondern fressen vorwiegend die Blätter, welche von stehenden Pflanzen abgebissen oder gerupft werden. Werden Futtermittel auf dem Boden angeboten, können diese unnötig durch Exkremente verunreinigt werden und somit auch mit Bakterien, Viren und Parasitenstadien wie Oozysten, die ausgeschieden werden. Das heißt, Futter sollte möglichst so angeboten werden, dass eine solche Verunreinigung nicht oder nur wenig möglich ist. Dafür bieten sich Futterraufen an, die man auch selbst bauen kann.

Die Freilandhaltung von Kaninchen bildet nicht nur für die Gesundheit durch den Aufenthalt und die Bewegung an der frischen Luft auf natürlichem Boden viele Vorteile. Je nach Pflanzenbestand können sich dort die Tiere selbst versorgen.

Bild 141: Futterangebot auf einem Gestell. Der Abstand zum Boden gewährleistet die Durchlüftung des Futters.

Bild 142: Eigentlich werden aber Blätter direkt von den Pflanzen gefressen, die in Freilandhaltung zusätzlich zur Verfügung stehen.

Bild 143: Sie sieht vielleicht nicht so schön aus wie eine gekaufte, erfüllt aber dennoch ihren Zweck: eine selbstgebaute Futterraufe.

Bild 144: Auch angebaute Kräuter können eine sinnvolle Ergänzung der Nahrung für Kaninchen darstellen, wie auf dem Bild der Schnittlauch.

Bild 145: Je nach Saison können Samen (z. B. Sonnenblume) eine sinnvolle Ergänzung darstellen, übertreiben sollte man es aber nicht.

Bild 146: Äste der Haselnuss werden gern geschält, die Blätter werden von vielen Kaninchen bevorzugt.

Im Zusammenhang mit Erkrankungen wie Harnsteinen wird häufig eine Reduzierung solcher Futtermittel empfohlen, die „zu viel" Calcium enthalten würden. Verbunden ist die Empfehlung mit einer wahllosen Aufzählung wie calciumhaltiges Trockenfutter oder diversen, frischen Kräutern wie Löwenzahn und Luzerne. In den Kapiteln, die auf Calcium und dessen Stoffwechsel eingehen, wird immer wieder auf die Wichtigkeit dieses Minerals verwiesen. Dort wird gezeigt, dass eher ein gestörter Stoffwechsel oder das Verhältnis von Calcium, Phosphor, Magnesium und Natrium zueinander wie auch Vitamin D entscheidend für Verkalkungen des Gewebes oder die Bildung von Harnsteinen ist. Calcium wird permanent benötigt, weil die Zähne jede Sekunde wachsen. Sie wachsen auch dann, wenn eine Blasenerkrankung festgestellt wird. Das Zahnwachstum und die ständige Neubildung von Zahnhartgewebe wie auch die des Kieferknochens legen keine Pause ein. Der hohe Wassergehalt in der natürlichen Nahrung „spült" überflüssiges Calcium aus.

Wenn möglich, sollte auf Wurzelgemüse als Nahrung verzichtet werden. Stattdessen sollte das Grüne vom Gemüse, was viele beim Kauf wegwerfen, angeboten werden. Zu viel Gemüse schadet Kaninchen. In „Kaninchen würden Wiese kaufen" von (Rühle, 2009) wurde dargestellt, dass Gemüse „ad libitum" angeboten werden kann. In einigen Interpretationen wurde dabei übersehen, dass den Tieren ein Freilauf mit Wiese zur Verfügung steht. Das Gemüse wurde zwar angeboten, aber nur in einem sehr geringen Umfang genutzt, weil die Tiere selbst im Winter vorrangig von der Wiese fressen. Vielleicht war auch die Beschreibung zu ungenau. Deshalb noch einmal zum besseren Verständnis: nur weil etwas „ad libitum" angeboten wird, heißt das nicht, dass es eine ausreichende Qualität für Kaninchen aufweist und von ihnen gefressen wird. Angebot und Verzehr sind zwei verschiedene Dinge. Wenn Kaninchen „Wiese" von guter Qualität zur Verfügung steht, werden sie erst diese in größeren Mengen fressen, unabhängig davon, wie viel Gemüse zusätzlich angeboten wird.

Die Pflanzenliste im Anhang enthält Pflanzen, die nach Literaturangaben von Kaninchen in ihren jeweiligen Lebensräumen in Europa aufgenommen werden, von Autoren für Hauskaninchen empfohlen wurden oder einen Futterwert für Herbivoren aufweisen (>0). Die Angaben berücksichtigen nicht die jeweils gefressenen Mengen. Diese Liste stellt ausdrücklich **keine** Liste von **Futterpflanzen** dar, sie soll ausschließlich als Information darüber dienen, was Kaninchen nachweislich fressen. Die Quellen mit der Nummer 1-3 betreffen empfohlene Futterpflanzen für Hauskaninchen, die von 4-21 geben Aufschluss über Pflanzen, deren Verzehr bei Wildkaninchen nachgewiesen wurde.

Quellen:

1	(Gadsch, 1944)	8	(Fenton, 1940)	15	(Homolka, 1985)
2	(Mangold, et al., 1950)	9	(Lincke, 1943)	16	(Bhadresa, 1987)
3	(Klapp, et al., 1953)	10	(Thompson, 1953)	17	(Homolka, 1988)
4	(Rowan, 1913)	11	(Kumerloeve, 1956)	18	(Rogers, et al., 1994)
5	(Farrow, 1917)	12	(Turček, et al., 1959)	19	(Boback, 2004)
6	(Zillig, 1934)	13	(Angermann, 1972)	20	(Katona, et al., 2004)
7	(Cameron, 1935)	14	(Williams, et al., 1974)	21	(Somers, et al., 2005)

Anhang - Pflanzenliste

Latein	Deutsch	Quelle
Abies sp.	Tanne (Rinde)	9
Acacia sp.	Akazie (Rinde)	9
Acer platanoides (Blatt)	Spitzahorn (Blatt)	2
Acer pseudoplatanus	Berg-Ahorn	12
Acer sp.	Ahorn (Rinde)	9
Achillea millefolium	Gemeine Schafgarbe	2, 12, 15, 16, 17, 3
Achillea ptarmica	Sumpf-Schafgarbe	3
Aegopodium podagraria	Giersch	2,3
Aesculus hippocastanum	Gewöhnliche Rosskastanie	2, 12
Agrimonia eupatoria	Gemeiner Odermennig	12, 3
Agropyron repens	Quecke, Gemeine	3
Agropyrum repens	Kriech-Quecke	2
Agrostemma githago	Kornrade	12
Agrostis alba	Fioringras, kriechendes Straußgras	3
Agrostis canina	Hunds-Straußgras	3
Agrostis tenuis	Rotes Straußgras	16,3
Alnus incana	Grau-Erle	12
Ajuga reptans	Kriechender Günsel	3
Ajuga sp.	Günsel	2, 17
Alchemilla vulgaris	Frauenmantel, Spitzlappiger	3
Allium ampeloprasum	Porree	2
Allium cepa (Kraut)	Zwiebel (Kraut)	2
Allium sativum (Kraut)	Knoblauch (Kraut)	2
Allium schoenoprasum	Schnittlauch	2
Alopecurus geniculatus	Knick-Fuchsschwanzgras	3
Alopecurus pratensis	Wiesen-Fuchsschwanz	3
Alyssum montanum	Berg-Steinkraut	15
Alyssum sp.	Steinkraut	17, 20
Amaranthus sp.	Amarant	17
Anagallis arvensis	Acker-Gauchheil	2
Anchusa officinalis	Gemeine Ochsenzunge	1, 2
Anethum graveolens	Dill	2

Angelica sylvestris	Wald-Engelwurz	14
Antennaria dioica	Gewöhnliches Katzenpfötchen	3
Anthemis sp.	Hundskamille	1
Anthoxanthum odoratum	Gewöhnliches Ruchgras	3
Anthriscus silvestris	Wiesenkerbel	3
Anthriscus sp.	Kerbel	2
Anthyllis vulneraria	Echter Wundklee	2, 3
Arabis hirsuta	Rauhaarige Gänsekresse	3
Arctium sp.	Klette	1, 2,15,17
Arenaria serpyllifolia	Quendel-Sandkraut	21
Argentina anserina	Gänsefingerkraut	12
Armeniaca vulgaris (Blatt)	Aprikose (Blätter)	17
Armeria gaditana	Grasnelke (Blüten und Samen)	18
Armeria vulgaris	Strand-Grasnelke	3
Armoracia rusticana (Kraut)	Meerrettich (Kraut)	2
Arnica montana	Echte Arnika	3
Arrhenatherum elatius	Gewöhnlicher Glatthafer	3
Arrhenatherum sp.	Glatthafer	14
Artemisia campestris	Feld-Beifuß	12, 3
Artemisia dracunculus	Estragon	2
Artemisia vulgaris	Gewöhnlicher Beifuß	1, 2, 12
Asparagus sp.	Spargel (Kraut)	2, 18
Asperula cynanchica	Hügel-Meier	3
Asphodelus aestivus	Ästiger Affodill (Blüten und Samen)	18
Aster tripolium	Strand-Aster	3
Asteraceae (Samen)	Asterngewächse (Samen)	15,17
Atriplex patula	Spreizende Melde	2
Avena pratensis	Echter Wiesenhafer	3
Ballota nigra	Schwarznessel	12
Bellis perennis	Gänseblümchen	2, 3
Berberis vulgaris (Blatt)	Gewöhnliche Berberitze (Blatt)	20
Beta vulgaris (Wurzel)	Rübe (Wurzel)	12, 17
Betula sp.	Birke (Rinde)	9
Borago officinalis	Borretsch	2
Brachypodium pinnatum	Fieder-Zwenke	3

Brassica oleracea var. Botrytis	Blumenkohl (Kraut)	2
Brassica oleracea var. Sabellica	Grünkohl	2
Brassica rapa (Wurzel)	Speiserübe	9
Briza media	Gemeines Zittergras	3
Bromus spp.	Trespen	3
Bromus squarrosus	Sparrige Trespe	20
Bryophyta	Laubmoose	15
Cakile maritima	Europäischer Meersenf	4
Calamagrostis arundinacea	Wald-Reitgras	12
Calamagrostis sp.	Reitgras	3,14
Calamintha acinos	Feld-Steinquendel	3
Calamintha clinopodium	Gemeiner Wirbeldost	12
Calendula officinalis	Ringelblume	2
Callistephus chinensis	Sommeraster	2
Calluna vulgaris	Besenheide	5, 9, 2, 13
Caltha palustris	Sumpfdotterblume	2
Calystegia soldanella	Strandwinde	4
Campanula glomerata	Knäuel-Glockenblume	3
Campanula rotundifolia	Rundblättrige Glockenblume	12
Capsella bursa-pastoris	Gewöhnliches Hirtentäschel	1, 2, 15, 17, 3
Carduus crispus	Krause Ringdistel	12
Carex spp.	Segge	3,4,5,13,20
Carpinus betulus	Hainbuche	2,9,12
Carum carvi (Kraut)	Kümmel (Kraut)	2, 3
Centaurea sp.	Flockenblume	3,12,15, 17
Centaurium sp.	Tausendgüldenkraut	2
Cerastium sp.	Hornkräuter	3,12,15, 16,17
Chaerophyllum hirsutum	Behaarter Kälberkropf	3
Chaerophyllum sp.	Kälberkropf	1, 12
Chaerophyllum temulum	Taumel-Kälberkropf	2
Chamaenerion angustifolium	Schmalblättriges Weidenröschen	15
Chelidonium majus	Schöllkraut	1, 2
Chenopodium Bonus Henricus	Guter Heinrich	2
Chenopodium sp.	Gänsefuß	12,15,17, 20
Chrysanthemum leucanthemum	Magerwiesen-Margerite	3

Chrysanthemum segetum	Saat-Wucherblume	2
Cichorium endivia	Endivie	2
Cichorium intybus	Gemeine Wegwarte	2. 12, 3
Cirsium arvense	Acker-Kratzdistel	3,4, 9, 1, 2, 12,14
Cistus salvifolius	Salbeiblättrige Zistrose (Samen)	18
Comarum palustre	Sumpf-Blutauge	3
Conium maculatum	Gefleckter Schierling	14
Convolvulus arvensis	Ackerwinde	2, 3
Conyza canadensis	Kanadisches Berufkraut	20
Coriandrum sativum	Koriander	2
Cornus sanguinea	Roter Hartriegel	12, 17
Corylus avellana (Blatt)	Gemeine Hasel (Blatt)	2
Crataegus sp.	Weißdorn	2,12
Crepis biennis	Wiesen-Pippau	3
Cucumis sp. (Kraut)	Gurke (Kraut)	2
Cucurbita sp. (Kraut)	Kürbis (Kraut)	2
Cydonia oblonga	Quitte (Rinde)	9
Cynosurus cristatus	Wiesen-Kammgras	3
Dactylis glomerata	Knaulgras	3
Dahlia sp.	Dahlie	2
Daucus carota	Wilde Möhre	2, 3
Delphinium consolida	Gewöhnlicher Feldrittersporn	12
Deschampsia caespitosa	Schmiele	3,9
Dianthus carthusianorum	Kartäusernelke	3
Digitalis purpurea	Roter Fingerhut	9
Eleocharis palustris	Gewöhnliche Sumpfbinse	3
Elymus sp.	Quecke	20
Epilobium spp.	Weidenröschen	2,3,12
Equisetum spp.	Schachtelhalm	2,15
Erica tetralix	Glocken-Heide	5
Erigeton acer	Scharfes Berufkraut	3
Eriophorum latifolium	Breitblättriges Wollgras	3
Erodium cicutarium	Gewöhnlicher Reiherschnabel	2
Euonymus europaea	Gewöhnlicher Spindelstrauch	12
Euphorbia cyparissias	Zypressen-Wolfsmilch	12

Fagus sylvatica	Rotbuche (Rinde)	9
Fallopia convolvulus	Buchweizen	12
Festuca spp.	Schwingel	3,14,16, 20
Filipendula hexapetala	Kleines Mädesüß	3
Filipendula ulmaria	Echtes Mädesüß	3
Foeniculum vulgare	Fenchel	2
Fragaria sp.	Erdbeeren	2, 3,15,17
Fraxinus (Rinde)	Esche (Rinde)	9
Fraxinus excelsior	Gemeine Esche	12
Galeopsis sp.	Hohlzahn	15,17
Galinsoga parviflora	Kleinblütiges Knopfkraut	2
Galium aparine	Kletten-Labkraut	1, 2, 15
Galium boreale	Nordisches Labkraut	3
Galium odoratum	Waldmeister	12
Galium verum	Echtes Labkraut	2, 12, 3
Genista tinctoria	Färber-Ginster	15
Gentiana pneumopanthe	Lungen-Enzian	3
Geranium spp.	Storchschnäbel	3,15, 17
Geum rivale	Bach-Nelkenwurz	3
Geum urbanum	Echter Nelkenwurz	12, 15, 17
Glaux maritima	Strand-Milchkraut	3
Glechoma hederacea	Gundermann	2, 14, 15, 16, 3
Globularia bisnagarica	Echte Kugelblume	3
Glyceria fluitans	Flutender Schwaden	3
Glyceria maxima	Wasser-Schwaden	3
Gnaphalium silvaticum	Wald-Ruhrkraut	3
Gymnadenia conopea	Mücken-Händelwurz	3
Halimium halimifolium	Zistrose (Samen)	18
Helianthus annuus	Sonnenblume (Samen)	2
Helictotrichon sp.	Wiesenhafer	14
Heracleum sphondylium	Wiesen-Bärenklau	2, 3
Hieracium spp.	Habichtskraut	2, 3,12, 14,15
Hierochloe odorata	Duftendes Mariengras	3
Hippocrepis comosa	Gewöhnlicher Hufeisenklee	3
Holcus spp.	Honiggras	3,9,14,16

Homogyne alpina	Alpen-Brandlattich	3
Hordeum murinum	Mäuse-Gerste	3
Hordeum nodosum	Knotengerste	3
Hypericum maculatum	Geflecktes Johanniskraut	3
Hypericum perforatum	Echtes Johanniskraut	14
Hypochoeris radicata	Gewöhnliches Ferkelkraut	3
Hyssopus officinalis	Ysop	2
Inula salicina	Weidenblättriger Alant	3
Juglans nigra	Schwarznussbaum	12
Juglans sp. (Blatt)	Walnuss (Blatt)	2
Juncus sp.	Binsen	2,3,5,14,18
Juniperus communis	Gemeiner Wacholder	20
Juniperus phoenicea	Phönizische Wacholder	18
Knautia arvensis	Acker-Witwenblume	15, 3
Koeleria gracilis	Zierliches Schillergras	3
Lactuca sativa	Kopfsalat	2
Lamium spp	Taubnessel	1, 2
Lapsana communis	Gemeiner Rainkohl	1, 2, 12
Lathyrus spp.	Platterbse	3,15
Lavandula spp.	Lavendel	2
Lavandula stoechas	Schopf-Lavendel	18
Leontodon autumnale	Herbstlöwenzahn	15, 3
Lepidium sp.	Kresse	2
Leucanthemum vulgare	Magerwiesen-Margerite	12
Levisticum officinale	Liebstöckel	2
Ligustrum vulgare	Gewöhnlicher Liguster	2,12,20
Linaria vulgaris	Echtes Leinkraut	2, 3
Listera ovata	Großes Zweiblatt	3
Lolium multiflorum	Italienisches Raygras	10, 3
Lolium perenne	Deutsches Weidelgras	10, 3
Lonicera xylosteum	Rote Heckenkirsche	12
Lotus corniculatus	Gewöhnlicher Hornklee	3
Lotus siliquosus	Gelbe Spargelerbse	3
Lotus uliginosus	Sumpf-Hornklee	3
Lupinus spp.	Lupine	9

Luzula spp.	Hainsimse	3,15,16
Lychnis flos cuculi	Kuckucks-Lichtnelke	3
Lycoperdon spp.	Stäubling	11
Lycopus europaeus	Ufer-Wolfstrapp	3
Lysimachia nummularia	Pfennigkraut	3
Lysimachia vulgaris	Gewöhnlicher Gilbweiderich	3
Lythrum salicaria	Gewöhnlicher Blutweiderich	3
Malus domestica	Apfel (Rinde)	9
Malva	Malven	3
Marrubium sp.	Andorn	2
Matricaria chamomilla	Echte Kamille	2
Matricaria discoidea	Strahlenlose Kamille	2
Medicago falcata	Sichelklee	12, 3
Medicago lupulina	Hopfenklee	3
Medicago sativa	Luzerne	12, 17
Melandrium spp.	Lichtnelken	3,15,17
Melilotus spp.	Steinklee	2
Melissa officinalis	Zitronenmelisse	2
Mentha × piperita	Pfefferminze	2
Mentha arvensis	Ackerminze	2
Mentha spicata subsp. crispa	Krauseminze	2
Mespilus germanica	Mispel (Rinde)	9
Meum athamanticum	Bärwurz	3
Molinia caerulea	Blaues Pfeifengras	3
Morus spp.	Maulbeerbäume	2
Myosotis	Vergissmeinnicht	3
Narcissus spp.	Narzisse	2
Nardus stricta	Borstgras	9, 3
Nasturtium Armoracia	Meerrettich	2
Obione portulacoides	Portulak-Keilmelde	4
Ocimum basilicum	Basilikum	2
Olea europaea	Olivenbaum (ganze, reife Früchte)	18
Onobrychis viciaefolia	Esparsette	3,9
Orchis maculata	Geflecktes Knabenkraut	3
Origanum majorana	Majoran	2

Origanum vulgare	Oregano	3
Ornithogalum umbellatum	Dolden-Milchstern	3
Ornithopus sativus	Serradella	9
Panicum miliaceum	Rispenhirse	12
Papaver spp.	Mohn	2,17
Parnassia palustris	Sumpf-Herzblatt	3
Pastinaca sativa	Pastinake	3
Petasites hybridus	Gewöhnliche Pestwurz	3
Petroselinum crispum	Petersilie	2
Phalaris arundinacea	Rohrglanzgras	3
Phaseolus vulgaris	Gartenbohne	2,12
Phillyrea augustifolia	Schmalblättrige Steinlinde	18
Phleum arenarium	Sand-Lieschgras	21
Phleum pratense	Wiesen-Lieschgras	12, 3
Phragmites communis	Schilfrohr	3
Phyteuma nigrum	Schwarze Teufelskralle	3
Phytolacca americana	Amerikanische Kermesbeere	12
Picea sp. (Nadeln)	Fichte (Nadeln)	15
Picris hieracioides	Gewöhnliches Bitterkraut	3,17
Pimpinella anisum	Anis	2
Pimpinella spp.	Große Bibernelle	2,3,12
Pinus sp. (Nadeln)	Kiefer (Nadeln)	15
Pinus strobus	Weymouth-Kiefer (Rinde)	9
Pinus sylvestris	Waldkiefer	12
Pistacia lentiscus	Mastixstrauch, Pistazie (Früchte)	18
Pistacia terebinthus	Terpentin-Pistazie (reife Früchte)	18
Pisum sativum (Frucht, Kraut)	Erbse (Frucht, Kraut)	2
Plantago spp.	Wegeriche	2,3,14,15,16,17
Platanthera bifolia	Zweiblättrige Waldhyazinthe	3
Poa spp.	Rispengras	3,14,16
Polygala vulgaris	Gewöhnliche Kreuzblume	3
Polygonum amphibium	Wasser-Knöterich	3
Polygonum aviculare	Vogelknöterich	2
Polygonum bistorta	Schlangen-Knöterich	3
Polygonum convolvulus	Windenknöterich	12

Populus alba (Blatt)	Weiß-Pappel (Blatt)	20
Populus tremula	Espe (Rinde)	9, 12
Portulaca oleracea	Portulak	2
Potentilla spp.	Frühlings-Fingerkraut	1, 2, 3, 15, 17, 20
Primula farinosa	Mehlige Schlüsselblume	3
Prunella grandiflora	Große Braunelle	3
Prunus sp.	Kirsche (Rinde)	9
Prunus spinosa	Schlehdorn	12
Prunus spinosa (Beere)	Schlehdorn (Beere)	15
Pteridium aquilinum	Adlerfarn	2, 5, 9
Puccinellia maritima	Strand-Salzschwaden	3
Pulicaria spec.	Flohkraut	3
Pyrus sp.	Birne (Rinde)	9
Quercus cerris	Zerr-Eiche	12
Quercus petraea	Traubeneiche	12
Quercus robur	Stieleiche	12
Quercus rubra	Roteiche (Rinde)	9
Quercus sp. (Rinde)	Eiche (Rinde)	9
Quercus sp. (Frucht)	Eiche (Frucht)	2
Ranunculus bulbosus	Knolliger Hahnenfuß	14, 3
Ranunculus repens	Kriechender Hahnenfuß	16, 3
Ranunculus sceleratus	Gift-Hahnenfuß	1, 2
Raphanus raphanistrum	Acker-Rettich (Hederich)	2
Robinia pseudoacacia	Gewöhnliche Robinie	12
Rosa canina	Hunds-Rose	12
Rosmarinus officinalis	Rosmarin	2, 18
Rubus caesius	Kratzbeere	12
Rubus fruticosus	Brombeere	17
Rubus idaeus	Himbeere	2, 15
Rumex acetosa	Wiesen-Sauerampfer	2, 16, 3
Rumex acetosella	Kleiner Sauerampfer	15, 3
Rumex alpinus	Alpen-Ampfer	3
Rumex crispus	Krauser Ampfer	2
Rumex domesticus	Gemüse-Ampfer	2
Rumex obtusifolius	Stumpfblättriger Ampfer	1

Ruta graveolens	Weinraute	2
Sagina procumbens	Niederliegendes Mastkraut	3
Salicornia europaea	Europäische Queller	4
Salix spp. (Rinde, Blatt)	Weide (Rinde, Blatt)	2,3,5,9,20
Salvia spp.	Salbei	2,3,12
Sambucus (Blatt)	Holunder (Blatt)	20
Sanguisorba spp.	Wiesenknopf	2,3
Sarothamnus scoparius	Besenginster	2
Satureja vulgaris	Wirbeldost	3
Saxifraga granulata	Knöllchen-Steinbrech	3
Scabiosa columbaria	Tauben-Skabiose	3
Scirpus silvaticus	Wald-Simse	3
Scorzonera spp.	Schwarzwurzel (Kraut)	2,3
Secale cereale	Roggen	12
Sedum acre	Scharfer Mauerpfeffer	21
Sedum rupestre	Tripmadam (Felsen-Fetthenne)	2
Selinum carvifolia	Kümmelblättrige Silge	3
Senecio jacobaea	Jakobs-Kreuzkraut	7
Senecio vernalis	Frühlings-Greißkraut	1, 2
Serratula tinctoria	Färber-Scharte	3
Sesleria coerulea	Gewöhnliches Blaugras	3
Silaum silaus	Gewöhnliche Wiesensilge	3
Silene sp.	Leimkräuter	3,4,12,15, 17
Sinapis arvensis	Ackersenf	2
Solanum lycopersicum (Kraut)	Tomate (Kraut)	2
Solanum nigrum	Schwarzer Nachtschatten	12
Solanum tuberosum (Kraut)	Kartoffel (Kraut)	9
Solanum tuberosum (Wurzel)	Kartoffel (Wurzel)	9, 12
Solidago virgaurea	Gewöhnliche Goldrute	3
Sonchus arvensis	Acker-Gänsedistel	4
Sonchus oleraceus	Gemüse-Gänsedistel	2
Sorbus aucuparia (Frucht)	Vogelbeere (Frucht)	2
Spergula arvensis	Acker-Spark	1, 2
Spergularia	Schuppenmiere	3
Spinacia oleracea	Spinat	2

Stachys arvensis	Acker-Ziest	2
Stachys officinalis	Echte Betonie	3
Statice Limonium	Strandflieder	4
Stellaria graminea	Gras-Sternmiere	3
Stellaria media	Gewöhnliche Vogelmiere	2, 12
Succisa pratensis	Gewöhnlicher Teufelsabbiss	3
Symphytum officinale	Echter Beinwell	3
Tanacetum vulgare	Gemeiner Rainfarn	1, 2
Taraxacum officinale	Gewöhnlicher Löwenzahn	2, 15, 17, 3
Teucrium chamaedrys	Edel-Gamander	3
Thymus spp.	Thymian	2,3,20
Tilia sp.	Linde (Rinde)	9
Tilia sp. (Blatt)	Linde (Blatt)	2
Tragopogon pratensis	Wiesen-Bocksbart	3
Trifolium arvense	Hasen-Klee	3,15
Trifolium dubium	Faden-Klee, Kleiner Klee	3
Trifolium fragiferum	Erdbeer-Klee	3
Trifolium hybridum	Schweden-Klee, Bastard-Klee	3
Trifolium medium	Mittlerer Klee	3
Trifolium montanum	Berg-Klee	3
Trifolium pratense	Wiesen-Klee, Rot-Klee	3
Trifolium repens	Weiß-Klee	16, 3
Trifolium spp.	Klee	12, 15, 18
Trifolium spadiceum	Moor-Klee	3
Trifolium striatum	Streifen-Klee	3
Trisetum flavescens	Goldhafer	3
Triticum sp.	Weizen	12
Tussilago farfara	Huflattich	2, 3
Ulex europaeus	Stechginster	9
Ulmus spp.	Ulme (Rinde)	2,9,1 2
Urtica dioica	Große Brennnessel	9, 1, 2, 12, 14, 15
Vaccinium myrtillus	Heidelbeere	9
Valeriana dioica	Kleiner Baldrian	3
Valeriana officinalis	Echter Baldrian	3
Verbascum sp.	Königskerzen	3,12,15,17

Veronica arvensis	Feld-Ehrenpreis	3
Veronica spp.	Ehrenpreis	3,9,16,17
Vicia angustifolia	Schmalblättrige Wicke	3
Vicia cracca	Vogel-Wicke	3
Vicia hirsuta	Rauhaarige Wicke	3
Vicia sepium	Zaun-Wicke	3
Vincetoxicum officinale	Gemeiner Schwalbenwurz	12
Viola canina	Hunds-Veilchen	3
Viola sp.	Veilchen	17
Viscaria vulgaris	Gewöhnliche Pechnelke	3
Vitis vinifera	Weinrebe	6, 2, 19
Zea mays	Mais	12, 17

Danksagung

Wie das Buch "Kaninchen würden Wiese kaufen" ist auch dieses ein unabhängiges Privatprojekt und somit frei von jedweden Zwängen und kommerziellen Interessen. Alle Zeichnungen und Grafiken stammen vom Autor, ebenso wie alle Bilder bis auf Bild Nr. 39: Wildkaninchen auf Porto Santo. Dieses wurde mir dankenswerterweise von Jim Moynagh zur Verfügung gestellt.

Florian Gollob und der Firma "heu-kaufen" danke ich für die Bereitstellung von umfangreichen Analysedaten für Heu. Bei Herrn Prof. Dr. Heiko G. Rödel bedanke ich mich für die Beantwortung von Fragen in Bezug auf ein Forschungsprojekt.

Mein besonderer Dank gilt Sabine Meyer, einer Expertin für Gestaltung, Grafik und Kunst. Sie hat es sich nicht nehmen lassen, das Buch kurz vor Drucklegung in Hinblick auf Rechtschreibung und Grammatik zu lesen und zu korrigieren. Zudem wurden durch ihre Hinweise einige Abschnitte etwas verständlicher formuliert. Bleibt zu wünschen, dass nach der Schlussbearbeitung nicht doch noch Fehler von mir übersehen wurden.

Letztlich gilt mein Dank all jenen Ungenannten, die mir mit Fragen und Hinweisen halfen den Inhalt des Buches so zu gestalten, dass viele Fakten und Zusammenhänge in Hinblick auf die Ernährung und ihren Einfluss auf die Gesundheit berücksichtigt wurden, die Kaninchenhalter interessieren und in der einschlägigen Literatur weitgehend unbeantwortet bleiben oder kontrovers dargestellt werden.

Stichwortverzeichnis

A

AA	156
abrasiv	44
Abrieb	44
Abszess	181
ADF	136
ADL	137
Aleuronschicht	225
Alleinfutter	97
Alter	16
Alveole	157
Aminosäuremuster	39
Aminosäuren	147
essentielle	147
Amrum	9
Amylase	13
angemessen	97
Angora	10
Antikörper	72
Antioxidans	185, 199
apathogen	77
Appendix vermiformis	57, 71
Arachidonsäure	156, 199
Arginin	64
artgerecht	98
arttypisch	98
Aspirin	246
Atemfrequenz	14

B

Bacteroides ruminicola	67
Bacteroides succinogenes	67
Bärenklau	256
Bau	10
Bauchhirn	66
Belüftungstrocknung	211
Bergmannsche Regel	15
Bestimmtheitsmaß	130
Beta-Carotin	186
Bezoare	105
Bibel	8
biologischer Futteranbau	264
Bioverfügbarkeit	187
Blasenschlamm	145
Blausäure	221
Blinddarm	57
Blut-Hirn-Schranke	63
B-Lymphozyten	73
Bodentrocknung	211
Brachygnathia	51
Browser	25, 37
Butyrivibrio fibrisolvens	67

C

Caecotrophie	64
Caecum	57
Calcitonin	42, 169
Calcitriol	169
Calcium	162
Calciumoxalat	179
Calciumphosphat	179
Calendulasäure	156
Carotin	186
Cholin	189
Clostridium perfringens	67, 70, 144
Clostridium spp.	67
Clostridium tyrobutyricum	70
Cobalamin	189
Colibakterien	69
Colon	57
Cystein	72, 148
Cystin	64, 148

D

Dampfreiniger	81
Darmentzündung	107
Darmflora	60, 66
Darmfüllung	106
Darmkokzidiose	79
Darmlänge	61
Darmmotilität	37
Darmpassage	61
Definitionen	97
Denaturierung	146
Dendritische Zellen	73
Dentin	42, 43
Desinfektion	81
DHA	156
Diastema	42
Dickdarm	57
diphyodont	40

Disaccharide	132
Domestikation	82
Drüsen	53
Duftstoff	53
Dünndarm	57
Duodenum	57
Duplicidentata	42

E

E. coecicola	77
E. exigua	77
E. flavescens	77
E. intestinalis	77
E. irresidua	77
E. magna	77
E. media	77
E. perforans	77
E. stiedai	77
Eicosanoide	156, 199
Eicosapentaensäure	156
Eimeria	76, 77
Einzelfuttermittel	98
Eisprung	11
Eiszeit	8
Eiweiß	146
Eizellen	12
Emd	100
Enamelum	42
Encephalitozoonose	256
Enddarm	57
Energie	63
Brutto-	109
umsetzbare	109
verdauliche	109
Englisches Kaninchen	10
ENS	66
Enterozyten	144
EPA	156
Epilepsie	256
Ergänzungsfuttermittel	98
Ernährung	95
Escherichia coli	58, 67, 145, 200
Eubacterium cellulosolvens	67
Eubacterium ruminantium	67

F

Fassungsvermögen	61
Fertigfutter	98

Fett	
Wasserspeicher	158
Fettsäuren	
gesättigte	154
mehrfach ungesättigte	154
Folivore	121
Fortpflanzung	11
Frühkastration	73
Fusus coli	60
Futter	
Aufnahmezeit	50
Konsistenz	49
Futterdurchgangszeit	61
Futtermengen	118
Futtermittelanalyse	
van Soest	135
Weende	123
Fütterung	
Literaturangaben	88

G

Gallengangskokzidiose	79
GALT	72
Garenne	88
Gärung	37
Gebiss	40
Gebissanomalie	51
Geburt	13
Gemüse	98
Geschlechtsreife	12
Geschmacksknospen	54
Geschwindigkeit	14
Glomerulonephritis	178
Glukose	63
Gluten	222
Glycerin	154
Gonaden	181
Gram-Färbung	67
gramnegativ	67
grampositiv	67
Granulozyten	73
Gräser	99
Grazer	37
Grimmdarm	57
Grummet	100
Grünfutter	99

H

Haarballen 105
Haferflocken 225
Haferschälkleie 225
Härte
    Knoop 43
    Ritz- 43
Head Tilt.. 256
Hechtgebiss 51
Heudiät 144
humoral.. 72
Hydroxylapatit 42, 43, 162, 165
Hypodontie 42
Hypokalzämie 165
Hypophosphatämie 165

I

i.m.. 256
i.p... 256
i.v... 256
Ileum 57
Immunabwehr
    spezifische 71
    unspezifische 71
Immunglobuline 13, 72
Immunität 70, 78, 80
Immunitätslücke 73
Immunsystem 70
Infektion 80
Ingwer 70
Intermediate 37
intramuskulär 256
intraperitoneal 256
intrauterine Resorption 11, 265
intravenös 256

J

Jejunum 57

K

Kalium 181
Kalzinose 178
Karotte 187
Karottensuppe 145
Kaufrequenz 49
Kauprozess 44

Kieselsäure 44
Killerzellen 73
Klebereiweiß 222
Kleie 222
Klippschliefer 8
Knochendichte 172
Kohlenhydrate 132
Kokzidien 70
Kokzidiol 80
Kokzidiose 76, 200
Kolostrum 13, 71
Komplementsystem 72
Konzentrat-Selektierer 25, 37
Koprostase 105
Körperoberfläche 110
Kotplatz 53
Kräuter 99
Krummdarm 57
Kuhhase 90

L

Lactobacillus acidophilus 200
Lactobacillus ruminis 67
Lactobacillus vitulinus 67
Lactobazillen 68
Lagomorpha 7
Laktobazillen 69
Laub 99
LD 257
LD_{50} 257
Leberkokzidiose 79
Leerdarm 57
Leporarium 88
Lignocellulose 144
Linolensäure 154
Linolsäure 154
Luftfeuchtigkeit 10
Luther 8
Lymphknoten 71
Lysin 64

M

Mädesüß 246
Magen 57
Magnesium 174
Makrophagen 73
Makrosmaten 52
Malokklusion 51

Mandeln	71
Mastdarm	57
mastizieren	44
Maul	57
ME	107
Median	175, 176
Mehlkörper	222
Memmert	87
Menachinon	200
Menadion	200
Mengenelemente	161
Merogonie	77
Methionin	64, 148, 179
MHD	99
Milchgebiss	40
Milchsäuregärung	69
Milz	71
Mindesthaltbarkeitsdauer	99
Minimumgesetz	147
Mischfuttermittel	99
Mohrrübe	187
Molare	40
Monosaccharide	132
Mukoide Enteropathie	107, 218
Muttermilch	39

N

Nagersteine	266
Nahrung	
Wildkaninchen	17
Nahrungsaufnahme	25
Nase	52
NDF	136
NFC	136
NfE	125
Nikotinsäure	189
Nitrat	208
Nitrit	208
Nitrosamine	208

O

Oligosaccharide	135
Oozyste	78
Optimumgesetz	147
Oregano	70, 80
Osteoblasten	42, 162, 200
Osteocalcin	200
Osteoklasten	42, 200
Osteomalazie	169, 194
Östrogene	169

P

p.o.	256
Pantothenat	189
Parasit	78
Parathormon	42, 168
Parodontium	157
pathogen	71, 77
Pathogenität	77
Pellets	99
Peristaltik	60
peroral	256
Peyer-Plaques	71, 74
Pheromon	38, 52
Phosphaturie	170
Phosphor	165
pH-Wert	165
Phyllochinon	200
Phytolite	44
Polysaccharide	135
Porto Santo	87
Präbiotika	69
Präpatenzzeit	77
Prevotella ruminicola	67
Probiotika	69
Progesteron	13
Prognathie	51
Prostaglandine	199
Protoanemonine	256
PUFA	154
Pulpahöhle	42
Pulsfrequenz	14
Pyridoxin	189

R

Raufutter	100
Rectum	57
Resolvin	157
Retinol	185
Retinoläquivalent	186
Riboflavin	189
Riechen	52
Rohasche	125
Rohfaser	124, 138
Rohfett	124, 154
Rohprotein	123, 146

Rosmarin 70
Ruminococcus albus................................... 67
Ruminococcus flavefaciens 67

S

s.c. 256
Sacculus rotundus....................................... 57
Sackaufkleber 216
Saftfutter 100
Salat.. 100
Salbei 70
Salicylsäure 246
Salzleckstein 266
Samenschale 225
Sättigungsgrenze 180
Satzröhre.. 10
Säugezeit 13
Schädel 41
Scheinträchtigkeit 12
Schlittengelenk 44
Schmecken 54
Schneidezahn... 40
Schöllkraut 80
Schwanzwirbel 15
Schweißdrüse... 16
Selektion 25, 36, 39, 54
Silikate 44
Simplicidentata 42
Sinne 52
sludge 145
sozial 11
Spanien 8
Spelzen 225
Spierstrauch... 246
Spongiosa 174
Sporozoiten 78
Spurenelemente 161
Stallhase 10, 82, 90
Staphylococcus aureus............................... 70
Staphylokokken 181
Stärke 133, 222
Stickstofffreie Extraktstoffe..................... 125
Stiftzahn 42
Stoffwechsel 147
Streptococcus equinus 67
Stress 16
Struktur 107, 217
Strukturfutter 100
subkutan 256

Substrat..66
Succinimonas amylolytica..........................67
Synbiotika 69

T

Temperatur
  - regulierung 16
    Bau...10
    Körper-..14
    kritische 16
    Wohlfühl-..16
Testosteron 169
T-Helferzellen 73
Thiamin 189
Thymian 70
Thymus...71
tiergerecht..100
T-Lymphozyten 73
Tonsillen...71
Triglyceride 154
Trockenfutter 100
Trockensubstanz...............................102, 123
Trommelsucht..................... 70, 105, 215, 239
Tympanie..70, 239
T-Zellen
    regulatorische...................................73
    zytotoxische.....................................73

U

Überfütterung 61
Unterarten..8
Urin 60
Urolithiasis 178
UV-Strahlen 81

V

Verstopfung...105
Verweildauer..60
Verwilderung...86
Virulenz...77
Vitamin A 185
Vitamin B-Komplex 188
Vitamin C (Ascorbinsäure)......................190
Vitamin D3 (Calciferol) 191
Vitamin E (Tocopherol) 199
Vitamin K...200
Vitamin-B-Komplex................................188

Volumen 105

W

Wärmeregulierung 16
Wassergehalt 33
Weidenrinde 246
Weltall 83
Wiese 101
Wirbelsäule 15
Wurfgröße 12
Wurmfortsatz 57

Z

Zahn
    -abnutzung 46
    -wachstum 46

Zahnbein 42
Zahnbett 157
Zahnbogen 45
Zähne 40
Zahnfach 157
Zahnfehler 180
Zahnformel 40
Zahnhärte 42
Zahnschmelz 42, 43
Zöliakie 222
Zoopharmakognosie 259
Zucker 132
    Einfach- 132
    Vielfach- 135
    Zweifach- 132
Zwölffingerdarm 57

Literaturverzeichnis

Abecia, L., et al. 2007. The effect of lactating rabbit does on the development of the caecal microbial community in the pups they nurture. *Journal of Applied Microbiology.* 2007, 103, S. 557–564.

Abgarowicz, F. 1948. *Untersuchungen über den Einfluss des Ballastes in der Nahrung des Kaninchens. Ein Beitrag zur Abklärung der Rolle des Ballastes bei der Ernährung der landwirtschaftlichen Nutztiere.* Zürich : Eidgenössische Technische Hochschule, 1948. Dissertation.

Aldrovandi, U. und Bartolommeo, A. 1637. *De quadrupedib.' digitatis viviparis libri tres. et de quadrupedib' digitatis oviparis libri duo.* Bononiae : Apud Nicolaum Tebaldinum, 1637.

Allemann, O. 1942. Über die Bedeutung des Vitamin D bei der Ernährung des Rindes unter Berücksichtigung des Einflusses verschiedener Konservierungsverfahren auf die Vitamin D-Wirkung von Grünfutter. Bern : Hans Huber Verlag, 1942. Dissertation.

Allgöwer, R. 2005. Wildkaninchen. [Buchverf.] M. & Dieterl, F. Braun. *Die Säugetiere Baden-Württembergs.* Stuttgart : Ulmer, 2005.

Altbäcker, V., Hudson, R. und Bilkó, Á. 1995. Rabbit-mothers' Diet Influences Pups' Later Food Choice. *Ethology.* 1995, Vol. 99, Issue 1-2, S. 107–116.

Alves, J., Vingada, J. und Rodrigues, P. 2006. The Wild Rabbit (Oryctolagus Cuniculus L.) Diet on a Sand Dune Area in Central Portugal: A Contribution Towards Management. *Wildl. Biol. Pract.* 2006, 2(2), S. 63-71.

Angermann, R. 1972. Das Europäische Wildkaninchen. [Hrsg.] B. Grzimek. *Grzimeks Tierleben. Enzyklopädie des Tierreichs.* Zürich : Kindler, 1972, Bd. 3. Bd. XIII Säugetiere.

Arroyave, G., et al. 1962. The Free Amino Acids in Blood Plasma of Children with Kwashiorkor and Marasmus. *American Journal of Clinical Nutrition.* 1962, Bd. 11, S. 517-524.

Bäßler, K.-H., Golly, I. und Loew, D. 2007. *Vitamin-Lexikon: Vorkommen - Bedarf - Mangelerscheinungen - Anwendungsgebiete - Prävention - Supplementierung.* s.l. : KOMET Verlag GmbH, 2007. ISBN 978-3898366908.

Bauer, C. 2006. Parasitosen des Kaninchens. [Hrsg.] H.-J. Bürger, et al. *Veterinärmedizinische Parasitologie.* Stuttgart : Enke, 2006, S. 561-575.

Bäumler, S. 2010. *Heilpflanzenpraxis heute: Porträts, Rezepturen, Anwendung.* Sonderausg. der 1. Aufl. München : Elsevier, Urban & Fischer, 2010. ISBN 978-3-437-57271-5.

Behrend, A. 1999. *Kinetik des Ingestaflusses bei Rehen (Capreolus capreolus) und Mufflons (Ovis ammon musimon) im saisonalen Verlauf.* Berlin : Humboldt-Universität, 1999. Internetressource: Download am 24.05. 2010; http://edoc.hu-berlin.de/dissertationen/biologie/behrend-anke/PDF/Behrend.pdf. Diss..

Bekemeier, H. 1959. Versuche zur erschöpfenden UV-Aktivierung des Provitamins D in der Haut von Ratten, Kaninchen und Meerschweinchen. *Hoppe-Seyler's Zeitschrift für physiologische Chemie.* 1959, Bd. 314, 1, S. 125-129.

Belenguer, A., et al. 2005. Protein recycling in growing rabbits: contribution of microbial lysine to amino acid metabolism. *British Journal of Nutrition.* 2005, 94, S. 763–770.

Benecke, N. 1994. *Der Mensch und seine Haustiere: die Geschichte einer jahrtausendealten Beziehung.* Stuttgart : Theiss, 1994. ISBN 3-8062-1105-1.

Bergmann, C. 1848. *Über die Verhältnisse der Wärmeökonomie der Thiere zu ihrer Grösse.* Göttingen : Vandenhoeck und Ruprecht, 1848.

Berndt, T. J. und Knox, F. G. 1980. Effects of parathyroid hormone and calcitonin on electrolyte excretion in the rabbit. *Kidney International.* 1980, Bd. 17, 4, S. 473-478.

Bhadresa, R. 1987. Rabbit Grazing: Studies in a grassland community using faecal analysis and exclosures. *Field Studies.* 1987, 6, S. 657-684.

Bieber, A., et al. 2009. Einfluss von Diäten aus konventioneller und biologischer Erzeugung auf Fruchtbarkeitsparameter bei Kaninchen. [Hrsg.] J. Mayer, et al. *Tagungsband der 10. Wissenschaftstagung Ökologischer Landbau.* 2009, Bd. Band 2, S. 168-171.

Biesalski, H. K., Bischoff, S. C. und Puchstein, C. 2010. *Ernährungsmedizin.* 4. Aufl. Stuttgart : Thieme, 2010. ISBN 978-3-13-100294-5.

Biesalski, H.-K. und Grimm, P. 2011. *Taschenatlas Ernährung.* 5. Aufl. Stuttgart, New York : Thieme, 2011. ISBN 978-3-13-115355-5.

Biju-Duval, C., et al. 1991. Mitochondrial DNA evolution in lagomorphs: Origin of systematic heteroplasmy and organization of diversity in European rabbits. *J Mol Evol.* 1991, 33, S. 92-102.

Björnhag, G. 1987. Comperative aspects of digestion in the hindgut of mammals. The colonic separation mechanism (CSM) - A Review. *Dtsch. tierärztl. Wochenschr.* 1987, 94, S. 33-36.

Björnhag, G. 1972. Separation and Delay of Contents in the Rabbit Colon. *Swedish J. agric. Res.* 1972, 2, S. 125-136.

Blomberg, L., Henriksson, A. und Conway, P. L. 1993. Inhibition of adhesion of Escherichia coli K88 to piglet ileal mucus by Lactobacillus spp. *Applied and Environmental Microbiology.* 1993, Bd. 59, 1, S. 34-39.

Boback, Alfred. 2004. *Das Wildkaninchen: (Oryctolagus cuniculus [Linné, 1758]).* 2., unveränd. Aufl. Hohenwarsleben : Westarp-Wiss.-Verl.-Ges., 2004. ISBN 3-89432-791-X..

Böhmer, E. 2014. *Warum leiden Hauskaninchen so häufig an Gebiss- und Verdauungsproblemen? Ein Ratgeber für die Ernährung von Kaninchen.* München : curoxray, 2014. ISBN 978-3-00-045039-6.

Boulahrouf, A., Fonty, G. und Gouet, P. 1991. Establishment, Counts, and Identification of the Fibrolytic Microflora in the Digestive Tract of Rabbit. Influence of Feed Cellulose Content. *Current Microbiology.* 1991, 22, S. 21-25.

Bourdeau, J. E., et al. 1986. Calcium and phosphorus metabolism in chronically vitamin D-deficient laboratory rabbits. *Mineral and Electrolyte Metabolism.* 1986, Bd. 12, 3, S. 176-185.

Brandsch, H. 1968. Die Broiler-Kaninchen-Mast – ein industriemäßiger Produktionszweig. *Monatshefte für Veterinärmedizin.* 1968, Bd. 23, 4, S. 139-142.

Brewer, N. R. und Cruise, L. J. 1994. Physiology. [Buchverf.] P. J. Manning, D. H. Ringler und C. E. Newcomer. *The Biology of the Laboratory Rabbit.* 2nd Ed. San Diego : Academic Press, Inc., 1994.

Brockhaus. 2005. *Der Brockhaus in Text und Bild [SW].* [CD-ROM] s.l. : Bibliographisches Institut & F.A. Brockhaus AG, Sat_Wolf, Bayern, 2005.

Brommage, R., et al. 1988. The effects of chronic vitamin D deficiency on the skeleton in the adult rabbit. *Bone.* 1988, Bd. 9, 3, S. 131-139.

Brüggemann, H. 1937. Ausnutzungsversuch an Kaninchen als Grundlage neuzeitlicher Kaninchenfütterung. *Biedermanns Zentralbl. für Agrikulturchemie und rationellen Landwirtschaftsbetrieb.* 1937, 6, S. 374-393.

Brühl, M. 1989. Studie zur Epidemiologie der Urolithiasis bei Hund, Katze und Kaninchen auf der Grundlage infrarotspektroskopischer Untersuchungen. Gießen : Justus-Liebig-Universität, 1989. Dissertation.

Bucher, L. 1994. *Fütterungsbedingte Einflüsse auf Wachstum und Abrieb von Schneidezähnen bei Zwergkaninchen.* Berlin : Freie Universität, 1994. Dissertation.

Burger, B. 2009. *Einfluss des Kalzium- und Phosphorgehaltes des Futters auf die Bildung von Nephrokalzinose und Urolithiasis bei wachsenden Kaninchen.* Zürich : Vetsuisse-Fakultät Universität, 2009. Diss..

Bürger, H.-J., et al. 2006. *Veterinärmedizinische Parasitologie.* 6. Aufl. Stuttgart : Enke, 2006. ISBN 978-3-8304-4135-9.

Burt, S. 2004. Essential oils: their antibacterial properties and potential applications in foods - a review. *International journal of food microbiology.* 2004, Bd. 94, 3, S. 223-253.

BVL. 2013. Bundesamt für Verbraucherschutz und Lebensmittelsicherheit. *Amtliche Futtermittelüberwachung.* [Online] BVL, 2013. [Zitat vom: 23. 09 2013.] http://www.bvl.bund.de/DE/02_Futtermittel/01_Aufgaben/02_Amt_Futtermittelueberwachung/fm_u eberwachung_node.html.

Calder, P. 2006. n-3 polyunsaturated fatty acids, inflammation, and inflammatory diseases. *The American journal of clinical nutrition.* 2006, Bd. 83, 6, S. 1505S-1519S.

Cameron, E. 1935. A Study of the Natural Control of Ragwort (Senecio Jacobaea L.). *Journal of Ecology.* 1935, Bd. 23, 2, S. 265-322.

Cao, T., et al. 2001. Bone mineral density in mandibles of ovariectomized rabbits. *Clin Oral Implants Res.* 2001, Bd. 12, 6, S. 604-608.

Capra, G., et al. 2013. Meat quality of rabbits reared with two different feeding strategies: with or without fresh alfalfa ad libitum. *World Rabbit Science.* 2013, Bd. 21, 1, S. 23-32.

Carabaño, R., et al. 2009. New concepts and objectives for protein-amino acid nutrition in rabbits: a review. *Journal of the World Rabbit Science Association.* 2009, Bd. 17, 1, S. 1-14.

Carabaño, R., et al. 2008. Review. New trends in rabbit feeding: influence of nutrition on intestinal health. *Spanish Journal of Agricultural Research.* 2008, 6 (Special issue), S. 15-25.

Carabaño, R., et al. 2010. The Digestive System of the Rabbit. [Hrsg.] C. de Blas und J. Wiseman. *Nutrition of the Rabbit.* 2nd. Ed. s.l. : CAB International, 2010, S. 1-18. ISBN 978-1-84593-669-3.

Carnegie Library, Pittsburgh. 1993. *Science and technology desk reference.* Detroit, Washington, London : Gale Research Inc., 1993. ISBN 0-8103-8884-7.

Carstensen, P. 1984. Untersuchungen zum Kalziumstoffwechsel ausgewachsener Kaninchen. Hannover : Tierärztliche Hochschule, 1984. Dissertation.

Castenmiller, J. J. M. und West, C. E. 1998. Bioavailability and bioconversion of carotenoids. *Annu. Rev. Nutr.* 1998, 18, S. 19-38.

Chapin, R. E. und Smith, S. E. 1967. Calcium Requirement Of Growing Rabbits. *J Anim Sci.* 1967, 26, S. 67-71.

Chapman, J. A. und Flux, E. C. 2008. Introduction to the Lagomorpha. [Hrsg.] P. C. Alves, N. Ferrand und K. Hackländer. *Lagomorph Biology. Evolution, Ecology and Conservation.* Berlin, Heidelberg : Springer, 2008.

Chatterjee, I. B. 1998. Vitamin C: Biosynthesis, evolutionary significance and biological function. *Proceedings - Indian National Science Academy Part B.* 1998, 64, S. 213-234.

Chatterjee, S. J., et al. 2011. The efficacy of dandelion root extract in inducing apoptosis in drug-resistant human melanoma cells. *Evidence-Based Complementary and Alternative Medicine.* 2011, Bd. 2011. Article ID 129045. doi:10.1155/2011/129045.

Cheeke, P. R. & Amberg, J. W. 1973. Comperative Calcium Excretion by Rats and Rabbits. *J Anim Sci.* 1973, 37, S. 450-454.

Cheeke, P. R. 1998. *Natural Toxicants in Feeds, Forages, and Poisonous Plants.* s.l. : Interstate Publishers, Inc., 1998. ISBN 0-8134-3128-X.

Cheeke, P. R. 1994. Nutrition and Nutritional Diseases. [Buchverf.] P. J. Manning, D. H. Ringler und C. E. Newcomer. *The Biology of the Laboratory Rabbit.* 2nd Ed. Orlando, Florida : Academic Press Inc., 1994.

Cheeke, P. R. 1987. *Rabbit Feeding and Nutrition.* Orlando, Florida : Academic Press Inc., 1987. ISBN 0-12-170605-2.

Chiang, L.-C., et al. 2003. In vitro cytotoxic, antiviral and immunomodulatory effects of Plantago major and Plantago asiatica. *American journal of Chinese medicine.* 2003, Bd. 31, 2, S. 225-234.

Christ-Vietor, M. 1973. Untersuchungen über die Darmflora von Jungkaninchen in Abhängigkeit von Alter und Ernährung. Gießen : Justus Liebig-Universität, 1973. Dissertation.

Clapham, W. M., et al. 2005. Fatty acid composition of traditional and novel forages. *Journal of agricultural and food chemistry.* 2005, Bd. 53, 26, S. 10068-10073.

Cohrs, P., Jaffé, R. und Meesen, H. 1958. *Pathologie der Laboratoriumstiere.* Berlin, Göttingen, Heidelberg : Springer-Verlag, 1958. Bd. 1. Band.

Coler, J. 1645. *Oeconomia Ruralis et Domestica.* Mainz : Heil, 1645. Bd. 1.

Colin, M., Lebas, F. und Delaveau, A. 1975. Influence d'un apport de lysine dans l'aliment solide ou dans l'eau de boisson sur les performances de croissance du lapin. *Ann. Zootech.* 1975, 24, S. 315-321.

Combes, S., et al. 2013. Engineering the rabbit digestive ecosystem to improve digestive health and efficacy. *Animal.* 2013, Bd. 7, 9, S. 1429–1439.

Cooke, B. D. 1982a. A Shortage of Water in Natural Pastures as a Factor Limiting a Population of Rabbits, Oryctolagus cuniculus (L.), in Arid, North-Eastern South Australia. *Aust. Wildl. Res.* 1982a, 9, S. 465-476.

Cooke, B. D. 1974. Food and other resources of the Wild Rabbit Oryctolagus cuniculus (L.). Adelaide : University of Adelaide, 1974. Thesis.

Cooke, B. D. 1982b. Reduction of Food Intake and other Physiological Responses to a Restriction of Drinking Water in Captiv Wild Rabbits (Oryctolagus cuniculus (L.). *Aust. Wildl. Res.* 1982b, S. 247-252.

Costedio, M. M., Hyman, N. und Mawe, G. M. 2007. Serotonin and Its Role in Colonic Function and in Gastrointestinal Disorders. *Dis Colon Rectum.* 2007, Bd. 50, 3, S. 376-388.

Coudert, P., et al. 1993. Eimeria sp. from the rabbit (Oryctolagus cuniculus): pathogenicity and immunogenicity of Eimeria intestinalis. *Parasitol Res.* 1993, 79, S. 186-190.

Coudert, P., Licois, D. und Streun, A. 1979. Characterization of Eimeria Species. I. Isolation and Study of Pathogenicity of a Pure Strain of Eimeria perforans (Leuckart, 1879; Sluiter and Swellengrcbel, 1912). *Z. Parasitenkd.* 1979, 59, S. 227-234.

Dell'Amore, C. 2011. National Geographic. *Giant Rabbit Fossil Found: Biggest Bunny Was "Roly-Poly".* [Online] 22. 3 2011. [Zitat vom: 1. 6 2011.] http://news.nationalgeographic.com/news/2011/03/110323-giant-rabbit-minorca-biggest-bunny-science-nuralagus-rex-largest/.

DGE. 2015. Fett. *Essenzielle Fettsäuren - Empfohlene Zufuhr.* [Online] Deutsche Gesellschaft für Ernährung, 2015. [Zitat vom: 20. 4 2015.] https://www.dge.de/wissenschaft/referenzwerte/fett/.

DLG. 1976. *DLG Futterwerttabellen. Aminosäurengehalte in Futtermitteln.* Frankfurt/M. : DLG-Verlag, 1976. ISBN-3-7690-0295-4.

DLG. 1995. *DLG-Futterwerttabellen Pferde.* Frankfurt/M. : DLG-Verlag, 1995. ISBN 3-7690-0490-6.

DLG. 1991. *DLG-Futterwerttabellen Wiederkäuer.* Frankfurt/M. : DLG-Verlag, 1991. ISBN 3-7690-0483-3.

DLG. 1973. *DLG-Futterwerttabellen: Mineralstoffgehalte in Futtermitteln (=Arbeiten der DLG 62).* Frankf./Main : DLG-Verlag, 1973. ISBN 3-7690-3081-8.

Dorn, F. K. 1973. *Rassekaninchenzucht: ein Handbuch für Züchter, Zuchtrichter und Studierende.* 3., überarb. Aufl. Melsungen : Neumann-Neudamm, 1973.

Drepper, K. 1980. Ernährung des Kaninchens. *Übers. Tierernährung.* 1980, 8, S. 185-206.

Du, E., et al. 2015. In vitro antibacterial activity of thymol and carvacrol and their effects on broiler chickens challenged with Clostridium perfringens. *Journal of Animal Science and Biotechnology.* 2015, Bd. 6, 1, S. 1-12.

Duden. 2006. *Deutsches Universalwörterbuch.* Mannheim : s.n., 2006. cd-rom.

Duffy, S. G., Fairley, J. S. und O'Donnell, G. 1996. Food of Rabbits Oryctolagus cuniculus on Upland Grasslands in Connemara. *Biology and Environment: Proceedings of the Royal Irish Academy.* 1996, Vol. 96B, No. 2, S. 69-75.

Dulce, H.-J. und Taupitz, E. 1963. Die Löslichkeitsbedingungen von Calciumsalzen im Harnn von Patienten mit Urolithiasis. *Z. klin. Chem.* 1963, Bd. 1, 2, S. 59-64.

Eaton, S. B., et al. 1998. Dietary intake of long-chain polyunsaturated fatty acids during the paleolithic. [Hrsg.] A. P. Simopoulos. *The Return of ?3 Fatty Acids into the Food Supply. I. Land-Based Animal Food Products and Their Health Effects. World Rev Nutr Diet.* Basel : Karger, 1998, S. 12-23.

Eckert, R. 2002. *Tierphysiologie.* Stuttgart : Thieme, 2002. ISBN 3-13-664004-7.

Edelmüller, I. 1984. *Untersuchungen zur Qualitätserfassung von Produkten aus unterschiedlichen Anbausystemen (Biologisch-Dynamisch bzw. Konventionell) mittels Fütterungsversuchen an Kaninchen.* Wien : Universität, 1984. Dissertation.

EFSA. 2008. Opinion of the Scientific Panel on Contaminants in the Food chain on a request from the European Commission to perform a scientific risk assessment on nitrate in vegetables. *The EFSA Journal.* 2008, 689, S. 1-79.

EG Nr. 767/2009. Verordnung (EG) Nr. 767/2009 des Europäischen Parlaments und des Rates vom 13. Juli 2009 über das Inverkehrbringen und die Verwendung von Futtermitteln, zur Änderung der Verordnung (EG) Nr. 1831/2003 des Europäischen Parlaments und des Rates und zur Aufhe. 01.09.2009.

Ehrenberg, P. und von Romberg, G. 1913. Die Giftigkeit der Eibe. *Die landwirtsch. Versuchsstat.* 1913, S. 339-388.

Engel, C. 2004. *Wild health - Gesundheit aus der Wildnis. Wie Tiere sich selbst gesund erhalten und was wir von ihnen lernen können.* Bernau : Animal Learn Verlag , 2004. ISBN 3-936188-17-3.

EU. 2010. Verordnung (EU) Nr. 939/2010 der Kommission vom 20. Oktober 2010 zur Änderung des Anhangs IV der Verordnung (EG) Nr. 767/2009 betreffend zulässige Toleranzen für die Angabe der Zusammensetzung von Einzelfuttermitteln oder Mischfuttermitteln. Brüssel : Europäische Union, 2010.

Ewringmann, A. 2010. *Leitsymptome beim Kaninchen: diagnostischer Leitfaden und Therapie.* Stuttgart : Enke, 2010. ISBN 978-3-8304-1090-4.

Farrow, E. P. 1917. On the Ecology of the Vegetation of Breckland: III. General Effects of Rabbits on the Vegetation. *Journal of Ecology.* 1917, 5(1), S. 1-18.

Faust, C. 2009. Bayreuther Zentrum für Ökologie und Umweltforschung. *Impact of rabbit grazing in a threatened sand ecosystem: flower phenology, seed production and phytomass extraction.* [Online] 2009. [Zitat vom: 1. 1 2011.] http://www.bayceer.uni-bayreuth.de/gfoe2009/de/top/bayconf/beitrag_d.

Fekete, S. 1993. Ernährung der Kaninchen. [Buchverf.] W. Wiesemüller und J. Leibetseder. *Ernährung monogastrischer Nutztiere.* Jena, Stuttgart : Fischer, 1993.

Fekete, S. 1991. Neuere Erkenntnisse zur Verdauungsphysiologie des Kaninchens. *Übers. Tierernährg.* 1991, 19, S. 1-22.

Felden, E. 1910. *Die Kaninchenzucht.* 2. Stuttgart : Ulmer, 1910.

Fenton, E. W. 1940. The Influence of Rabbits on the Vegetation of Certain Hill-Grazing Districts of Scotland. *Journal of Ecology.* 1940, 28(2), S. 438-449.

Ferencik, M., et al. 2004. *Kompendium der Immunologie. Grundlagen Und Klinik.* Wien, NewYork : Springer, 2004. ISBN 978-3-211-25536-0.

Focus. 2012. Salz lockt das Wild an – Unfälle häufen sich. [Online] 2012. [Zitat vom: 16. 2 2012.] http://www.focus.de/panorama/welt/tiere-salz-lockt-das-wild-an-unfaelle-haeufen-sich_aid_714183.html.

Forsyth, C. S. und Frank, A. 1993. Evaluation of Developmental Toxicity of Coniine to Rats and Rabbits. *Teratology.* 1993, 48, S. 59-64.

Fortun-Lamothe, L. und and Boullier, S. 2007. A review on the interactions between gut microflora and digestive mucosal immunity. Possible ways to improve the health of rabbits. *Livestock Science.* 2007, Bd. 107, 1, S. 1-18.

Fortun-Lamothe, L. und Boullier, S. 2004. Interactions between gut microflora and digestive mucosal immunity, and strategies to improve digestive health in young rabbits. *Proc.: 8th World Rabbit Congress.* 2004, S. 7-10.

Fortun-Lamothe, L. und Drouet-Viard, F. 2010. Review: II - Diet and Immunity: Current State of Knowledge and Research Prospects for the Rabbit. *World Rabbit Science.* 2010, Bd. 10, 1, S. 25-39.

Fries, M. 1872. *Die Kaninchenzucht.* Stuttgart : Im Selbstverlag des Verfassers, 1872.

Froicu, M., et al. 2003. A crucial role for the vitamin D receptor in experimental inflammatory bowel diseases. *Molecular endocrinology.* 2003, Bd. 17, 12, S. 2386-2392.

Gadsch, W. 1944. *Die zeitgemäße Kaninchenfütterung.* Berlin : Pfenningstorff, 1944.

Gaffrey, G. 1954. Zur Ernährungsweise des Wildkaninchens. *Säugetierkundliche Mitteilungen.* 1954, 2, S. 81.

Gesner, C. 1606. *Thiergeschichte.* Heidelberg : Johan Lancellor, 1606.

GfE. 2014. *Empfehlungen zur Energie- und Nährstoffversorgung von Pferden.* s.l. : DLG-Verlag, 2014. ISBN 978-3-7690-0805-0.

Gibb, J. A. und Fitzgerald, B. M. 1998. Dynamics of sparse rabbits (Oryctolagus cuniculus), Orongorongo Valley, New Zealand. *New Zealand Journal of Zoology.* 1998, Bd. 25, 3, S. 231-243.

Gidenne, T. und Poncet, C. 1985. Digestion, chez le lapin en croissance, d'une ration à taux élevé de constituants pariétaux : étude méthodologique pour le calcul de digestibilité apparente, par segment digestif. *Ann. Zootech.* 1985, 34, S. 429-446.

Gidenne, T., Carabaño, R. und García, J., de Blas, C. 2010. Fibre Digestion. [Hrsg.] C. de Blas und J. Wiseman. *Nutrition of the Rabbit.* 2nd. Ed. Wallingford (UK) : CAB International, 2010, S. 66-82.

Gidenne, T., Lebas, F. und Fortun-Lamothe, L. 2010. Feeding behaviour of rabbits. [Hrsg.] Wiseman J. de Blas C. *Nutrition of the rabbit.* s.l. : CAB International Ed., 2010, S. 233-252.

Gilsanz, V., et al. 1991. Effect of dietary calcium on bone density in growing rabbits. *American Journal of Physiology - Endocrinology and Metabolism.* 1991, Bd. 260, 3, S. E471-E476.

Gilsanz, V., et al. 1988. Effect of sex steroids on peak bone density of growing rabbits. *American Journal of Physiology-Endocrinology and Metabolism.* 1988, Bd. 255, 4, S. E416-E421.

Gonder, U. 2004. *Fett!*. Stuttgart : Hirzel, 2004. ISBN 3-7776-1292-8.

Graham, J. und Mader, D. R. 2012. Basic Approach to Veterinary Care. [Buchverf.] K. E. Quesenberry und J. W Carpenter. *Ferrets, Rabbits and Rodents. Clinical Medicine and Surgery.* St. Louis : Elsevier Saunders, 2012, S. 174-182.

Gross-Selbeck, C. 1935. Über die Verhütung von Vitamin D-Schäden durch Vitamin A-Zufütterung. *Klinische Wochenschrift.* 1935, Bd. 14, 2, S. 61-62.

Gruber, L., Wiedner, G. und Guggenberger, T. 1994. Naehr-und Mineralstoffgehalt von Grundfuttermitteln in Oesterreich. *Bodenkultur Wien und München.* 1994, 45, S. 57-73.

Grünberg, W. 1971. Karbonat-Harnsteine herbivorer Säugetiere. *Zbl. Vet. Med. A.* 1971, 18, S. 797-823.

Gyurko, R. und Van Dyke, T. E. 2014. The Role of Polyunsaturated ω-3 Fatty Acid Eicosapentaenoic Acid–Derived Resolvin E1 (RvE1) in Bone Preservation. *Critical Reviews™ in Immunology.* 2014, Bd. 34, 4, S. 347–357.

Hackländer, K., et al. 2005. Hege des Feldhasen: Sind die Brachen der Schlüssel zum Erfolg? [Hrsg.] P. Paulsen. *Fachtagung „Niederwild - Wildtiergesundheit, Lebensmittel- Sicherheit und Qualität"*. s.l. : Eigenverlag des Instituts für Fleischhygiene, Fleischtechnologie und Lebensmittelwissenschaft, 2005. S. 17-21. Veterinärmedizinische Universität Wien. ISBN 3-901950-06-0.

Hahn, J. und Aehnelt, E. 1972. Nachweis von schädlichen Nahrungsfaktoren im Kaninchenversuch. *Dtsch. tierärztl. Wschr.* 1972, 79, S. 155-157.

Hahn, J., et al. 1971. Uterus- und Ovarbefunde bei Kaninchen nach Fütterung mit Heu von ungedüngtem und intensiv gedüngtem Grünland. *Dtsch. tierärztl. Wschr.* 1971, 78, S. 114-118.

Hale, T. und von Hohenthal, P. 1763. *Allgemeine Haushaltungs- und Landwissenschaft - aus den sichersten und neuesten Erfahrungen und Entdeckungen, geprüfet und in Ausübung gebracht von einer ökonomischen Gesellschaft in England.* Hamburg, Leipzig : Holle, 1763.

Haltenorth, Th. 1958. Besteht die Borkum-Unterart des Wildkaninchens (Oryctolagus cuniculus borkumensis Harrison 1952) zu Recht? *Säugetierk. Mitt.* 1958, 6, S. 123-124.

Hänsel, R. et al. 1992. *Hagers Handbuch der Pharmazeutischen Praxis Band 4: Drogen A-D.* Berlin, Heidelberg : Springer, 1992. ISBN 978-3-642-63468-0.

Hänsel, R. 1996. *Hagers Handbuch der Pharmazeutischen Praxis Band 5: Drogen E-O.* Berlin, Heidelberg : Springer, 1996. ISBN 978-3-540-52638-4.

Hänsel, R. 1994. *Hagers Handbuch der Pharmazeutischen Praxis Band 6: Drogen P-Z.* Berlin, Heidelberg : Springer, 1994. ISBN 3–54052638–2.

Hänsel, R 2012. *Hagers Handbuch der Pharmazeutischen Praxis: Drogen P-Z, Folgeband 2.* Berlin, Heidelberg : Springer, 2012. ISBN 978-3-642-63390-4.

Hansen, S. 2012. Untersuchungen zum Ca-Stoffwechsel sowie zur Zahnlängenentwicklung und -zusammensetzung von Chinchillas bei Variation der Ca-Zufuhr und des Angebots von Nagematerial. Hannover : Tierärztliche Hochschule, 2012.

Harcourt-Brown, F. 2006. Metabolic bone disease as a possible cause of dental disease in pet rabbits. [Online] 2006. Thesis for Fellowship of Royal College of Veterinary Surgeons, UK. https://www.researchgate.net/profile/Frances_Harcourt-Brown/publication/261215526_Metabolic_bone_disease_as_a_possible_cause_of_dental_disease_in_pet_rabbits/links/0f3175339c22446707000000.pdf.

Harcourt-Brown, F. 2002. *Textbook of rabbit medicine.* Oxford : Butterworth-Heinemann, 2002. ISBN 0-7506-4002-2.

Harkness, J. E. 1987. Small Animal Practice: Rabbit Husbandry and Medicine. *The veterinary clinics of North America: Food animal practice.* 1987, 17, S. 1019-1044.

Harris, L. J., et al. 1956. Vitamin C economy of rabbits. *British Journal of Nutrition.* 1956, Bd. 10, 4, S. 373-382.

Harrison, D. L. 1952. LXXI. - A new subspecies of the rabbit (Oryctolagus Cuniculus Linnaeus) from Borkum Island, in North-West Germany. *Annals and Magazine of Natural History.* Series 12, 1952, Bd. 5, 55, S. 676-678.

Hartl, G. B. 1987. Biochemical differentiation between the Wild rabbit (Oryctolagus cuniculus L.), the Domestic rabbit and the Brown hare (Lepus europaeus Pallas). *Journal of Zoological Systematics and Evolutionary Research.* 1987, Bd. 25, 4, S. 309–316.

Henneberg, W. und Stohmann, F. 1860. *Beiträge zur Begründung einer rationellen Fütterung der Wiederkäuer. Das Erhaltungsfutter volljährigen Rindviehes und über Fütterung mit Rübenmelasse.* Braunschweig : Schwetschke & Sohn, 1860. Heft 1.

Henneberg, W. und Stohmann, F. 1864. *Beiträge zur Begründung einer rationellen Fütterung der Wiederkäuer. Über die Ausnutzung der Futterstoffe durch das volljährige Rind und über Fleischbildung im Körper desselben.* Braunschweig : Schwetschke und Sohn, 1864. Bd. 2.

Hernández, P., Cesari, V. und Blasco, A. 2008. Effect of genetic rabbit lines on lipid content, lipolytic activities and fatty acid composition of hind leg meat and perirenal fat. *Meat science.* 2008, Bd. 78, 4, S. 485-491.

Herold, W. 1950. Über die Härte der Nagezähne der Wanderratte und einiger anderer Nager. *Anzeiger für Schädlingskunde.* 1950, Bd. 23, 10, S. 145-148.

Herre, W. und Röhrs, M. 1990. *Hasutiere - zoologisch gesehen.* 2. Aufl. Berlin, Heidelberg : Springer, 1990. ISBN 978-3-642-39393-8.

Hesse, A., et al. 1997. Senkung des Risikos der Phosphatsteinbildung durch L-Methionin. *Der Urologe B.* 1997, Bd. 37, 5, S. 489-492.

Hesse, E. 1923. Die Atropinfestigkeit der Kaninchen und ihre Beziehung zur unspezifischen Reizbehandlung. *Archiv für experimentelle Pathologie und Pharmakologie.* 1923, 98(3-4), S. 238-252.

Heu-Kaufen.com. 2016. Untersuchungsergebnisse für Wiesenheu. 2016. unveröffentlichte Prüfergebnisse für Wiesenheu, 2. Schnitt.

Hirano, T., et al. 1999. Anabolic Effects of Human Biosynthetic Parathyroid Hormone Fragment (1–34), LY333334, on Remodeling and Mechanical Properties of Cortical Bone in Rabbits. *Journal of bone and Mineral Research.* 1999, Bd. 14, 4, S. 536-545.

Hirt, A., Maisack, C. und Moritz, J. 2007. *Tierschutzgesetz. Kommentare.* 2. Aufl. München : Vahlen, 2007. ISBN 3-8006-3230-6.

Hofmann, R. R. und Stewart, D. R. M. 1972. Grazer or browser: a classification based on the stomach-structure and feeding habits of East African ruminants. *Mammalia.* 1972, 36, S. 226-240.

Homolka, M. 1985. Die Nahrung einer Population des Wildkaninchens (Oryctolagus Cuniculus) auf dem Böhmisch-Mährischen Höhenzug. *Folia Zoologica.* 1985, 34/4, S. 303-314.

Homolka, M. 1988. Diet of the wild rabbit (Oryctolagus cuniculus) in an agrocenosis. *Folia Zoologica.* 1988, 37(2), S. 121-128.

Hora, F. S., et al. 2014. Digestive Parasite Fauna in Hare (Lepus europaeus) in Western Romania. *Scientific Works. Series C. Veterinary Medicine.* 2014, Bd. LXI, 1, S. 138-141.

Hörnicke, H. 1978. Futteraufnahme beim Kaninchen: Ablauf und Regulation. *Übersichten zur Tierernährung.* 1978, 6, S. 91-148.

Horst, R. L., et al. 1984. The isolation and identification of vitamin D2 and vitamin D3 from Medicago sativa (Alfalfa plant). *Arch Biochem Biophys.* 1984, Bd. 231, 1, S. 67-71.

Hoyos, C., et al. 2008. Effect of omega 3 and omega 6 fatty acid intakes from diet and supplements on plasma fatty acid levels in the first 3 years of life. *Asia Pac J Clin Nutr.* 2008, Bd. 17, 4, S. 552-557.

Hsu, Y.-J., et al. 2010. Testosterone increases urinary calcium excretion and inhibits expression of renal calcium transport proteins. *Kidney International.* 2010, 77, S. 601–608.

Hudson, R. und Distel, H. 1982. The Pattern of Behaviour of Rabbit Pups in the Nest. *Behaviour.* 1982, Bd. 79, 2/4, S. 255-271.

Hume, E. M., Lucas, N. S. und Smith, H. H. 1927. On the absorption of vitamin D from the skin. *Biochemical Journal.* 1927, Bd. 21, 2, S. 362-367.

Iason, G. R., et al. 2002. The functional response does not predict the local distribution of European Rabbits (Oryctolagus cuniculus) on grass swards: experimental evidence. *Functional Ecology.* 2002, 16, S. 394-402.

IUPAC-IUB. 1983. Nomenclature of retinoids. *Pure Appl. Chem.* 1983, Bd. 55, 4, S. 721-726.

Jaffé, P. 1864. *Monumenta Corbeiensia.* Berlin : Weidmann, 1864.

Jaffé, R. 1931. *Anatomie und Pathologie der Spontanerkrankungen der kleinen Laboratoriumstiere.* Berlin : Springer, 1931.

Jekl, V. und Redrobe, S. 2013. Rabbit dental disease and calcium metabolism – the science behind divided opinions. *Journal of Small Animal Practice.* 2013, 54, S. 481–490.

Jensen-Jarolim, E., Schöll, I. und Szalai, K. 2006. *Gastrointestinaltrakt. Mukosale Pathophysiologie und Immunologie.* Wien, New York : Springer, 2006. ISBN 978-3-211-31792-1.

Jeroch, H., Flachowsky, G. und Weißbach, F. 1993. *Futtermittelkunde.* Jena, Stuttgart : G. Fischer, 1993. ISBN 3-334-00384-1.

Joppich, F. 1967. *Das Kaninchen.* Berlin : Deutscher Landwirtschaftsverl., 1967.

—. 1946. *Kaninchen. Zucht und Haltung.* Berlin : Deutscher Zentralverlag GmbH, 1946.

Jugl, M., et al. 2001. Experimentelle Feldstudie über den Einsatz von Karottenpektinen als Futterzusatz zur Durchfallprophylaxe in der Ferkelaufzucht. *Tierärztl. Prax.* 2001, 29 (G), S. 308-312.

Kaetzke, J., Niedermeier, J. und Masseti, M. 2003. Europäisches Wildkaninchen. [Buchverf.] F. & Niethammer, J. Krapp. *Handbuch der Säugetiere Europas. Hasenartige.* Wiesbaden : Akad. Verl.-Ges., 2003, Bd. 3/2.

Kamphues, J. 1999. Besonderheiten in der Verdauungsphysiologie „kleiner Nager". *Praxisrelevante Fragen zur Ernährung kleiner Heimtiere.* Hannover : Tierärztliche Hochschule, 1999. S. 7-13. Vortragsband einer Fortbildungsveranstaltung des Inst. f. Tierernährung und der Klinik f. kleine Haustiere, 02.10.1999, Tierärztl. Hochsch., Hannover.

Kamphues, J. 1991. Calcium Metabolism of Rabbits as an Etiological Factor for Urolithiasis. *J. Nutr.* 1991, 121, S. S95-S96.

Kamphues, J., Coenen, M. und Kienzle, E. 2004. *Supplemente zu Vorlesungen und Übungen in der Tierernährung.* 10. Aufl. Alfeld-Hannover : M. & H. Schaper, 2004. ISBN 3-7944-0205-7.

Kamphues, J. 2009. *Supplemente zu Vorlesungen und Übungen in der Tierernährung.* 11. Aufl. Alfeld-Hannover : M. & H. Schaper, 2009. ISBN 3-7944-0223-5.

Kamphues, J., et al. 1986. Effekte einer steigenden Calcium-und Vitamin D-Zufuhr auf den Calciumstoffwechsel von Kaninchen. *Journal of Animal Physiology and Animal Nutrition.* 1986, Bd. 56, S. 191-208.

Katona, K., et al. 2004. Competition between European hare and European rabbit in a lowland area, Hungary: a long-term ecological study in the period of rabbit extinction. *Folia Zool.* 2004, 53(3), S. 255-268.

Kelley, D. S., et al. 1988. Effects of Type of Dietary Fat on Indices of Immune Status of Rabbits. *Journal of Nutrition.* 1988, Bd. 118, 11, S. 1376-1384.

Kieckhäven, S. und Wolf, P. 2016. Untersuchungen zum intestinalen Mikrobiom bei Kaninchen - Literaturstudie. *Züchtungskunde.* 2016, 88, S. 208-215.

Kienzle, E. und Landes, E. 1995. Aufzucht verwaister Jungtiere. Teil I: Indikationsstellung und Zusammensetzung der Muttermilch. *Kleintierpraxis.* 1995, Bd. 40, 9, S. 633-728.

Kirchgeßner, M., et al. 2008. *Tierernährung: Leitfaden für Studium, Beratung und Praxis.* 12. neu überarbeitete Auflage. s.l. : DLG, 2008. ISBN: 9783769007039.

Klapp, E., et al. 1953. Wertzahlen der Grünlandpflanzen. *Das Grünland.* 1953, Bd. 2, 53, S. 38-40.

Kleiber, M. 1947. Body size and metabolic rate. *Physiological Reviews.* 1947, Bd. 27, 4, S. 511-541.

Knoop, F., Peters, C. G. und Emerson, W. B. 1939. A sensitive pyramidal-diamond tool for indentation measurements. *Journal of Research of the National Bureau of standards 23.1.* 1939. S. 39-61.

Kommission E. 1990. Achillea millefolium (Schafgarbe). [Hrsg.] BGA/BfArM (Kommission E). 1990. Bundesanzeiger: 1.2.1990., Heftnummer: 22a., ATC-Code: A15.

Kommission E. 1986. Calendulae flos (Ringelblumenblüten). [Hrsg.] BGA/BfArM (Kommission E). 1986. Bundesanzeiger: 13.3.1986., Heftnummer: 50., ATC-Code: D03CA.

Kommission E. 1989. Spiraeae flos (Mädesüßblüten); Spiraeae herba (Mädesüßkraut). [Hrsg.] BGA/BfArM (Kommission E). 1989. Bundesanzeiger: 2.3.1989., Heftnummer: 43., ATC-Code: R07AX.

Kommission E. 1992. Taraxaci herba (Löwenzahnkraut). [Hrsg.] BGA/BfArM (Kommission E). 1992. Bundesanzeiger: 29.8.1992., Heftnummer: 162., ATC-Code: A15.

Kötsche, W. und Gottschalk, C. 1990. *Krankheiten der Kaninchen und Hasen.* 4. Aufl. Jena : Fischer, 1990. ISBN 3-334-00295-0.

Kraft, R. 1976. *Vergleichende Verhaltensstudien an Wild- und Hauskaninchen.* Erlangen : Universität, 1976. Dissertation.

Krist, S., Buchbauer, G. und Klausberger, C. 2008. *Lexikon Der Pflanzlichen Fette und Öle.* Wien, New York : Springer, 2008. ISBN: 978-3709110041.

Kühn, T. 2003. *Kokzidien des Kaninchens (Oryctolagus cuniculus) - Verlauf natürlicher Infektionen bei Boden- und Käfighaltung in einer Versuchstiereinheit.* Leipzig : Universität Leipzig, 2003. Dissertation.

Kulwich, R., Struglia, L. und Pearson, P. B. 1953. The effect of coprophagy on the excretion of B vitamins by the rabbit. *Journal of Nutrition.* 1953, 49, S. 639-645.

Kumerloeve, H. 1956. Kaninchen, Oryctolagus ccuniculus (Linne, 1758), und Hasen, Lepus europaeus (Pallas 1778), als Pilzfresser. *Säugetierk. Mitt.* 1956, 4, 3, S. 125-126.

Künkele, J. 1992. *Das Abwanderungsverhalten des Europäischen Wildkaninchens (Oryctolagus cuniculus).* Bayreuth : Universität, 1992. Dissertation.

Lackenbauer, W. 2001. *Kaninchenfütterung: tiergerecht - naturnah – wirtschaftlich.* Reutlingen : Oertl & Spörer, 2001. ISBN 3-88627-704-6.

Lang, J. 1981. The Nutrition of the Commercial Rabbit, Part 1: Physiology, digestibility and nutrient requirements. *Nutr Abstr Rev.* 1981, 51, S. 197-225.

Lang-Deuerling, S. B. 2008. Untersuchungen zu Fütterung und Verdauungsphysiologie an Flachland- und Schabrackentapiren (Tapirus terrestris und Tapirus indicus). München : Ludwig-Maximilians-Universität, 2008. Dissertation.

Lanning, D., et al. 2000. Development of the antibody repertoire in rabbit: gut-associated lymphoid tissue, microbes, and selection. *Immunological reviews.* 2000, Bd. 175, 1, S. 214-228.

Larrinaga, A. R. 2010. Rabbits (Oryctolagus cuniculus) select small seeds when feeding on the fruits of Corema album. *Ecol Res.* 2010, 25, S. 245–249.

Laska, M. 2002. Gustatory responsiveness to food-associated saccharides in European rabbits, Oryctolagus cuniculus. *Physiology & Behavior.* 2002, Bd. 76, 2, S. 335-341.

Lebas, F. 2004. Reflections on rabbit nutrition with a spezial emphasis on feed ingredients utilization. *Proceedings of the 8th World Rabbit Congress 2004, Pueblo, Mexiko.* 2004.

Lebas, F., et al. 1997. *The Rabbit - Husbandry, Health and Production.* Rom : FAO, 1997. ISBN 92-5-103441-9.

LeClerc de Buffon, G. L. 1775. *Naturgeschichte der vierfüßigen Thiere.* Berlin : Pauli, 1775. Bd. 3.

Lee, M. R., Deftos, L. J. und Potts., J. T. 1969. Control of secretion of thyrocalcitonin in the rabbit as evaluated by radioimmunoassay. *Endocrinology.* 1969, Bd. 84, 1, S. 36-40.

Leicht, W. H. 1979. *Tiere der offenen Kulturlandschaft. Feldhase, Wildkaninchen.* Heidelberg : Quelle und Meyer, 1979. ISBN 3-494-00937-6.

Licois, D. 2004. Domestic rabbit enteropathies. *Proc. 8th World Rabbit Congress, Puebla, Mexico.* 2004, S. 385-403.

Lincke, M. 1943. *Das Wildkaninchen. Naturbeschreibung, Jagd, Fang, Abwehr und Verwertung, sowie die als Jagdgehilfen verwendeten Tiere.* Neudamm : Neumann, 1943.

Lindlöf, B., Pehrson, Å. und Johansson, A. 1978. Summer Food Preference by Penned Mountain Hares in Relation to Nutrient Content. *The Journal of Wildlife Management.* 1978, Bd. 42, 4, S. 928-932.

Lockley, R. M. 1973. *The private life of the rabbit: an account of the life history and social behaviour of the wild rabbit.* London : Corgi Books, 1973. ISBN 0-552-09212-6.

Lowe, J. A. 2010. Pet Rabbit Feeding and Nutrition. [Hrsg.] C. de Blas und J. Wiseman. *Nutrition of the Rabbit.* s.l. : CAB International, 2010.

Luszczki, J. J., et al. 2010. Anticonvulsant effects of four linear furanocoumarins, bergapten, imperatorin, oxypeucedanin, and xanthotoxin, in the mouse maximal electroshock-induced seizure model: a comparative study. *Pharmacological Reports.* 2010, 62, S. 1231-1236.

Luther, M. 1534. *Biblia, das ist, die gantze Heilige Schrifft Deudsch.* Wittemberg : Hans Lufft, 1534.

Makishima, M., et al. 2002. Vitamin D receptor as an intestinal bile acid sensor. *Science.* 2002, Bd. 296, 5571, S. 1313-1316.

Mangold, E. 1951a. Darmlänge, Durchgangszeit und Durchgangsgeschwindigkeit. *Sitzungsberichte d. Deutschen Akademie der medizinischen Wissenschaften zu Berlin. Klasse für medizinische Wissenschaften Jhrg. 1950 Nr. III.* Berlin : Akademie-Verlag Berlin, 1951a, S. 1-31.

Mangold, E. 1951b. Die Futter-Durchgangszeiten beim Kaninchen. *Archiv für Tierernährung.* 1951b, Bd. Vol 1, Issue 1-6, S. 136-147.

Mangold, E. und Fangauf, R. 1950. *Handbuch der Kaninchenfütterung.* Radebeul : Neumann Verlag GmbH, 1950.

Mano, H., et al. 1996. Mammalian mature osteoclasts as estrogen target cells. *Biochemical and biophysical research communications.* 1996, Bd. 223, 3, S. 637-642.

Martins, H., Milne, J. A. und Rego, F. 2002. Seasonal and spatial variation in the diet of the wild rabbit (Oryctolagus cuniculus L.) in Portugal. *J. Zool., Lond.* 2002, 258, S. 395-404.

Mateos, G. G., Rebollar, P. G. und de Blas, C. 2010. Minerals, Vitamins and Additives. [Hrsg.] C. de Blas und J. Wiseman. *Nutrition of the Rabbit.* 2nd Ed. s.l. : CAB International, 2010, S. 119-150.

Mathieu, L. G. und Smith, S. E. 1961. Phosphorus requirements of growing rabbits. *Journal of Animal Science.* 1961, Bd. 20, 3, S. 510-513.

Matthes, S. 1981. Untersuchungen über die bakterielle Darmflora von Kaninchen. *Kleintierpraxis.* 1981, 26, S. 383-386.

Mayer, F. Ch. S. 1789. *Anweisung zur Angorischen oder Englischen Kaninchenzucht.* Dresden : Waltherische Hofbuchhandlung, 1789.

Mellanby, M. und Killick, E. M. 1926. A preliminary study of factors influencing calcification processes in the rabbit. *Biochemical Journal.* 1926, Bd. 20, 5, S. 902-929.

Menghini, L., et al. 2010. Antiproliferative, protective and antioxidant effects of artichoke, dandelion, turmeric and rosemary extracts and their formulation. *Int J Immunopathol Pharmacol.* 2010, Bd. 23, 2, S. 601-610.

Meredith, N., et al. 1996. Measurement of the microhardness and young's modulus of human enamel and dentine using an indentation technique. *Archives of oral biology.* 1996, Bd. 41, 6, S. 539-545.

Meyer, H. und Coenen, M. 2002. *Pferdefütterung.* 4. Aufl. Stuttgart : Enke, 2002. ISBN 978-3830440215.

Meyers. 1999. [CD-ROM] s.l. : Bibliographisches Institut & F.A. Brockhaus AG, Sat_Wolf, Bayern, 1999.

Meyers. 2012. *Meyer Lexikon -SW-.* [CD-ROM] Bayern : Sat_Wolf, 2012.

Meyers. 1885. *Meyers Konversationslexikon (1885-1892).* Leipzig & Wien : Verlag des Bibliographischen Instituts, 1885. Bde. 4. Aufl., 9. Band: Irideen - Königsgrün.

Mole, S., Butler, L. und Iason, G. 1990. Defense agains dietary tannin in herbivores: A survey for proline rich salivary proteins in mammals. *Biochemical systematics and ecology.* 1990, Bd. 1, 4, S. 287-293.

Mones, A. 1982. An equivocal nomenclature: What means hypsodonty? *Paläontologische Zeitschrift.* 1982, Bd. 56, 1-2, S. 107-111.

Montagne, L., Pluske, J. R. und Hampson, D. J. 2003. A review of interactions between dietary fibre and the intestinal mucosa, and their consequences on digestive health in young non-ruminant animals. *Animal Feed Science and Technology.* 2003, Bd. 108, 1, S. 95-117.

Moro, E. 1908. Karottensuppe bei Ernährungsstörungen der Säuglinge. *Münchener Medizinische Wochenschrift.* 1908, 31, S. 1637-1640.

Morris, J. G. 2002. Idiosyncratic nutrient requirements of cats appear to be diet-induced evolutionary adaptations. *Nutrition research reviews.* 2002, Bd. 15, 1, S. 153–168.

Müller, A. S., Pallauf, J. und Most, E. 2002. Parameters of dietary selenium and vitamin E deficiency in growing rabbits. *J. Trace Elem. Med. Biol.* 2002, Bd. 16, S. 47-55.

Müller, E. 1919. Vergleichende Untersuchungen an Haus- Wildkaninchen. *Dissertation.* Berlin : Zool. Inst. der Königl. Landwirtsch. Hochschule, 1919. Dissertation.

Müller, J., et al. 2014. Growth and wear of incisor and cheek teeth in domestic rabbits (Oryctolagus cuniculus). *Journal of experimental zoology.* 2014, S. 283-298.

Munk, K. 2008. *Taschenlehrbuch Biologie - Mikrobiologie.* s.l. : Georg Thieme Verlag KG, 2008. Stuttgart.

Myers, K. und Bults, H. G. 1977. Observations on changes in the quality of food eaten by the wild rabbit. *Australian Journal of Ecology.* 1977, 2, S. 215-229.

Nachtsheim, H. 1936. Erbliche Zahnanomalien beim Kaninchen. *Züchtungskunde.* 1936, 11, S. 273-287.

Nachtsheim, H. 1949. *Vom Wildtier zum Haustier.* 2. Aufl. Berlin, Hamburg : Parey, 1949.

Nachtsheim, Hans und Stengel, Hans. 1977. *Vom Wildtier zum Haustier.* Berlin, Hamburg : Parey, 1977. ISBN 3-489-60636-1.

Nehring, K. 1972. *Lehrbuch der Tierernährung und Futtermittelkunde.* 9. Aufl. Radebeul : Neumann, 1972.

Nehring, K. und Hoffmann, B. 1971. Untersuchungen zur Weiterentwicklung der Futtermittelanalyse. 3. Mitteilung: Die Zusammensetzung und Verdaulichkeit der Kohlenhydratfraktion in den Futtermitteln. *Arch. Tierernährung.* 1971, Bd. 21, 4, S. 317-366.

Nehring, K. und Schramm, W. 1953. Zusammensetzung und Futterwert von Abfallfutterstoffen aus dem Gemüsebau. *Archiv für Tierernährung.* 1953, 3, S. 102-121.

Newig, J. 2004. Geographie der Meere und Küsten: Die Küstengestalt Nordfrieslands im Mittelalter nach historischen Quellen. [Hrsg.] G. Schernewski und T. Dolch. *Coastline Reports.* 2004, 1.

Nichelmann, M. 1984. Warum Kaninchen bei Hitze hecheln. *GuK.* 1984, 14, S. 8-9.

Niehaus, H. 1968. Zur Ernährungsphysiologie des Kaninchens. *Arch. Geflügelzucht u. Kleintierkd.* 1968, Bd. 17, S. 25-42.

NRC. 1966. *Nutrient Requirements of Rabbits.* [Hrsg.] National Research Council. Washington, D. C. : National Academy of Science, 1966.

NRC. 1977. *Nutrient Requirements of Rabbits.* 2nd rev.ed. Washington D. C. : National Academy of Sciences, 1977. ISBN: 978-0-309-02607-9.

NRC. 1982. *United States-Canadian Tables of Feed Composition: Nutritional Data for United States and Canadian Feeds.* Third Revision. Washington, DC : The National Academies Press, 1982. ISBN: 0-309-07822-9.

Ochsmann, J. 1996. Heracleum mantegazzianum Sommier & Levier (Apiaceae) in Deutschland. Untersuchungen zur Biologie, Verbreitung, Morphologie und Taxonomie. *Feddes Repertorium*. 1996, Bd. 107, 7-8, S. 557-595.

O'Malley, B. 2008. *Klinische Anatomie und Physiologie bei kleinen Heimtieren, Vögeln, Reptilien und Amphibien*. München : Urban & Fischer Verlag, 2008. ISBN 978-3-437-58260-8.

Opitz von Boberfeld, W. 1994. *Grünlandlehre: biologische und ökologische Grundlagen*. Stuttgart : Ulmer, 1994. ISBN 3-8252-1770-1.

Pakandl, M. 2009. Coccidia of rabbit: a review. *Folia Parasitologica*. 2009, Bd. 56, 3, S. 153-166.

Pakandl, M., et al. 2008. Dependence of the immune response to coccidiosis on the age of rabbit suckling. *Parasitol Res*. 2008, 103, S. 1265–1271.

Panalis, J., et al. 1985. Trichobezoare beim Angorakaninchen - Untersuchungen zur Diagnose und Prophylaxe. *Kleintierpraxis*. 1985, 30, S. 209-213.

Pantchev, N., Globokar-Vrhovec, M. und Beck, M. 2005. Endoparasitasen bei Kleinsäugern aus privater Haltung und Igeln. *Tierärztl Prax (K)*. 2005, 33, S. 296-306.

Patton, N. M. und Cheeke, P. R. 1981. A Precautionary Note on High Fiber Levels and Mucoid Enteritis. *J. Appl. Rabbit Res*. 1981, S. 56.

Paulus, C. 2010. *Fütterungseinflüsse auf die Ammoniakfreisetzung aus den Exkrementen von Zwergkaninchen*. Hannover : Tierärztliche Hochschule, 2010. Dissertation.

Peacock, D. E. und Sinclair, R. G. 2009. Longevity record for a wild European rabbit (Oryctolagus cuniculus) from South Australia. *Australian Mammalogy*. 2009, Bd. 31, 1, S. 65–66.

Petzsch, H. 1959. Zur Frage animalischer Nahrungs-Anteile bei Wildkaninchen und Feldhasen. *Säugetierkundliche Mitteilungen*. 1959, 7, S. 118.

Pierson, M. L., Cheeke, P. R. und Dickinson, E. O. 1977. Resistance of the rabbit to dietary pyrrolizidine (Senecio) alkaloid. *Research communications in chemical pathology and pharmacology*. 1977, 16(3), S. 561-564.

Pilz, W. und Radtke, G. 1979. Veränderungen der Mikrohärte des Zahnhartgewebes des Kaninchens nach internen Antibiotikagaben. *Zahn-, Mund- u. Kieferheilkd*. 1979, 67, S. 689-695.

Polowinsky, S. Y. 2008. Ernährung des Sclater's Maki (Eulemur macaco flavifrons) (GRAY, 1867) unter besonderer Berücksichtigung des Problems der Fettleibigkeit. Essen : Universität Duisburg-Essen, 2008. Dissertation.

Pschyrembel, W. 2002. *Pschyrembel Klinisches Wörterbuch*. [CD-ROM] [Hrsg.] Walter de Gruyter GmbH & Co. KG. Hamburg : Porta Coeli Software GmbH, 2002. 9783110165234.

Pump, B. 1993. Urolithiasis bei Kaninchen. *Der praktische Tierarzt*. 1993, 61, S. 552-559.

Rahmann, G. 2004. Gehölzfutter - eine neue Quelle für die ökologische Tierernährung. [Hrsg.] Bundesforschungsanstalt für Landwirtschaft (FAL). *Landbauforschung Völkenrode*. 2004, Sonderheft 272, S. 29-42.

Rambeck, W. A., et al. 1990. Vergleichende Kalzigonität von Vitamin D3- und Vitamin D2-Metaboliten beim Kaninchen. *Tierärztliche Umschau*. 1990, Bd. 45, 10, S. 739-743.

Rambeck, W. A., Weiser, H. und Zucker, H. 1987. A Vitamin D3 Steroid Hormone in the Calcinogenic Grass Trisetum flavescens. *Z. Naturforsch.* 1987, 42c, S. 430-434.

Raoul, Y., et al. 1968. Isolement et caracterisation du Cholecalciferol des vegeteux superieurs. *Febs Letters.* 1968, Bd. 1, 1, S. 59-62.

Reichling, J., et al. 2008. *Heilpflanzenkunde für die Veterinärpraxis.* 2., überarbeit. u, erw, Aufl. Heidelberg : Springer Medizin Verlag, 2008. ISBN 978-3-540-72545-9.

Reichsgericht, Deutsches. 1884. *Entscheidungen des Reichsgerichts.* [Hrsg.] Mitgl. des Gerichtshofes. Leipzig : Veit & Comp., 1884. Bd. 10.

Richards, G. C. 1979. Variation in Water Turnover by Wild Rabbits, Oryctolagus cuniculus, in an Arid Environment, due to Season, Age Group and Reproductive Condition. *Aust. Wildl. Res.* 1979, S. 289-296.

Ritskes-Hoitinga, J., et al. 2004. Lowering dietary phosphorus concentrations reduces kidney calcification, but does not adversely affect growth, mineral metabolism, and bone development in growing rabbits. 2004, Bd. 91, 3, S. 367-376.

Rock, C. L., et al. 1998. Bioavailability of β-Carotene Is Lower in Raw than in Processed Carrots and Spinach in Women. *The Journal of nutrition.* 1998, Bd. 128, 5, S. 913-916.

Rödel, H. G. 2005. Winter feeding behaviour of European rabbits in a temperate zone habitat. *Mamm. biol.* 2005, Bd. 70, 5, S. 300-306.

Rogers, P. M., Arthur, C. P. und Soriguer, R. C. 1994. The rabbit in continental Europe. [Buchverf.] H. V. Thompson und C. M. King. *The European Rabbit. The history and biology of a successful colonizer.* Oxford, New York, Toronto : Oxford University Pres, 1994.

Rose, K. D., et al. 2008. Early Eocene lagomorph (Mammalia) from Western India and the early diversification of Lagomorpha. *Proceedings of the Royal Society B.* 2008, 275, S. 1203-1208.

Rossi, G. 2007. Häufige und dauerhafte Erkrankungsquellen: Persistente Erreger in Kaninchenbeständen. *Kaninchenzeitung.* 2007, 17, S. 6-7.

Rowan, W. 1913. Note on the Food Plants of Rabbits on Blakeney Point, Norfolk. *Journal of Ecology.* 1913, 1(4), S. 273-274.

Rubner, M. 1928. Aufgabe (Bilanz). Allgemeine Methodik. [Hrsg.] F. Bertram, K. Boresch und A. Bornstein. *Stoffwechsel und Energiewechsel: Gesamtstoffwechsel • Energiewechsel Intermediärer Stoffwechsel (Handbuch der normalen und pathologischen Physiologie).* s.l. : Springer, 1928. Softcover reprint of the original 1st ed. 1928.

Ruckebusch, Y. und Fioramonti, J. 1976. The fusus coli of the rabbit as a pacemaker area. *Cellular and Molecular Life Sciences.* 1976, Volume 32, Number 8, S. 1023-1024.

Rückert, C. 2016. *Effekte der Natriumchlorid- oder Ammoniumchloridsupplementierung auf das Harnsteinbildungspotential beim Kaninchen.* Leipzig : Institut für Tierernährung, Ernährungsschäden und Diätetik, 2016. Dissertation.

Ruf, T. 2003. Feldhase: Neues zur Ernährungsphysiologie. *Weidwerk.* 2003, 1, S. 13-15.

Rühle, A. 2009. *Kaninchen würden Wiese kaufen.* Norderstedt : BoD, 2009. ISBN 978-3-8370-9474-9.

Rühle, A. 2015a. Mehr Kapazität als gedacht. Teil 1. Das Fassungsvermögen der Verdauungsorgane von Haus- und Wildkaninchen. *Kaninchenzeitung.* 2015a, 3/4, S. 16-20.

Rühle, A. 2015b. Mehr Kapazität als gedacht. Teil 2. Ernährung von Kaninchen: Natürliche Varianz statt monotoner Pellets. *Kaninchenzeitung.* 2015b, 5/6, S. 48-51.

Rühle, A. und Stieß, V. 2010. Auch Hauskaninchen fressen sich gesund. Selbstmedikation durch Futterselektion. *Kaninchenzeitung.* 2010, 15, S. 12-13.

Saunders, C. G. 1920. *Rabbit and cat diseases.* Chicago : American Veterinary Publishing Co., 1920.

Schaal, B., et al. 2003. Chemical and behavioural characterization of the rabbit mammary pheromone. *Nature.* 2003, 424, S. 68-72.

Scheelje, R. 1975. *Kaninchenmast: Zucht und Haltung der Fleischkaninchen.* 2. Aufl. Stuttgart : Ulmer, 1975. ISBN 3-8001-4324-0.

Scheunert, A. und Reschke, J. 1930. Über den Vitamin-D-Gehalt verschiedener Gräserarten bei verschiedener Herkunft und Düngung. *Die Tierernährung: Zeitschrift für die gesamte Fütterungslehre und Futtermittelkunde.* 1930, 2, S. 262-269.

Schiffmann, E. 1872. *Das französische Kaninchen (Lapin) und dessen rationelle Zucht in Deutschland.* 2. Aufl. Nürnberg : J. L. Stich, 1872.

Schley, P. 1985. *Kaninchen.* Stuttgart : Ulmer, 1985. ISBN 3-8001-4349-6.

Schlolaut, W. 2003. *Das große Buch vom Kaninchen.* 3., erw. Aufl. Frankfurt/M. : DLG-Verlag, 2003. ISBN 3-7690-0592-9.

Schneider, J. 1930. *Nutzbringende Kaninchenzucht.* Leipzig : Hachmeister & Thal, 1930.

Schulz, E., et al. 2013. Dietary Abrasiveness Is Associated with Variability of Microwear and Dental Surface Texture in Rabbits. [Online] 2013. [Zitat vom: 30. 6 2014.] doi:10.1371/journal.pone.0056167.

Schürch, A. 1949. Die theoretischen Grundlagen der Kaninchenfütterung. *Schweizerische landwirtschaftliche Monatshefte.* 1949, 1, S. 41-65.

Schwabe, K. 1995. *Futter- und Wasseraufnahme von Heimtieren verschiedener Spezies (Kaninchen, Meerschweinchen, Chinchilla, Hamster) bei unterschiedlicher Art des Wasserangebotes (Tränke vs. Saftfutter).* Hannover : Tierärztl. Hochsch., 1995. Diss..

Selzer, D. 2000. *Vergleichende Untersuchungen zum Verhalten von Wild- und Hauskaninchen unter verschiedenen Haltungsbedingungen.* Gießen : Justus-Liebig-Univ., 2000. Diss..

Shadle, A. R. 1936. The Attrition and Extrusive Growth of the Four Major Incisor Teeth of Domestic Rabbits. *Journal of Mammalogy.* 1936, Bd. 17, 1, S. 15-21.

Sigstedt, S. C., et al. 2008. Evaluation of aqueous extracts of Taraxacum officinale on growth and invasion of breast and prostate cancer cells. *Int J Oncol.* 2008, Bd. 32, 5, S. 1085-1090.

Simonnet, G., et al. 1978. Calcitonin diuretic effect in the rabbit. *Hormone and Metabolic Research.* 1978, Bd. 10, 4, S. 347-452.

Smuts, D. B. 1933. Ein experimenteller Beitrag zur Berechnung der Körperoberfläche von Maus, Meerschweinchen und Kaninchen. *Pflügers Archiv.* 1933, Bd. 232, 1, S. 105-110.

Somers, N., et al. 2005. Rabbits (Oryctolagus cuniculus L.) in coastal dune grasslands. Flanders Marine Institute (VLIZ) : s.n., 2005. S. 661-663. Dunes and Estuaries 2005 - International Conference on Nature

Restoration Practices in European Coastal Habitats, Koksijde, Belgium. 19-23 september 2005: book of abstracts.

Souci, S. W., Fachmann, W. und Kraut, H. 2000. *Die Zusammensetzung der Lebensmittel.* Stuttgart : Medpharm Scientific Publ, 2000. ISBN 3-88763-076-9.

Souci, S. W., Fachmann, W. und Kraut, H. 2008. *Food Composition and Nutrition Tables: Die Zusammensetzung der Lebensmittel, Nährwert-Tabellen.* 7., revidierte und ergänzte Auflage. Stuttgart : Wissenschaftliche Verlagsgesellschaft, 2008. ISBN 978-3804750388.

Spencer, S. und Hull, D. 1983. The effect of over-feeding newborn rabbits on somatic and visceral growth, body composition and long-term growth potential. *British Journal of Nutrition.* 1983, 51, S. 389-402.

Staiger, D. 1986. Einfluss konventionell und biologisch-dynamisch angebauten Futters auf Fruchtbarkeit, allgemeinen Gesundheitszustand und Fleischqualität beim Hauskaninchen. Bonn : Friedrich-Wilhelms-Universität, 1986. Dissertation.

Starke, P. 1939. *Praktische Kaninchenzucht.* [Hrsg.] M. Wischer. 12. Aufl. Leipzig : Poppe, 1939.

Stodart, E. und Myers, K. 1964. A comparison of behaviour, reproduction, and mortality of wild and domestic rabbits in confined population. *Wildlife Research.* 1964, Bd. 9, 2, S. 144-159.

Sundrum, A. 1998. Zur Beurteilung der Tiergerechtheit von Haltungsbedingungen landwirtschaftlicher Nutztiere. *Dtsch. tierärztl. Wschr.* 1998, 105, Heft 2, S. 65-72.

Sušin, J., Kmecl, V. und Gregorčič, A. 2006. A survey of nitrate and nitrite content of fruit and vegetables grown in Slovenia during 1996–2002. *Food additives and contaminants.* 2006, Bd. 23, 4, S. 385-390.

Swick, R. A., et al. 1982. Absorption and Excretion of Pyrrolizidine (Senecio) Alkaloids and their Effects on Mineral Metabolism in Rabbits. *J Anim Sci.* 1982, 55, S. 1417-1424.

Taglinger, K. und König, H. E. 1999. Makroskopisch-anatomische Untersuchungen der Zähne des Kaninchens (Oryctolagus cuniculus). *Tierärztl. Mschr.* 1999, 86, S. 129-135.

Tellkamp, W. 1979. Über die Kaninchenpopulationen dreier deutscher Nordseeinseln. Ein Beitrag zur Erforschung der Verwilderung einer Saugetierart. *Säugetierkundliche Mitteilungen.* 1979, 27, S. 206-215.

Ternes, W. und Täufel, A. 2005. *Lebensmittel Lexikon.* 4. Aufl. Hamburg : Behr's Verlag, 2005. Stichwort „Rohfaser".

Thiemen, J. C. 1694. *Haus- Feld- Arzney- Koch- Kunst und Wunderbuch.* Nürnberg : Joh. Hofmann, 1694.

Thompson, H. V. 1953. The grazing behaviour of the wild rabbit, Oryctolagus cuniculus (L.). *British Journal of Animal Behaviour.* 1953, 1(1), S. 16-19.

TierSchG. 2010. Tierschutzgesetz in der Fassung der Bekanntmachung vom 18. Mai 2006 (BGBl. I S. 1206, 1313), das zuletzt durch Artikel 20 des Gesetzes vom 9. Dezember 2010 (BGBl. I S. 1934) geändert worden ist. 2010.

Tokar, N. 1963. Bärenklau als Futterpflanze und Bienenpflanze. *Wiss.-techn. Fortschritt für die Landw.* 1963, S. 231-233.

Torregrossa, A.-M. und Dearing, M. D. 2009. Nutritional toxicology of mammals: regulated intake of plant secondary compounds. *Functional Ecology.* 2009, 23(1), S. 48–56.

Tosun, F., et al. 2008. Anticonvulsant activity of furanocoumarins and the essential oil obtained from the fruits of Heracleum crenatifolium. *Food Chemistry.* 2008, 107, S. 990–993.

Tschudin, A., et al. 2010. Water intake in domestic rabbits (Oryctolagus cuniculus) from open dishes and nipple drinkers under different water and feeding regimes. *Animal Physiology and Animal Nutrition.* 2010, S. 1-13.

Turček, F. und Stiavnica, B. 1959. Beitrag zur Kenntnis der Fraßpflanzen des Wildkaninchens, Oryctolagus cuniculus (Linne, 1758), in freier Wildbahn. *Säugetierkundliche Mitteilungen.* 1959, 7, S. 151-153.

Turk, J. 2010. Zoologischer Zentral Anzeiger. *Zoologischer Zentral Anzeiger.* [Online] 2010. [Zitat vom: 4. 2 2010.] http://www.zza-online.de/artikel/030457.htm.

Udén, P. und Van Soest, P. J. 1982. Comparative digestion of timothy (Phleurn pratense) fibre by ruminants, equines and rabbits. *Br. J. Nutr.* 1982, 41, S. 267-272.

Ullrey, D. E. 1972. Biological availability of fat-soluble vitamins: vitamin A and carotene. *Journal of animal science.* 1972, Bd. 35, 3, S. 648-657.

Unger, H.-J. und Prinz, D. 1992. *Verkehrsbedingte Immissionen in Baden - Württemberg. Schwermetalle und organische Fremdstoffe in straßennahen Böden und Aufwuchs.* s.l. : Ministerium für Umwelt Baden-Württemberg, 1992.

Valencak, T. G., Tataruch, F. und Arnold, W. 2005. Fettsäurenzusammensetzung von Wildtieren, insbesondere des Feldhasen. [Hrsg.] P. Paulsen. *Fachtagung „Niederwild - Wildtiergesundheit, Lebensmittel-Sicherheit und Qualität".* s.l. : Eigenverlag des Instituts für Fleischhygiene, Fleischtechnologie und Lebensmittelwissenschaft, 2005. S. 61-67. Veterinärmedizinische Universität Wien. ISBN 3-901950-06-0.

van Dam, P. J. E. M. 2007. Ein Neubürger in Nordeuropa. Menschliche und natürliche Einflüsse auf die Assimilierung des Kaninchens in den Niederländischen Dünen 1300-1700. [Hrsg.] B. Herrmann. *Beiträge zum Göttinger Umwelthistorischen Kolloquium 2004-2006.* Göttingen : Universitätsverlag, 2007.

van de Pavert, S. A., et al. 2014. Maternal retinoids control type 3 innate lymphoid cells and set the offspring immunity. *Nature.* 2014, Bd. 508, 7494, S. 123-127.

van het Hof, K. H., et al. 2000. Dietary factors that affect the bioavailability of carotenoids. *The Journal of nutrition.* 2000, Bd. 130, 3, S. 503-506.

Van Soest, P. J. 1967. Development of a Comprehensive System of Feed Analyses and its Application to Forages. *J. Anim. Sci.* 1967, 26, S. 119-128.

Van Soest, P. J. 1994. *Nutritional ecology of the ruminant.* Sacramento : Comstock Publishing, 1994. ISBN 0-8014-2772-X.

Van Soest, P. J., Robertson, J. B. und Lewis, B. A. 1991. Methods for dietary fibre, neutral detergent fibre and non starch polysaccharides in relation to animal nutrition. *J. Dairy Sci.* 1991, 74, S. 3583-3597.

Varga, M. 2014. *Textbook of Rabbit Medicine.* 2nd Edition. s.l. : Butterworth-Heinemann, Elsevier, 2014. ISBN 978-0-7020-4979-8.

Varro, M. T. 37 v. Chr.. *De Re Rustica. Book III. Loeb Classical Library 1934.* London : William Heinemann & Co., 37 v. Chr.

Venegas-Calerón, M., Sayanova, O. und Napier, J. A. 2010. An alternative to fish oils: metabolic engineering of oil-seed crops to produce omega-3 long chain polyunsaturated fatty acids. *Progress in lipid research.* 2010, Bd. 49, 2, S. 108-119.

Vetter, J. 2004. Poison hemlock (Conium maculatum L.). *Food and Chemical Toxicology.* 2004, 42, S. 1373–1382.

Villamide, M. J., et al. 2010. Protein Digestion. [Hrsg.] C. de Blas und J. Wiseman. *Nutrition of the Rabbit.* 2nd Ed. s.l. : CAB International, 2010, S. 39-55.

Voigtländer, G. und Jacob, H. 1987. *Grünlandwirtschaft und Futterbau.* Stuttgart : Ulmer, 1987. ISBN 3-8001-3071-8.

von Engelhardt, W. 2010. Physiologie der Haustiere - faszinierende Vielfalt und wissenschaftlicher Eckstein der Tiermedizin. [Hrsg.] G. Breves und W. von Engelhardt. *Physiologie der Haustiere.* 3. Aufl. 2010.

von Engelhardt, W. und Breves, G. 2015. *Physiologie der Haustiere.* 4. Aufl. Stuttgart : Enke, 2015. ISBN 978-3830412595.

von Gohren, T. 1872. *Die Naturgesetze der Fütterung der landwirthschaftlichen Nutzthiere.* Leipzig : C. L. Hirschfeld, 1872.

von Holst, D. 2004. Populationsbiologische Untersuchungen beim Wildkaninchen - Der Einfluss von Sozialverhalten und Stress auf Vitalität und Fortpflanzung. *LÖBF-Mitteilungen.* 2004, 1/04, S. 17-21.

von Holst, D., et al. 1999. Social Rank, Stress, Fitness, and Life Expectancy in Wild Rabbits. *Naturwissenschaften.* 1999, 86, S. 388–393.

Vondraskova, B., et al. 2012. Examination of the nutritional quality of forbs from mountainous pastures in the Southwestern Bohemia region. *Ekológia.* 2012, Bd. 31, 2, S. 231-237.

Waghorn, G. C., Shelton, I. D. und Thomas, V. J. 1989. Particle breakdown and rumen digestion of fresh ryegrass (Lolium perenne L.) and lucerne (Medicago sativa L.) fed to cows during a restricted feeding period. *British Journal of Nutrition.* 1989, 61, S. 409-423.

Weber, A., Christ-Vietor, M. und Schliesser, T. 1974. Untersuchungen zur bakteriellen Darmflora von Jungkaninchen in Abhängigkeit von Alter und Ernährung. *Zbl. Bakt. Hyg., I. Abt. Orig. A.* 1974, Bd. 229, 1, S. 109-116.

Wei-Guang, M. und Shu-Xia, Z. 1995. The effect of parathyroid hormone (PTH) on bone resorption of rabbit osteoclasts and the mediating reaction of osteoblasts. *Chinese Journal of Pathophysiologie.* 1995, 1.

Weijs, W. A. und Dantuma, R. 1981. Functional anatomy of the masticatory apparatus in the rabbit (Oryctolagus cuniculus L.). *Netherlands Journal of Zoology.* 1981, Bd. 31, 1, S. 99-147.

Weißbach, F. 1993. Grünfutter und Grünfutterkonservate. [Hrsg.] Jeroch H., Flachowsky G. und Weißbach F. *Futtermittelkunde.* Jena : Gustav Fischer Verlag, 1993, S. 74-154.

Weißenberger, K. 1960. *Krankheiten des Kaninchens.* . Minden/Westf. : Albrecht Philler Verlag, 1960.

Weißenborn, H. 1932. Abhängigkeit des Wachstums der Nagetierschneidezähne von den Tageszeiten, von Zahnfleischverletzungen und von Betäubungsmitteln. *Wilhelm Roux' Archiv für Entwicklungsmechanik der Organismen.* 1932, Bd. 126, 1, S. 90-103.

Wenger, A. 1997. *Vergleichende Untersuchungen zur Aufnahme und Verdaulichkeit verschiedener rohfaserreicher Rationen und Futtermittel bei Zwergkaninchen, Meerschweinchen und Chinchilla.* [Hrsg.] Tierärztl. Hochsch. Hannover : s.n., 1997. Diss..

West, G. B., Brown, J. H. und Enquist, B. J. 1999. The fourth Dimension of Life: Fractal Geometry and Allometric Scaling of Organisms. *Science.* 1999, Vol. 284, S. 1677-1679.

Whittle, P. 1955. An Investigation of Periodic Fluctuations in the New Zealand Rabbit Population. *N. Z. J. Sci. Technol. Sect. B.* 1955, 37, S. 179-200.

Williams, C. D. 1933. A nutritional disease of childhood associated with a maize diet. *Arch Dis Child.* 1933, Bd. 8, 48, S. 423-433.

Williams, C. D., Oxon, B. M. und Lond, H. 1935. Kwashiorkor: a nutritional disease of children associated with a maize diet. *The Lancet.* 1935, 16, S. 1151-1152.

Williams, K., et al. 1995. *Managing Vertebrate Pests: Rabbits.* [Hrsg.] Bureau of Resource Sciences/CSIRO. Canberra : Australian Government Publishing Service, 1995. ISBN 0-644-29623-2.

Williams, O. B., Wells, T. C. E. und Wells, D. A. 1974. Grazing Management of Woodwalton Fen: Seasonal Changes in the Diet of Cattle and Rabbits. *Journal Appl. Ecol.* 1974, 11, S. 499-516.

Winckelmann, J.-J. 1671. *Oldenburgische Friedens- und der benachbarten Oerter Kriegshandlungen.* Osnabrück : H. Th. Wenner, 1671.

Witt, H. 1991. Zur Kenntnis der Säugetierfauna der Westküste sowie der Inseln und Halligen Schleswig-Holsteins. *Schr. Naturwiss. Ver. Schlesw.-Holst.* 1991, Bd. 61, S. 81-124.

Wolf, P. 2016. Antworten zu häufigen Fragen in der Fütterung von Kleinsäugern. *Kleintier Konkret.* 2016, 19(S 02), S. 10-16.

Wolf, P. und Kamphues, J. 1995. Probleme der art- und bedarfsgerechten Ernährung kleiner Nager als Heimtiere. *Der praktische Tierarzt.* 1995, 12, S. 1088-1092.

Wolf, P. und Kamphues, J. 1996. Untersuchungen zu Fütterungseinflüssen auf die Entwicklung der Incisivi bei Kaninchen, Chinchilla und Ratte. *Kleintierpraxis.* 1996, 41, S. 723-732.

Wolf, P., Bucher, L. und Kamphues, J. 1999. Die Futter-, Energie- und Wasseraufnahme von Zwergkaninchen unter praxisüblichen Fütterungsbedingungen. *Kleintierpraxis.* 1999, 44, S. 263-280.

Wolf, P., et al. 2005. Einflüsse der Kaninchenrasse auf die relative Größe des Magen-Darm-Traktes sowie die Zusammensetzung des Chymus. Celle : DVG, 2005, S. 78-84.

Wolfe, A., Whelan, J. und Hayden, T. J. 1996. Dietary Overlap between the Irish Mountain Hare Lepus timidus hibernicus and the Rabbit Oryctolagus cuniculus on Coastal Grassland. *Biology and Environment: Proceedings of the Royal Irish Academy.* 1996, Vol. 96B. No. 2, S. 89-95.

Wulf, A. 1921. *Taschenbuch der Kleinhaustiere (Federvieh, Kaninchen, Meerschweinchen, Ziegen, Schafe und Schweine).* Eßlingen, München : Schreiber, 1921.

Wyss, U., Morel, I. und Collomb, M. 2007. Einfluss der Verfütterung von Grünfutter und dessen Konserven auf das Fettsäurenmuster von Milch. [Online] 2007. [Zitat vom: 09. 09 2015.] http://lfz.or.at/filearchive/2e_2007_pr%E4s._wyss.pdf.

Yoshida, T., et al. 1971. Amino Acid Composition of Cecal Contents and Feces in Germfree and Conventional Rabbits. *J. Nutrition.* 1971, 101, S. 1423-1430.

Yoshida, T., et al. 1968. Efficiency of digestion in germ -free and conventional rabbits. *Br. J. Nutr.* 1968, 22, S. 723.

Yu, B. und Chiou, P. W. S. 1996. Effects of crude fibre level in the diet on the intestinal morphology of growing rabbits. *Laboratory Animals.* 1996, 30, S. 143-148.

Zedler. 1733. *Zedlers Universal-Lexicon, Band 5.* Leipzig : s.n., 1733.

Zhang, X., et al. 2009. Regulation of Enamel and Dentin Mineralization by Vitamin D Receptor. *Comparative Dental Morphology.* 2009, Bd. 13, S. 102–109.

Zillig, H. 1934. Das Wildkaninchen als Rebschädling an der Mosel und in den übrigen deutschen Weinbaugebieten. *Anzeiger für Schädlingskunde.* 1934, Bd. 10, 7, S. 80-83.

Zimmermann, H. 1966. Der Anbau von Bärenklau (Heracleum sosnowski) als Futterpflanze. *Wissenschaftl. Zeitschr. d. Humboldt-Universität zu Berlin. (Mathematisch-naturwissenschaftl. Reihe).* 1966, Bd. Jahrg. XV, 2, S. 291-296.

Zinke, J. 2004. *Ganzheitliche Behandlung von Kaninchen und Meerschweinchen.* Stuttgart : Sonntag Verlag, 2004. ISBN 3-8304-9090-9.

Zubair, M., et al. 2012. Effects of Plantago major L. leaf extracts on oral epithelial cells in a scratch assay. *Journal of Ethnopharmacology.* 2012, Bd. 141, 3, S. 825–830.

Zumbrock, B. 2002. Untersuchungen zu möglichen Einflüssen der Rasse auf die Futteraufnahme und – verdaulichkeit, Größe und Füllung des Magen-Darm-Traktes sowie zur Chymusqualität bei Kaninchen (Deutsche Riesen, Neuseeländer und Zwergkaninchen). Hannover : Tierärztl. Hochsch., 2002. Dissertation.

Lightning Source UK Ltd.
Milton Keynes UK
UKHW030630090721
386893UK00008B/898